Über dieses Buch:

Das Verständnis der Eucharistie ist in den letzten Jahren für viele schwierig, ja unmöglich geworden. Zwar gibt es Einzeluntersuchungen zur Exegese neutestamentlicher Abendmahlstexte, es existieren historische Detailuntersuchungen und schließlich die verschiedenen Vorschläge zur Neuauffassung der eucharistischen Wirklichkeit. Es fehlt aber bislang ein Prinzip, nach dem sich diese Fülle von Untersuchungen, Vorschlägen und Ergebnissen ordnen ließe. Ist der Eindruck eines Widerspruchs zwischen neuen Vorschlägen und der Tradition nur scheinbar oder existiert er wirklich? Muß Treue zu der von der Tradition gemeinten Sache jede Neuformulierung verhindern und zu rückschrittlicher Theologie und Verkündigung führen? Solche und ähnliche Fragen bewegen Priester, Seelsorger und Religionslehrer, die aufgrund ihres Auftrags ihnen nicht einfach ausweichen können. Diesen Fragen stellt sich der Autor und bietet eine Gesamtdarstellung, die die biblischen und dogmengeschichtlichen Ergebnisse aufnimmt, sich aber konsequent dem *heutigen Anliegen* in der Praxis und Theorie der Eucharistie verpflichtet weiß. So will das Buch einem Verlangen jener entgegenkommen, die mit der Verkündigung oder auch mit der Gestaltung der Eucharistiefeier beauftragt sind.

ALEXANDER GERKEN

THEOLOGIE DER EUCHARISTIE

Kösel-Verlag München

ISBN 3-466-20155-1
© 1973 by Kösel-Verlag GmbH & Co., München. Printed in
Germany. Druckerlaubnis wurde erteilt. Düsseldorf, den
17. Juli 1972. P. Michael Nordhausen O. F. M., Provinzial.
Gesamtherstellung: Graphische Werkstätten Kösel, Kempten.
Entwurf des Schutzumschlages: Christel Aumann, München.

*Den Freunden,
die das Entstehen dieses Buches
begleitet haben*

INHALT

Vorwort 9
Einleitung 11

I. Die biblische Grundlage 17
 1. Die Überlieferung vom Abendmahl 17
 2. Jesu Mahlgemeinschaft mit den Jüngern: Der Gastgeber, der sich selbst gibt 22
 3. Der Abschied Jesu durch Tod in Auferstehung als Grund und Inhalt der Eucharistie 28
 4. Der Pascha-Hintergrund des Abendmahls: Der neue Bund 32
 5. Tut dies zu meinem Gedächtnis 38
 6. Die Eucharistie im Aufbau des Leibes Christi 42
 7. Die Eucharistie als sakramentale Vergegenwärtigung der Lebenshingabe Christi für die Welt 48
 8. Inhalt und Struktur der biblischen Aussagen über die Eucharistie . . 54

II. Die Wende vom Neuen Testament zur Anwendung der platonischen Bildtheologie 61
 1. Vorbereitende Reflexion: Wahrheit und Dogmengeschichte 61
 2. Urbild und Bild. Das Realsymbol der griechischen Väter 65
 3. Kritische Reflexion 74
 4. Die lateinischen Väter 84

III. Die Wende von der antiken Bildtheologie zur mittelalterlichen Eucharistielehre und ihre Konsequenzen 97
 1. Vorüberlegung: Das Weltverständnis der Germanen und die karolingische Renaissance 97
 2. Der erste Abendmahlsstreit – Zeichen der Wende 102
 3. Der zweite Abendmahlsstreit und die hochmittelalterliche Lösung . . 111
 4. Spätmittelalter und Reformation: Geschichtlicher Erweis der Grenzen des Objektivismus 126
 5. Das Konzil von Trient und die nachtridentinische Theologie 141

IV. Unsere Aufgabe 157
 1. Bruch und Kontinuität: Das Ende der abendländischen Lösung . . . 157
 2. Die bewegenden Kräfte 166

3. Neuere Interpretationsversuche 173
4. Das Desiderat: Relationale Ontologie 199
5. Versuch einer Deutung der eucharistischen Wirklichkeit 211
6. Ökumenische Fragen 228

Abkürzungen 257
Namenregister 258

VORWORT

In der heutigen theologischen Diskussion stellen die Fragen um die Eucharistie einen entscheidenden Ausschnitt dar, auch im ökumenischen Gespräch. Das entspricht der Bedeutung der Eucharistiefeier für die Gemeinde Christi. Es existiert zur Zeit aber keine Arbeit, die das Thema umfassend behandelt. Der Interessierte – und das gilt vor allem von denen, die mit der Verkündigung des Wortes und der Leitung der Eucharistiefeier beauftragt sind – kann sich in der Flut von oft widersprüchlichen Erklärungen, Deutungen und Ansichten kaum zurechtfinden. Obgleich die Diskussion noch nicht abgeschlossen ist, möchte das vorliegende Buch den Versuch machen, Einheit und Zusammenhang in das Gespräch über die Eucharistie zu bringen. Mehr als ein Versuch kann es nicht sein.

Diese Absicht konnte jedoch ohne eine Konfrontation mit der Tradition nicht erreicht werden. Daher sind der Dogmengeschichte der Eucharistielehre die ersten drei Kapitel gewidmet. Das Ziel ist aber durchaus aktuell: einen Weg für unser heutiges Eucharistieverständnis zu finden. Diesem Anliegen ist das vierte, längste Kapitel gewidmet, das aber ohne die drei ersten kaum einsichtig sein wird. Da zur Zeit die Erklärungen und Nachrichten zur eucharistischen Frage – vor allem auf ökumenischem Gebiet – einander folgen, sei noch darauf hingewiesen, daß die Niederschrift dieser Arbeit zum größten Teil im Verlauf des Jahres 1971 erfolgte und daß spätere Veröffentlichungen kaum noch beachtet werden konnten. Ich hoffe, daß dies kein Hindernis dafür ist, daß das Buch sein Ziel erreicht.

Danken möchte ich an dieser Stelle allen, die mich bei der Ausarbeitung des Buches unterstützt und begleitet haben. Ihnen sei es gewidmet. Unter ihnen seien meine Mitbrüder, Herr P. Hans-Josef Klauck OFM und Herr stud. theol. Franz Josef Kröger OFM, genannt, die das Register zusammengestellt und die Korrekturen gelesen haben.

Münster, im Sommer 1972 *Alexander Gerken OFM*

EINLEITUNG

Wie so viele andere Gegenstände der Theologie ist auch die Eucharistielehre in unserer Zeit in Bewegung geraten. Vor allem niederländische, aber auch deutsche und französische Theologen haben Vorschläge gemacht, die Wirklichkeit der Eucharistie und vor allem der Gegenwart Jesu in der Eucharistie in einer von unserem Denken geprägten Sprache auszusagen [1]. Es kann kein Zweifel sein, daß dieses Unternehmen berechtigt, ja notwendig ist. Die Kirche hat sich im Lauf der Dogmengeschichte dazu bekannt, daß die eine, ihr zur Verkündigung anvertraute Offenbarung Gottes ein Mysterium und darum nie ausschöpfbar ist und so eine je neue Interpretation und Aktualisation erfordert. Wenn dabei auch die Heilige Schrift Norm der Verkündigung bleibt, so fordert diese Norm selbst notwendig, daß sie jeweils richtig gehört und verstanden und darum in die der Zeit jeweils verständliche Sprache übersetzt wird.

Durch die christologischen Kämpfe des vierten und fünften Jahrhunderts ist die Frage, ob die Kirche sich dabei einer Begrifflichkeit bedienen darf, die im Alten und Neuen Testament noch nicht vorhanden ist, grundsätzlich mit Ja beantwortet. Die Konzilien von Nikaia, Ephesus und Chalkedon, die praktisch von der gesamten Christenheit anerkannt werden, haben sich dafür entschieden, mit Hilfe von Begriffen der griechischen Philosophie das über Jesus von Nazaret auszusagen, was das Neue Testament mit seinen aus dem Judentum stammenden christologischen Hoheitstiteln, wie Menschensohn oder Messias, ausgedrückt hat.

Der Prozeß der Aktualisation und Interpretation der Schrift ist aber mit diesen Konzilien nicht beendet. Die Lebendigkeit und Geschichtlichkeit der Kirche – »der Geist wird euch in die ganze Wahrheit einführen« (Joh 16,13) – erfordert es vielmehr, daß auch die Formulierungen der Konzilien wieder übersetzt, interpretiert und aktualisiert werden, damit die eine und selbe Botschaft auch von Menschen neuer Epochen gehört und verstanden werden kann [2].

Dies ist aus zwei Gründen einsichtig. *Einmal* kann ein Konzilsentscheid, der Aktualisation der Schriftaussage sein will, nicht über der

---

[1] Hier seien einige Namen herausgegriffen: *P. Schoonenberg, E. Schillebeeckx, S. Trooster, L. Smits, B. Welte, K. Rahner, J. Ratzinger, Fr. J. Leenhardt, M. Thurian.* Ihre Arbeiten und ihre Gedanken werden wir im vierten Kapitel untersuchen.
[2] Dieser Tatsache und den mit ihr zusammenhängenden Problemen ist die fast unübersehbar gewordene Literatur zur theologischen Hermeneutik gewidmet. Grundsätzliches zum Problem der Hermeneutik: *H.-G. Gadamer*, Wahrheit und Methode, Tübingen ²1965; *E. Coreth*, Grundfragen der Hermeneutik, Freiburg 1969; *E. Simons–*

Schriftaussage stehen, sondern bleibt in ihrem Dienst. Wenn aber schon die Schrift – wie die Konzilien selbst erklären – der Interpretation und Aktualisation bedarf, damit sie verstanden wird, so kann dies bei Konzilsaussagen nicht ausgeschlossen werden. Diese Konzilsaussagen sind und bleiben zwar für die spätere Verkündigung *Norm der Auslegung der Schrift*, welche selbst die ursprüngliche Norm der Verkündigung ist; wenn aber schon die ursprüngliche Norm nur sie selbst bleibt, indem sie interpretiert wird, so gilt dies auch für die helfenden Normen, welche die Konziliengeschichte uns bei der heutigen Verkündigung der Botschaft Christi bietet.

Die Botschaft Christi kommt zu uns Heutigen also durch eine doppelte Vermittlung, welche sich *über die Dogmengeschichte auf die Schrift* als das ursprüngliche schriftliche Zeugnis der Offenbarung erstreckt. Die Frage, die sich dabei sofort erhebt, ist diese: Woher gewinnt die gegenwärtige Auslegung durch diese Vermittlungen hindurch die Unmittelbarkeit und damit die Glaubensgewißheit, daß sie richtig auslegt? Die Tatsache allein, daß man sich an die Schrift halten will, bietet keine Garantie für die richtige Auslegung. Das zeigt ein Blick in die Geschichte. Die Geschichte der Schriftauslegung hat zu vielen widersprüchlichen Interpretationen geführt. Die letzte Unmittelbarkeit und damit die begründete Glaubensgewißheit, richtig auszulegen, kann nur eine *Gabe des Geistes Jesu* sein, welcher *der Kirche als ganzer* auf ihrem Weg verheißen ist (Joh 16,12–14). Da dieser Geist Jesu nicht dem einzelnen als einzelnen, sondern der christlichen Gemeinde als ganzer verheißen ist, so ist im »Bleiben« innerhalb der kirchlichen Gemeinschaft die letzte Leitlinie der Auslegung gegeben [3]. Nur innerhalb der Gemeinschaft der Glaubenden eröffnet die Auslegung der Schrift den

---

K. Hecker, Theologisches Verstehen, Düsseldorf 1969; *A. Gerken*, Begriff und Problematik der Hermeneutik, in: Franziskanische Studien 53 (1971) 1–14. Die bis 1968 erschienene Literatur zur Hermeneutik ist verzeichnet in: *N. Henrichs*, Bibliographie der Hermeneutik, Düsseldorf 1968.

[3] Das Weinstockgleichnis Joh 15,1–17, in dem vom »Bleiben« im Wort, in der Liebe und in der Person Jesu die Rede ist, ist eine Darstellung der kirchlichen Gemeinschaft, die aus der Lebenshingabe Jesu erwächst: »Dies ist mein Gebot, daß ihr einander liebt, wie ich euch geliebt habe« (15,12). Das Bleiben in Jesus vollzieht sich daher konkret darin, daß man in der Glaubensgemeinschaft der von seiner Todeshingabe Gesammelten bleibt. In der Eucharistiefeier vergegenwärtigt sich diese Todeshingabe Jesu so, daß die um den Becher des Herrn Versammelten in ihm bleiben. Insofern gibt es einen Bezug zwischen Joh 15 und Joh 6 und damit zwischen Kirche und Eucharistie. Vgl. dazu vor allem Joh 6,56. Da das Bleiben im Wort Jesu, und d. h. in seiner Wahrheit, nicht vom Bleiben in seiner Liebe getrennt werden kann, ist die Kirche der Raum der gemäßen Auslegung seines Wortes. – Vgl. *R. Borig*, Der wahre Weinstock. Untersuchungen zu Joh 15,1–10 (StANT XVI), München 1967, 199–236; *J. Heise*, Bleiben. Menein in den Johanneischen Schriften (HUTh 8), Tübingen 1967.

Weg in die Zukunft Gottes. Die Verheißung »Ich bin bei euch alle Tage, bis diese Weltzeit sich vollendet« (Mt 28,20) ist ja nicht dem einzelnen gegeben, sondern der Kirche. Ihr ist damit ein Weg verheißen, der das Ziel der Geschichte und damit die Enthüllung »von Angesicht zu Angesicht« erreichen wird, auf die hin alle Glaubensaussagen als »Erkenntnis im Stückwerk« unterwegs sind.

Dabei darf man nicht übersehen, daß der Geist Jesu in der Kirche durch bestimmte Dienste wirkt, um die gesamte Gemeinschaft in der Wahrheit zu halten und in die Wahrheit zu führen, und daß man keinen dieser Dienste isolieren kann. Das Lehramt wäre ohne die Theologen, diese ohne den lebendigen Glaubenssinn der Gemeinden hilflos, und keine dieser Kräfte kann ihre Aufgabe in Isolation erfüllen. Auch schließt die Führung durch den Geist das *Suchen* nach der Wahrheit und damit die Diskussion um die rechte Auslegung der Schrift nicht aus, sondern ein. Anders kann man es nicht verstehen, daß der Geist die Wahrheit Jesu der Kirche nicht als starre und fertige Größe übergibt, sondern sie trotz der Existenz von Glaubensformeln und Auslegungsnormen in der *Geschichte* der Auslegung »in die ganze Wahrheit einführt«.

Damit sind wir bei dem *zweiten Grund* angekommen, der eine Interpretation sowohl der Schrift wie auch der Konzilsaussagen verlangt: die *Geschichtlichkeit* des Menschen und der Offenbarung. Wir sehen heute klar, daß sich auch die unsere Zeit transzendierende Wirklichkeit Gottes *dem Menschen* nur geschichtlich mitteilen kann. Gerade das gehört zum Begriff der Geschichte, daß sie auf der einen Seite der Zeit unterworfen, auf der anderen Seite der Zeit überlegen ist. Der Mensch öffnet sich in Entscheidungen, die in der Zeit geschehen, einer die Zeit transzendierenden Wirklichkeit [4]. Sonst wäre es nicht zu erklären, daß vergangene Entscheidungen uns auch heute bestimmen, daß es Versprechen, also Vorgriff in die Zukunft, Treue, Schuld, Reue, Verzeihen u. ä. gibt. Immer ist hier im Zeitlichen das die Zeit Transzendierende anwesend, und genau das macht Geschichte aus.

Gott hat, wie das Alte und Neue Testament durchgehend bestätigen, diese Geschichtlichkeit des Menschen nicht aufgehoben, um sich zu offenbaren, sondern *er offenbart sich in Geschichte*, letztlich und unüberbietbar in der Geschichte Jesu von Nazaret. Die Botschaft von dieser Offenbarung kann also nur in Geschichte weitergetragen werden und uns nur in Geschichte, und d. h. in lebendiger Tradition, erreichen. Das Organ dieser geschichtlichen Vermittlung ist die Kirche, die

---

[4] Das Ineinander von Zeit und Ewigkeit in der Geschichte zeigt in einer existentiell fruchtbaren Weise *K. Rahner* auf: Trost der Zeit, in: Schriften zur Theologie III, Einsiedeln 1965, 169–188.

hauptsächlich aus diesem Grunde im Epheserbrief »Leib Christi« genannt wird. Wie sich die Person im Leib manifestiert und durch den Leib handelt, so manifestiert sich der erhöhte Herr und damit die »Summe« der irdischen Geschichte Jesu durch die Kirche und durch ihre Geschichte.

So ist es einsichtig, daß die Identität sowohl der Schriftaussagen wie auch der Konzilsaussagen nur bewahrt werden kann durch den geschichtlichen Prozeß der Auslegung und Aktualisation unter der Verheißung des Geistes in der Gemeinschaft der Kirche. Damit wird die Aufgabe klar, die wir uns hier gestellt haben. Wir möchten der Verkündigung und der Feier der Eucharistie dienen dadurch, daß wir im Horchen auf die Schrift und die Dogmengeschichte eine Aussagemöglichkeit gewinnen, die dem heutigen Menschen diese zentrale christliche Wirklichkeit leichter zugänglich macht. Dabei dürfen wir — das ist nach dem Gesagten einsichtig — nicht einfach die bisherigen Begriffe der eucharistischen Verkündigung wiederholen. Sie würden ja gerade in einer stereotypen Wiederholung ihre Identität verlieren, weil sich Denken und Sprechen, weil sich Begriffe dauernd ändern und sie daher heute etwas anderes meinen können als etwa vor vierhundert Jahren. Es ist auf der anderen Seite aber auch einsichtig, daß wir uns die Anstrengung, auf die Schrift und die Dogmengeschichte zu hören und sie zu verstehen zu suchen, nicht ersparen können. Allgemein gilt schon in der menschlichen Geschichte, daß der Mensch seine Zukunft nur dann ergreifen kann, wenn er sich mit seiner Herkunft auseinandergesetzt hat. Dies gilt aber insbesondere für die Kirche, deren Grund und Zukunft im Ereignis von Tod und Auferstehung Christi gesehen werden müssen. Darum wird die Kirche ihrer Gegenwart und Zukunft nur gerecht werden können, indem sie von neuem auf das Zeugnis hört, in dem das Christusereignis ihr zugesprochen wird.

Wir werden also zunächst in einem biblischen Kapitel den direkten Zugang zur Schrift, d. h. in unserem Zusammenhang vor allem zum Neuen Testament, suchen, insoweit es Aussagen über die Eucharistie enthält. Darauf werden wir den geschichtlichen Weg in großen Zügen verfolgen, den die Eucharistielehre und die Praxis der Eucharistiefeier durch die Kirchengeschichte auf uns zu zurückgelegt hat. Danach versuchen wir — und das ist das eigentliche Ziel unserer Überlegungen — im Blick auf das Denken und die Sprache unserer Epoche die eucharistische Wirklichkeit und insbesondere die Gegenwart Jesu in der Eucharistiefeier auszusagen.

Wir sind der Überzeugung, daß dieser Versuch heute gemacht werden kann, weil schon in allen Bereichen, die unseren Weg betreffen, bedeutsame Forschungsarbeit geleistet worden ist. In bezug auf die biblische Eucharistielehre ist die Literatur fast unübersehbar. Erwähnen möchten wir hier nur die grundlegenden Arbeiten von J. Jeremias und H. Schürmann [5]. Auch in der Dogmengeschichte ist das Material im wesentlichen gesichtet, wobei wir außer inzwischen zu Standardwerken gewordenen Arbeiten wie der von J. Betz [6] noch viel der instruktiven, kürzlich erschienenen Untersuchung von F. Pratzner verdanken [7]. Schließlich sind selbst die Versuche, die Eucharistie neu zu interpretieren, zahlreich, wenn sie sich auch zum Teil wiederholen und oft an dem Mangel leiden, daß sie das biblische und dogmengeschichtliche Material nicht miteinbeziehen. Eine Ausnahme macht unter dieser letzten Rücksicht die Arbeit von E. Schillebeeckx über die eucharistische Gegenwart, die auf einer Analyse und Interpretation des Trienter Konzils aufbaut [8]. Bei Schillebeeckx liegt aber der Mangel vor, daß die Texte des Konzils zu wenig in ihrem geschichtlichen Kontext (z. B. auf dem Hintergrund der Reformationszeit) analysiert werden und ihre Verbindung mit Patristik und Mittelalter nicht in Erscheinung tritt. Alles in allem bedürfen die neueren Interpretationsversuche einer tieferen Begründung aus der Dogmengeschichte und einer genaueren Analyse ihrer eigenen philosophischen Voraussetzungen. Wir haben uns die Aufgabe gestellt, hier einen Schritt weiterzukommen.

Wir haben also den geschichtlichen Teil unserer Untersuchung nicht auf uns genommen aus einer Neugier, die fragt, wie es gewesen ist, sondern es geschah aus unserer aktuellen Not der Frage nach der Eucharistie heraus. Dadurch ist es bedingt, daß wir nicht allen Einzelproblemen nachgehen können, die sich im biblischen und geschichtlichen Teil stellen. Manchmal können wir die Gründe, warum wir uns in der einen oder anderen biblischen oder dogmengeschichtlichen Frage so oder anders entscheiden, nicht ausführen, weil sonst unser Ziel in zu große Ferne rücken würde. Wer solche ins Detail gehenden Unter-

---

[5] *J. Jeremias*, Die Abendmahlsworte Jesu, Göttingen ⁴1967; *H. Schürmann*, Der Paschamahlbericht Lk 22,(7-14)15-18 (NTA XIX, 5), Münster 1953; Der Einsetzungsbericht Lk 22,19-20 (NTA XX, 4), Münster 1955; Jesu Abschiedsrede Lk 22,21-38 (NTA XX, 5), Münster 1957; außerdem alle Beiträge Schürmanns, die zusammengefaßt sind in: Ursprung und Gestalt. Erörterungen und Besinnungen zum NT, Düsseldorf 1970, 77-196.

[6] *J. Betz*, Die Eucharistie in der Zeit der griechischen Väter, Freiburg, Bd. I/1: 1955; Bd. II/1: ²1964.

[7] *F. Pratzner*, Messe und Kreuzesopfer. Die Krise der sakramentalen Idee bei Luther und in der mittelalterlichen Scholastik, Wien 1970. – Das Material und die Literatur zur Eucharistie in Mittelalter und Reformationszeit sind zusammengetragen in: *B. Neunheuser*, Eucharistie in Mittelalter und Neuzeit (HDG IV, 4b), Freiburg 1963. Mit der Interpretation Neunheusers sind wir nicht immer einverstanden, wie sich im Verlauf unserer Darstellung zeigen wird.

[8] *E. Schillebeeckx*, Die eucharistische Gegenwart, Düsseldorf ²1968, vor allem 15-57.

suchungen wie die von J. Jeremias oder H. Schürmann kennt, wird uns zustimmen. Wir wollen auf der einen Seite mehr und auf der anderen Seite weniger als sie. Wir wollen mehr, insofern wir einen Überblick über den gesamten Weg der Eucharistielehre, von der Schrift über die dogmengeschichtlichen Epochen, erreichen möchten, um *von diesem Ganzen her* eine begründete Neuinterpretation zu versuchen. Wir wollen weniger, insofern wir nicht eine biblische oder historische Detailuntersuchung vorhaben. Damit ist gegeben, daß wir uns nicht nur an die Fachtheologen wenden. Wir möchten auch allen, die mit der Verkündigung und der Gestaltung der Eucharistiefeier in den Gemeinden betraut sind, einen Dienst erweisen.

I. DIE BIBLISCHE GRUNDLAGE

1. Die Überlieferung vom Abendmahl

An vier Stellen im Neuen Testament sind uns die sogenannten Einsetzungs- oder Deuteworte Jesu über Brot und Wein überliefert, wenn man davon absieht, daß vielleicht im Johannesevangelium (Joh 6,51 c) das eucharistisch-liturgische Brotwort und im Hebräerbrief (Hebr 9,20) das Kelchwort anklingen [1]. Drei dieser Berichte befinden sich im Passionsbericht der synoptischen Evangelien, der vierte im elften Kapitel des ersten Korintherbriefes. Auch einem oberflächlichen Beobachter fällt auf, daß Paulus und Lukas (1 Kor 11,23 ff. und Lk 22,19 f.) einander in der Formulierung sehr nahe kommen und daß dasselbe für Markus und Matthäus (Mk 14,22 ff. und Mt 26,26 ff.) gilt. So hat das Kelchwort bei Paulus und Lukas die Form: »Dieser Kelch ist der neue Bund in meinem Blut«, bei Markus und Matthäus dagegen lautet es: »Dies ist mein Bundesblut«. Außerdem findet sich der Stiftungsbefehl »Tut dies zu meinem Gedächtnis!« nur bei Lukas (einmal) und bei Paulus (zweimal), während er bei Markus und Matthäus fehlt. Damit sind die beiden wesentlichen Übereinstimmungen bzw. Differenzen genannt. Ihre Zahl ließe sich noch beträchtlich vermehren [2].

Auf Grund der Untersuchungen, die diesem Befund gewidmet wurden [3], dürfen wir uns die Entstehung unserer Texte folgendermaßen denken: Markus entnahm seinen Eucharistiebericht [4] der Jerusalemer

---

[1] Vgl. *J. Jeremias*, Die Abendmahlsworte Jesu, 101 f. (zu Joh 6,51c); Hebr 9,20 klingt sehr wahrscheinlich das Kelchwort in der Markusform an; denn Ex 24,8, das Wort, das vom Hebräerbrief hier zitiert wird, lautet in der Septuaginta-Fassung, die der Brief sonst bevorzugt: »Ἰδοὺ τὸ αἷμα τῆς διαθήκης«. Hebr 9,20 aber sagt: Τοῦτο τὸ αἷμα τῆς διαθήκης«, was sich nur erklären läßt, wenn dem Verfasser die Formel des Kelchwortes aus der christlichen Eucharistiefeier in die Feder floß.

[2] Wir nehmen bei Lukas den sogenannten Langtext als ursprünglich an, wie er sich auch in den meisten Ausgaben des NT findet. Nach den Untersuchungen von *H. Schürmann*, Der Einsetzungsbericht Lk 22,19-20 (NTA XX, 4), Münster 1955, und *J. Jeremias*, Abendmahlsworte, 133-153, wird man wohl schwerlich die Ursprünglichkeit des Langtextes bezweifeln können.

[3] Es ist uns hier nicht möglich, die einschlägige Literatur aufzuzählen. Die bis in die jüngste Zeit erschienenen Studien zu unserer Frage findet man angeführt in: *R. Feneberg*, Christliche Passafeier und Abendmahl (StANT XXVII), München 1971, 144-149.

[4] Der Ausdruck »Eucharistie« für die ganze auf Jesus zurückgehende Brot- und Kelchhandlung wird schon seit dem Beginn des zweiten Jahrhunderts üblich (vgl. Didache IX u. X). Wir sprechen daher auch schon von neutestamentlichen Eucharistieberichten, obwohl im NT der Begriff noch nicht in diesem Sinne festgelegt ist.

Tradition, die man sich aber nicht bis aufs Wort einheitlich vorstellen darf. Sie war vor ihrer schriftlichen Fixierung in vielen Gemeinden mündlich verbreitet, hauptsächlich weil sie beim eucharistischen Mahl der Gemeinde rezitiert wurde. Matthäus ist ohne Zweifel von der Markusfassung abhängig. Sein Einsetzungsbericht zeigt sich als eine leichte theologische und stilistische Überarbeitung der Markusform.

Man darf es heute wohl als gesichert ansehen, daß Lukas, der später schreibt als Paulus, dennoch literarisch nicht von 1 Kor 11 abhängig ist, sondern daß Paulus und Lukas unabhängig voneinander auf dieselbe Tradition zurückgehen, die aller Wahrscheinlichkeit nach auf die Kirche von Antiochien in den vierziger Jahren verweist [5]. Dabei wird man Lukas trotz seiner späteren schriftlichen Fixierung im ganzen mehr Treue zuschreiben dürfen als Paulus [6]. So spricht etwa vieles dafür, daß der Stiftungsbefehl »Tut dies zu meinem Gedächtnis!« ursprünglich in dieser Tradition nur einmal vorkam, während wir bei Paulus auf eine spätere Parallelisierung und damit Verdoppelung stoßen.

Damit können wir eine im Grundkern mit der Lukas-Paulus-Fassung identische antiochenische Form und eine mit der Markus-Fassung im wesentlichen identische Jerusalemer Form des Einsetzungsberichtes annehmen. Die Lukas-Paulus-Tradition läßt sich etwa bis in die vierziger Jahre zurückdatieren, während dies bei der Markus-Fassung nicht möglich ist. Trotzdem sprechen zahlreiche Semitismen und andere sprachliche Eigenarten auch für ein hohes Alter der Markus-Fassung [7].

Es erhebt sich nun die Frage: Ist es möglich, durch einen Vergleich der beiden Traditionen näher an die gemeinsame Urform und vielleicht sogar an die ungefähre Form der Worte Jesu selbst heranzukommen? Dazu wäre zunächst die Frage zu klären, welcher Tradition man den Vorrang geben müßte. In dieser Frage sind sich die Fachleute, sofern sie überhaupt hier eine Lösung für möglich halten und ein historisches Interesse haben, nicht einig. Während Jeremias in den ersten Auflagen

---

[5] Vgl. sämtliche in Anm. 5 der Einleitung genannten Arbeiten *H. Schürmanns*. Außerdem *J. Betz*, Die Eucharistie in der Zeit der griechischen Väter, Bd. II/1: Die Realpräsenz des Leibes und Blutes Jesu im Abendmahl nach dem Neuen Testament, Freiburg ²1964, 10–19. – Obwohl Lukas später schreibt als Paulus in 1 Kor 11, erkennt man seine Unabhängigkeit von Paulus an einigen Eigenarten seines Berichtes. So kennt Lukas den Wiederholungsbefehl nur einmal (ursprüngliche Form), während Paulus eine Verdoppelung bringt (spätere Parallelisierung). Da sie beide auf dieselbe Tradition zurückgehen, muß diese eine Reihe von Jahren vor der Abfassungszeit von 1 Kor 11 angenommen werden.
[6] Vgl. *H. Schürmann*, Einsetzungsbericht Lk 22,19–20.
[7] Vgl. *J. Jeremias*, Abendmahlsworte, 165–181.

seines Buches »Die Abendmahlsworte Jesu« zu der Meinung neigte, daß auf Grund der zahlreichen Semitismen die Markus-Fassung und die Jerusalemer Tradition den Vorzug verdient, versuchte Schürmann die Treue und das Alter der lukanischen Tradition mit guten Gründen zu verteidigen [8]. Insbesondere spricht, wie auch Jeremias in der vierten Auflage seines Buches zugibt, die lukanisch-paulinische Angabe für historische Treue, daß Jesus den Kelch »nach dem Mahl« nahm. Darin spiegelt sich in der Tat der Ritus eines jüdischen religiösen Festmahls wider [9].

Heute haben sich beide Meinungen insofern einander angenähert, als Schürmann nicht mehr in der lukanischen Tradition die Urfassung, Jeremias nicht mehr in der Markus-Fassung die ursprüngliche Tradition erkennen will, sondern beide ein sehr differenziertes Traditionsgeschehen annehmen [10].

Die Frage ist deshalb von theologischer Bedeutung, weil bei Markus das Kelchwort in einer Weise formuliert ist, daß es auf der Opfertheologie des Alten Testamentes aufruht. »Dies ist mein Bundesblut« (Mk 14,24) erweist sich als Nachbildung von Ex 24,8: »Seht, das ist das Blut des Bundes, den Jahwe mit euch ... geschlossen hat!« Ex 24,8 ist, wie der Kontext zeigt, ein Zeugnis für eine Überzeugung, nach der der Bund zwischen Gott und dem Volk durch ein Opfer besiegelt wird. Wenn das Kelchwort des Markus auf diese Theologie zurückgreift, versteht es den Tod Jesu also auch als ein Opfer, durch das der Bund zwischen Gott und der Kirche als dem neuen Volk Gottes seine Kraft erhält. Damit wird aber der eucharistische Kelch auch als Opferkelch gesehen. Geht diese Deutung des Todes Jesu und der Eucharistie als Opfer auf die Jerusalemer Urgemeinde zurück? Die Frage ist historisch wohl nicht zu entscheiden.

Wir müssen uns also damit begnügen, daß wir die zwar frühen Fassungen des Eucharistieberichtes, nicht aber die Urfassung gewinnen können. Doch ist dies letztere für die theologische Auslegung auch nicht von entscheidender Bedeutung. Denn man darf den Unterschied zwischen den beiden Traditionen auch nicht übertreiben. Gedanken über den Sühnetod des Gottesknechtes aus den Gottesknechtsliedern

---

[8] Vgl. sämtliche in Anm. 5 der Einleitung genannten Arbeiten *H. Schürmanns.*
[9] *J. Jeremias,* Abendmahlsworte, 182: »Andererseits haben alle anderen Fassungen (mit Ausnahme des von Markus abhängigen Matthäusberichtes) Züge aufbewahrt, die altertümlicher sind als Markus. Es sei für Paulus nur an die Wendung μετὰ τὸ δειπνῆσαι ... erinnert.«
[10] Ebd. 183: »Ich freue mich, hinzufügen zu können, daß *H. Schürmann* mich hat wissen lassen, daß er den Ausdruck ›Urbericht‹ für die von ihm vermutete vorlukanische Fassung des Lukasberichtes heute nicht mehr verwenden würde.«

des Jesaja (»Hingabe des Lebens für die vielen« – vgl. vor allem Jes 53) liegen beiden Fassungen zugrunde [11], und der Sache nach ist mit dem lukanischen Ausdruck, daß der neue Bund »in meinem Blut« zustande kommt, also durch Jesu Lebenshingabe entsteht, auch die Aussage des Markus eingeholt, durch die Jesu Tod als Opfertod und Besiegelung des Bundes erscheint.

Soviel haben jedenfalls die Bemühungen um die ursprüngliche Form des Eucharistieberichtes ergeben: Wir können den Kern wenigstens der lukanischen Tradition zurückverfolgen bis in eine Zeit, die nur ein Jahrzehnt vom Tod Jesu entfernt ist. Da sich außerdem der Hintergrund dieser Berichte, vor allem auf Grund der Bezugnahme auf die Gottesknechtslieder des Jesaja, als genuin jüdisch erweist [12], ist der Ursprung der Eucharistiefeier auch historisch auf Jesus zurückzuführen.

Alle Versuche, die Eucharistiefeier der jungen christlichen Gemeinden von hellenistischem Einfluß, etwa von den Totengedächtnismählern, abzuleiten, erweisen sich bei näherem Zusehen als nicht tragfähig [13]. Man wundert sich, wie angesichts dieser Ergebnisse der Forschung H. Braun ohne detaillierte Begründung pauschal urteilen kann: »Das letzte Mahl . . . dürfte eine Zurückverlegung des in den hellenistisch-christlichen Gemeinden geübten Herrenmahls hinein in die letzten

---

[11] Uns interessiert hier nur die Beziehung der Gottesknechtslieder zur Zeit Jesu, nicht die Geschichtsepoche, in der sie entstanden sind (Situation des Exils). Wir sprechen daher im folgenden der Einfachheit halber nicht von den Gottesknechtsliedern des Deuterojesaja, sondern des Jesaja, weil sie sich in diesem prophetischen Buch finden.
[12] *J. Jeremias*, Abendmahlsworte, 222: »Die häufig zu hörende Behauptung, es sei undenkbar, daß Jesus seinem Tod Sühnekraft zugeschrieben habe, derartige Aussagen seien vielmehr ›Dogmatik‹ der Urgemeinde oder des Apostels Paulus, ist für jeden, der palästinische Quellen kennt, erstaunlich. Gedanken über die sühnende Wirkung des Todes spielen im Denken der Umwelt Jesu eine große Rolle.«
[13] Vgl. ebd. 230-235. Der Autor schließt seine Untersuchung über diese Frage so: »Hält man sich den geschilderten Tatbestand vor Augen, ... dann wird man schwerlich den Mut aufbringen, den Abendmahlswiederholungsbefehl mit den antiken Totenmahlstiftungen in irgendwelchen Zusammenhang zu bringen« (234 f.). – *F. Hahn*, Die alttestamentlichen Motive in der urchristlichen Abendmahlsüberlieferung, in: EvTheol 27 (1967) 342, urteilt vorsichtiger als Jeremias, sagt aber auch: »Der sachliche Unterschied zu diesen hellenistischen Gedächtnisfeiern ist allerdings sehr groß.« – *E. Schweizer* (Art. Abendmahl im NT, in: RGG³ I, 10–21) kommt aus innertheologischen Gründen zu der Meinung, daß die Einsetzung durch Jesus nicht historisch sei. Die Schwierigkeit des doppelten Mahlberichts scheint uns allerdings die redaktionsgeschichtliche These von *R. Feneberg*, Christliche Passafeier und Abendmahl (s. o. Anm. 3) zu lösen. Damit wird die Folgerung Schweizers unnötig. Daß die Deuteworte »gebildet sein dürften in der frühesten Gemeinde« (*Schweizer*, Art. Abendmahl, 17), scheint uns jedenfalls bei dem Abscheu der Juden schon vor dem Gedanken des Blutgenusses und bei der ausdrücklich gegenteiligen Behauptung des Paulus (1 Kor 11,23) unmöglich.

Tage Jesu sein; denn das Mahl trägt das Gepräge hellenistisch-sakramentaler Religiosität und ist in palästinensisches, auch qumranisches religiöses Denken schwer einzuordnen.«[14] Im Gegensatz zu Brauns Behauptung zeigt sich vielmehr, daß das Herrenmahl sowohl durch den theologischen Hintergrund wie durch Einzelhinweise viel mehr Anzeichen für palästinensisches als für hellenistisches Milieu und Denken aufweist[15].

Damit ergibt sich, daß die Glieder in der Behauptung Brauns umzukehren sind, so daß es heißen muß: Das Herrenmahl, wie es in den jüdisch-christlichen und den hellenistisch-christlichen Gemeinden geübt wurde, dürfte sich nur erklären von den letzten Tagen Jesu selbst her; denn bei der geringen Zeitspanne, die zwischen der Praxis des Herrenmahls in den vierziger Jahren und den letzten Tagen Jesu gegeben ist, ist die Neubildung eines so gewichtigen Ritus durch die Gemeinden mitsamt seiner Ausfächerung und weiten Verbreitung äußerst unwahrscheinlich, ja unmöglich.

Somit haben wir den Weg frei für eine breitere Interpretation der biblischen Texte[16]. Wenn wir die große Fülle der Gesichtspunkte, welche die neutestamentliche Forschung hier herausgearbeitet hat, kurz und übersichtlich darstellen wollen, müssen wir einen systematischen Standpunkt einnehmen, d. h., wir müssen unmittelbar die Sache selbst

---

[14] *H. Braun*, Jesus. Der Mann aus Nazareth und seine Zeit (Themen d. Theol. I), Stuttgart ²1969, 50. – Reichlich konstruiert erscheint uns die ähnliche, wenn auch nicht ganz so extreme These von *W. Marxsen*, die er in seiner kleinen Schrift »Das Abendmahl als christologisches Problem«, Gütersloh ²1965, vertritt. Soviel sei hier zu seiner Meinung gesagt: 1. Marxsens Funktionalismus leugnet jede ontologische Grundlage von Funktionen und sieht ontologische Aussagen als bloßes, durch die Gemeinde zur Funktion Christi und des Mahles hinzugefügtes und zu nichts verpflichtendes Interpretament; 2. Die enormen historischen Schwierigkeiten, die seine Leugnung der Einsetzung des Abendmahls durch Jesus hervorruft, werden übergangen. So wird (8) zwar 1 Kor 11,23–25 zitiert, der Rückgriff des Paulus auf die Jesustradition aber nicht reflektiert. Hätte Paulus sich angesichts seiner Gegner in Korinth ohne Grundlage auf eine im Jahr 57 noch nachprüfbare Herrentradition berufen können? Diese Frage wird von Marxsen nicht einmal erwähnt! Vgl. hierzu die gründliche Studie von *P. Neuenzeit*, Das Herrenmahl (StANT I), München 1960, 88: »Nur ein sachlich und wahrscheinlich auch wörtlich identischer Einsetzungsbericht kann sich gegenüber den Parteiungen in Korinth als ein jeder Kritik enthobenes Argument durchsetzen.« 3. Der Glaube, daß *der Geist Christi* das Ereignis Christi im NT auslegt, ist bei Marxsen weder explizit noch implizit vorhanden, ja wird implizit geleugnet: die neutestamentliche Entwicklung ist »historische Zufälligkeit« (28).
[15] Vgl. *J. Jeremias*, 132–252.
[16] Mit diesen Überlegungen behaupten wir *das Ineinander der theologischen und der historischen Fragestellung*. *R. Feneberg*, Christliche Passafeier und Abendmahl, sieht dieses Ineinander klar (82 u. ö.). Man wird ihm auch darin zustimmen, daß die Zuordnung dieser beiden Fragestellungen »nicht nur faktisch ungelöst, sondern *wesent-*

und ihre Aspekte ins Auge fassen. Die exegetische Arbeit der Auslegung der einzelnen Traditionsstränge setzen wir also voraus. Wir werden jedoch hier und da auf die in exegetischen Studien vorliegenden Resultate, Meinungen und Argumente hinweisen [17].

2. Jesu Mahlgemeinschaft mit den Jüngern: Der Gastgeber, der sich selbst gibt

Wir sind es gewohnt, bei dem Gedanken an die Gegenwart Jesu in der Eucharistiefeier primär oder nur an die somatische Realpräsenz, seine Gegenwart in Brot und Wein, zu denken. Darum geht unsere Aufmerksamkeit auch bei den neutestamentlichen Berichten an erster Stelle auf die Worte: »Das ist mein Leib« bzw. »Das ist mein Bundesblut«. Charakteristisch dafür ist, daß noch in jüngerer Zeit Arbeiten über die Eucharistie das Brotwort zum Titel haben [18]. Wir werden später, im dogmengeschichtlichen Teil unserer Überlegungen, feststellen, daß es sich hier um eine geschichtlich bedingte Verengung handelt,

---

lich nicht ein für allemal zu lösen« ist (86). Es ist aber nicht angängig, sich der Last, das Ineinander dieser beiden Seiten des Glaubens stets neu zu finden, in der Weise Fenebergs zu entziehen. Denn Feneberg versucht eine Lösung oder besser eine Ausflucht in einer irrationalen Lebens- oder Erlebnistheologie, die zwar nicht individualistisch wie bei Schleiermacher, statt dessen aber soziologisch geprägt ist. Sowohl Passionsgeschichte wie Abendmahlsbericht erscheinen bei ihm als Projektionen des Selbstverständnisses der Gemeinde auf der jeweiligen Stufe ihres Bewußtseins (83-139). Die Frage nach dem historischen Jesus wie die nach dem Christus des Glaubens wird unbedeutend, »sekundär« (90). Feneberg wird durch diese Verdrängung der historischen Frage (er spricht statt dessen bezeichnenderweise von »Historisierung«!) seinem eigenen Prinzip vom Ineinander der theologischen und historischen Fragestellung untreu. Mit Hilfe des Zauberwortes von der Nichtobjektivierbarkeit baut er eine Wesenstheologie ohne Bezug zur historischen Realität auf: »Die Evangelien sind, um zu bedeuten, nicht um zu sein« (91). (Bezeichnend hier der Vergleich zwischen Evangelium und Mysterienspiel!) Das ist keine Entscheidung, kein Weg in der hermeneutischen Frage, sondern ihre Aufhebung! – Mit dieser grundsätzlichen Kritik ist allerdings nicht die redaktionsgeschichtliche These des Verfassers getroffen, die für die judenchristlichen Gemeinden in den ersten Jahren nach Ostern eine enge Verbindung von Paschamahl und Eucharistiefeier annimmt. Ihr kann man nach meiner Ansicht weitgehend zustimmen.
[17] Angesichts der Fülle der divergierenden Ansichten der Exegeten möchten wir folgende Methode anwenden: In den für die theologische Darstellung zentralen Fragen nehmen wir auf Grund des Gewichts der vorgebrachten exegetischen Argumente Stellung; in den für die Theologie der Eucharistie peripheren Fragen referieren wir (ohne Angabe der Gründe) die unseres Erachtens wahrscheinlichste Lösung. *F. Hahn, Die alttestamentlichen Motive*, 338, nennt die exegetischen Fragen um das Abendmahl »kompliziert und teilweise höchst umstritten«.
[18] So z. B. *Fr. J. Leenhardt*, Ceci est mon corps, Neuchâtel 1955.

die auf die im Frühmittelalter einsetzende Entwicklung in der Eucharistielehre zurückgeführt werden muß. Wenn wir die neutestamentlichen Berichte in ihrer Eigenart zu verstehen suchen, erkennen wir deutlich, daß die Worte *über* Brot und Wein in einer Anrede, also in der Form von Worten *an* die Jünger Jesu gebraucht sind. Sie stehen in engster Verbindung mit der Aufforderung: »Nehmt und eßt! – Nehmt und trinkt!«
Jesus hat in seinem Leben mit seinen Jüngern oft gemeinsam Mahl gehalten. Das Mahl ist in seinen Gleichnissen ein beliebtes Bild für die endgültige Gemeinschaft der Menschen mit Gott und untereinander im Reiche Gottes. Durch die von ihm vollzogene Mahlgemeinschaft mit Zöllnern und Sündern machte er diesen selbst und den Pharisäern klar, daß er den Sündern die Versöhnung mit Gott bringen konnte und wollte (vgl. etwa Mt 9,9–13 parr; Mt 11,19 par; Lk 19,1–10). Bei einem Mahl sprach er zur Sünderin: »Deine Sünden sind dir vergeben« (Lk 7,36–50). An der Darstellung der Evangelisten wird deutlich, daß das letzte Mahl Jesu mit seinen Jüngern die Aufgipfelung und Zusammenfassung der Liebe und Versöhnung Gottes ist, die er ihnen verkündigte und brachte, und dieser Zug ist so selbstverständlich und durchgängig, scheint auch aus der Situation historisch sich so nahezulegen, daß er den Hintergrund unserer Überlegungen zu den Einsetzungsworten bilden muß.

Diese Bedeutung des letzten Mahles Jesu mit seinen Jüngern wird noch unterstrichen dadurch, daß es wahrscheinlich ein Paschamahl war, auf jeden Fall aber in der zeitlichen und geistigen Nähe zum Paschamahl stand [19]. Bei diesem Mahl fungiert Jesus als Veranstalter des Mahles, als Hausherr, der seine Jüngergemeinschaft beschenkt, nicht nur mit den Speisen, die beim Mahl gereicht werden, sondern darin und dadurch mit seiner eigenen Gegenwart, mit dem Gewähren seiner Worte, seiner Gemeinschaft, seiner Beziehung zum Vater.

Alles, was innerhalb dieses Mahles geschieht, muß von dieser primären Gegenwart Jesu ausgehen. Wir haben oben schon darauf hingewiesen, daß die Eucharistiefeiern der ersten Christen ohne eine Stiftung Jesu nicht zu verstehen sind. Wenn Jesus seinen Jüngern aufträgt, zu seinem Gedächtnis das zu tun, was er beim Abendmahl mit ihnen tut, so muß auch bei den Eucharistiefeiern der Gemeinde die primäre Gegenwart Christi die des Gastgebers und Hausherrn sein. Direkt ausgesprochen

---

[19] Vgl. *P. Benoit*, Les récits de l'institution de l'Eucharistie et leur portée, in: Exégèse et Théologie I, Paris 1961, 210–239. Dt. Übers.: Die eucharistischen Einsetzungsberichte und ihre Bedeutung, in: Exegese und Theologie, Düsseldorf 1965, 86–109: »Die Angaben des Evangeliums lassen sich mühelos in den Rahmen des jüdischen Rituals einfügen« (90); *J. Jeremias*, 9–82.

ist das Lk 24,13-35, in der Erzählung von den Emmausjüngern. Die Gegenwart des Auferstandenen bei seinen Jüngern, eine Gegenwart auf dem Wege, erreicht ihre höchste Fülle und damit ihre Erkennbarkeit beim Brechen des Brotes. In der Eucharistiefeier erfährt die junge christliche Gemeinde den auferstandenen Herrn als den, der ihr das Brot bricht und ihr dadurch vorausweisend-entschwindend nahe ist. Die eucharistische Gegenwart Christi ist zunächst zu sehen als die Gegenwart des Gastgebers, der durch sein Mahl Gemeinschaft schenkt, als die höchste Realisation der Verheißung: »Ich bin bei euch alle Tage, bis diese Weltzeit sich vollendet« (Mt 28,20). Der Tisch, den die Kirche bei der Eucharistiefeier bereitet und von dem sie genießt, ist der von Jesus kraft seines letzten Mahles, seiner Verheißung, seines Todes und seiner Auferstehung bereitete Tisch. Als Auferstandener hat er die Vollmacht, in der Kraft seines Geistes der eigentliche Gastgeber des eucharistischen Mahles zu sein.

Was er in diesem Mahl gibt, ist die Gemeinschaft mit sich selbst und dadurch die Teilnahme an seiner Gemeinschaft mit dem Vater. Dies konkretisiert sich dadurch, daß Jesus Brot und Wein, die innerhalb des Festmahls gegessen bzw. getrunken wurden, zu einem Ausdruck seiner Lebenshingabe, zu einem Zeichen seiner Gemeinschaft mit den Jüngern macht.

Das Paschamahl bestand zur Zeit Jesu aus vier Teilen: aus Vorspeise, Paschaliturgie (einer Art Wortgottesdienst), dem Hauptmahl und der Abschlußliturgie [20]. Auch jedes andere religiöse Festmahl verlief in dieser Weise, wenn auch die Form der liturgischen Teile vereinfacht werden konnte. Zu Beginn des Hauptmahls sprach der Hausvater das Tischgebet über das ungesäuerte Brot, und nach dem Hauptmahl sprach er das Tischgebet über den dritten Becher, den Segensbecher. Es war üblich, daß der Hausvater jemanden, den er besonders ehren, dem er in besonderer Weise Gottes Segen zusprechen wollte, aus seinem eigenen Becher trinken ließ, wenn er den Segen über diesen dritten Becher gesprochen hatte.

Jesus hat nach dem Tischgebet über das ungesäuerte Brot (also vor dem Beginn des Hauptmahls) beim Auseinanderreißen der Brotfladen dem wesentlichen Inhalt nach die Worte gesprochen: »Nehmt und eßt! Das ist mein Leib!« Dabei ist zu bedenken, daß er als Hausvater während der Mahlliturgie die Aufgabe hatte, das Mahl zu deuten und dies wohl nicht nur in allgemeiner Hinsicht, nach dem bisherigen jüdischen Brauch, sondern auch in bezug auf seinen bevorstehenden Tod und die Bedeutung seines letzten Mahles getan hat. So wurde es für die Jünger

---

[20] Vgl. *J. Jeremias*, 79 f.

verständlich, daß die auseinandergerissenen und verteilten Brotfladen auf den Tod Jesu und die Bedeutung dieses Todes hinwiesen: Jesu Existenz wird verteilt werden »für die vielen«, d. h. für alle Menschen, so, wie dieses Brot hier gebrochen und verteilt wird. Jesu Existenz ist in dieser Form des Verteiltwerdens, des Sterbens, die Wirklichkeit, aus der wir leben. Es ist dabei zu beachten, daß es sich hier um ein dialogisches Geschehen handelt. Wenn Gottes Tat in Jesu Lebenshingabe auch unabhängig von uns geschehen ist, so ist doch das Ja der Jünger, unser Ja notwendig, wenn dieses Geschehen uns erreichen, wenn das »für uns« sein Ziel finden soll. Gemeinschaft setzt Zustimmung voraus. Das Angebot der Liebe Gottes, das Jesus selbst ist durch seinen Tod für alle, muß im Glauben, in der Antwort der Liebe angenommen werden. Bevor wir auf die Worte »Das ist mein Leib« näher eingehen, ist daher zunächst die Aufforderung: »Nehmt und eßt!« zu bedenken. Die Aussage, daß das Brot sein Leib sei, spricht Jesus im Rahmen und unter dem Vorzeichen einer Aufforderung, eines Anrufs. Sein Wort ist nicht unmittelbar und primär ein Wort *über* das Brot, sondern ein Wort *an* die Jünger, *an* uns. Die Hauptbeziehung ist nicht die Beziehung »Jesus und das Brot«, sondern die Hauptbeziehung ist die Beziehung »Jesus und seine Jünger«, »Jesus und wir als die Gemeinschaft der an ihn Glaubenden«. Seine Existenz will verteilt werden, will – was die Konsequenz davon ist – von den Menschen angenommen werden: »Nehmt und eßt!« Es handelt sich bei diesem Nehmen und Essen der Jünger darum, daß sie auf die Existenz Jesu, auf die Bedeutung seines Todes und seines letzten Mahles, das ein Ausdruck seiner Lebenshingabe ist, eingehen und dem entsprechen, was Jesu Mahlgemeinschaft mit ihnen besagt.

Nach dem Hauptmahl nahm Jesus den dritten Becher, den sogenannten Segensbecher, und nachdem er das Dank- und Segensgebet über ihn gesprochen hatte, ließ er ihn kreisen und alle Jünger aus ihm trinken. Er selbst trank offenbar nicht daraus, wie er vielleicht während dieses letzten Mahles selbst gar nichts zu sich nahm [21]. So benutzte und erweiterte er die jüdische Sitte, daß der Hausvater jene Gäste, die er besonders ehren wollte, aus seinem eigenen Becher trinken ließ. Er gibt allerdings mit seinem Becher Anteil an einem tieferen Segen, an sich selbst: »Nehmt und trinkt alle daraus! Dieser Kelch ist Anteil am neuen Bund, auf Grund meines Blutes.«
Wie auch die Worte zu diesem dritten Becher im einzelnen gelautet haben mögen, die Bedeutung der Kelchhandlung ist im wesentlichen mit der Brothandlung identisch und verstärkt deren Sinn. Es handelt

---

[21] Vgl. ebd., 199–210.

sich nicht nur um die Deutung der Existenz und des Todes Christi, sondern in dieser Deutung wird die gedeutete Gabe selbst gereicht: Jesu in den Tod hingegebenes Leben. Damit ist der Sinn der Handlung so, daß wir ihn – nach unserem Sprachgebrauch – als sakramental bezeichnen können: In der Handlung und dem sie deutenden Wort wird die bezeichnete und gedeutete Wirklichkeit der Lebenshingabe Jesu selbst gewährt [22].

Untersuchen wir aber das Brot- und Kelchwort noch genauer. Zunächst entsteht die Frage, was Jesus mit »Leib« meint. Das semitische Äquivalent war wahrscheinlich »baśar«. Dieses Wort kann den ganzen Menschen unter der Rücksicht seiner Hinfälligkeit und Todesverfallenheit bezeichnen. Es ist also nicht zu verwechseln mit unserem Begriff »Leib«, der seinen Inhalt aus dem Gegensatz zu »Seele« oder »Geist« gewinnt. Das Wort »Blut« (hebräisches Äquivalent »dam«) meint entweder das Blut eines Opfertiers oder das Blut des Menschen, vor allem in Hinblick auf einen gewaltsamen Tod. Außerdem kommt das Begriffspaar »baśar wᵉdam« (»Fleisch und Blut«) oft in der Opfersprache vor und meint »die beiden Bestandteile des Körpers, insbesondere des Opfertieres, die bei der Tötung getrennt werden« [23].

Damit wird es noch klarer, daß Jesus mit Brot- und Kelchwort und mit der sie begleitenden Handlung Anteil geben will an seinem in den Tod hingegebenen Leben. Dieser Tod erscheint zugleich als Opfer vor Gott zugunsten der Jünger und der Menschen überhaupt, worauf zahlreiche Anspielungen in den Einsetzungsworten hinweisen [24].

---

[22] Dies ergibt sich aus dem Paschahintergrund der Mahlfeier. Das jüdische Paschamahl war schon in diesem Sinne sakramental, nämlich als die durch Gott gewirkte Vergegenwärtigung des Auszugs aus Ägypten. Vgl. *M. Thurian*, L'Eucharistie, Neuchâtel 1959. Dt. Übers.: Eucharistie, Mainz 1963; hier vor allem 15–58.
[23] *J. Jeremias*, 213.
[24] Es ist uns unverständlich, warum *F. Hahn*, Die alttestamentlichen Motive, 358–366, zwar den *Sühne*charakter des Todes Jesu und damit der Eucharistie stark betont, aber immer wieder davor zurückschreckt, von einem Sühne*opfer* Christi zu sprechen. Er muß zugeben, daß Eph 5,2; 1 Petr 1,19 und Hebr passim der Tod Jesu als *Opfer* verstanden wird, ja sogar im Umkreis der Abendmahlsworte in Mk 14,24. Uns will nicht einleuchten, wieso Hahn seine Vorsicht gegenüber dem Opfergedanken damit begründet, daß »in Mk 14,24 ... der Opfergedanke erst durch die Verkoppelung des Sühnemotivs mit dem Bundesgedanken zustandegekommen ist« (362). Mit diesem Argument könnte man auch die Christologie des Johannes ablehnen, da sie »erst« um 100 n. Chr. entstanden ist. – Geradezu unqualifiziert erscheint uns das Urteil von *H. Kessler*, Die theologische Bedeutung des Todes Jesu, Düsseldorf 1970, 295, der auf Grund seiner Allergie gegen den Sühne- und vor allem den Opfergedanken folgendes meint: »Zu einer Sühne-, Opfer- oder Satisfaktionstheorie lassen sich die erörterten Texte nicht systematisieren ... Zu einer solchen Theorie könnte – und konnte – allenfalls der Hebräerbrief verleiten. Aber abgesehen davon, daß in ihm disparate und divergierende Momente nebeneinander stehen, daß er Zeugnis einer Übergangssitua-

Damit wird weiter wahrscheinlich, daß der Begriff »Bund« im Kelchwort ursprünglich ist [25]. Jeremias konnte zeigen, daß selbst bei Bevorzugung der Markus-Fassung vom Sprachlichen her keine Bedenken existieren, dieses Wort als von Jesus gesprochen anzunehmen [26]. Auf jeden Fall ist es der Sache nach schon in der Handlung Jesu und den begleitenden Worten mitgegeben. Denn Jesus wußte sich, wie die Argumente zugunsten einer indirekten Christologie erweisen [27], als denjenigen, der die endgültige Gottesherrschaft bringen sollte. Beim Scheitern seiner Sendung an Israel mußte er zu der Überzeugung kommen, daß seine Aufgabe nur noch durch seinen Tod für andere zu erfüllen war. Damit war aber gegeben, daß sein Tod als der Tod dessen, der in seiner Person die unmittelbare Nähe der Gottesherrschaft brachte, das unmittelbare, das »sakramentale« Zeichen der kommenden endgültigen Gemeinschaft Gottes mit den Menschen darstellte. Zwischen seinem Tod und dem Reich Gottes ist keine andere Vermittlung mehr nötig und denkbar, und so kann er in seinem Todesmahl den Bund mit Gott vermitteln, kann er in diesem Mahl in Brot und Wein Anteil geben am Bund Gottes, an der Lebensdimension, in der Gott der Herr ist. Dies vor allem auch deshalb, weil er den Tod nicht in Eigenmächtigkeit, sondern im Gehorsam gegen Gott auf sich nimmt und so Gott in seiner Existenz den Raum gibt, in dem dieser herrschen kann, letztlich nicht zum Tod, sondern zum Leben Jesu selbst und derer, für die er stirbt.

So erkennen wir, daß im Abendmahl und von ihm her in der eucharistischen Versammlung der Kirche Jesus als Gastgeber, als Veranstalter

---

tion der Ablösung vom Judentum ist, daß man seine ursprünglichen Intentionen vielleicht preisgeben müßte, abgesehen von alledem wäre dieses eine, dazu noch relativ späte Dokument des Neuen Testamentes eine zu schmale Basis.« Es lohnt sich nicht, die einzelnen Scheinargumente, die hier genannt werden, zu zerpflücken. Man kann nur anmerken, daß man auf der Basis einer solchen Hermeneutik mit dem *gesamten* NT machen kann, was man will. Schließlich ist Hebr schon in 1 Clem bezeugt und seine Entstehung also mindestens um 80 n. Chr. anzusetzen. Man kann sich ausmalen, daß Kessler »die ursprünglichen Intentionen« des Johannesevangeliums, das später entstanden ist, sicher »preisgeben müßte«.
[25] Dies ist vor allem dann der Fall, wenn man mit *F. Hahn*, Motive, 340, und anderen Autoren das Kelchwort bei Markus als sekundär ansieht »gegenüber der inkongruenten Formulierung bei Paulus«.
[26] Abendmahlsworte, 186–188.
[27] Vgl. etwa *H. Conzelmann*, Grundriß der Theologie des Neuen Testaments, München 1967, 115–159, bes. 146: »Alle Lehrstücke Jesu sind von einer indirekten Christologie geprägt. Jesus lehrt nicht ausdrücklich, wer er sei. Aber er verhält sich in seiner Verkündigung als der, der die Unmittelbarkeit zu Gott in jeder Beziehung freilegt. Nach seinem Tode wird diese indirekte Christologie in die direkte des Gemeindeglaubens umgesetzt.«

des Mahles gegenwärtig ist, daß er in diesem Mahl die Gemeinschaft mit sich und dadurch mit Gott schenkt, ja daß er sich selbst in Brot und Wein als den für uns in den Tod Hingegebenen austeilt und also auch erwartet, daß wir im Glauben bereit sind, ihn und damit das kommende Reich, den Bund Gottes mit den Menschen zu empfangen und die Gemeinschaft mit ihm zu bewahren. Form, Inhalt und Kontext der neutestamentlichen Einsetzungsberichte sprechen dafür, daß diese Gabe Jesu er selbst *ist*, dieses »ist« im realistischen Sinn verstanden. Es handelt sich hier nicht um ein gleichnishaftes Tun, das die gedeutete Wirklichkeit nur versinnbildet, sondern um den durch die zeichenhafte Handlung vermittelten Zugang zur bezeichneten Wirklichkeit selbst. Die in der Eucharistiefeier versammelte Gemeinde empfängt ihren Herrn als den, der das Mahl bereitet, und nimmt aus seiner Hand sein für uns in den Tod gegebenes Leben als Unterpfand der endgültigen Gottesherrschaft entgegen.

3. Der Abschied Jesu durch Tod in Auferstehung als Grund und Inhalt der Eucharistie

Die Beziehung zwischen dem Tod Jesu und dem Abendmahl ist auf Grund des bisher Gesagten noch weiter zu klären, und zwar von dem alttestamentlichen Hintergrund her, der den Abendmahlsworten eigentümlich ist. Bei Lukas und Paulus finden wir beim Brotwort den Zusatz »das für euch gegeben werden wird« bzw. »das für euch hingegeben werden wird«[28], bei Markus, Matthäus und Lukas beim Kelchwort die Bestimmung »das für viele vergossen werden wird«. Kein stichhaltiges Argument spricht dagegen, daß diese Worte im Munde Jesu möglich sind. Allenfalls kann man sie verstehen als die von der christlichen Gemeinde gegebene Erklärung des Handelns Jesu, die eine Zusammenfassung dessen darstellt, was Jesus in der Haggada, der Predigt während des Mahles, zur Deutung seiner Handlung gesagt hat. Der Gedankenzusammenhang verweist auf die Gottesknechtslieder des Jesaja: »Aber Jahwe fand Gefallen an seinem Zerschlagenen, heilte den, der sein Leben zum Schuldopfer dahingab ... Durch seine Erkenntnis (= seinen Glaubensgehorsam) wird mein Knecht die vielen rechtfertigen, und ihre Schulden auf sich laden. Darum will ich ihm die vielen als Anteil geben, ... dafür, daß er sein Leben in den Tod dahingab und unter die Frevler gerechnet ward, während er doch die Sünden der

---

[28] Das griechische διδόμενον kann sprachlich und muß hier wegen des Zusammenhangs futurisch übersetzt werden – vor allem, wenn man es als Übersetzung eines semitischen Äquivalents versteht.

vielen trug und an der Missetäter Stelle trat« (Jes 53,10 ff.). »Er aber trägt unsere Sünden und wird für uns gepeinigt« (Jes 53,4)[29]. Wir sehen, daß die Worte »hingegeben«, »die vielen«, »für euch« einen direkten Anklang der eucharistischen Berichte an die Gottesknechtslieder des Jesaja enthalten. Diese stellen also den Hintergrund dar, auf dem Jesus seinen Jüngern seinen Tod als Heilstod und als Sühnetod deuten konnte[30].

Jesus identifiziert sich mit dem Gottesknecht des Jesaja, oder besser: er deutet seinen Tod im Sinne der Gottesknechtslieder. Nachdem seine Sendung an Israel vom Volk nicht akzeptiert worden ist, ist nur noch sein Martyrium das Werk, durch das Gott seine Herrschaft aufrichten kann. Dabei ist zu bedenken, daß sich schon bei Jesaja die Sühne des Gottesknechtes nicht nur auf Israel, sondern auf »die vielen« bezieht, d. h. nach semitischem Sprachgebrauch auf alle Völker[31]. Jesu Tod bringt universales Heil, Gott bietet durch ihn den Menschen endgültig Vergebung der Schuld und den Bund mit sich an.

So erscheint die Eucharistiefeier der Kirche als einbezogen in das Christusgeschehen, in das Ereignis, in dem durch den Todesabschied Jesu von seinen Jüngern seine neue Gegenwart im Geist den Glaubenden geschenkt wird. Am tiefsten ist dieser Zusammenhang im Johannesevangelium dargestellt. »Ich sage euch die Wahrheit: es kommt euch zugute, daß ich euch verlasse; denn verließe ich euch nicht, so würde der Beistand nicht zu euch kommen. Doch wenn ich weggehe, will ich ihn zu euch senden« (Joh 16,7).

Der Geist bringt eine neue, tiefere Gegenwart Christi, deren Preis eben sein Todesabschied ist: »Noch eine kurze Zeit, und ihr werdet mich nicht mehr sehen; und nochmals eine kurze Zeit, so werdet ihr mich wiedersehen« (Joh 16,16). Daß nach dem Johannesevangelium in diese Dimension des Geistes, die den Tod und die Auferstehung Jesu voraussetzt, auch die Eucharistie hineingehört, zeigt Joh 19,33 ff. Blut

---

[29] Diese letzte Übersetzung nach der Septuaginta.
[30] *F. Hahn*, Motive, 361, urteilt: »In der Urchristenheit wurde die Vorstellung von der stellvertretenden Sühne durch Leiden und Tod aufgegriffen und erhielt in der christologischen Verkündigung eine zentrale Funktion. Das zeigen vor allem die vielen ὑπέρ-Wendungen...« Hahn neigt allerdings dazu, Jesus selbst die Verwendung des Sühnemotivs abzusprechen. Uns scheint die unter Exegeten übliche Tendenz, Jesus selbst so wenig wie möglich, der Gemeindetheologie aber soviel wie möglich zuzutrauen, keine sehr zuverlässige Methode zu sein.
[31] Vgl. *N. Füglister*, Alttestamentliche Grundlagen der neutestamentlichen Christologie, in: MS III, 1, Einsiedeln 1970, 105–225, bes. 216–220; *J. Jeremias*, Abendmahlsworte, 171–174. Die Form mit Artikel »die vielen« meint im Hebräischen und Aramäischen *immer* »alle«, die Form ohne Artikel »viele« *kann* »alle« meinen. Ob dies letztere zutrifft, ist jeweils aus dem Kontext zu ersehen. Im eucharistischen Kontext trifft es nach dem Gesamtduktus der Aussage zu.

und Wasser, die aus der Seitenwunde des gekreuzigten Jesus herausfließen, versinnbilden Eucharistie und Taufe, deren Wirklichkeit also zu der Geistwirklichkeit gehört, die den Tod Jesu zur Grundlage hat. In dieselbe Richtung weist 1 Joh 5,7: »Denn drei Zeugen gibt es: den Geist, das Wasser und das Blut, und diese drei sind eins.« Auch Joh 6 ist von hier aus zu verstehen, worauf wir später noch ausführlicher zu sprechen kommen. Denn Joh 6,55: »Mein Fleisch ist die wahre Speise und mein Blut ist der wahre Trank«, ist umfaßt von Joh 6,63: »Der Geist ist es, der lebendig macht; das Fleisch ist zu nichts nütze.« Damit wird also die gesamte eucharistische Wirklichkeit in die pneumatische Dimension, in die Dimension der Gegenwart Jesu im Geist, gestellt [32].

Damit ist aber etwas sehr Bedeutsames ausgesagt: Die Eucharistie ist eine besondere Form der Gegenwart Christi im Geiste, die seinen Todesabschied und damit sein »Fortgehen« dauernd als Grund in sich trägt und bezeugt. So steht die eucharistische Gegenwart Jesu dauernd in der Spannung von Anwesenheit und Abwesenheit Jesu, und so kann ihr Ort nur die Geschichte der Kirche auf ihrem Pilgerweg bis zum endgültigen Offenbarwerden der Herrschaft Gottes sein [33]. Die Eucharistie bezeugt, gerade indem sie eine hervorgehobene Form der Gegenwart Jesu im Geiste ist, zugleich seinen Todesabschied, sein Fortgehen aus dieser Welt zum Vater und damit auch dessen Kehrseite, das »fern vom Herrn« der christlichen Gemeinde, ihr Sein als ein Sein von »Pilgern und Fremdlingen« (1 Petr 2,11). Zugleich damit ist die Eucharistie Zeugnis dafür, daß die Dialektik von Abwesenheit und Anwesenheit Christi sich einmal aufheben wird in seine volle, unverhüllte Anwesenheit. Die Eucharistiefeier wird so zur Kraft auf dem Weg zum endgültigen Ziel, das darin besteht, »beim Herrn zu sein« (1 Thess 4,17). Paulus hat diesen eschatologischen Hinweischarakter der Eucharistie am klarsten ausgedrückt: »Sooft ihr nämlich dieses Brot eßt und aus diesem Becher trinkt, verkündigt ihr den Tod des Herrn, bis er kommt« (1 Kor 11,26).

Lukas hat diesen Zusammenhang in der Weise dargestellt, daß bei ihm der Weg Christi in seinen Tod und durch seinen Tod in die Auferstehung das Kommen der Herrschaft Gottes ist und daß die Eucharistie

---

[32] Nur wenn man in der Nachfolge Bultmanns einen Widerspruch zwischen Joh 6,51-58 und Joh 6,63 zu sehen glaubt, ist man auf die von ihm vorgenommene, durch den Textbefund nirgends veranlaßte Quellenscheidung angewiesen.
[33] In einer dogmengeschichtlichen, vor allem in der Auseinandersetzung mit Calvin gewonnenen Sicht erörtert dieses Ineinander von Anwesenheit und Abwesenheit Christi *J. Ratzinger*, Das Problem der Transsubstantiation und die Frage nach dem Sinn der Eucharistie, in: TThQ 147 (1967) 129–158.

verborgen, aber wirklich den Anteil an diesem Kommen gibt. Darum erscheint bei Lukas *nur Jesus selbst* als Subjekt aller Verben im Einsetzungsbericht (anders als bei Markus). Das Essen und Trinken der Jünger wird bei Lukas nicht erwähnt, sondern stillschweigend vorausgesetzt. Dagegen wird Jesu Handeln beim Abendmahl und sein Gang in den Tod dargestellt als der Weg, auf dem Gott mit seiner Herrschaft kommt [34]. Daher wählt Lukas beim Kelchwort jene Tradition, die diesen Sachverhalt am besten ausdrückt: »Dieser Kelch ist der neue Bund in meinem Blut.« Das bedeutet: »Dieser euch gereichte Kelch gibt euch Anteil an dem neuen, unüberholbaren und endgültigen Bund, den Gott durch meinen Tod (= in meinem Blut) aufrichtet.«

Es ist anzunehmen, daß in den Worten und in dem Handeln Jesu beim letzten Mahl dieser Ernst der letzten Stunde, das Wissen um das Einbrechen der Gottesherrschaft spürbar war. Vor allem in der sogenannten Verzichterklärung Jesu, die uns in voller, im Kern wohl ursprünglicher Fassung bei Lukas (22,15–18) und in gekürzter Form bei Markus (14,25) überliefert ist [35], finden wir ein Zeugnis dafür: »Und er sagte zu ihnen: ›Mich hat (oder: hätte [36]) sehr danach verlangt, dies Paschalamm mit euch zu essen, bevor ich leiden muß. Denn ich sage euch: Ich werde es nicht mehr mit euch essen, bis zur Vollendung im Reiche Gottes.‹ Und er nahm einen Becher, sprach den Dank und sagte: ›Nehmt ihn und teilt ihn unter euch! Denn ich sage euch: Ich werde von jetzt an vom Gewächs des Weinstocks nicht mehr trinken, bis das Reich Gottes kommt.‹« (Lk 22,15–18). So unmittelbar steht das Reich Gottes bevor, daß man bis dahin auf das Trinken des Weins verzichten kann. Jesus geht mit seiner Verzichterklärung drängend und voll Angst und Sehnsucht in den Tod, weil sein Tod zugleich das Kommen der Gottesherrschaft mit Macht ist [37].

Das Gedächtnismahl *dieses* Todes und darum die Vorweggabe der andrängenden Gottesherrschaft ist die Eucharistiefeier [38]. Sie hat darum ihren *Grund* in dem Todesabschied Jesu von seinen Jüngern und bleibt ein Zeichen dafür, daß er von uns gegangen ist und wir ihn in

---

[34] Vgl. etwa *H. Schürmann*, Der Abendmahlsbericht Lk 22,7–38 als Gottesdienstordnung, Gemeindeordnung, Lebensordnung, in: *ders.*, Ursprung und Gestalt, Düsseldorf 1970, 108–150.
[35] Die Argumente dafür bei *H. Schürmann*, Paschamahlbericht, 1–74.
[36] Vgl. *J. Jeremias*, Abendmahlsworte, 199–210.
[37] Vgl. Lk 12,50: »Mit einer Taufe muß ich getauft werden, und wie drängt es mich, bis sie vollzogen ist!« und Lk 9,27: »Einige von denen, die hier stehen, werden den Tod nicht kosten, bis sie das Reich Gottes sehen.« Die Parallele bei Markus (9,1) spricht vom »Kommen des Reiches mit Macht«.
[38] Wir halten – im Unterschied zu einigen Autoren – diese beiden Aspekte des Abendmahls Jesu für vereinbar, ja für zusammengehörig.

Sehnsucht neu und endgültig erwarten. Als Zeichen seiner heilsgeschichtlichen Abwesenheit ist die Eucharistie zugleich die Gabe seiner geheimnisvollen, aber wirklichen Begleitung und Gegenwart im Heiligen Geist. So ist der *Inhalt* der Eucharistie Abwesenheit und Anwesenheit Jesu in einem, der Vollzug seines »Bei-uns-Seins« bis zum Ende der Zeit, d. h. bis zu *der* Vollendung, in der seine Gegenwart ihre Offenbarkeit und Fülle erreicht.

4. Der Pascha-Hintergrund des Abendmahls: Der neue Bund

Immer wieder wird die Frage diskutiert, ob das letzte Mahl Jesu mit seinen Jüngern ein Paschamahl war oder nicht. Nach der Darstellung der Synoptiker war es ein Paschamahl, während nach der Darstellung des Johannesevangeliums (vor allem wegen Joh 18,28) der Abend des Paschamahles erst auf den Tod Jesu folgte. Die historische Frage wird man wohl niemals befriedigend beantworten können. Die stärkeren Argumente scheinen uns für die Annahme zu sprechen, daß das Mahl Jesu ein Paschamahl war.

Auf jeden Fall ist die jüdische Paschatheologie als Hintergrund des letzten Mahles Jesu anzunehmen, unabhängig davon, ob die historische Frage gelöst werden kann, und zwar aus folgenden Gründen. Bei Johannes wird zwar das Mahl nicht als Paschamahl dargestellt, aber die Theologie des Paschamahles, vor allem die Deutung des Paschalammes, spielt in der Passionsgeschichte des Johannes eine weit größere Rolle als bei den Synoptikern: Jesus stirbt nach Johannes als das wahre Paschalamm zu derselben Stunde, in der im Tempel die Paschalämmer geschlachtet werden. Schon zu Beginn des Evangeliums wird Jesus als das Lamm bezeichnet, das die Sünden der Welt trägt (Joh 1,29). Außerdem wählt Johannes in Kapitel 6 die griechischen Begriffe »σὰρξ καὶ αἷμα – Fleisch und Blut« statt »σῶμα καὶ αἷμα – Leib und Blut«, die bei Paulus und den Synoptikern vorkommen. »σὰρξ καὶ αἷμα« deutet im jüdisch-hellenistischen Bereich noch stärker als »σῶμα καὶ αἷμα« auf die Teile des Opfertieres hin und stellt somit eine Beziehung her zwischen dem als Sühnetod aufgefaßten Sterben Christi und der Eucharistie[39]. Wenn dieser Sühnetod aber gedeutet wird als das Sterben des wahren *Paschalammes* wie in Joh 19,36, so ergreift damit die Paschatheologie auch bei Johannes die Eucharistie[40].

Was die historischen Ereignisse angeht, so war die geistige und zeitliche

---

[39] Hier ist auch an Joh 19,34 zu denken: Aus der Seitenwunde Jesu strömt Blut und Wasser (Sinnbild für Eucharistie und Taufe).
[40] Joh 19,36: »Keinen Knochen wird man ihm zerbrechen« ist ein Zitat aus dem alttestamentlichen Bericht über die Paschanacht. Vgl. Ex 12,46.

Nähe zum Paschafest beim letzten Mahl Jesu auf jeden Fall gegeben, und es ist kaum anzunehmen, daß diese Nähe zum Pascha zwar den Jüngern, nicht aber Jesus selbst bewußt geworden wäre. So hat selbst unter der Voraussetzung, daß Jesu letztes Mahl kein Paschamahl war, eine eucharistische Theologie, die vom Pascha als heilsgeschichtlichem Hintergrund her denkt, eine Grundlage im Geschehen des letzten Mahles Jesu selbst und erst recht in der synoptischen und der johanneischen Theologie.

Was hat eine solche Sicht der Eucharistie zum Inhalt? Das Pascha der Juden war das Gedächtnis der großen Tat Jahwes, ihres Gottes, durch die das Volk erst als Volk möglich wurde und durch die Israel Gottes Eigentum war: Die Herausführung aus Ägypten, dem Land der Knechtschaft, wurde von Israel als der schöpferische Akt Jahwes erkannt, dem es seine Existenz verdankte. Dasein und diesem Gott gehören waren deshalb für Israel ein und dasselbe. Von diesem Punkt aus wuchs in Israel allmählich das Verstehen dafür, daß hinter dem schöpferischen Akt der Herausführung des Volkes die Macht eines Gottes stand, der schon alles Existierende ins Dasein gerufen hatte und darum der Herr von allem war. Der Bundesschluß am Sinai artikuliert und kodifiziert nur noch das Grundverhältnis zwischen Jahwe und Israel, das durch die Machttat Gottes am Schilfmeer geschaffen worden war.

Das Paschafest und vor allem das Paschamahl sind die liturgische Vergegenwärtigung der Tat Gottes und des Grundverhältnisses zwischen Gott und Israel, das durch diese Tat entstanden ist. Indem der Hausvater beim Paschamahl das Paschalamm, die Bitterkräuter und das ungesäuerte Brot auf die erste Paschanacht in Ägypten deutet, gedenkt Gott im liturgischen Gedenken seines Volkes seiner Tat und macht so die Liebe und Zuneigung, in der er das Volk geschaffen hat und trägt, erneut lebendig und gegenwärtig. Das Gedenken Gottes ist liebendes und schöpferisches Gedenken, das die Geschichte bestimmt und dem Volk die Gewißheit gibt, daß die rettende Macht Gottes es auch hier und jetzt begleitet [41].

Der Inhalt des Paschamahls ist also der Bund zwischen Gott und Israel, der in der Herausführung aus Ägypten gestiftet wurde. Indem das

---

[41] *M. Thurian* hat seine Eucharistielehre hauptsächlich in der Entfaltung dieses Gedankens entwickelt (s. o. Anm. 22). – Zum alttestamentlichen Hintergrund der Paschafeier vgl. *N. Füglister,* Die Heilsbedeutung des Pascha (StANT VIII), München 1963; *P. Laaf,* Die Pascha-Feier Israels. Eine literarkritische und überlieferungsgeschichtliche Studie (BBB 36), Bonn 1970; *W. Schottroff,* ›Gedenken‹ im Alten Orient und im Alten Testament. Die Wurzel zākar im semitischen Sprachkreis (WMANT 15), Neukirchen 1964.

Volk beim Paschamahl der Großtat Gottes gedenkt, gedenkt Gott ebenso dieser seiner Tat, gedenkt seines Bundes mit dem Volk und macht in diesem lebendigen, geschichtsmächtigen Gedenken diese Tat und damit den Bund wieder zur Gegenwart, stellt beide in die Stunde der Feier hinein. Damit bestätigt Gott im Paschamahl seinen Bund und erweist sich in der Treue des Volkes zu ihm als der dem Volk treue Gott. So ist das Pascha Vergegenwärtigung und Vollzug des Bundes. Jesus kannte wie seine Jünger den Spruch des Jeremia, der den Bund zwischen Gott und Israel als vom Volk gebrochen ansieht und einen neuen Bund verheißt, der nicht mehr gebrochen wird und den allein die endzeitliche Macht Gottes aufrichten kann (Jer 31,31-33). Das endgültige Reich Gottes, das Jesus ausgerufen hatte, war vom Volk nicht angenommen worden – eine erneute Bestätigung des Prophetenwortes. Jesus faßt seinen Tod, der auf Grund seiner Sendung von seiten der Volksvertreter auf ihn zukommt, als Sühnetod im Sinne der Gottesknechtslieder des Jesaja auf. Sowohl in diesen Liedern des Jesaja wie in dem Wort des Jeremia ist eine neue, endgültige Heilszeit angekündigt. Der Tod Jesu ist die Tat Gottes, durch die Gott diese neue Zeit eröffnet und begründet.

Dieser Aspekt, daß *Gott selbst* durch den Tod des Gottesknechtes die Sühne der Menschen bewirkt, muß betont werden. Er findet sich schon im Alten Testament, wenn dort auch immer wieder die Versuchung auftaucht, an eine *Leistungssühne* zu denken, d. h. dem Menschen ein Werk zuzutrauen, das seine eigene Schuld oder die Schuld anderer sühnt. Die entscheidenden Aussagen des Alten Testamentes über die Sühne und Vergebung der Sünde zeigen aber, daß allein das zum Verzeihen bereite Erbarmen Gottes selbst letztlich die Sühne bewirken kann. Wir kommen also zu der paradoxen Aussage: Gott selbst »gewährt die Sühne, die sein eigenes Gericht aufhebt«[42]. Dies ist in dem Tod Jesu ein für allemal, d. h. grundsätzlich für alle Menschen geschehen, so daß keine andere Sühne und kein anderes Bundesopfer mehr denkbar sind neben dieser Sühne und diesem Bundesopfer Jesu. Dabei ist aber nicht aus-, sondern gerade eingeschlossen, daß das Wirksamwerden dieser Sühne sich im Raum des Glaubens und der Glaubensgemeinschaft, der Kirche, vollzieht, sich also auf dem geschichtlichen Weg der Verkündigung und des Sakramentes ereignet. Wir sind uns bewußt, daß wir mit diesen Überlegungen die Eucharistie mit Hilfe der alttestamentlichen Motive der Sühne, des (neuen) Bundes (Jer 31,31) und des Bundesopfers (Ex 24,8 – vgl. Mk 14,24) interpretieren, ohne dabei die einzelnen Motivstränge getrennt zu untersuchen.

---

[42] F. *Hahn*, Die alttestamentlichen Motive, 364.

Wahrscheinlich sind in zwei getrennten Überlieferungssträngen das Sühnemotiv und das Bundesmotiv von den urchristlichen Gemeinden herangezogen worden. Dabei ist aber festzuhalten, daß für beide Motive im Handeln und im Wort Jesu ein Ansatz vorliegt. In den Abendmahlsworten scheint das Sühnemotiv das größte Gewicht gehabt zu haben. Es findet sich in sämtlichen Überlieferungen, vor allem ausgedrückt im Gedanken des »für viele« (Mk/Mt), »für euch« (Lk/1 Kor), »für das Leben der Welt« (Joh). Der Opfergedanke war mit dem Bundesgedanken einerseits (Ex 24,8) und dem Sühnegedanken andererseits (alttestamentliche Sühneopfer) verknüpft und bildete daher die Brücke zwischen beiden. Auch die Paschatheologie fügt sich dieser Sicht ein, da in ihr vor allem betont ist, daß Gott als der Herr der Geschichte die Erlösung wirkt, die man neutestamentlich als neuen Bund, als endgültige Versöhnung auf Grund des Todes Jesu sehen mußte. Weil es uns nicht um Trennung der Traditionsstränge, sondern um eine biblische Gesamtsicht auf die Eucharistie geht, können und müssen wir diese verschiedenen Aspekte in ihrer Einheit sehen.

Gegenüber dem Alten Testament ist dabei in unseren neutestamentlichen Texten die Betonung der *universalen* Bedeutung der Erlösungstat Gottes neu, wenn man von der Aussage über die Sühne des Gottesknechtes in Jes 53 absieht, die einen Ausblick auf universales Heil kennt. Zusammengefaßt ist die neutestamentliche Sicht in 2 Kor 5,19: »Gott ist es, der in Christus die Welt mit sich versöhnt hat, den Menschen ihre Übertretungen nicht zurechnete und unter uns das Wort von der Versöhnung aufrichtete.« Die Eucharistiefeier gibt der glaubenden Gemeinde Anteil an dieser in Christus geschehenen endgültigen Versöhnung mit Gott.

So ist es die genaue Interpretation des Abendmahlsvorgangs, wenn Lukas und Paulus in ihrem Kelchwort vom »neuen Bund« sprechen, den der Prophet Jeremia verheißen hatte. Der neue und damit endgültige, unüberholbare Bund, der den vom Menschen gebrochenen »alten Bund« in der Kraft des Opfertodes Christi überholt und erfüllt, kennt also wie dieser seine schöpferische, ihn begründende Tat Gottes. Innerhalb des jeweiligen Bundes ist Gott von dieser Tat her benennbar. Gott ist im Alten Testament »der Gott, der Israel aus Ägypten führte«, wie als ein Beispiel unter vielen Ps 81,11 zeigt. In der christlichen Gemeinde erhält Gott den letzten, endgültigen Namen, mit dem er angerufen und benannt werden kann. Er ist »der Gott, der Jesus von den Toten erweckt hat«, womit das gesamte Christusereignis (Tod und Auferstehung) als die entscheidende Erlösungstat Gottes zum Ausgangspunkt unseres Gottesverhältnisses erklärt wird. Als Beispiel diene hier Röm 8,11.

Wie der erste Bund eine Vergegenwärtigung der ihn begründenden Tat Gottes im Paschamahl hatte, so hat der zweite Bund, der im Christusereignis von Tod und Auferweckung Jesu gründet, sein »Gedächtnis«, seine bleibende Dauer und je neue Aktualisation und Vergegenwärtigung in einem neuen Paschamahl, der Eucharistiefeier. Diese ist daher die liturgische Handlung des neuen Bundesvolkes, in der und durch die die entscheidende Erlösungstat Gottes an Jesus in unsere Gegenwart hereinragt, uns gegenwärtig wird. Das neue, durch den Glauben an Jesus und seine Auferweckung von Gott geschaffene Bundesvolk, die Kirche, hat eine Feier, in der sie des Gedenkens Gottes und damit der Treue Gottes gewiß wird und den Bund erneuert und vertieft. Dabei ist gerade vorausgesetzt, daß es sich um den ein für allemal in Jesus aufgerichteten, den unüberholbaren Bund handelt.

Im letzten Mahl Jesu war das neue Pascha, die Eucharistie, in den Rahmen des alten Pascha bzw. eines ihm ähnlichen Festmahls eingebaut. Seinem Inhalt nach aber sprengt es diesen Rahmen. Die Gemeinschaft mit dem Auferstandenen drängte daher die christlichen Gemeinden zu häufigerer Eucharistiefeier, zu häufigerem »Brotbrechen«, während das alttestamentliche Paschamahl nur einmal im Jahr gefeiert wurde. Dennoch spricht vieles dafür, daß die ersten judenchristlichen Gemeinden in jedem Jahr zu Ostern auch das Paschamahl gehalten haben, in dem die Eucharistiefeier eine hervorgehobene Stellung einnahm [43]. Mit wachsender Ablösung des Christentums vom Judentum und mit wachsender theologischer Reflexion aber mußte sich schon bald die Eucharistiefeier der Urkirche vom jüdischen Paschamahl und schließlich überhaupt vom Sättigungsmahl trennen und damit verselbständigen. Im ersten Korintherbrief fassen wir ein Stadium auf diesem Weg: Das Herrenmahl in Korinth bestand aus zwei Teilen. Erst fand das Sättigungsmahl statt, dann feierte man nach dem Mahle die Eucharistie. Das Brotwort und die Brothandlung Jesu, die bei seinem letzten Mahl vor dem Hauptmahl ihren Platz hatten, waren also zwei Jahrzehnte nach seinem Tod schon zum Kelchwort an das Ende des Sättigungsmahls gezogen worden und bil-

---

[43] *F. Hahn*, ebd., 353–357, will Lk 22,15–18, den sogenannten eschatologischen Ausblick, als Darstellung einer *christlichen* Paschafeier verstehen, die »in die regelmäßig gefeierte Eucharistie« einmündete (356). – Auf breiterer Grundlage wird eine ähnliche These vertreten von *R. Feneberg*, Christliche Passafeier und Abendmahl (StANT XXVII), München 1971. Diese These scheint uns für die frühen judenchristlichen Gemeinden sehr wahrscheinlich. Sie erklärt die Doppelung der Berichte Lk 22,15–18 und Lk 22,19–20 besser als die Annahme, daß es zwei Abendmahlstypen gegeben habe. Daß im Passionsbericht des Johannes der Einsetzungsbericht (nicht aber der eucharistische Hintergrund!) fehlt, hängt mit der theologischen Gesamtkonzeption des vierten Evangelisten zusammen und spielt hier keine Rolle.

deten so mit Kelchwort und Kelchhandlung einen eigenständigen feierlichen Akt, die Eucharistiefeier. In der Mitte des zweiten Jahrhunderts scheint sich die Eucharistiefeier dann auch noch vom Sättigungsmahl losgelöst zu haben. Sie zieht Gebets- und Wortgottesdienst an sich und wird öfter (mindestens am Herrentag, also einmal in der Woche) von der Gemeinde als eigene Handlung begangen. Auch vom Pascha-Hintergrund der Eucharistie her wird, wie schon angedeutet, ihr *eschatologischer Charakter* deutlich. Sie ist Vorweggabe des künftigen, endgültigen Heils. Denn der neue Bund ist der unüberholbare, der seinem Wesen nach unzerstörbare Bund, die durch nichts getrübte, von keiner Sünde verletzte Gemeinschaft zwischen Gott und Mensch, zwischen Mensch und Mitmensch. Die endgültige Gemeinschaft Gottes mit dem Menschen besagt ja zugleich die Gemeinschaft der Menschen untereinander, wie sich aus jeder Pascha- und Bundestheologie unmittelbar ergibt. Es geht beim Bund immer um Gemeinschaft zwischen Gott und dem Bundesvolk, so daß die Endgültigkeit und Unzerstörbarkeit des Gottesverhältnisses Grund für die Unzerstörbarkeit der Gemeinschaft der Menschen untereinander ist.
Im eucharistischen Mahl wird daher dem neuen Bundesvolk, der Gemeinde Jesu, in von Gott zugesicherter Vergegenwärtigung der endgültigen Erlösungstat Anteil am Leben des für uns geopferten neuen Paschalammes gewährt, und dies bedeutet die Gewährung der Teilhabe an der endgültigen, künftigen Gemeinschaft im Reiche Gottes[44]. So hat Matthäus nur eine theologische Konsequenz gezogen, wenn er sein Kelchwort in dieser Weise erweitert: »Trinkt alle daraus! Denn dies ist mein Bundesblut, das für viele vergossen werden wird zur Vergebung der Sünden« (Mt 26,27 f.). Vergebung der Sünden ist schon bei Jeremia 31,31–34 mit der Wirklichkeit des neuen Bundes gegeben. Gott bewirkt damit auch die Umkehr des Menschen, indem er den neuen Bund schenkt; denn ohne Sinnesänderung ist Erlaß der Schuld nicht möglich. So dürfen wir schließen, daß nur der Mensch, der sich im Glauben, in der Umkehr Gott zugewandt hat, in der an Jesus glaubenden Gemeinde an der Eucharistiefeier teilnehmen und hier die volle Gemeinschaft mit Gott und seinen Brüdern empfangen kann. Lukas weist (wie schon die Tradition, von der er diese Perikope übernahm) durch die Stellung des Wortes vom Verräter darauf hin, daß das bloße Dabeisein bei der Eucharistie nicht genügt, ja sogar zum

---

[44] Es ist berechtigt, schon für die Zeit Jesu die Verbindung des Opfergedankens mit der Paschatheologie anzunehmen. Vgl. *F. Hahn*, Motive, 359 f.: »Nicht nur treten der Versöhnungstag, das Sünden- und Schuldopfer in den Vordergrund, alle Opfer erhalten darüber hinaus eine sühnewirkende Funktion; auch das Passa wird schließlich noch einbezogen.«

Verderben und Unheil des Menschen werden kann. Es ist die Umkehr, die Entscheidung für Christus und die Bewährung im christlichen Leben für die Feier vorausgesetzt (Lk 22,21-23). Am Paschamahl des neuen Bundesvolkes kann nur zu dem darin vermittelten Heil teilnehmen, wer durch seinen Glauben und seine Liebe zu diesem Bundesvolk gehört. Ihm wird Vergebung der Schuld und die verborgene, doch wirkliche Teilnahme am endgültigen Leben mit Gott durch den Tod und die Auferweckung Jesu gewährt. Darum reicht die Kraft und der Inhalt der Eucharistie für den *ganzen* Weg der Kirche, durch alle ihre Geschichtsepochen bis zum Ziel der Geschichte, aus, ja weil die Eucharistiefeier dieses Ziel schon verborgen enthält, schenkt sie der Kirche immer wieder in aller menschlichen Ohnmacht die Macht, die Geschichte aus der Zukunft Jesu Christi zu gestalten.

5. *Tut dies zu meinem Gedächtnis*

Wir sagten schon, daß die Eucharistiefeier der urchristlichen Gemeinden nicht denkbar ist ohne einen entsprechenden Hinweis Jesu. Paulus und Lukas, die im Kelchwort wahrscheinlich die ältere Form bewahrt haben, berufen sich ausdrücklich auf einen Wiederholungsbefehl Jesu. Daß er bei Markus und Matthäus fehlt, spricht nicht gegen seine Ursprünglichkeit, da der Kontext innerhalb der Passionsgeschichte ein Zurückgehen der Eucharistiefeier der Gemeinden auf Jesus implizit bezeugt und daher die ausdrückliche Erwähnung des Wiederholungsbefehls unnötig macht[45]. Die Praxis der Gemeinden selbst, die Mk/Mt bezeugen, ist ein lebendiger Hinweis auf den Wiederholungsbefehl

---

[45] Insofern spricht vieles gegen die Meinung von *F. Hahn,* ebd. 341f.: Die Anamnesis-Formel ist aus der liturgischen Praxis erwachsen. Eine ausdrückliche ›Stiftung‹ oder ein eindeutiger Wiederholungsbefehl läßt sich für das letzte Mahl Jesu nicht nachweisen, da der Wiederholungsbefehl in einem Teil der Überlieferung fehlt. Offensichtlich ist auf Grund der Weiterführung der vorösterlichen Mahlgemeinschaften unter Einbeziehung entscheidender Motive des Abschiedsmahles die regelmäßige Feier des ›Herrenmahles‹ entstanden, und dann kam erst die Anamnesis-Formel hinzu.« Gegen diese Meinung spricht vor allem 1 Kor 11,23, da Paulus sich in einer *Auseinandersetzung* auf eine *Herrentradition beruft* und diese für seine Argumentation entscheidend ist. Das Fehlen des Wiederholungsbefehls in Mk/Mt besagt hier nichts, da von beiden die Eucharistiefeier der Gemeinden bezeugt wird, die lebendige Folge des Wiederholungsbefehls. Dieser mußte also nicht unbedingt angeführt werden. Daß die Gemeinde durch die Ostererfahrung dazu geführt worden sei, die »Mahlgemeinschaften mit Jesus« fortzusetzen, daß sie darüber hinaus den sakramentalen Realismus der Einsetzungsworte entwickelte und daß dies so schnell gegangen sei, daß Paulus sich auf diese Tradition als vom Herrn kommend berufen konnte – dies alles anzunehmen erfordert jedenfalls mehr Kühnheit, als die historische Kritik zulassen darf. Hahn selbst muß denn auch zugeben, daß bei seiner Annahme »das Gefälle des

Jesu. Denn eine liturgische Anweisung will nicht erzählt, sondern ausgeführt werden [46].

Damit ist aber die genaue Bedeutung des Wiederholungsbefehls noch nicht geklärt. Aus der Zahl der verschiedenen Interpretationsvorschläge verdienen zwei Möglichkeiten des Verständnisses unsere Beachtung. Einmal kann man das Wort verstehen in dem Sinne von: »Tut dies *als* mein Gedächtnis!« In diesem Verständnis ist die eucharistische Feier Träger der Vergegenwärtigung Jesu und seines Werkes, vor allem seines Heilstodes und seiner Auferstehung. Das Verständnis der Eucharistie als des neuen Paschamahles lädt zu diesem Verständnis ein. Wie das Pascha des alten Bundes die Vergegenwärtigung der grundlegenden Heilstat Gottes (der Herausführung aus Ägypten) war und Israel zusicherte, daß Gott seiner auch in der Gegenwart gedachte, so ist die Eucharistiefeier die Vergegenwärtigung der grundlegenden Heilstat des neuen Bundes (des Todes und der Auferstehung Christi). Der Inhalt des Gedächtnisses, das die eucharistische Handlung darstellt [47], ist die Existenz Jesu in der Form seiner Hingabe in den Tod, ist sein Leben, das sich durch den Tod und die Auferweckung als Leben »für uns« erwiesen hat.

Diese Sicht legt vor allem Thurian seiner Eucharistielehre zugrunde. So bezeichnet er das Gedächtnis als »mémorial«, und der deutsche Übersetzer hat dieses Wort übernommen: »Das Memorial ist kein einfaches, subjektives Sich-Erinnern, sondern ein liturgischer Akt; nicht nur ein liturgischer Akt, der den Herrn präsent macht, sondern ein liturgischer Akt, der vor dem Vater ... das einmalige Opfer seines Sohnes wachruft, der es seinerseits ... im Hinbringen seines Opfers vor den Vater, in seiner Fürbitte als himmlischer Hohepriester präsent macht ... So bringt die eucharistische Liturgie all das vor den Vater, was der Sohn vollbracht hat, von seiner Empfängnis in Maria bis zu seinem Eingang in das himmlische Heiligtum.« [48] Das Gedächtnis ist sakramentale Vergegenwärtigung, wobei wir nicht vergessen dürfen:

---

liturgischen Einflusses umgekehrt« gelaufen wäre »als bisher beobachtet« (342), d. h., als die Beziehungen zwischen 1 Kor 11, Lk, Mk, Mt sonst nahelegen. Er verschweigt aber, daß dies ein starkes Argument gegen seine Meinung ist.
[46] Vgl. P. *Benoit*, Le récit de la cène dans Lc. XXII, 15-20, in: RB 48 (1939) 386.
[47] M. *Thurian*, Eucharistie, 157: »Was der Herr seinen Jüngern zu ›tun‹ gebietet, die von ihm vorgeschriebene Liturgie, wird mit dem Wörtchen ›dies‹ bezeichnet. Es ist klar, daß ›dies‹ sich auf die ganze eucharistische Handlung bezieht: auf das Nehmen des Brotes, die Danksagung, das Brotbrechen, das Austeilen, die Worte: ›Nehmet, esset, das ist mein Leib, für euch gegeben‹; das Nehmen des Kelches, die Danksagung, das Geben, die Worte: ›Trinket alle daraus, das ist mein Blut (dies ist der neue Bund in meinem Blut), für euch und für viele vergossen zur Vergebung der Sünden‹.«
[48] Ebd. 159; 161.

Nicht nur das vergangene Heilswerk wird vergegenwärtigt. Weil es sich nämlich bei dem Handeln Gottes an Jesus um seine endgültige, unüberholbare, äußerste Tat handelt, kommt mit ihrer Vergegenwärtigung notwendig das Ziel und Ende der Geschichte vorweg auf uns zu. Auch die künftige Vollendung ist vorweg anwesend in diesem Gedächtnis. Die Eucharistiefeier ist daher zugleich Realgedächtnis und Realverheißung.

Eine andere Übersetzung und damit eine andere Interpretation des Wiederholungsbefehls schlägt Jeremias vor [49]. Wir wiesen schon darauf hin, daß es Israel darauf ankommt, daß »Gott seiner gedenke«, d. h., daß Gott ihm seine Liebe und Treue *geschichtlich wirksam* zeige. Wenn Gott Israels gedenkt, so führt er eine Heilszeit für Israel herauf [50]. Bei Beachtung dieses jüdischen Denkhorizontes wäre vielleicht zu übersetzen: »Tut dies, damit Gott meiner gedenke!« Worin soll dann aber das Gedenken Gottes in bezug auf Jesus bestehen? Wenn wir uns die Situation seines letzten Mahles vor Augen halten, liegt folgende Antwort nahe. Jesu Sendung an Israel war zunächst gescheitert, die Ankündigung des Reiches Gottes war vom Volk nicht angenommen worden. Jesus weiß jedoch, daß das Scheitern durch seinen Sühnetod hindurch ein neues Heilshandeln heraufführen wird. Das Ziel dieses neuen Heilshandelns Gottes bleibt das kommende Reich, das Jesus verkündet hat und dessen Anbruch in seinem Sterben geschieht. Sein Sterben ist Anbruch des kommenden Reiches, aber nicht dessen volle und unverhüllte Ankunft. Die Bitte an Gott: »Dein Reich komme!« bleibt das bewegende Motiv Jesu bis in seinen Tod. Jesus gibt seinen Jüngern beim letzten Mahl den Auftrag, die Abendmahlshandlung zu wiederholen, damit die Bitte an Gott, die sein Tod darstellt, durch die Geschichte hindurch immer wieder realisiert wird und auf Verwirklichung drängt. Der Inhalt dieser Bitte ist das kommende Reich, das mit Jesu Person unlöslich und endgültig verbunden ist. Die Eucharistiefeier ist in dieser Sicht die stets neue, lebendige Bitte an den Vater, er möge Jesu gedenken, d. h. das Reich, das in seinem Sühnetod schon anbricht, bald herbeiführen. Mit anderen Worten: Die Eucharistiefeier ist die lebendige, drängende Bitte um das Kommen Jesu in Herrlichkeit, eine Sicht, wie sie vor allem durch 1 Kor 11,26; Lk 22,28 ff. und die »Didache« nahegelegt ist [51].

---

[49] Vgl. *J. Jeremias*, Abendmahlsworte, 229–246.
[50] Es gibt im AT allerdings nicht nur ein Gedenken Gottes »zum Heil«, sondern auch ein Gedenken Gottes »zum Gericht«: Gott gedenkt eines Sünders oder des sündigen Volkes, d. h., er straft. Gemeinsam ist beiden Formen des Gedenkens Gottes, daß es immer um ein geschichtliches Handeln Gottes geht.
[51] Didache IX und X zeigt, daß die Eucharistiefeier der entsprechenden urchristlichen

In dieser letzten Verstehensmöglichkeit erscheint der eschatologische Charakter der Eucharistiefeier als ihr Wesen und ihr Kern. Sie ist in dieser Sicht Bitte der Kirche (im Auftrag Jesu) um das kommende Reich, unter Berufung auf den Heilstod Christi, der kraft seines Auftrags vergegenwärtigt, Gott vorgestellt wird. Hier ist *Gedächtnis* nicht primär als reale Vergegenwärtigung des Heilswerkes, sondern als die noch zu erwartende, sich in Macht erweisende Liebe und Zuwendung Gottes verstanden.
Dennoch stellen die beiden Erklärungsversuche keine Gegensätze dar. Auch bei der Erklärung, die Jeremias versucht, bleibt der Bezug der eucharistischen Feier auf den Tod und das Heilswerk Christi grundlegend. Nur auf Grund der Tatsache, daß im Darreichen des Brotes und des Kelches und in der Wiederholung der Worte Jesu, daß also in der eucharistischen Handlung die Lebenshingabe Jesu gegenwärtig wird, kann die Bitte der Jünger an den Vater um das kommende Reich Kraft erhalten und der Erhörung würdig sein.
Andererseits widmet auch Thurian der »eschatologischen Bitte« eine Reihe von Seiten in seinem Eucharistiebuch [52] und kann sagen: »Verkündigung oder Memorial der Eucharistie ist also Bitte um die Wiederkunft Christi. Die Eucharistie verkündigt den Tod Christi als Anbruch der letzten Zeit und bringt das Memorial dieses Todes als flehentliche Bitte vor den Vater: er möge diese letzte Zeit durch die Wiederkunft Christi in Herrlichkeit vollenden, sein Reich möge erscheinen.« [53]
So unterscheiden sich die beiden Auffassungen nur dadurch, daß sie Ausgangspunkt und Akzent in der Sicht auf die Eucharistie verschieden setzen, sie holen aber von ihrer Seite jeweils die Aussagen der anderen Sicht ein. In beiden bleibt die Beziehung der Eucharistie sowohl auf das vergangene Heilswerk Christi wie auf das kommende Reich Gottes gewahrt, wenn auch mit je verschiedenem Gewicht. Die Eucharistie ist – dies ist das Resultat unseres Vergleichs der beiden Interpretationen – *die* liturgische Feier des neuen Bundesvolks auf seinem Weg durch die Geschichte. Herausgeführt aus der Knechtschaft der Sünde ist es unterwegs zur künftigen Herrlichkeit, der endgültigen Gemeinschaft mit Christus im Reich des Vaters. In dieser Feier ist ihm die

---

Gemeinden vor allem ein Mahl in der Erwartung des kommenden Herrn und seines Reiches war. Vgl. auch Apg 2,46, wo mit dem »Brotbrechen« die Eucharistiefeier, mit dem Jubel der eschatologische Jubel gemeint ist im Sinn von Lk 21,28: »Richtet euch auf und erhebt eure Häupter: denn es naht eure Erlösung!« – Gegen die Deutung des Wiederholungsbefehls durch J. Jeremias wendet sich mit nicht ganz überzeugenden Gründen *H. Kosmala*, »Das tut zu meinem Gedächtnis«, in: NovTest 4 (1960) 81–94.
[52] Eucharistie, 194–203.
[53] Ebd. 201.

Vergegenwärtigung der Heilstat Christi geschenkt, damit es je neu die Kraft gewinnt, der kommenden Erfüllung entgegenzugehen. Da diese Erfüllung das Werk des Vaters ist, wird die Eucharistiefeier Bitte an den Vater, daß sein Reich ankomme, eine Bitte, die möglich wird in der Berufung auf die Heilstat Christi.

6. Die Eucharistie im Aufbau des Leibes Christi

Paulus und Lukas stimmen nicht nur darin überein, daß sie den Einsetzungsbericht aus derselben, wahrscheinlich antiochenischen Tradition übernehmen, sie betonen auch beide, freilich jeder auf seine Art, die Bedeutung der Eucharistie für den Aufbau einer christlichen Gemeinde. Im ersten Korintherbrief ist die Uneinigkeit der Gemeinde für Paulus der Anlaß, über die Eucharistiefeier zu sprechen [54]. Beim Herrenmahl, das in Korinth ein Sättigungsmahl der Gemeindemitglieder und die anschließende Eucharistiefeier umfaßte, mußte die Spaltung der Gemeinde in verschiedene Parteien besonders deutlich werden. Die reicheren Gemeindemitglieder, die im allgemeinen auch die Möglichkeit hatten, früher als die Armen und Sklaven zum Herrenmahl einzutreffen, aßen von den mitgebrachten Speisen, ohne sich um die später Ankommenden zu kümmern. In dieser Handlungsweise wurde der Egoismus, der die Gemeinde zerrüttete, bis ins Gemeindemahl hinein und gerade beim Mahl offenbar. Paulus sieht den Widerspruch zwischen dem Zustand, der beim Sättigungsmahl der Gemeinde zutage tritt, und der anschließenden Eucharistiefeier. Jesus hat nämlich die Eucharistie gestiftet »in der Nacht, da er hingegeben wurde« (1 Kor 11,23), also in der Stunde, in der seine Lebenshingabe für uns begann. Er hat sich für uns hingegeben bis in den Tod, und die Eucharistiefeier ist die Vergegenwärtigung seines Todes in Handlung und Wort: »Sooft ihr nämlich dieses Brot eßt und aus diesem Becher trinkt, verkündigt ihr den Tod des Herrn, bis er kommt« (V. 26). Die Gemeinde aber widerspricht in ihrer Zerrissenheit und ihrem Egoismus dem, was sie in der Eucharistiefeier verkündet. Sie hat aus der Lebenshingabe Christi ihr Leben, hat also ihr Wesen darin, die Hingabe Christi nachzuvollziehen, widerspricht diesem ihrem Wesen

---

[54] Zum paulinischen Eucharistieverständnis: *P. Neuenzeit*, Das Herrenmahl (StANT), München 1960; *E. Käsemann*, Anliegen und Eigenart der paulinischen Abendmahlslehre, in: Exegetische Versuche und Besinnungen I, Göttingen 1964, 11–34; *G. Delling*, Das Abendmahlsgeschehen nach Paulus, in: KuD 10 (1964) 61–77; *L. Dequecker-W. Zuidema*, Die Eucharistie nach Paulus (1 Kor 11,17–32), in: Concilium 4 (1968) 739–744; u. a.

aber, da sie Eucharistie feiert in einem Zustand der Uneinigkeit und Streitsucht. »So, wie es bei euren Versammlungen zugeht, ist es unmöglich, das Herrenmahl zu essen« (V. 20). Der Widerspruch zwischen dem, was die Gemeinde feiert, und der Art ihres Verhaltens macht die Verkündigung und Vergegenwärtigung des Todes Jesu statt zu einem Zeichen des Heils zu einem Zeichen des Gerichtes: »Wer daher unwürdig das Brot ißt und den Becher des Herrn trinkt, wird schuldig sein an Leib und Blut des Herrn... Denn wer beim Essen und Trinken den Leib nicht richtig beurteilt, der ißt und trinkt sich selbst zum Gericht. Darum gibt es unter euch so viele Kranke und Gebrechliche und beträchtlich viele Entschlafene« (V. 27–30). Dieses Gericht Gottes aber zielt auf Umkehr, auf Einigung und Reinigung der Gemeinde und darum letztlich noch einmal auf das Heil in Christus: »Vom Herrn gerichtet, empfangen wir jetzt unsere Züchtigung, damit wir nicht zusammen mit der Welt das Verdammungsurteil empfangen« (V. 32).

Wir finden hier die paulinische Struktur »Indikativ-Imperativ« wieder, wie sie am deutlichsten in Röm 6, in der Tauftheologie des Paulus, sichtbar ist[55]. Das, was Christus für uns getan hat und für uns bedeutet, ergreift uns in sakramentaler Vergegenwärtigung durch die Sendung der Apostel. Doch fordert diese Wirklichkeit unsere Existenz an, fordert einen Glauben, der sich in der Liebe, in der Nachfolge Christi als echt erweisen muß. Der ethische Imperativ ergibt sich aus dem christologischen Indikativ. Negiert die Gemeinde durch ihre Selbstsucht den Geist Christi, lehnt sie die ethische Folgerung, die sich aus der Gabe des Herrn ergibt, ab, so wirkt die in der Eucharistiefeier gegenwärtige Lebenshingabe Christi nicht mehr Heil, sondern Gericht.

Mit dieser Offenheit des sakramental-christologischen Indikativs auf den ethischen Imperativ hängt zusammen, daß der Indikativ des Handelns Christi an der Gemeinde noch nicht abgeschlossen ist, sondern auf die endgültige Vollendung in der Zukunft hinweist. Gerade darum und auf diese Weise läßt er den Raum für die ethische Bewährung offen und macht sie notwendig. Der Tod des Herrn wird in der eucharistischen Versammlung verkündigt, »bis er kommt« (V. 26). Für Paulus ist die Eucharistiefeier Gestaltungsfaktor, innere Form und Kraftquelle einer Gemeinde, die unterwegs ist und sich auf die geschehene Erlösungstat nur insofern beziehen kann, als sie damit vor den aus der Zukunft ankommenden und sie anfordernden Richter der Lebenden und der Toten gerät. Die ethische Vermittlung dieser Hoffnung,

---

[55] Vgl. *R. Schnackenburg*, Das Heilsgeschehen bei der Taufe nach dem Apostel Paulus (MThSt I, 1), München 1950; *J. Blank*, Indikativ und Imperativ in der paulinischen Ethik, in: Schriftauslegung in Theorie und Praxis, München 1969, 144–157.

des Harrens auf den Herrn, ist bei Paulus fast immer in bezug zur Gemeinde gesehen. Das Wort »Wer unwürdig das Brot ißt und den Becher des Herrn trinkt, wird schuldig sein an Leib und Blut des Herrn« (V. 27) charakterisiert als unwürdig und schuldig vor allem das Verhalten der Gemeindemitglieder zueinander, wie es in der Parteilichkeit und dem Egoismus gerade beim Herrenmahl zutage trat.

Für Paulus tritt in der Eucharistiefeier jene Lebenshingabe Christi, aus der wir als christliche Gemeinde leben, in unsere Gegenwart; wir verkünden ja (dieses Wort in einem realistischen Sinne verstanden) durch die Feier und in der Feier den Tod des Herrn, erinnern die Nacht, in der er hingegeben wurde. Die Eucharistie ist damit, so können wir schließen, je neuer Vollzug der Taufe, insofern diese die Christen durch den einen, am Kreuz hingegebenen Leib Christi zu einem einzigen Leib in Christus gemacht hat. Das Wort »Nehmt und eßt! Das ist mein Leib!« und die begleitende Handlung – das Geben durch den Leiter der Gemeindeversammlung, der hierbei ein Werkzeug Christi selbst ist, und das Nehmen durch die Gemeinde – sind also je neu Zeichen und Vollzug der Kirchengründung durch den Tod und die Auferweckung Jesu. Eine Gemeinde, die nicht aus diesem Tod und damit aus dem Geist der Lebenshingabe Christi lebt – und daß sie das tut, muß sich in ihrem Leben im Alltag, vor allem in ihrem Zusammenleben, zeigen –, widerspricht ihrem eigenen Wesen und begeht die eucharistische Feier unwürdig. Gemeinde ohne Eucharistiefeier ist daher ebenso unmöglich wie Eucharistiefeier ohne Gemeinde.

Paulus hat in 1 Kor 10, wo er wie im elften Kapitel, wenn auch nicht so thematisch, auf die Eucharistie zu sprechen kommt, für diesen Sachverhalt einen kurzen Ausdruck gefunden, indem er den Begriff »Leib« sowohl auf den eucharistischen Leib Christi wie auf die Gemeinde anwendet: »Gibt uns der Segensbecher, über den wir den Segen sprechen, nicht teil am Blut Christi? Gibt uns das Brot, das wir brechen, nicht teil am Leib Christi? Weil es *ein* Brot ist, sind wir vielen *ein* Leib; denn wir alle empfangen unseren Anteil von dem *einen* Brot« (10,16 f.).

Es ist auffällig, daß hier im Unterschied zu allen anderen Stellen des Neuen Testaments, an denen eucharistisches Brot und eucharistischer Kelch genannt werden, *das Brot zuletzt* erwähnt wird. Der Grund ist wahrscheinlich darin zu sehen, daß Paulus so leichter den Zusammenhang deutlich machen konnte zwischen Eucharistie und Kirche. Unmittelbar wechselt er vom Leib Christi, an dem das eucharistische Brot Anteil gibt, über zum Leib Christi, der die Kirche ist, und macht verständlich, daß der Aufbau der Gemeinde durch die Eucharistie geschieht, daß die Einheit der vielen vom einen eucharistischen Brot und

damit von dem einen Christus herkommt. Weil Christus nur einer ist, ist auch das eucharistische Brot nur eines. Weil wir aber durch dieses Brot an dem einen Christus Anteil gewinnen, kann auch die Kirche nur eine sein, ein einziger Leib in Christus.
Daß sich aus diesem indikativischen Sachverhalt, aus dem also, was von Christus her in der Eucharistiefeier an uns geschieht, auch in 1 Kor 10 ein ethischer Imperativ ergibt, macht der Kontext klar. Die von Christus gewirkte Einheit der Gemeinde muß sich im Tragen des Schwachen, muß sich also in der Realisation der Einheit im Alltag und seiner Bewährung offenbaren. Paulus kommt in 1 Kor 10 überhaupt nur deswegen auf die Eucharistie zu sprechen, weil er die Rücksichtnahme des einen Gemeindemitglieds gegenüber dem anderen begründen will. Wer »stark« ist und die sittliche Indifferenz des Essens von Götzenopferfleisch durchschaut, muß doch auf den »schwachen« Bruder Rücksicht nehmen, eben weil dieser ebenso wie er Anteil hat an dem einen Brot und dadurch an dem einen Christus, der auch für ihn gestorben ist.
Doch nicht nur in 1 Kor 10, sondern auch in 1 Kor 11 liegt derselbe Doppelgebrauch des Begriffs »Leib« vor, nur weniger deutlich. Wenn es 1 Kor 11,29 heißt: »Wer beim Essen und Trinken den Leib nicht richtig beurteilt, der ißt und trinkt sich selbst zum Gericht«, so ist hier mit Leib auch beides gemeint: der sakramentale Leib Christi, der im Brot gereicht wird, und der Leib Christi, der die Gemeinde ist. Die Mißachtung des Leibes Christi in der Eucharistie führt zur Mißachtung des Leibes Christi, der Kirche, und umgekehrt – so sehr ist der Leib Christi *einer*, sind Eucharistiefeier und Kirche aufeinander angewiesen, miteinander verschränkt.
Nicht nur Paulus, auch Lukas sieht in der eucharistischen Feier den Ursprung einer Lebensordnung der Gemeinde. Nach dem Einsetzungsbericht Lk 22,19–20 folgen bei ihm noch sieben Überlieferungsstücke, die mit Absicht in den eucharistischen Zusammenhang gestellt sind: Lk 22,21–38. Zum Teil fand er sie in diesem Zusammenhang schon vor in dem Traditionsstrang, dem er hier folgt, zum Teil fügte er sie selbst in den eucharistischen Zusammenhang ein. Wir dürfen hier auf die Arbeit Schürmanns über die lukanische Konzeption in diesen Stücken verweisen, da uns der Raum fehlt, sie in Ausführlichkeit darzulegen [56].
An zwei Beispielen aber sei der Grundgedanke umrissen.
In den Versen 24–26 lesen wir bei Lukas einen der beiden Berichte über den Rangstreit der Jünger: »Es entstand aber ein Streit unter

---

[56] H. Schürmann, Der Abendmahlsbericht Lukas 22,7–38 als Gottesdienstordnung, Gemeindeordnung, Lebensordnung, in: Ursprung und Gestalt. Erörterungen und Besinnungen zum Neuen Testament, Düsseldorf 1970, 108–150. – Einen eucharistischen

ihnen, wer von ihnen als der Größte gelten könne. Da sagte er zu ihnen: ›Die Könige der Völker herrschen über sie, und ihre Machthaber lassen sich Wohltäter nennen: Ihr jedoch nicht so! Sondern wer unter euch der Größte sein will, der sei es als der Jüngere, und der Vorgesetzte als der Diener.‹ Zum Verständnis der Stelle ist darauf hinzuweisen, daß die beiden griechischen Begriffe, die hier für »der Größte« und »der Vorgesetzte« gebraucht sind, Amtsbezeichnungen darstellen [57]. Der Sinn des Wortes ist also dieser: Der Amtsträger, der Vorgesetzte der christlichen Gemeinde, dessen Existenz hier vorausgesetzt ist, darf sein Amt nicht als Herrschafts-, sondern muß es als Dienstamt verstehen und ausüben.

Daß der Rangstreit der Jünger nicht beim letzten Mahl Jesu seinen historischen Ort hat, dürfte sich schon daraus ergeben, daß die beiden Stellen, an denen Markus darauf zu sprechen kommt (Mk 9,33–37; 10,35–45) auf einen anderen Hintergrund hinweisen. Einen dieser Berichte (Mk 9,33–37) nimmt Lukas denn auch in verkürzter Form in sein neuntes Kapitel: Lk 9,46–48. Warum also gibt seine Quelle und dann auch Lukas selbst dem Bericht, der bei Markus in 10,35–45 seinen Platz hat, eine Stelle unmittelbar im Zusammenhang mit dem Abendmahlsbericht?

Die Antwort ist eindeutig, vor allem wenn man die einzelnen Ab-

---

Hintergrund hat auch Lk 24,13–35, die Emmauserzählung. Zunächst ist das Wegmotiv vorhanden: Der Auferstandene *begleitet seine Gemeinde* auf dem Weg und wird beim Brotbrechen (=Eucharistiefeier) erkannt. Dann ist auf die Verbindung von *Liebestätigkeit (Gastfreundschaft)* und Gegenwart Christi in der Eucharistie hingewiesen: Indem die beiden Jünger den unbekannten Wanderer einladen, laden sie den ein, der der eigentliche Gastgeber und Herr des Mahles ist: *Jesus* nimmt das Brot, dankt und reicht es ihnen. Schließlich ist darauf hingewiesen, daß in der Eucharistiefeier die *Sendung* ergeht: Wer den Auferstandenen beim Brotbrechen erkennt, wird durch sein Entschwinden weiter auf den Weg und zum Zeugnisgeben gesandt: »Noch zur selben Stunde machten sie sich auf, ... sie erzählten, ... wie sie ihn beim Brotbrechen erkannt hatten« (V. 33. 35).
[57] Ebd. 130: »Petrus ist hier (Lk 22,31 f.) anerkanntermaßen das Oberhaupt der Jüngergemeinde und ganz selbstverständlich als solcher angeredet. Gesagt wird ihm, was er auf Grund seiner Stellung zu tun hat an seinen Brüdern. Es ist ein Interesse an der die Brüderschaft stärkenden Tätigkeit des Simon Petrus, dem das Herrenwort seine Erhaltung und Weiterüberlieferung verdankt.« Ebd. 137–140: »In der hier (Lk 22,24 bis 26.27) vorliegenden Fassung wendet sich das Wort Jesu unmittelbar an denjenigen, der eine Vorrangstellung in der Gemeinde innehat, der ›Größte‹, der ›Leitende‹ in ihr ist... es geht – wie wir noch sehen werden – wirklich um die Aufgabe derer, die mit Rang und Auftrag in der Gemeinde stehen... die Worte Jesu sind institutionell zu verstehen als Aufforderung an die Gemeindeleiter, den ›Tischdienst‹ beim Gemeindemahl als Aufgabe ernst zu nehmen. Der Wiederholungsbefehl Jesu Lk 22,19 soll also so ausgeführt werden, daß mit der Feier der Eucharistie auch der Tischdienst an den Brüdern verbunden bleibt.«

schnitte der Verse 21–38 betrachtet, bei denen immer dieselbe Tendenz spürbar ist: Lukas ist der Meinung, daß in der Eucharistie die Lebenshingabe Christi die Gemeinde immer von neuem so aufbaut, daß von hier aus auch die Gemeindeordnung, die Lebensform der Christen, sich ergibt. Zu dieser Lebensform gehört es, daß das Vorsteheramt in der Gemeinde ein Dienstamt und kein Herrscheramt ist. Der Grund ist eben in der Hingabe Christi und damit in der eucharistischen Feier selbst gegeben: »Denn wer ist größer: der zu Tische liegt oder der bedient? Doch der zu Tische liegt! Ich aber bin in eurer Mitte als der, der euch bedient« (22,27 f.). Hier wird auf die Tatsache angespielt, daß Christus beim letzten Mahl (vgl. Joh 13,1–17) und vielleicht auch früher schon bei dem ein oder anderen festlichen Mahl seine Jünger bedient hat. Das bedeutet nicht, daß er nicht »Herr und Meister« wäre (Joh 13,13), sondern es bedeutet, daß er sein ihm durch die Sendung des Vaters übertragenes Amt als Dienst bis zur Lebenshingabe versteht.

Die Eucharistiefeier ist die Realisation dieser Lebenshingabe Christi, ist Aufbau der Gemeinde in seinem Geist und seiner Nachfolge. Sie umschließt daher notwendig die Verpflichtung, daß die Amtsvorsteher der Gemeinde ihr Amt im Sinne Christi verstehen und ausüben. Daß durch diese Aussage ein Vorsteheramt in der Gemeinde und gerade auch bei der eucharistischen Gemeindefeier vorausgesetzt ist, scheint uns eindeutig [58]. Lukas hätte keinen Grund gehabt, auf die Art und Weise, wie das Amt ausgeübt werden muß, im Zusammenhang mit der Eucharistie hinzuweisen, wenn es nicht in diesem Zusammenhang in einer institutionellen Weise existiert hätte, die auch einen Mißbrauch im Sinne eines Herrscheramtes möglich gemacht hätte. Wir erkennen hier bei Lukas also eine Gemeindeordnung, in der die Eucharistiefeier von Amtsträgern geleitet wurde. Lukas macht die Vorsteher der Ge-

---

[58] Vgl. ebd. 128–131. 136–140. – Es ist uns unbegreiflich, wie *H. Küng*, Wozu Priester?, Einsiedeln 1971, pauschal behaupten kann: »Offensichtlich mit Konsequenz und Absicht werden im Neuen Testament die weltlichen Worte für ›Amt‹ im Zusammenhang mit kirchlichen Funktionen vermieden« (28). Lk 22,26 ist der Gemeindeleiter als ἡγούμενος bezeichnet. Dieser Begriff kann bei Lukas, wie Apg 7,10 zeigt, sehr wohl eine Amtsbezeichnung auch im weltlichen Sinne sein: Der Pharao »bestellte ihn (Josef) zum Regenten (ἡγούμενον) über Ägypten.« Küngs obengenanntes Buch hat die Absicht zu zeigen, daß in der Kirche die Dienstverpflichtung nicht ein institutionelles Amt schon voraussetze, sondern daß sich das Amt erst aus dem Dienst ableite, daß es also funktional zu begründen sei. Dies widerspricht offensichtlich der lukanischen Aussage in Apg und Lk, wobei es noch von besonderer Bedeutung ist, daß Lk 22 das Amt *im eucharistischen Zusammenhang* vorausgesetzt wird. Daß dieses Amt auf Grund seiner Herkunft von Christus, der sein Leben für uns gab, und auf Grund seiner Bezogenheit auf die Gemeinde *nur in der Haltung des Dienstes* ausgeübt werden darf, ist allerdings von Lukas sehr betont.

meinden, an die er sich wendet, darauf aufmerksam, daß die Eucharistiefeier, die sie leiten, sie als Realisation des Erlösungswerkes und der Lebenshingabe Christi verpflichtet, ihr Amt als Dienst am Aufbau des Leibes Christi, als Dienst an den Brüdern zu verstehen und auszuüben. Noch ein zweites Beispiel für die eucharistische Theologie des Lukas sei angeführt. Die Tatsache, daß der Hinweis auf den Verräter (22, 21–23) unmittelbar auf die Einsetzungsworte folgt, ist nach der aus 22,21–38 ersichtlichen Absicht zu deuten als Warnung vor einem Sakramentalismus, der die ethische Bewährung vernachlässigt. Wie beim letzten Mahl Jesu trotz der Gabe, in der er sich selbst gab, jemand unbetroffen und verstockt bleiben konnte bis zum Verrat (V. 21: »Die Hand meines Verräters ist mit mir auf dem Tisch«), so ist auch die Teilnahme an der Eucharistie der Kirche keine Gewähr dafür, daß jemand sich von Christus treffen läßt und die Eucharistie auch wirklich die Form seines eigenen Lebens wird.

Auch bei Lukas ist wie bei Paulus der Indikativ nicht ohne den Imperativ ausgesagt, der hier sogar die Form einer eindringlichen Warnung hat: Werde nicht zum Verräter trotz deiner Teilnahme an der eucharistischen Gemeinschaft! Das bedeutet natürlich nicht, daß der Imperativ denkbar wäre ohne den Indikativ, daß sich also der Mensch ohne die eucharistische Vergegenwärtigung der Erlösungstat Gottes in Christus allein durch sein Tun befreien könnte. Es bedeutet jedoch, daß die für den Christen notwendige Teilnahme an der Eucharistiefeier ihre Heilskraft und damit ihre volle Gestalt erst findet durch die ethische Konsequenz im Leben der Christen.

7. Die Eucharistie als sakramentale Vergegenwärtigung der Lebenshingabe Christi für die Welt

Bisher haben wir in unserem Zusammenhang die *johanneische Theologie* noch kaum beachtet. In ihr erhält die Eucharistie noch mehr Gewicht als bei den Synoptikern [59]. Dies hängt damit zusammen, daß Johannes die sakramentale Dimension der christlichen Gemeinde durchreflektiert und tiefer mit der Christologie verbunden hat. In bezug auf die Taufe ist hier vor allem auf Joh 3 zu verweisen, in bezug auf die Eucharistie insbesondere auf Joh 6 [60].

---

[59] Hier ist hinzuweisen auf die zentrale Stellung der Offenbarungsrede in Joh 6, dann auf Joh 19,34 und 1 Joh 5,6 f. An diesen beiden letzten Stellen deuten »Blut und Wasser« auf Taufe und Eucharistie.
[60] Vgl. *H. Schürmann*, Die Eucharistie als Repräsentation und Applikation des

Es kommt noch ein zweites hinzu. Johannes betont zwar die historische Grundlage der Christusbotschaft durch Hinweis auf konkrete Züge im Leben Jesu [61], über diesem kargen historischen Gerüst wird von ihm aber der historische Jesus schlechthin mit dem sich im Geist offenbarenden erhöhten Herrn zusammen gesehen, so daß die Jesusreden im Johannesevangelium schon die johanneische Theologie und damit Osterglauben und Geistsendung voll entfalten.

Aus diesen beiden Momenten – Einheit des irdischen und des erhöhten Herrn und christologische Durchdringung der sakramentalen Dimension der Kirche – erklärt es sich, warum Johannes explizit und deutlich über Taufe und Eucharistie nicht etwa jeweils aus Anlaß der Taufe Jesu im Jordan und des Abschiedsmahles spricht, sondern seine Tauf- und Eucharistietheologie in zwei Offenbarungsreden Jesu entwickelt [62].

Welche Aussagen über die Eucharistie liegen nun in Joh 6 vor? [63] Ausgangspunkt der Offenbarungsrede ist das Speisungswunder in der Wüste. Die Wunder Jesu werden als Zeichen verstanden, die auf die Wirklichkeit Jesu selbst, auf seine Selbstoffenbarung, hinweisen. Jesus bedeutet Leben und Heil für die Welt, und zwar, wie das Johannesevangelium immer wieder betont, auf Grund der Sendung des Vaters, die sich vor allem in der »Stunde Jesu«, in seinem Gang durch den Tod zum Vater, verwirklicht. Durch die Kirche, die in dieser »Stunde Jesu«

Heilsgeschehens nach Joh 6,53–58, in: Ursprung und Gestalt, Düsseldorf 1970, 167 bis 187; *ders.*, Johannes 6,51c – ein Schlüssel zur großen johanneischen Brotrede, in: Ursprung und Gestalt, 151–166; *H. Schlier*, Johannes 6 und das johanneische Verständnis der Eucharistie, in: Das Ende der Zeit, Freiburg 1971, 102–123.
[61] Vgl. etwa Joh 1,39; 4,6; 5,2 u. a.
[62] *J. Jeremias*, Abendmahlsworte, 118–130, nimmt Arkandisziplin als Grund dafür an, daß im Johannesevangelium beim Bericht über das letzte Mahl Jesu die Eucharistie nicht erwähnt wird. Dieser seiner Meinung widerspricht allerdings die Tatsache, daß in Joh 6 ausführlicher, deutlicher und ärgerniserregender über die Eucharistie gesprochen wird als in den anderen Evangelien, besonders wenn man mit Jeremias in Joh 6,51c die johanneische Form des Brotwortes erkennen will. Form und Gehalt der eucharistischen Theologie des Joh erklären sich leichter aus den obenerwähnten theologischen Gründen als aus denen, die Jeremias annimmt. Vgl. hierzu *H. Schlier*, Johannes 6, 104, Anm. 7. Schlier vermutet ebenfalls theologische Gründe für das Fehlen des Eucharistieberichtes in den Abschiedsreden des Johannesevangeliums.
[63] Mit *E. Schweizer*, Das johanneische Zeugnis vom Herrenmahl, in: Neotestamentica, 1963, 371–396, *H. Schürmann*, Eucharistie, und *H. Schlier*, Johannes 6, sind wir der Meinung, daß Joh 6,51c–58 zum ursprünglichen Text gehört. Anders *R. Bultmann*, Das Evangelium nach Johannes, Göttingen [17]1962, 174 ff.; *G. Bornkamm*, Die eucharistische Rede des Johannes-Evangeliums, in: ZNW 57 (1956) 161–169; *F. Hahn*, Motive, 343 f. – Im übrigen ist diese Frage für unseren theologischen Aspekt *an dieser Stelle* nicht von entscheidender Bedeutung, da die *Endredaktion* kirchliche, vom Geist bezeugte Interpretation des Christusereignisses ist.

geboren ist, macht Jesus seine Selbsthingabe in der Geschichte gegenwärtig, wobei Wortverkündigung, Taufe und Eucharistie die entscheidenden Formen seiner im Geist gewirkten Selbstgabe sind. So ist Jesus »Brot für das Leben der Welt«. Hierbei spielt die Spannung zwischen präsentischer und futurischer Eschatologie, wie immer bei Johannes, eine Rolle: Die Eucharistie ist, im Glauben empfangen, *schon jetzt* Leben: »Wer mein Fleisch ißt und mein Blut trinkt, bleibt in mir und ich in ihm« (6,56), und sie ist Realverheißung der vollen, künftigen Offenbarung dieses Lebens: »... und ich werde ihn am letzten Tage auferwecken« (6,54).

Die Rede in Joh 6 entfaltet also, wie alle Offenbarungsreden im Johannesevangelium, eine Christologie, verfolgt deren Linien aber bis zu einer in sie eingebetteten Eucharistielehre [64]. Bei dieser fällt zunächst auf, daß Johannes nicht das Begriffspaar »σῶμα – αἷμα« benutzt, sondern statt dessen »σάρξ – αἷμα«. Diese Wortwahl mag dadurch begründet sein, daß »σάρξ« die konkrete Leiblichkeit noch stärker betont als »σῶμα«. »σῶμα« vermeidet den pejorativen Beiklang von σάρξ.«[65] Auf den pejorativen Beiklang kommt es Johannes also an, wie schon seine grundsätzliche Aussage in 1,14 zeigt, daß das Wort »Fleisch« geworden ist. Außerdem zeigt sich dieselbe Tendenz in 6,54 und 6,56, wo ebenso ein Wort mit pejorativem Beiklang gewählt ist. Johannes wechselt hier von »ἐσθίειν – essen« zu »τρώγειν – kauen«. »Wer mein *Fleisch kaut*, ... hat *ewiges Leben*«, will offensichtlich die konkrete Leiblichkeit und Geschichtlichkeit betonen, in der allein uns die Gabe Christi, die ewiges Leben bedeutet, begegnen kann [66].

---

[64] *H. Schürmann*, Eucharistie, weist darauf hin, daß Joh 6,53–58 eine »Parenthese« zwischen 6,26–51 und 6,60–71 ist. Daraus schließt er, daß die Eucharistie *keine Prolongation der Inkarnation*, sondern eine *Applikation des Heilsgeschehens*, d. h. des Todes und der Erhöhung Jesu, ist. M. a. W.: Die Eucharistiefeier ist die Frucht des Heilsgeschehens, *die dieses gegenwärtig setzt*, das Heilsgeschehen aber ist von seinem Ende, der Erhöhung Jesu, her zu sehen. – Es erhebt sich allerdings die Frage, ob diese Unterscheidung viel zur Klärung des Wesens der Eucharistie beiträgt. Die Applikation des Heilsgeschehens in der Eucharistie gehört ja wesentlich zu diesem Heilsgeschehen selbst, und dieses hat bei Johannes offensichtlich eine inkarnatorische Struktur, auch wenn seine pneumatische Struktur (die von der Erhöhung Jesu herrührt) ein dauerndes Pendant dazu darstellt. Man muß also in bezug auf die Eucharistie bei Johannes *auch* von einer inkarnatorischen Struktur sprechen, worauf schon die Wahl des Begriffs σάρξ verweist.
[65] *J. Jeremias*, Abendmahlsworte, 193. – σῶμα und σάρξ verhalten sich also ähnlich wie die für die Übersetzung benutzten deutschen Begriffe »Leib« und »Fleisch«.
[66] Sehr interessant ist unter dieser Rücksicht Joh 13,18. Hier wird in einem Zitat aus Ps 41,10 gegen die Septuaginta (Ps 40,10: »ἐσθίων«) wohl nicht ohne Absicht »τρώγων« eingeführt. Außerdem steht in der Septuaginta-Fassung »Brot« im Plural, bei Joh 13,18 (in den wichtigsten und ältesten Handschriften) im Singular: »Der mein

Damit haben wir einen wichtigen Zug der eucharistischen Theologie des Johannes erkannt, ihre Zuspitzung der »sarkischen«, konkret-geschichtlichen Wirklichkeit. Es geht um wirkliches Essen, um Kauen, es geht um leibhaftige Geschichtlichkeit. Christologisch umfassender: es geht um den wirklichen Menschen Jesus, um *seine* Identität mit dem Logos, dem Wort, um die Tatsache, daß im wirklichen Sterben, in der Übernahme der Sinnlosigkeit des Todes und im Scheitern seines Auftrags am Kreuz die Herrlichkeit des Vaters und das ewige Leben an die Welt geschenkt werden. An dieser sarkischen Wirklichkeit vorbei gibt es keinen Zugang zu Gott; denn »jeder Geist, der Jesus nicht so bekennt, ist nicht von Gott« (1 Joh 4,3), und das Zeugnis des Geistes schließt notwendig das Zeugnis von Wasser und Blut ein (vgl. 1 Joh 5,5–12). Diese letzten Stellen aus dem ersten Johannesbrief machen die Theologie des Evangeliums noch stärker explizit und weisen uns damit auf den rechten Weg der Auslegung. Das Wort des Vaters, der Sohn des Vaters ist Fleisch geworden, mit all dem, was das einschließt: mit Scheitern und Sterben, und darin liegt der letzte Grund für die Tatsache, daß er sich zum Mahl darreicht.

Diese johanneische Sicht enthält allerdings keineswegs einen magischen Sakramentalismus. Sosehr das Fleisch Christi – in seiner gesamten, christologischen und damit auch eucharistischen Dimension – notwendig ist als Zugang zum Leben mit Gott, es kann dies nur sein in der umfassenden Wirklichkeit des »Pneuma«, des Geistes Christi, d. h. in der vom erhöhten Herrn gewirkten Glaubensdimension. »Daran schon nehmt ihr Anstoß? Was ist erst, wenn ihr den Menschensohn aufsteigen seht dorthin, wo er zuvor gewesen ist? Der Geist ist es, der lebendig macht, das Fleisch nützt nichts. Die Worte, die ich euch gesagt habe, sind Geist und Leben. Aber es gibt einige unter euch, die nicht glauben« (6,61–64). Man hätte nie behaupten sollen, diese Verse ständen im Widerspruch zu 6,54: »Wer mein Fleisch kaut und mein Blut trinkt, hat ewiges Leben«, weil gerade die Polarität von »Fleisch« und »Geist« hier die Gesamtkonzeption trägt und ohne das dialektische Ineinander beider das Ganze der Aussage nicht mehr verstanden werden kann. Die sarkische Dimension des Lebens Jesu, die sich der Kirche im Essen seines Fleisches gewährt, hat ihren Heilswert, ihren Herrlichkeitscharakter, ihre Macht, Leben zu spenden, nur vom Geist, der die umfassende Gabe des erhöhten Herrn ist. Fleisch ohne Geist nützt hier allerdings nichts: Essen und Trinken ohne Glauben, Essen und Trinken

---

Brot ißt, hat die Ferse gegen mich erhoben.« Hier ist sehr wahrscheinlich auf *das* Brot Jesu, die Eucharistie, hingewiesen. Vgl. dazu die ähnliche Stelle Lk 22,21–23, auch mit eucharistischem Hintergrund. – Diese Beobachtung verstärkt die Argumente, die für den eucharistischen Hintergrund von Joh 13 sprechen.

außerhalb des Glaubensgeistes der Gemeinde, außerhalb ihres Geistbesitzes, ist allerdings »Fleisch«, das seinen Weg durch die Vergänglichkeit und damit in die Heillosigkeit nur zu Ende gehen kann, ohne Aussicht, sich dem Leben zu nähern. Aber das schließt nicht aus, sondern schließt gerade ein, daß die sarkische Wirklichkeit, daß menschliche Vergänglichkeit, menschliches Sterbenmüssen, menschliches Essen und Trinken vom Geist des Erhöhten verwandelt und damit zu Zeichen und Gaben des Lebens werden. Der Geist, der lebendig macht, wirkt sich aus am Fleisch und nur am Fleisch. Hier ist, nachdem das Wort Fleisch wurde, der Ort seiner Macht. »Wenn ihr nicht das Fleisch des Menschensohnes eßt und sein Blut trinkt, habt ihr das Leben nicht in euch« (6,53). Dies gerade deshalb, weil das Fleisch aus sich zu nichts nütze ist, also aus sich ins Verderben führt, weil es der Vergänglichkeit angehört. Denn gerade deshalb kann es nur im Geist verwandelt, d. h. als Fleisch des Menschensohnes, retten und Leben schenken. Johanneische Eucharistielehre wie Christologie hat einerseits eine antignostische, »sarkische« Tendenz: Wie der Tod Jesu, die Sinnlosigkeit und das Scheitern seines irdischen Lebens, Herrlichkeit und Heil bringt und an ihm vorbei kein Heil zu finden ist, so bringt das Essen des eucharistischen Brotes Leben und Heil, und darum ist an diesem Essen vorbei kein Heil zu finden. Johanneische Eucharistielehre und Christologie ist aber gerade deshalb auch gegen alles magische Denken gerichtet: Die menschlich-irdische Wirklichkeit muß zwar Ort und Instrument des Heils werden, aber sie wird es nur im Geist, in der Dimension des Glaubens, in der freien Annahme jener Wirklichkeit, die vom erhöhten Herrn her die Welt verwandelt. Die Eucharistie ist also ohne die pneumatische Dimension, ohne den Geist, der vom Erhöhten ausgeht, nicht denkbar, sie ist daher nicht denkbar ohne den Glauben der Gemeinde, sie wirkt nicht in einem magischen Automatismus. Aber sie ist auch nicht zu ersetzen durch den Glauben, da dieser sich auf den (eucharistischen) Christus bezieht und von ihm her seine eigene Möglichkeit erst gewinnt. Über diese dialektische Polarität der Aussage, die in Joh 6 wie überhaupt bei Johannes immer wieder begegnet, kommen wir nicht hinaus [67].

---

[67] Diese Interpretation von Joh 6 wird gedeckt durch 1 Joh 5,5–8: »Wer ist Sieger gegen die Welt? Einzig der, der glaubt, daß Jesus der Sohn Gottes ist! Er ist es, der durch Wasser und Blut gekommen ist: Jesus Christus. Nicht nur mit Wasser allein, sondern wie mit Wasser, so auch mit Blut. Und der Geist ist der Zeuge dafür, weil der Geist die Wahrheit ist. Denn drei Zeugen gibt es: den Geist, das Wasser und das Blut, und diese drei stimmen überein.« Geist, Wasser und Blut: die Glaubensdimension, die Taufe und die Eucharistie sind die Zeugen, die das Heilsgeschehen, das in Jesus geschehen ist, bezeugend gegenwärtig machen. Die Aussage: »Diese drei stimmen über-

Wir haben hier eine Sicht der Sakramente vor uns (aus der Analyse der Tauftheologie des Johannes ergäbe sich nämlich dasselbe Resultat)[68], die wir als *dialogisch* bezeichnen möchten. Sie betont sowohl die Notwendigkeit der Christuswirklichkeit im Sakrament für das Heil wie die Notwendigkeit des Glaubens, der pneumatischen Dimension, in der allein sich die Christuswirklichkeit schenken kann. Sie betont also sowohl das »extra nos« – wir können uns, weil wir »Fleisch« sind, das Leben nicht selbst schenken, sondern müssen es (im Essen und Trinken *seines* Fleisches) empfangen – wie auch das »in nobis« – »wer *glaubt*, hat ewiges Leben« (Joh 6,47). *Nur im Glauben* kann das Fleisch Christi, das wir essen, empfangen werden als das, was es als Gabe des Erhöhten *ist:* als *Brot* für das *Leben* der Welt.

Darum finden wir innerhalb des Neuen Testamentes bei Johannes die stärkste Betonung dessen, was wir Realpräsenz zu nennen gewohnt sind: Jesus selbst gibt sich uns im eucharistischen Brot und im eucharistischen Wein. Das Brot ist sein Fleisch, und der Wein ist sein Blut. Wir dürfen aber bei Johannes auch nicht die deutliche Warnung vor einem übertrieben objektivistischen und magischen Mißverständnis überhören: Gerade die Realpräsenz ist eingebettet in die Wirklichkeit, die der erhöhte Herr durch seinen Geist schenkt und die nur im Glauben empfangen werden kann. Von daher verbietet es sich von vornherein, die Realpräsenz außerhalb der pneumatischen, d. h. außerhalb einer personal-dialogischen Dimension auszulegen, etwa in einem naturphilosophischen Sinne. Hiergegen stünde das johanneische Wort: »Der Geist ist es, der lebendig macht, das Fleisch nützt nichts.«
Noch eines bleibt zu beachten, nämlich der christologische Universalismus, der sich in der eucharistischen Theologie des Johannes zu Wort meldet. Das synoptische »für viele« ist hier erklärt: »Für das Leben der Welt« (6,51). Vorbei am Fleisch und Blut Christi ist ewiges Leben jetzt in verborgener und später in offenbarer Gestalt nicht zu erlangen. So universal die Funktion Christi selbst ist, so universal ist die Funktion der kirchlichen Sakramente. Dem Wort »Wer glaubt, hat ewiges Leben« (6,47) entspricht das andere: »Wer mein Fleisch kaut und

---

ein« weist darauf hin, daß kein Glied herausgebrochen werden darf. Dabei ist wichtig, daß der Geist vor Wasser und Blut genannt ist. Er ist die umfassende Gabe des Erhöhten, die sich allerdings notwendig in den Sakramenten ausdrückt. Vgl. hierzu *E. Schweizer*, Das johanneische Zeugnis vom Herrenmahl.

[68] Joh 3 arbeitet auch mit den Begriffen πνεῦμα und σάρξ. Auf der einen Seite werden naturhafte Begriffe verwendet: »von neuem (oder: von oben) geboren werden« (V. 5–10), die magisch verstanden werden könnten, auf der anderen Seite wird der Glaube betont (V. 11–21), so daß ein magisches Verständnis ausgeschlossen ist. Hier begegnet übrigens dieselbe Aussage wie in Joh 6,47: »Jeder, der an ihn glaubt, hat ewiges Leben« (V. 15).

mein Blut trinkt, hat ewiges Leben« (6,54). Es ist keine Lücke zu finden zwischen dem Christus, der dem Glaubenden das Heil bringt, und dem Christus, der dem Essenden das Heil bringt, sosehr gefordert ist, daß dieses Essen im Glauben geschieht. Das bedeutet: Es gibt keine Glaubensdimension, die nicht sakramentale Dimension wäre, es gibt keinen Christusglauben, der sich nicht in kirchlich-sakramentaler Gestalt, der sich nicht in der Gemeinde, ihrer Taufe und Eucharistie, ausdrücken müßte. Die vom Geist Christi gebildete Gemeinde der Glaubenden ist der Ort, an dem Christus sich selbst, sein Fleisch und sein Blut, gibt für das Leben der Welt, für das Leben der Menschen.

8. Inhalt und Struktur der biblischen Aussagen über die Eucharistie

So gewiß verschiedene Ausprägungen der eucharistischen Theologie im Neuen Testament sichtbar werden, so gewiß der Akzent bei Johannes anders liegt als bei Markus und bei diesem anders als bei Lukas oder Paulus, so deutlich ist doch das im Kern Gemeinsame der neutestamentlichen Aussagen zu erkennen. Neuenzeit hat dies von seiner Untersuchung der paulinischen Eucharistieauffassung her so formuliert: »Die paulinische Eucharistieauffassung stimmt völlig mit dem urapostolischen Eucharistieverständnis überein; es gibt keine eigene paulinische Eucharistieauffassung. Dieses mit hohem Wahrscheinlichkeitsgrad gesicherte Ergebnis ist für das Eucharistieverständnis des ganzen NT von großer Bedeutung. Wenn man unter dem neutestamentlichen ›Abendmahlsproblem‹ den scheinbaren Widerspruch zwischen den Eucharistieaussagen der verschiedenen biblischen Schriften versteht – ist es dann auf Grund dieses Ergebnisses erlaubt zu behaupten, es gäbe kein neutestamentliches Abendmahlsproblem (mehr)?«[69] Gemeinsame Grundlinien der neutestamentlichen Eucharistieaussagen sind leicht zu bestimmen. Zunächst ist die Verbindung zwischen der Lebenshingabe Jesu in den Tod und der Eucharistie immer ausgesagt. Die Eucharistiefeier ist die Vergegenwärtigung der Lebenshingabe Jesu, und diese bedeutet Leben für die Welt (Johannes), Sühne für unsere Sünden (Synoptiker), die neue, unüberholbare Gemeinschaft zwischen Gott und dem neuen Bundesvolk (Lukas und Paulus), Verge-

---

[69] *P. Neuenzeit,* Das Herrenmahl, 238. – Auf den diesem Zitat folgenden Seiten faßt Neuenzeit die Gründe zusammen, die ihn ein eigentliches Abendmahlsproblem nicht mehr erkennen lassen. Damit ist allerdings *nichts gegen die Verschiedenheit* der einzelnen Eucharistieverständnisse des NT gesagt. *Bestritten wird nur ihre Widersprüchlichkeit.*

bung der Schuld (Matthäus). Auf Grund der Geschichtsmacht Gottes gibt es also, wie es im Alten Bund in der Paschafeier eine jeweilige Realisation, ein Gedächtnis des Auszugs aus Ägypten gegeben hatte, im Neuen Bund ein neues, unüberholbares Paschamahl, das den Gang Jesu aus dieser Welt zum Vater gegenwärtig macht und damit in dieses Schicksal Jesu im Mitvollzug die Christen hineinziehen will, die an der Eucharistiefeier teilnehmen. Zugleich ist damit ausgesagt, daß die Eucharistiefeier unmittelbar an die Vollendung der Geschichte im Reich Gottes angrenzt und daß sie abgelöst werden kann nur noch von dem kommenden Reich selbst, dessen Realverheißung sie ist und um dessen Ankunft sie bittet.

Die Struktur dieses Inhalts ist von der Geschichte Gottes mit seinem Volk bestimmt. Gott, der Herr der Geschichte, wirkt in Tod und Auferstehung Jesu Christi die endgültige Befreiung des Menschen. Dieses Ereignis erweist seine Macht und Fruchtbarkeit durch die Eucharistie, in der es sich auf seine Vollgestalt hin geschichtlich auslegt, »bis der Herr kommt«. Dies ist nur erkennbar, wenn man weiß, daß die geschichtsüberlegene Macht Gottes in der Geschichte anwesend ist, und zwar nicht über die Gesamtgeschichte gleichsam verteilt, im Sinne einer präsentischen Eschatologie, in der immer das Handeln Gottes in der Geschichte gleich nah und dicht ist. Wenn der Tod Jesu als historischer Akt zentral ins Erlösungshandeln Gottes hineingehört – und darauf macht gerade die Wirklichkeit der Eucharistie und machen alle Eucharistieaussagen des Neuen Testamentes aufmerksam –, dann wirkt Gott die Befreiung des Menschen in unserer irdischen Geschichte, dann gibt es in ihr den Punkt, an dem Gott in der Geschichte anwesend ist. Nur deshalb, weil dieses Ereignis in unüberholbarer Weise den geschichtsüberlegenen Gott innerhalb der Geschichte bezeugt, ist die Vergegenwärtigung dieses Ereignisses diachronisch durch die Geschichte möglich. Dieses Ereignis legt sich – kraft seiner inneren Qualität, d. h. als endgültige Tat Gottes – in der Geschichte selbst aus. Von hier aus ist Kirche als die im Geist versammelte Gemeinde Christi und ist die Eucharistiefeier dieser Gemeinde notwendig als das Zeugnis des Christusereignisses, von hier aus hat die Eucharistie ihren langen Atem, lebendig zu bleiben, »bis der Herr kommt«, d. h., bis sie sich aufheben darf in das, von dem sie lebt und das sie bezeugt.

Geschichte Gottes mit der Welt ist somit geprägt von der Struktur geschichtlich-übergeschichtlich. Sie kennt eine unsere jetzige Erfahrungswelt transzendierende Dynamik, die auf das Ziel und Ende der Geschichte zuläuft und die daher jede Epoche der Geschichte daran hindert, sich auf sich allein zu beziehen und sich innerweltlich zu schließen.

Diese Aussage impliziert aber eine weitere. Im Ereignis von Tod und Auferweckung Jesu zeigt sich, *wer Jesus ist,* von hier aus enthüllt sich also das gesamte Leben Jesu, auch sein Wirken und Handeln vor seinem Tod. So kann Markus, von diesem Punkt blickend, das gesamte Leben Jesu zusammenfassen mit dem Wort: »Der Menschensohn ist nicht gekommen, sich bedienen zu lassen, sondern zu dienen und sein Leben hinzugeben als Lösegeld für viele« (Mk 10,45). Die Ereignisse des Lebens Jesu stehen nicht unverbunden nebeneinander, sondern sie bilden eine Einheit, die in Tod und Auferweckung ihre Vollendung findet und damit enthüllt. Diese Einheit kann in der Struktur der Geschichte Gottes mit der Welt gesehen werden als die Sendung des Sohnes durch den Vater. Die Sendung des Vaters, in der der Sohn steht, und damit die Liebe Gottes zur Welt, wird durch das Endereignis des Lebens Jesu offenbar als der einheitliche und tragende Grund dieses Lebens.

Damit stellt sich dem Neuen Testament die Frage, welche personale Beziehung zwischen Gott und Jesus hier herrscht. Die Erkenntnis, daß die Sendung Jesu unüberholbar, endgültig ist, führt zu der Erkenntnis, daß die Beziehung zwischen Gott und Jesus eine sich in der Geschichte offenbarende, aber zugleich eine die Geschichte übersteigende und vollendende Beziehung ist. Aus dem eschatologischen Charakter des Offenbarungsereignisses Jesus Christus ist die übergeschichtliche, gerade darum aber die Geschichte endgültig bestimmende Qualität des Verhältnisses Vater-Sohn zu erschließen.

Das bedeutet aber, daß das Neue Testament – und bei Johannes ist diese Entwicklung abgeschlossen – von den Geschichtsereignissen auf Grund ihrer eschatologischen Qualität zu einer personalen Ontologie kommen mußte, also Aussagen über das Sein Christi und seine Seinseinheit mit dem Vater macht.

Aus dem Verhältnis zwischen Ereignis und Sein in der Christologie ergibt sich eine Konsequenz für die Eucharistie. In der Eucharistiefeier gibt Christus – und durch ihn der Vater – Anteil am Neuen Bund, am eschatologischen Heilsgut. Diese Teilhabe am Neuen Bund enthüllt sich – und in Joh 6 ist das klar ausgesprochen – als Gemeinschaft mit Jesus, als »Bleiben in ihm« und damit als Gemeinschaft mit dem Vater. Das Heilsgut enthüllt sich letztlich als Person, die Teilhabe an ihm als personale Kommunikation: »Wer mein Fleisch ißt und mein Blut trinkt, bleibt in mir und ich in ihm« (Joh 6,56). Es ist sicher im Sinne der johanneischen Aussagen, hier anzufügen: »Wie du, Vater, in mir bist und ich in dir« (Joh 17,21). Aussagen über die Seinseinheit zwischen Vater und Sohn und Aussagen über die personale Gemeinschaft zwischen Jesus und den Glaubenden enthüllen den Grund und Inhalt dessen, was in heilsgeschichtlichen Kategorien Vergebung der Schuld, Anteil am Neuen Bund, Versöhnung mit Gott heißt.

Die Entwicklung von Aussagen über das Wirken Gottes in Jesus zu Aussagen über das Sein Jesu in Gott, die im Neuen Testament bis zur johanneischen Christus-Ontologie geführt hat, entspricht einer inneren Notwendigkeit, einer Forderung, die sich aus dem Endgültigkeitscharakter des Christusereignisses ergibt. Das Endgültige *bleibt*, auch und gerade wenn es die Geschichte kraft seiner eschatologischen Qualität verwandelt. Statik und Dynamik sind in der eschatologischen Qualität keine Widersprüche, sie sind hier zugleich gefordert. Die heilsgeschichtlichen Aussagen des Neuen Testamentes über die in Jesus uns gereichte eschatologische Gabe hätten für den Fall, daß sie nicht getragen wären von Aussagen einer personalen Ontologie, kein Fundament und lassen sich also ohne eine solche personale Ontologie nicht halten. Denn die Entwicklung von funktionaler zu ontologischer Christologie und Sakramentologie, die wir im Neuen Testament feststellen, ist unumkehrbar. Sie negieren zu wollen, hieße negieren, daß in dieser Entwicklung die Auslegung des Christusereignisses dessen eigenen Grund offenbart hat.

Die eschatologische Qualität des Christusereignisses führte zu der christologischen Erkenntnis, daß derjenige, in dem Gott sich endgültig offenbart, mit ihm eins ist, also in einer Relation zu Gott steht, welche die bloß geschöpfliche Ebene überragt. Er ist der Sohn schlechthin. Die eschatologische Qualität der Gabe, die Jesus in der Eucharistiefeier reicht, führte zu der Erkenntnis, daß diese Gabe er selbst ist. Sonst käme die Wirklichkeit, daß er sich selbst für die vielen hingegeben hat, in der Eucharistiefeier doch nicht zu ihrer vollen, in dieser Geschichte unübertroffenen Qualität. Seine Aufforderung »Nehmt und eßt! Das ist mein Leib!« verlangt nach einer ontologischen Auslegung, allerdings in Richtung auf eine personale Ontologie: Jesus gibt mit dieser Gabe *sich selbst*.

Tatsächlich kennzeichnen auch alle neutestamentlichen Schriftsteller, die wir kennengelernt haben, die eucharistische Gabe als *die Person Jesu selbst in der Form seiner Lebenshingabe*. Daß damit die Bedeutung der eucharistischen Mahlgemeinschaft als Hinweis auf das Mahl im Reiche Gottes, auf die erlöste Schöpfung, die Einheit zwischen Gott und Mensch und die Einheit der Menschen untereinander, nicht negiert, sondern betont ist, müssen wir wieder neu verstehen lernen, weil wir durch die abendländische Entwicklung in der Christologie und Eucharistielehre heilsgeschichtliches und ontologisches Denken meist als gegensätzlich empfinden. Wir werden im letzten Kapitel dieser Untersuchung noch näher darauf eingehen müssen, daß uns weithin die Kategorien einer personalen Ontologie fehlen. Die in der Theologie des letzten Jahrtausends gebräuchliche, von ihrer griechischen Herkunft weitgehend bestimmte, kosmisch-dinghafte Ontologie ist wohl nicht fähig, *Geschichte* als ontologisch relevant zu erfassen. Hier entsteht immer wieder der Lessingsche Graben zwischen zufälligen Geschichtswahrheiten und notwendigen Vernunftwahrheiten.

In einer personalen Ontologie, deren grundlegende Kategorien uns weithin noch fehlen, würde sich das geschichtliche Ereignis als die Weise darstellen, in der das Sein von Personen und damit ihre Beziehung zueinander sich auslegt und verwirklicht. Die Einheit von Ereignis und (personalem!) Sein kennzeichnet das biblische Denken. Nur einer recht einseitigen Analyse des »hebräischen Denkens«, die die Ereignisse von dem sich darin offenbarenden personalen Sein löst und so immer in einen letztlich grundlosen Aktualismus mündet, kann entgehen, daß auch das Alte Testament ontologisch denkt, nicht allerdings in einer kosmologisch geprägten Form, sondern in personologischer Weise, die erst geschichtliches Denken ermöglicht. Ohne Ontologie ist die Finalisierung von Geschichte auf ihr Ziel nicht möglich[70], der Aktualismus versperrt sich zu Unrecht der Frage nach dem *Grund* von Geschichte und menschlicher Entscheidung.

Damit dürfen wir die Seins- und Wesensaussagen der johanneischen Christologie und Eucharistielehre als Konsequenz aus den heilsgeschichtlich-funktionalen Aussagen der Synoptiker verstehen, nicht als Widerspruch zu ihnen. Aus den Texten wird klar, daß auch Johannes selbst trotz der Konzentration auf die Person Jesu eine echte Heilsgeschichte und die Relevanz geschichtlicher Ereignisse kennt. Dies sei am Beispiel des Ineinanders der präsentischen und der futurischen Eschatologie in Joh 6 erläutert. »Wer mein Fleisch ißt und mein Blut trinkt, bleibt in mir und ich in ihm« (6,56) deutet die Eucharistie zweifellos von der personalen Kommunikation aus und könnte deshalb im Sinne einer präsentischen Eschatologie verstanden werden. Wer an der Eucharistie teilnimmt, hätte das Reich Gottes schon gefunden, weil er Jesus selbst schon gefunden hätte, und es ginge in dieser Sicht nur noch um das »Bleiben in ihm«. In der Tat aber ist Joh 6 komplizierter. Es gibt hier — wie in den großen christologischen Offenbarungsreden des

---

[70] Dies ist nach meiner Ansicht ein Resultat der Auseinandersetzung Moltmanns mit Bloch, auch wenn Moltmann diesen Zusammenhang anders ausdrückt. Vgl. *J. Moltmann*, Theologie der Hoffnung, München ³1965 ff., 313–334. »Es gibt eine Identität, die sich durch den unendlichen qualitativen Gegensatz von Tod und Leben durchhält« (329). Diese Identität, dieses Bleibende, ist allerdings nicht dinglicher, sondern personaler Art — es ist die Treue Gottes in Christi Auferweckung, damit aber *Gott selbst in Christus.*

Johannesevangeliums überhaupt – auch die futurische Eschatologie: »Wer mein Fleisch ißt und mein Blut trinkt, hat das ewige Leben, und ich werde ihn am letzten Tag auferwecken« (6,54). Präsentische und futurische Eschatologie widersprechen einander nicht, sie stehen ineinander und beweisen damit das *geschichtliche* Gefälle auch der johanneischen Theologie. Das im Glauben und im Sakrament jetzt Geschehende drängt zu seiner *Vollendung* durch die Geschichte hindurch [71]. Damit ist auch innerhalb der johanneischen Theologie als solcher sichtbar, daß Geschichte und Sein, Ereignis und Wesen dann, wenn man an personales Sein und personale Wesensbeziehungen denkt, keine Gegensätze sind, sondern einander bedingen. Das hat Konsequenzen für die Auslegung der eucharistischen Wirklichkeit. Wir werden noch im einzelnen sehen, daß es der abendländischen Tradition im und seit dem Mittelalter nicht gelungen ist, Ereignis und Sein, Person und Sein als Einheit zu fassen. Das führte dazu, daß im mittelalterlichen Abendland der heilsgeschichtliche Horizont der Realpräsenz zu wenig beachtet wurde. Bei der Wiederentdeckung der heilsgeschichtlichen Dimension der Eucharistie, die im wesentlichen auf die Reformation zurückgeht, klaffte daher die Ontologie und das heilsgeschichtliche und stärker personale Denken auseinander. Luther wollte die Realpräsenz Christi in der Eucharistie wahren, aber daß dies schwierig, wenn nicht unmöglich ist ohne ontologische Kategorien, zeigt der auf ihn fast unmittelbar folgende Aktualismus (etwa Zwinglis) mit dem weitgehenden Zerfall der sakramentalen Dimension überhaupt und des Begriffs der Realpräsenz im besonderen. Umgekehrt hat das katholische Denken in der Auseinandersetzung mit der Reformation zu polemisch reagiert und sich damit den Aufbau einer personalen, für heilsgeschichtliche Zusammenhänge offenen Ontologie verbaut. Das Trienter Konzil erarbeitete in bezug auf die Realpräsenz keine gegenüber dem Mittelalter weitere, stärker heilsgeschichtliche Sicht, sondern sanktionierte die mittelalterliche, auf statischer Ontologie und damit dem Substanzbegriff aufruhende Erklärung der Realpräsenz. Damit hat es die relative Wahrheit in dem Anliegen Luthers im wesentlichen nicht aufgenommen, was durch die Verteidigungsposition, in die es sich gedrängt sah, erklärbar wird [72].
Es scheint uns, daß wir heute an einem Punkt angelangt sind, an dem diese tragische Entwicklung der abendländischen Eucharistielehre mit

---

[71] Vgl. *J. Blank*, Krisis. Untersuchungen zur johanneischen Christologie und Eschatologie, Freiburg 1964, 109–182.

[72] Die Erkenntnis der Dogmengeschichte, daß die auf einen bestimmten Gegner hin formulierten Konzilsaussagen trotz ihrer Wahrheit eine perspektivisch bedingte Einseitigkeit haben, dürfen wir hier voraussetzen.

Sorgfalt und Offenheit analysiert werden muß, zugleich im Ringen um die heute angemessene theologische Formulierung der eucharistischen Wirklichkeit. Halten wir als Ergebnis unserer bisherigen Reflexion fest, daß bei diesem heutigen Versuch Ereignis und Sein eine Einheit bilden, daß also heilsgeschichtliches und ontologisches Denken miteinander vermittelt werden müssen. Uns scheint, dies bedeutet die Forderung nach einer personalen Ontologie.
Bei dieser Forderung ist ein Mißverständnis auszuschließen. Personale Kommunikation im biblischen Sinne geschieht nicht nur im Ich-Du-Verhältnis. Man kann Johannes nicht den Vorwurf machen, sein »er bleibt in mir und ich in ihm« vernachlässige durch die Betonung des Einzelnen und seines Christus-Verhältnisses die Bedeutung der Eucharistie für *die Gemeinschaft* der Glaubenden. Der biblische, auch der johanneische Glaubensbegriff sieht die Person immer, auch und gerade bei ihrer Glaubensentscheidung, in der Solidarität eines Volkes, neutestamentlich in der Solidarität der Gemeinde Jesu. Für Johannes braucht man in diesem Zusammenhang nur auf das Weinstockgleichnis (Joh 15,1-17) und auf die Art hinzuweisen, wie die Bedeutung des Todes Jesu ausgedrückt wird: Jesus stirbt, »um die versprengten Kinder Gottes zu sammeln« (Joh 11,52). Der ekklesiologische Bezug der Eucharistie ist in allen neutestamentlichen Schriften, die wir betrachtet haben, schon damit ausgesprochen, daß Jesu Lebenshingabe im eucharistischen Zusammenhang als »für viele« oder »für das Leben der Welt« geschehen verkündet wird.
Damit ist nicht nur gesagt, daß der einzelne Christ nur in der Gemeinschaft der Glaubenden als Christ leben kann, sondern auch, daß die Kirche nur in der Öffnung für alle, also in missionarischer Sendung, Eucharistie feiern darf. Denn wenn die Eucharistiefeier die Vergegenwärtigung des »für viele«, des »für das Leben der Welt« des Todes Christi ist, dann widerspricht ein gettohaftes Sichabschließen ebenso der Eucharistiefeier, wie die Spaltungen in Korinth nach 1 Kor 11 ihr widersprachen. Darin ist eingeschlossen, daß Öffnung für die Ökumene in unserer Zeit der getrennten christlichen Konfessionen eine Forderung ist, die in jeder Eucharistiefeier neu an uns ergeht. Was dies im einzelnen besagt, werden wir zum Schluß unserer Überlegungen näher bedenken müssen.
Universale und *eschatologische* Sendung hängen dabei – wie immer – auch in der Eucharistiefeier zusammen: Der in der Eucharistie gegenwärtige Gastgeber, Jesus Christus, der sich selbst schenkt, ist der von seiner Gemeinde erwartete Richter der Lebenden und der Toten, der *Herr aller*.

II. DIE WENDE VOM NEUEN TESTAMENT ZUR ANWENDUNG DER PLATONISCHEN BILDTHEOLOGIE

1. Vorbereitende Reflexion: Wahrheit und Dogmengeschichte

Der Kirche und der Theologie vergangener Epochen wird heute oft der Vorwurf gemacht, sie hätten sich weitgehend auf die jeweiligen Zeitströmungen eingelassen und dabei wesentliche Momente der Botschaft Jesu verraten. Vor allem habe die Kirche der ersten Jahrhunderte vor der griechischen Denkform und damit vor der sakral-magischen Ontologie kapituliert. Gegenüber einem solchen Vorwurf stimmt zunächst einmal nachdenklich, daß die Kirche, jedenfalls aufs Ganze gesehen, die gewaltige gnostische Versuchung in den ersten Jahrhunderten ihres Bestehens abwehren konnte. Sie wurde nicht zur gnostischen Bewegung, sondern hielt, trotz der Formulierung ihres Glaubens in griechischer Begrifflichkeit, an der Heilsbedeutung der Geschichte Jesu und damit am Inhalt der biblischen Botschaft fest. Weiter berührt es eigenartig, daß der Vorwurf, die Kirche habe *damals* griechische Denkform angenommen, oft in einem Atemzug mit der Forderung auftritt, sie tue nicht genug, um sich den *heutigen* Problemen und dem *heutigen* Denken zu öffnen. Damit tritt in der heute weithin gängigen Beurteilung der Kirchen- und Dogmengeschichte eine seltsame Schizophrenie zutage. Es scheint so, daß man an einem Engagement in der Zeit und einer Öffnung für die eine Zeit bewegenden Ideen bei der heutigen Kirche größtes Verständnis hat, sie aber bei der antiken Kirche verurteilt.

Darin zeigt sich, daß hier Verurteilung und Forderung vorschnell vorgebracht werden, daß eine hermeneutische Reflexion auf die Bedingungen, unter denen sich Dogmengeschichte ereignet, sehr oft fehlt und daß daher unkritisch unser heutiges Lebensgefühl, das zu Recht von der Atmosphäre sozialen Fortschritts und dem Ringen um eine gerechte Gesellschaftsordnung geprägt ist, zum Maßstab *jeder* Epoche der Kirchengeschichte gemacht wird.

Damit soll aber gerade nicht gesagt werden, die Kirche habe in der Antike und in der Zeit der konstantinischen Wende alles richtig gemacht. Jede Schwarzweißmalerei, jedes Entweder-Oder-Denken ist bei der Betrachtung epochaler Umbrüche falsch, weil die Wirklichkeit hier viel komplizierter ist, als daß sie sich einem einlinigen Schema unterwerfen würde. Es geht vielmehr um die Frage, wie sich die Identität des Evangeliums, das sein normatives, aber auch in zeitbedingter Denkform und Sprache ausgedrücktes Zeugnis im Neuen Testament hat, in der Botschaft und dem Tun der Kirche dann durchhält, wenn sie durch neue Denkstrukturen geht, die von der Denkform der Schrift verschieden sind. Wir werden sehen, daß sich der Prozeß einer Übersetzung von Evangelium und christlichem Leben in eine neue Sprache[1] stets als lebendige, geistige Begegnung ereignet. Bei der Analyse einer solchen Begegnung (etwa zwischen der Botschaft des Neuen Testamentes und griechischer Philosophie) leistet uns die Unterscheidung zwischen Inhalt und Form oder die zwischen Kern und Schale (wandelbaren und unwandelbaren Elementen) der christlichen Botschaft wertvolle Dienste. Man muß sich aber darüber im klaren sein, daß es sich dabei um nachträgliche Hilfsbegriffe handelt. Denn es ist nicht möglich, vor oder in dem Ereignis der Übersetzung der Botschaft in eine andere Begriffs- und Denkform Kern und Schale ein für allemal zu unterscheiden. Bleiben wir konkret: Es ist nicht möglich, bei der Darstellung der biblischen Eucharistielehre von vornherein wesentliche (unwandelbare) und unwesentliche (wandelbare) Elemente zu unterscheiden und dann festzustellen: Die wesentlichen Elemente müssen also bei einer Übersetzung in eine andere Denk- und Sprachform erhalten bleiben, die unwesentlichen können verändert oder ersetzt werden.

Warum ist das nicht möglich? Die Antwort ist leicht einsichtig: Auch das Wesen einer Botschaft erscheint in einer bestimmten Sprache unter der Perspektive dieses bestimmten Denkens. Wesentliche und »unwesentliche« Elemente bilden konkret eine Einheit. Es fehlt die kritische Distanz, in der man – im Denk- oder Übersetzungsvollzug selbst – Kern und Schale unterscheiden kann, so wichtig für einen späteren Historiker diese Unterscheidung auch sein mag. Der wirklich Verstehende steht ja gerade mitten in der Sicht und Denkform einer Sprachwelt darin, um echt verstehen zu können.

Das bedeutet: Was und wie übersetzt werden muß, zeigt sich erst im Wagnis und Vollzug der Übersetzung selbst, im Gang der epochalen Neuinterpretation. Damit ist klar, daß der Weg der Kirche nicht vorauszuplanen ist, daß ihr innerstes Wesen etwas mit Geschichte, mit Pilgerschaft und Glaubenswagnis zu tun hat. Die Identität der ihr anvertrauten Botschaft bleibt ihrem Können und Verfügen im tiefsten entzogen. Diese Identität wird garantiert vom Geist, der der Kirche verheißen ist. Es gibt daher in der Kirche kein handhabbares hermeneutisches »Prinzip«. Statt dessen ist die Kirche gewiesen in den Glauben an die Führung des Geistes (Joh 16,12–15).

---

[1] Mit dem Begriff Sprache meinen wir hier im umfassenden Sinn die Art und Weise, in der eine Epoche sich zu Gott, zur Welt und zu sich selbst verstehend verhält, und die Formen, in denen sie dieses Verstehen ausdrückt.

Die Entfaltung der Botschaft Jesu bleibt in Identität mit dieser Botschaft selbst, nicht weil *wir* in ihr Zentrum und Peripherie, Kern und Schale, Inhalt und Form unterscheiden und darum mit unserem Können ihre Identität in einem epochalen Umbruch bewahren könnten. Vielmehr ist es allein der über uns verfügende, selbst nicht verfügbare Geist Jesu, der »von dem Seinen nehmen« und uns verkündigen wird. Wir werden also nicht aus der Situation des Hörers entlassen. Wir sind auch als verkündigende Kirche nicht Manager des Wortes, sondern seine Diener.

Es wäre ein Mißverständnis zu meinen, damit wären wir aller Verantwortung und aller Bemühung um kritische Reflexion ledig. Der Dienst am Wort schließt zwar unsere Verfügungsgewalt, nicht aber unsere wache Reflexion aus. Und so ist es möglich, den Gang der biblischen Botschaft in die antike Welt zu verfolgen, im Vergleich und im Versuch des Verstehens Konturen auszumachen. Es ist möglich, gelungene Übersetzung einer biblischen Erfahrung in griechische Begrifflichkeit und die damit gegebene Verwandlung dieser Begrifflichkeit selbst zu analysieren. Es ist auch möglich, die nicht oder nicht ganz gelungene Übersetzung und damit die Überformung biblischer Anstöße durch fremdes Denken festzustellen. Die Verheißung des Geistes schließt gerade ein, daß wir in diesem Prozeß der wachen Reflexion auf eine vergangene Wende in der Dogmengeschichte auch für unsere Situation zwar begrenzte, aber doch echte Kriterien, Hilfsmodelle gewinnen, die das Wagnis des Glaubensweges in unserer Zeit verantwortbar machen, ohne es deshalb von unserer Seite im Ergebnis zu sichern. Die Sicherheit kann immer nur die Glaubenssicherheit dessen sein, der an die Führung des Geistes in der Kirche glaubt. Aus dieser Glaubensgewißheit allein wissen wir auch, daß der Kern der biblischen Botschaft sich in den epochalen Umbrüchen der Vergangenheit durchgehalten hat. In diesem Zusammenhang ist der Begriff »Kern« nämlich angebracht, da wir mit dieser Glaubensaussage nicht über ihn verfügen und nicht behaupten, im einzelnen zwischen Kern und Schale genau unterscheiden zu können.

Damit ist natürlich auch schon gesagt, daß die Aufgabe der Übersetzung der Botschaft in die Sprachwelt einer Zeit immer neu gestellt ist. Ebensowenig wie die bloße Wiederholung von Sätzen der Schrift schon die Verkündigung biblischer Botschaft heute ist, ebensowenig kann die Wiederholung einer Definition des Trienter Konzils schon die heute verstehbare und richtige Aussage über eine Wirklichkeit des Glaubens sein. Das Evangelium ist das lebendige Evangelium, das sich zwar in Schrift und Konzilsaussagen normativ auslegt, aber eben in einer bestimmten Sprachgestalt einer vergangenen Zeit ausgelegt hat, und nach den oben zitierten Worten des Johannesevangeliums sind wir darauf angewiesen, daß der Geist Jesu dieses lebendige Evangelium auch uns auslegt. Daß er dabei die Botschaft Jesu neu sagt und daß diese Botschaft wegen ihrer eschatologischen Qualität immer das *je Neue* ist, das Gott wirkt, hindert nicht, daß er im tiefsten nichts Neues, sondern eben die Wahrheit Jesu Christi sagt: »Er wird von dem, was mein ist, nehmen« (Joh 16,15). Jesus Christus ist, obwohl er aus Texten der Vergangenheit spricht, seiner inneren Qualität nach stets »der, der kommen wird« (Offb 1,8).

Es ist daher einsichtig, daß für die Auslegung des lebendigen Evangeliums heute seine authentische Auslegung in früheren Epochen wegweisend sein muß; denn es geht um die zwar nicht handhabbare, aber *mit sich* identische Botschaft Christi. Wegweisend heißt aber nicht rezitierbar. Die Definitionen des Trienter Konzils sollen wir nicht rezitieren, sondern auf das in ihnen Ausgesagte und letztlich Gemeinte hören, und es mag sein und erscheint von vornherein als wahrscheinlich, daß wir durch eine bloße Wiederholung einem Mißverstehen des Gemeinten näher sind als einem Verstehen. Denn es ist zu vermuten, daß die vor Jahrhunderten gebrauchten Begriffe durch die geschichtlichen Wandlungen von Sprache und Denken einen anderen Stellenwert erhalten haben. Verstehen heißt hier sich in das Wagnis der Begegnung, der Gegensätzlichkeit und Einheit zweier »Sprachen« stellen [2]. Daß diese Begegnung, daß Verstehen, *daß also letztlich Identität in Geschichte möglich ist, garantiert uns* (philosophisch) die universale Einheit des Menschen in seiner Kommunikation über Räume und Zeiten und (theologisch) *die Verheißung des Geistes Christi in der Gemeinschaft der Glaubenden* [3].

---

[2] Mit Absicht haben wir den Ausdruck »Horizontverschmelzung« vermieden, den *H.-G. Gadamer,* Wahrheit und Methode, Tübingen ²1965, für das von uns Gemeinte verwendet. Dieser Ausdruck ist uns zu dinglich. Im Grunde verschmilzt in der Begegnung geistiger Welten ja nichts, da die Selbigkeit der beiden Epochen gewahrt wird. Verstehen ist ein personaler, dialogischer Vorgang, bei dem man empfängt, gibt und sich verwandelt, aber gerade um in einem tieferen Sinne mit sich identisch zu bleiben oder sogar immer mehr zu werden. Dies gilt für Menschen wie für ganze Epochen, trotz aller geschichtlicher Überschneidungen.

[3] Selbst der Strukturalismus, der zunächst jede Identität und damit die Einheit der menschlichen Geschichte zu negieren schien, scheint in jüngster Zeit zu der – nach meiner Ansicht unleugbaren – Einsicht gelangt zu sein, daß gerade die strukturale Analyse stets eine umgreifende Einheit hinter den Strukturen und damit die Möglichkeit von Identität in der Geschichte voraussetzt. Vgl. *G. Schiwy,* Neue Aspekte des Strukturalismus, München 1971, 177–183. Weil er diese Identität aber innerweltlich ansetzt, scheint der Strukturalismus zur Philosophie der Hoffnungslosigkeit zu werden, da nach ihm die Geschichte im Kerker des Kosmos verläuft. »Der Kosmos ist ein geschlossenes System, die Menschheit eingeschlossen... Die vom Menschen gelebte

Nach dieser hermeneutischen Reflexion, die zugleich schon methodische Reflexion war, dürfen wir es wagen, den Gang der Praxis der Eucharistiefeier in der Kirche und den Gang der Eucharistielehre aus der biblischen Epoche der Kirchengeschichte in ihre hellenistische Epoche zu verfolgen [4]. Da bei diesem Gang die theologische Arbeit der griechischen Väter eine entscheidende Rolle spielt, werden wir uns zunächst der Eucharistielehre der griechischen Patristik zuwenden.

2. Urbild und Bild. Das Realsymbol der griechischen Väter

Der östliche Mittelmeerraum, welcher der Hauptschauplatz der christlichen Auseinandersetzung mit dem Hellenismus und damit der Übersetzung der christlichen Botschaft in griechisches Denken war, war in der apostolischen Zeit vom Platonismus, vor allem vom sogenannten mittleren Platonismus, und später vom Neuplatonismus geprägt. Im Osten waren auf Grund des mehr spekulativen Interesses der Griechen die im wesentlichen auf eine Ethik ausgerichteten Ideen der Stoa nicht so stark wirksam wie in dem auf praktisches und politisches Handeln bedachten Westen. Stoische Einflüsse und ethische Fragestellungen spielen daher in der Abendmahlslehre der griechischen Väter – anders als bei den Lateinern – keine große Rolle. Um so intensiver ist das Ringen der griechischen Väter um den sachgemäßen Ausdruck ihres Glaubens in platonischen Denkkategorien, die sie ebenso leidenschaftlich liebten wie die Botschaft Christi.

Das platonische Denken in der Zeit der griechischen Patristik kannte zwei grundlegende Strukturprinzipien: Es war Denken angesichts der *Idee,* und es war *Stufendenken* im Sinne einer Heils- und Erlösungslehre. Wir müssen uns die Bedeutung und Tragweite dieser beiden Strukturprinzipien kurz vor Augen stellen.

Im Höhlengleichnis Platons ist die Bedeutung der *Idee* in einem großartigen Bild festgehalten. Die Lichtquelle wirft den Schatten der Gegenstände, die am Eingang einer Höhle stehen, auf die innere Höhlenwand. Die Betrachter stehen zwischen dem Eingang der Höhle und

---

Geschichte ändert nichts daran« (ebd. 186). Es scheint, daß nur der Glaube an die Geschichtsmacht Gottes die Identität des Menschen in seiner Geschichte offen zu halten vermag für ein wahres Eschaton. Die Utopien zerbrechen, die Verheißung hält sich durch.
[4] Die Unschärfe dieser Unterscheidung »biblisch« und »hellenistisch« ist uns bewußt. Im neutestamentlichen Zeugnis selbst ist ja schon hellenistisches Denken anwesend. Dennoch überwiegt bei der Darstellung der Eucharistie im NT der jüdische Denkhorizont so, daß man die Lehre der griechischen Patristik demgegenüber als »hellenistisch« bezeichnen kann.

dieser Höhlenwand, mit dem Gesicht zur Wand hin. Sie erkennen also nicht die Gegenstände als solche, sondern nur ihre Schatten, ihr Bild an der Höhlenwand. Die Lichtquelle versinnbildet die Idee des Guten, das absolute Gute, von dem jedes Licht und also jede Wirklichkeit, die diesen Namen verdient, ihren Ausgangspunkt nimmt. Die Gegenstände am Eingang der Höhle versinnbilden die Ideen, die sich für uns nur in ihrem Abbild, in ihrem Schattenbild zu erkennen geben. Wichtig dabei ist dies: Im Abbild wird die Wirklichkeit des Urbildes erfaßt, wenn auch nicht in vollständiger, nicht in unverhüllter Weise.

Die Beziehung zwischen Idee und irdischer Wirklichkeit kann also in diesem Denken dargestellt werden als die Beziehung zwischen Urbild und Abbild. Das Abbild spiegelt hierbei die Wirklichkeit des Urbildes. Ja, alles, was das Abbild an Wirklichkeit besitzt, gehört tiefer dem Urbild als dem Abbild selbst, da das ganze Sein des Abbildes darin besteht, auf unvollkommene Weise das Urbild wiederzugeben. Damit aber weist das Abbild durch sich selbst ständig auf das Urbild zurück, und einem aufmerksamen Beobachter wird dieser Verweis in die Augen springen. Er wird sich daher bemühen, durch die genaue Erfassung des Abbildes allmählich das Urbild selbst zu erkennen und zum Urbild zu gelangen. So notwendig also der Weg zum Urbild, zur Idee über das Bild (= Abbild) führt, die Funktion des Bildes ist nur eine vermittelnde. Jeder, der beim Bild stehenbleibt und sich von ihm nicht auf den Weg bringen läßt zum Urbild, mißversteht und verfälscht das Wesen des Bildes – weil dieses Wesen eben im Verweis auf das Urbild besteht – wie auch seine eigene menschliche Bestimmung. Denn die Bestimmung des Menschen ist es, sich von der irdischen Wirklichkeit, den Bildern des Wirklichen, zu den Urbildern, zur Wirklichkeit selbst führen zu lassen. Diese Wirklichkeit selbst, das Urbild, ist gegenwärtig im Abbild, allerdings so, daß diese seine Gegenwart ein dauernder Verweis, eine dauernde dem Abbild immanente Dynamik auf das Urbild selbst hin ist.

Zu beachten ist dabei, daß der Begriff »schauen« in der gesamten Tradition des Platonismus, vor allem im mittleren Platonismus, ferner in der Gnosis, bei den Apologeten und dann besonders bei den alexandrinischen Theologen nicht ein interesseloses Sehen oder Feststellen meint, sondern eine Kommunikation bedeutet, welche Heil und Erlösung vermittelt. »Unsichtbar« heißt also soviel wie »unzugänglich, unerfahrbar«, »schauen« heißt »erfahren, Kommunikation aufnehmen«. Dies gilt übrigens auch für das Denken des Alten Testamentes (»Gottes Antlitz schauen = in Gemeinschaft mit Gott stehen, Gottes Erbarmen erfahren«), so daß wir hier einer Gemeinsamkeit des griechischen und biblischen Denkens begegnen, die bei allen Unterschieden erklärt, warum eine Begegnung und zum Teil eine gegenseitige Durchdringung der beiden Denkformen sich verhältnismäßig rasch vollziehen konnte. Von hier aus können wir das zweite Strukturprinzip des platonischen Denkens leicht verstehen, das *Stufendenken*. Die Welt stellt sich dem Urbild-Abbild-Denken als eine in viele Stufen unterteilte Seins- und Wertpyramide dar. Die Spitze, von der alle gute und darum im eigentlichen Sinne wirkliche, seiende Wirklichkeit ausgeht, ist das absolut Gute. Die Urbilder der irdischen Dinge stehen in unmittelbarer Nähe zu dieser Spitze. Es sind die Ideen. Jede Stufe nach unten zu ist von der Quelle weiter entfernt und spiegelt daher stets etwas weniger von ihrem Licht. Zwischen den einzelnen Stufen des Seins vollzieht sich also eine dauernde Vermittlung von *Licht*, wobei unter diesem *Licht* sowohl das *Sein* wie der *Wert*, die *Güte* dieses Seins zu verstehen ist. Eine Stufe gibt der nächstniederen vom Licht weiter, das sie selbst durch Vermittlung der oberen Stufen letztlich von der absoluten Gutheit selbst empfangen hat.

Der Mensch hat, um aus Dunkelheit und Unwert erlöst zu werden, um zum Licht, zum Heil zu gelangen, den umgekehrten Weg zu gehen [5]. Er muß, von Stufe zu Stufe geführt, dem herabfließenden Licht der letzten Gutheit entgegengehen. Dabei herrscht zwischen den einzelnen Stufen die Beziehung, die wir zwischen Urbild und Abbild feststellen konnten: Die höhere Wirklichkeit ist in der niederen anwesend, aber in verhüllter und unvollkommener Weise, und so wirkt letztlich die Uridee des Guten durch den gesamten Kosmos und ruft durch ihre teils verborgene, teils erkennbare Gegenwart zu sich als der *einen* Quelle des Lebens und des Lichtes.

Fast alle griechischen Väter sind – der eine mehr, der andere weniger – von diesem Denken affiziert, und die ihm zugrundeliegende Weltsicht war für viele von ihnen ein kosmisches Grundgesetz. Man könnte von ihrem Denken sagen, daß es sich im Verstehenshorizont des *Realsymbols* bewegte. Mensch und Welt werden gedeutet in einer Weise, daß *eine* Wirklichkeit Symbol *einer anderen, höheren* Wirklichkeit ist, aber nicht Symbol bloß in dem Sinne, daß *wir* eine Ähnlichkeit sehen und eine Beziehung herstellen, sondern Symbol in dem Sinne, daß die höhere Wirklichkeit *sich selbst* in der niederen *ausdrückt*, in ihr gegenwärtig ist und durch sie wirkt, wenn auch in einer defizienten, abgeschwächten Weise. Eben darum sprechen wir vom *Real*symbol.
Damit stellen sich erregende Fragen: War diese Denkform fähig, die

---

[5] Dabei wird sowohl Wert wie Unwert notwendig naturhaft-kosmisch gefaßt. Unwert ist Mangel an Einfluß der absoluten Gutheit, Ferne von ihr. Ein personaler Sünden- und Erlösungsbegriff ist im genuinen, nicht christlich verwandelten Platonismus kaum denkbar.

biblische Sicht der Eucharistie so auszusagen, daß in dieser neuen Sprache deren Wesentliches erhalten blieb? Was ist dabei das »Wesentliche« des biblischen Eucharistieverständnisses? Wie verwandelte sich das Ideendenken selbst in diesem Vorgang der Übersetzung biblischen Inhaltes in seine Sprachwelt? War die biblische Botschaft stark genug, sich dieses Denken so anzuverwandeln und geschmeidig zu machen, daß sie sich in ihm tatsächlich aussprechen konnte?

Ehe wir diese Fragen beantworten können, müssen wir die Eucharistielehre der griechischen Väter in ihren Grundzügen kurz betrachten. Wir versuchen dies in einer zusammenfassenden Interpretation der Ergebnisse, die J. Betz in seinem grundlegenden Werk erarbeitet hat [6].

Zunächst allerdings müssen wir darauf achten, daß schon im Neuen Testament selbst die griechische Urbild-Abbild-Vorstellung an einigen Stellen zur Verkündigung des Christusglaubens verwandt wird. Hier denken wir vor allem an Kol 1,15, wo Christus als Bild (εἰκών) des unsichtbaren Gottes bezeichnet wird. Es liegt die Vorstellung zugrunde, daß das an sich unsichtbare, uns entzogene Urbild, hier Gott, sich in einem Bild, in dem sichtbaren Menschen Jesus, zu erkennen gab [7].

Auch im Hebräerbrief finden wir die Anwendung der Urbild-Abbild-Vorstellung, allerdings immer auf dem Hintergrund heilsgeschichtlichen Denkens. Die alttestamentliche Ordnung etwa dient nach Hebr 8,5 »dem Abbild und Schatten des Himmlischen«. Dieses Himmlische und damit die Wirklichkeit Christi wird damit als das eschatologische Urbild der alttestamentlichen Geschichte gesehen. Allerdings finden wir im Hebräerbrief und überhaupt im Neuen Testament nir-

---

[6] J. Betz, Die Eucharistie in der Zeit der griechischen Väter, Freiburg, Bd. I/1: 1955; Bd. II/1: ²1964. – Für uns ist hier Bd. I/1: Die Aktualpräsenz der Person und des Heilswerkes Jesu im Abendmahl nach der vorephesinischen griechischen Patristik, von Bedeutung. – Die in Klammern gesetzten Seitenzahlen im Text der folgenden Seiten beziehen sich auf diesen Band.

[7] Der sogenannte mittlere Platonismus, dessen Anfänge im ersten Jahrhundert vor Christus liegen, betonte die Transzendenz Gottes, der als unsichtbar (ἀόρατος), unaussprechlich (ἄρρητος) und ursprunglos (ἄναρχος) bezeichnet wurde. Die Gedanken des mittleren Platonismus wurden schon hier und da im NT zum Ausdrucksmittel der christlichen Botschaft. Vor allem aber waren die Apologeten und dann die alexandrinischen Theologen von ihm beeinflußt. Die Beziehung »unsichtbares Urbild – sichtbares Abbild« wird immer wieder zur Darstellung des Verhältnisses Vater – Sohn herangezogen. Vgl. etwa Klemens von Alexandrien, Stromata 5,77–82, darin besonders den abschließenden Satz: »Es bleibt demnach übrig, daß wir das Unerkennbare durch göttliche Gnade und allein durch den von ihm ausgehenden Logos erfassen.« Zum ganzen vgl. G. L. Prestige, God in Patristic Thought, London 1956; H. J. Krämer, Der Ursprung der Geistmetaphysik. Untersuchungen zur Geschichte des Platonismus zwischen Platon und Plotin, Amsterdam 1964; F. Ricken, Das Homoousios von Nikaia als Krisis des altchristlichen Platonismus, in: Zur Frühgeschichte der Christologie (QD 51), Freiburg 1970, 74–99, und die dort angegebene Literatur.

gendwo eine explizite Anwendung der Bildtheologie auf die Eucharistie, obwohl wir als sicher annehmen dürfen, daß der Verfasser des Hebräerbriefes die Eucharistie kannte [8]. Erst die griechische Patristik stellt die Eucharistie mit Hilfe der Bildtheologie dar. Die Beziehung Urbild – Abbild wird von den griechischen Vätern in ihrer Abendmahlslehre in verschiedenen Zusammenhängen angewandt. Betz hat gezeigt, daß die umfassendste Anwendung und damit auch die umfassendste Aussage in der Eucharistielehre der griechischen Väter sich *auf die Beziehung des erhöhten Herrn zum eucharistischen Mahl der Gemeinde* richtet. Betz spricht von der »Aktualpräsenz der Person Christi als des Kyrios und Hohenpriesters beim Abendmahl« (65–139). Der erhöhte Herr ist hier das Urbild, er ist derjenige, der sich – an sich selbst unsichtbar – durch die Eucharistiefeier (= durch sein Bild) uns gegenwärtig und sinnenhaft wahrnehmbar macht, so daß er uns naht und wir ihm nahen können. Diese Beziehung Urbild – Abbild wird als durch den Geist Jesu vermittelt erkannt, und daher ist die griechische Eucharistielehre zugleich immer Pneumatologie. Die Bedeutung, die die Ostkirche der Epiklese beimißt, rührt hierher.
Der eigentliche Herr des Mahles ist also Christus, der kraft seines Geistes die gesamte Feier der Gemeinde samt ihrer Struktur zu seinem Bild, d. h. zum Organ seiner Gegenwart und Heilswirksamkeit, macht. Dabei ist es wichtig, zu betonen, daß die *Gemeinde*versammlung dieses Organ des erhöhten Herrn und der Raum seiner Gegenwart ist [9]. Der durch Handauflegung befähigte Vorsteher der Gemeindefeier ist, in-

---

[8] Immer wieder wird behauptet, Hebr 13,10: »Wir haben einen Altar, von dem zu essen wir kein Recht haben, die dem Zelte dienen«, müsse als scharf antisakramentale Äußerung verstanden werden. Diese Behauptung wird nur möglich, wenn man gewaltsam und dem Zusammenhang widersprechend »die dem Zelte dienen« nicht als die Anhänger der alten Ordnung (des irdischen Zeltes), sondern als die Christen, die Diener des wahren Zeltes, versteht. Viel ungezwungener ist aber das entgegengesetzte Verständnis, das z. B. *O. Kuss* in seinem Kommentar zum Hebräerbrief (Regensburg 1966, 219) vertritt. Nach ihm ist der Inhalt von Hebr 13,10 folgender: »Wir haben das vollkommene, endgültige Versöhnung bringende Opfer auf dem Altar des Kreuzes von Golgotha, an dessen Heilsfrucht alle die keinen Anteil bekommen, die sich noch ... an die alte, schattenhafte, nunmehr völlig nutzlose Heilsordnung halten.« Diese Interpretation wird gestützt durch die Tatsache, daß Hebr 9,20 mit größter Wahrscheinlichkeit eine Kenntnis der Abendmahlsworte voraussetzt. Vgl. oben 1. Kapitel, Anm. 1.

[9] Alles, was noch weiter über die Anwendung der Bildtheologie zu sagen ist, beruht auf dieser Aussage. Kirchliche Gemeinschaft und Eucharistie sind in der Patristik fast auswechselbare Begriffe. So bedeutet »τῶν ἁγίων κοινωνία«, uns geläufig als »Gemeinschaft der Heiligen«, ursprünglich wahrscheinlich die Teilnahme an den eucharistischen Mysterien, die in der ostkirchlichen Liturgie bis heute »τὰ ἅγια« heißen können. Vgl. *W. Elert*, Abendmahl und Kirchengemeinschaft in der alten Kirche, hauptsächlich des Ostens, Berlin 1954, 12–14; 170–181.

nerhalb der Gemeinde, ein entscheidendes »Bild« Christi, das seine Funktion im Dienst an Christus und der Gemeinde erfüllt. »Die heilige Handlung vor uns geschieht nicht aus menschlicher Kraft. Er, der sie damals bei jenem Mahl vollbrachte, verrichtet sie auch jetzt. Wir nehmen nur die Stelle von Dienern ein. Der aber konsekriert und verwandelt, das ist er.«[10]

Die Beziehung Urbild – Abbild wird aber auch angewendet auf das Verhältnis der Heilstat Christi, also seines Todes und seiner Auferstehung, zur Eucharistiefeier. Betz spricht hier von *kommemorativer Aktualpräsenz* (140–259): Die vergangene Heils*tat* wird ihrem erlösenden Inhalt nach gegenwärtig in der Eucharistie*feier*. Nicht nur Christus selbst, nicht nur der erhöhte Herr, sondern das Erlösungsgeschehen ist für uns erreichbar, so daß wir an ihm teilhaben können.

An dieser Stelle erkennen wir, wie das platonische Bilddenken durch seine Anwendung im christlichen Bereich eine Umwandlung erfahren hat. Während Platon die Beziehung Urbild – Abbild zwischen *statischen* Wirklichkeiten dachte und für ihn ein eigentlich geschichtliches Denken nicht vollziehbar war, wird die Beziehung Urbild – Abbild von den griechischen Vätern auf *Ereignisse*, auf *Vorgänge* angewandt. Der Heilstod Jesu ist ein geschichtliches Ereignis, die Eucharistiefeier einer Gemeinde ist ein geschichtlicher Vorgang.

Man kann hier nicht einwenden, auch bei Platon gebe es Geschichte, insofern der Mensch auf einem *Weg* von der niederen Wirklichkeit zur höheren gelangen müsse. Bei Platon ist dieser Weg nämlich nur Bewegung, keine Geschichte. Warum? Der Grund ist darin zu sehen, daß bei Platon die Idee selbst unbeweglich ist, ja auch ihr Bild ist, sofern es Sein ist, unbeweglich. Die Idee rettet *aus der Geschichte* – wenn man hier einmal diesen für das Denken Platons nicht ganz zutreffenden Begriff verwenden will –, sie rettet aber *nicht durch die Geschichte*. Es ist für ein genuin platonisches Denken nicht vollziehbar, daß man sowohl das Urbild wie das Abbild einer Beziehung als *ein Ereignis* sieht.

Hier erkennt man daher die verwandelnde Kraft des biblischen Denkens gerade in der Übernahme platonischer Kategorien. Der Dynamismus des platonischen Bilddenkens ist ohne die Begegnung mit dem Christentum nur denkbar als die durch den Mangel an Sein entstandene Bewegung in einem zutiefst *statischen Kosmos*. Das Bilddenken der griechischen Väter dagegen ist trotz der Anwendung der platonischen Begriffe von einem *geschichtlichen Dynamismus* geprägt, der

---

[10] *Johannes Chrysostomus*, In Mt hom. 82,5 (PG 58,744); Übersetzung nach *J. Betz*, 102 f.

seine Wurzeln in der alt- und neutestamentlichen Botschaft hat, im Glauben an den Gott, der sein schöpferisches Wort in der Geschichte und durch die Geschichte wirksam macht, *der durch Geschichte den Kosmos verändert.* Die entscheidende Veränderung ist *das Heilsereignis* Christi, und es entfaltet seine geschichtsüberlegene und geschichtsgestaltende Macht vor allem darin, daß es sich in der Eucharistiefeier der glaubenden Gemeinde und von hier aus durch die christliche Tat der glaubenden Gemeinde in der jeweiligen Zeit gegenwärtig setzt und sich geschichtlich auslegt. Letztlich ist es die geschichtsüberlegene und geschichtsgestaltende Kraft Gottes bzw. des Geistes, welche diese Vergegenwärtigung ermöglicht.

Dort, wo die griechischen Väter von der »Anamnesis«, dem »Gedächtnis« des Heilswerkes Christi sprechen, müssen wir diesen Begriff im Sinne des *Real*symbols verstehen. Die Gegenwart des Heilsereignisses ist also eine von uns unabhängige, uns ergreifende, aber deshalb auf uns bezogene, uns meinende Gegenwart. Das Heilsereignis selbst vergegenwärtigt sich in der Kraft des Geistes des erhöhten Herrn in der Feier der Gemeinde und durch die Feier der Gemeinde.

Wichtig ist hierbei, daß auch der *Opfercharakter* der Eucharistiefeier abgeleitet wird von der Tatsache, daß sie Anamnesis, Vergegenwärtigung des Heilstodes Christi ist. Weil dieser Tod Christi ein Opfer, ja nach dem Hebräerbrief das einzige Opfer mit erlösender Kraft war, partizipiert auch die Eucharistiefeier an seinem Opfercharakter, da sie seine Vergegenwärtigung ist. Der Ausdruck für diesen Zusammenhang ist die in der ostkirchlichen Abendmahlsliturgie entscheidende Formel: μεμνημένοι προσφέρομεν, die man übersetzen könnte: »Indem wir an der Vergegenwärtigung des Opfers Christi durch unsere glaubende Anwesenheit Anteil gewinnen, opfern wir.« Die Ermächtigung zum Opfer, sein Inhalt und sein Vollzug hängen also ab von der Vergegenwärtigung des *einen* Opfers Christi, seines Sühnetodes. Die Eucharistiefeier ist Opferhandlung nur *als Anamnese*, als Vergegenwärtigung der Heilstat Christi.

In der Eucharistiefeier handelt es sich allerdings nicht nur um eine kommemorative Aktualpräsenz allein des Heils*todes* Christi. Der erhöhte Herr ist in seinem »beim-Vater-sein« nicht nur die dauernde Präsenz seiner Todeshingabe, sondern seiner *ganzen* vor dem Vater gelebten irdischen Existenz. Insofern ist die Todeshingabe die Zusammenfassung des Lebens Jesu, und in der Eucharistiefeier wird daher nicht nur der Tod Jesu, sondern sein ganzes Leben aktual präsent. Betz spricht von der »kommemorativen Aktualpräsenz der Inkarnation Jesu im Abendmahl der Kirche« (260-342). Das Denken der griechischen Väter ist universal-geschichtlich: Das Heilswerk Jesu

Christi ist das Zentrum eines universalen, alle Zeiten umspannenden Heilsplans Gottes, und als Vergegenwärtigung der Inkarnation greift die Eucharistiefeier zurück auf den Anfang und vor auf die Vollendung der menschlichen Geschichte überhaupt. Sie ist der Kristallisationspunkt einer »kosmischen Liturgie« [11]. Dennoch bleibt bestehen, daß innerhalb der Inkarnationsordnung der Heilstod Jesu – immer zusammen gesehen mit seiner Erhöhung – eine akzentuierte Stellung innehat. Er ist Zusammenfassung und Gipfelpunkt der Inkarnation. Das kosmische Denken der griechischen Väter bleibt auch in seinem Drang nach universaler Weite geschichtlich, es weiß um die »Fülle der Zeit« in einer geschichtlichen Tat, im Opfertod Christi. Die Eucharistie enthält ihr Wesen denn auch als Vergegenwärtigung dieses einen und einzigen Erlösungsopfers. Das *universal-kosmische* Denken der griechischen Philosophie ist durch die christliche Botschaft zu einem *universal-geschichtlichen* Denken geworden.

Damit hängt es zusammen, daß nach der griechischen Patristik zur Ordnung der Inkarnation ihre noch ausstehende Vollendung wesentlich hinzugehört. Insofern stellt die Eucharistiefeier schon vorweg die kommende Herrlichkeit dar und macht sie verborgen gegenwärtig. Sie bildet den Treffpunkt zwischen der erlösenden Tat Christi, dem entscheidenden Ereignis der vergangenen Geschichte, und dem erlösten Endzustand der Schöpfung, auf den hin die Geschichte unterwegs ist. *Als Realsymbol des Christusereignisses ist die Eucharistiefeier Realverheißung des kommenden Reiches.*

Innerhalb ihrer Sicht der kommemorativen Aktualpräsenz des Heilswerks Christi und seiner Inkarnation wenden die Väter die Begriffe der Bildtheologie (σύμβολον, εἰκών, ὁμοίωμα, τύπος, ἀντίτυπος) auch auf das eucharistische Brot und den eucharistischen Wein an, und zwar eindeutig im Sinne eines Realismus. Wenn sie also sagen, Brot und Wein seien Bild (εἰκών), Symbol (σύμβολον), Gleichnis (ὁμοίωμα) oder Abbild (τύπος, ἀντίτυπος) des Leibes und Blutes Christi, dann wollen sie damit ausdrücken, daß die *Wirklichkeit* des Leibes und Blutes Christi uns in Brot und Wein zugänglich wird. Hierbei ist vor allem zu beachten, daß die Behauptung der realen Gegenwart Christi in Brot und Wein eingebettet bleibt in die Betrachtung geschichtlicher Ereignisse. Die Realpräsenz Jesu in den eucharistischen Gaben ist die Folge

---

[11] Diesen Begriff wendet *H. Urs v. Balthasar, Kosmische Liturgie. Das Weltbild Maximus' des Bekenners,* Einsiedeln ²1961, auf die Theologie eines späten Theologen der griechischen Patristik an, der die großen Themen seiner Vorgänger noch einmal zusammenfaßt. In der Theologie Maximus' gewinnt der Gedanke, daß die eucharistische Liturgie weltumspannende Dimensionen enthält, die Bedeutung eines theologischen Prinzips.

der kommemorativen Aktualpräsenz, der Vergegenwärtigung seines Heilswerkes. Man könnte sagen: Die Wirklichkeit und ontologische Qualität der *Vergegenwärtigung* des Heilsereignisses zeigt sich darin, daß Jesus, der sich im Tod vor dem Vater für die Menschen hingab, *sich selbst* in der Eucharistiefeier als Brot und Wein darreicht. Das Christusereignis bewirkt durch seine Selbstvergegenwärtigung, durch das eucharistische *Mahl*, die Gegenwart Christi in den *eucharistischen Gaben*[12].

Auch in bezug auf die Gegenwart Christi in Brot und Wein sind also die Begriffe der Bildtheologie im Sinne eines Realsymbols zu deuten. Später, bei der Wende zum Frühmittelalter, wird es die größten Mißverständnisse und Komplikationen auf Grund dieser Aussagen der Väter geben, weil die Vorstellung eines Realsymbols den germanischen und keltischen Völkern nicht mehr zugänglich war. Sie vermochten zwar die Texte der Väter zu lesen, konnten aber ihr Denken nicht vollziehen. Darüber wird im nächsten Kapitel ausführlich zu sprechen sein. Man darf allerdings bei dieser Feststellung nicht verschweigen, daß schon bei den griechischen Vätern selbst seit dem fünften Jahrhundert hier und da ein Mißverständnis der Bildtheologie in Richtung auf einen bloßen Symbolismus auftaucht, so daß Cyrill von Alexandrien im Kampf mit solchen symbolistischen Auslegungen den Begriff τύπος für die eucharistischen Speisen geradezu ablehnt[13]. Hier bahnt sich – zweifellos auch auf Grund der Neigung Cyrills, die Eucharistie kosmisch-prozeßhaft zu fassen[14] – der Gegensatz zwischen Bild und Wirklichkeit schon an, der für das Frühmittelalter bestimmend sein wird. Ähnlich begegnet uns bei Theodor von Mopsuestia die Sorge, der Begriff »Symbol« könne im Sinne eines bloßen Symbolismus mißverstanden werden: »Denn der Herr sagte nicht: Das ist ein Symbol (σύμβολον) meines Leibes und das ein Symbol meines Blutes, sondern: Das ist mein Leib und mein Blut. Er lehrt uns nicht, auf das Wesen des vorliegenden sinnenfälligen Gegenstandes zu achten; denn dieses We-

---

[12] *J. Betz* behandelt in Bd. I/1 die somatische Realpräsenz nicht in einem eigenen Kapitel, sondern einmal unter dem großen Gesichtspunkt der kommemorativen Aktualpräsenz des Heilswerkes Christi (im dritten Kapitel: 217–241), ein zweites Mal im vierten Kapitel, das der kommemorativen Aktualpräsenz der Inkarnation gewidmet ist (300–317). Man muß hierbei natürlich beachten, daß Bd. I/1 nicht speziell der somatischen Realpräsenz, sondern der Aktualpräsenz der Person und des Heilswerkes Christi gewidmet ist. Aber es ist doch bezeichnend, daß Betz die Aktualpräsenz nicht behandeln kann, ohne auf die somatische Realpräsenz zu sprechen zu kommen, daß also diese letztere eingebettet ist in die Aktualpräsenz, ja sich als deren Kristallisation und Konsequenz erweist.
[13] Fragment zu Mt 26,27 (PG 72,451 f.).
[14] Zu dieser Feststellung vgl. den nächsten Abschnitt: »Kritische Reflexion«.

sen ist durch die Danksagung und die Worte, die über es gesprochen wurden, in das Fleisch und Blut verwandelt worden.«[15] Dennoch zeigt gerade diese Entwicklung in der Zeit seit dem fünften Jahrhundert, daß ursprünglich, d. h. in der Eucharistielehre der vorephesinischen griechischen Patristik, die Begriffe der Bildtheologie dazu dienten, Bild und Wirklichkeit nicht als Gegensatz, sondern als gestufte Einheit zu sehen. Im ganzen darf man daher das Urteil wagen: Die Eucharistielehre der griechischen Väter baut sich mit Hilfe des platonischen Bilddenkens so auf, daß wir einmal von einer Präsenz Christi, des erhöhten Herrn, in der Feier seiner Gemeinde sprechen müssen, insofern er der Mahlherr dieser Feier ist und sich in ihr als Gesamtvorgang »ausdrückt«, sein »Bild« schafft. Von daher wird es ermöglicht, daß – immer im Sinne des Realismus – die Feier auch die vergangene Heilstat, ja die Inkarnation als ganze »abbildet« und sogar die künftige Vollendung als Realverheißung schon verborgene Gegenwart werden läßt. Schließlich ergibt sich daraus, daß auch die eucharistische Speise bei diesem Mahl die volle Heilsgabe, also Christus selbst, im »Bild« darbietet.

3. Kritische Reflexion

Versuchen wir nach dieser kurzen Darstellung eine kritische Würdigung dieser Eucharistielehre. Die entscheidende Frage, die uns dabei aufgegeben ist, lautet: Wie weit ist es den griechischen Vätern gelungen, die Aussagen der Schrift in die platonische Sprache und Denkform zu übersetzen? Obwohl diese Frage nicht leicht zu beantworten ist, müssen wir uns ihr stellen, wenn wir unserem Anliegen treu bleiben wollen. Die Schwierigkeit der Beantwortung liegt darin, daß wir keine außerhalb der beiden zu vergleichenden Denkformen existierenden Kriterien haben. Gott hat sich geschichtlich geoffenbart und damit sein Wort nicht in der Form eines über den geschichtlichen Epochen schwebenden Kriteriums, sondern als Wort einer bestimmten Epoche und Kultur ausgesprochen. Nur im Blick auf das in diesem Wort Bezeugte können wir es wagen, unsere Frage zu beantworten. Da das durch das Neue Testament Bezeugte aber letztlich nicht ein faßbares Etwas, sondern die Person Jesu, sein Ereignis und die Kraft seines Geistes ist, ist unser Vergleich zwischen der Schrift und der griechischen Patristik nur durchführbar in dem Vertrauen darauf, daß der Beistand des Geistes Jesu uns auch bei dieser Arbeit zur Seite steht.

---

[15] Zu Mt 26 (PG 66,714).

Letztlich wird Christus weder im Neuen Testament noch in der Theologie irgendeiner Epoche ausgelegt, sondern es ist sein Geist, der ihn auslegt. Erst in diesem Raum des Glaubens gewinnen die Instrumente der Auslegung, die kritischen Maßstäbe, die Methoden und die hermeneutischen Prinzipien ihren Platz und ihre Funktion.

Zur Beantwortung unserer Frage ist zunächst zu bedenken, daß eine Denkform nicht wie ein Gefäß ihren Inhalt enthält, so daß dieser von ihr ablösbar wäre und schlicht in eine andere Denkform umgegossen werden könnte. Inhalt und Form, Aussagegegenstand und Aussageweise durchdringen sich in einer sublimen Art, so daß sie im eigentlichen Sinne nie voneinander ablösbar sind, sosehr sie unterschieden werden müssen. Dennoch bedeuten die Tatsache, daß es immer Menschen sind, die hier denken und sprechen, und in unserem Falle der christliche Glaube einen letzten, umfassenden Horizont der Aussagen, der auch noch so verschiedene Epochen füreinander öffnet, und diese Tatsache läßt einen Vergleich in Begegnung zu, d. h. im gegenseitigen »Füreinander-Offenstehen« der verschiedenen Denkformen. Es ist also nicht so, als ob wir den Vergleich von einem festen Punkt außerhalb der Denkformen, etwa von *der* Wahrheit aus, durchführen könnten. Er muß vielmehr gewagt werden in der geschichtlichen Öffnung für die beiden zu vergleichenden Denkformen selbst. Daß wir dabei nicht von unserem geschichtlichen Ort abstrahieren können, ist in diesem Falle eher ein Vorteil als ein Nachteil, weil sich aus der Distanz die Gemeinsamkeiten und die Verschiedenheiten meist besser abzeichnen als im Geschehen selbst. Hinzu kommt aber, wie schon gesagt, unsere Überzeugung, daß sich *die* Wahrheit – in unserem Falle: der Geist Jesu – zwar nicht handhaben läßt, sich selbst jedoch in der Geschichte durchzusetzen vermag.

Die Wahrheit erscheint hier also als *Subjekt*, als handelnd! Der Geist führt »in die ganze Wahrheit ein«. Damit wird zugleich klar, daß die *Freiheit* des Menschen im eminenten Sinne mit der *Wahrheit* zu tun hat. Ist die Wahrheit handelndes Subjekt, so kann sie nur gesehen werden, indem der Mensch sich im geschichtlichen Dialog von ihr finden läßt: hier ist die Offenheit der Freiheit, die ehrliche Wahrheitssuche von seiten des Menschen das Entscheidende. Nicht wir haben die Wahrheit, sondern sie hat uns. Wahrheitsfindung ist ein dialogischer Vorgang auf einem Weg, der letztlich den Logos, dessen Name Jesus Christus ist, zum geheimen Partner hat, durch die konkret begegnenden Partner, die einzelnen Epochen und Denkformen, hindurch.

In diesem Kontext versuchen wir eine Würdigung der griechischen Eucharistielehre. Was dabei als erstes auffällt, ist dies: Es ist den griechischen Vätern gelungen, aus ihrer christlichen Erfahrung heraus die

platonischen Kategorien zu geschichtlichen Kategorien umzuformen. Bei Platon war die Idee das *in sich ruhende* Urbild. Der zeitliche Ablauf in ihren Abbildern war im Grunde ein Mangel. Die Abbilder der Idee waren keine Vorgänge, keine Ereignisse, sondern Dinge. Die vorchristliche griechische »Kontemplation« hat durch und durch statischen Charakter, jedenfalls in der Form, wie sie nach der Zeit der Tragödie in der platonischen und aristotelischen Philosophie sich darstellt. Demgegenüber wird in der Theologie der griechischen Väter *ein geschichtliches Ereignis* zum Urbild: Der *Heilstod Jesu*, das Mysterium der Erlösung, ist ein *Vor-gang*, hier kommt durch Geschichte eine *neue* Wirklichkeit hervor. Dieses Ereignis schafft sich sein Abbild in der *Feier* der Eucharistie, die als solche auch ein Vor-gang ist. Die christliche Kontemplation des Mysteriums ist daher Mitvollzug, Einschwingen in das Ereignis, das sich durch sein Bild öffnet, ist im Schauen T*at*, allerdings *geschenkte und empfangene Tat.*
Dieser epochalen theologischen Leistung der Väter kann man die Bewunderung nicht versagen. In ihrem Denken war es in einer vollendeten Weise möglich, das biblische »schon – noch nicht«, die Spannung in der Zeit der Kirche zwischen Tod und Auferstehung Jesu einerseits und der endgültig erlösten Schöpfung andererseits, dadurch auszudrücken, daß sie das platonische Bilddenken in der beschriebenen Art dynamisierten, es geschichtlich verstanden. In der griechischen Vätertheologie wird ohne weiteres verständlich, daß die Eucharistie auf der einen Seite das »schon« unserer Erlösung darstellt und gegenwärtig macht und uns also Vergebung der Schuld zuspricht, auf der anderen Seite aber als Verheißung erst hindrängt auf die Vollerlösung, die noch verborgen ist und noch aussteht. Die Denkform »Urbild – Abbild« ermöglicht die präzise Fassung dieser Spannung, insofern das Urbild schon anwesend ist in seinem Abbild, dieses als Abbild jedoch noch nicht den vollen, adäquaten Modus der Gegenwart des Urbildes darstellt, sondern auf das Urbild verweist, gerade weil es Abbild ist [16].
Dieses Verhältnis hat zugleich eine gnoseologische Seite, d. h., es wirkt sich aus auf die menschliche Erfahrung und Erkenntnis. »Schon – noch nicht« bedeutet nämlich auch dies: *schon* im Glauben sichtbar und

---

[16] Es ist kein Zufall, daß *J. M. R. Tillard*, L'Eucharistie Pâque de l'Eglise, Paris 1964, in diesem seinem ausgezeichneten Eucharistiebuch durchgehend bestimmt ist vom heilsgeschichtlichen Gesichtspunkt. Im »schon – noch nicht« sieht er die Grundbestimmung der »pilgernden Kirche«, der »l'Eglise pérégrinante«, und zugleich die Grundbestimmung der Eucharistie. Die Ursache für diesen Charakter seiner Eucharistielehre ist offensichtlich: Diese ist geprägt vom Geist der *griechischen Patristik,* wie jeder auch nur einigermaßen aufmerksame Leser bald feststellt.

dennoch, weil nur *im Glauben* sichtbar, *noch* verborgen. Auch diese biblische Spannung konnte mit den Begriffen »Urbild – Abbild« ausgedrückt werden; denn das Abbild gibt das Urbild nur unter einer bestimmten Hinsicht wieder, es bringt immer auch die Möglichkeit des Mißverständnisses, des Zweifels mit sich, so daß im eigentlichen Sinne hier nur sieht, wer sehen darf (Aspekt der Gnade) und sehen will (Aspekt der Entscheidung), d. h., wer sich in *Freiheit* der ihm *geschenkten* Wirklichkeit öffnet.

Die Eucharistiefeier drückt nach patristischer Auffassung also das »Zwischen« der kirchlichen Situation aus. Sie wird verstanden als die Stärkung und sogar als der Ausdruck der *pilgernden* Kirche, die *schon* berührt ist vom Geheimnis der Erlösung und doch *noch* unterwegs ist in die Vollendung [17]. Damit wird auch – gerade durch die Verwendung der Denkform »Urbild – Abbild« – die Gegenwart Christi in Brot und Wein in die heilsgeschichtliche Spannung gehoben: Er ist hier, in der Eucharistiefeier, in Brot und Wein, aber er ist auch noch abwesend [18]. Es gibt eine gestufte Gegenwart Christi, eine Gegenwart im Bild, die, obzwar wirkliche Gegenwart, doch noch verborgene, und d. h. auch: noch unvollendete Gegenwart ist und die daher als solche hindrängt auf ihr Urbild, die volle und unverhüllte Gegenwart Christi, die in der Schrift »Schauen von Angesicht zu Angesicht« heißt.

So wird in der griechischen Theologie der dynamische Charakter der

---

[17] Wenn auch bei *Betz* I/1 dieser Gedanke immer wieder angedeutet wird, so ist er doch nicht in der Breite dargestellt, wie es ihm nach den Texten der Väter zukäme. Hier sei nur auf die Auseinandersetzung Cyrills von Alexandrien mit Nestorius hingewiesen, in der gerade im eucharistischen Zusammenhang die Wiederkunft des Menschensohnes eine große Rolle spielt, und zwar sowohl in den Worten des Nestorius wie in der Entgegnung Cyrills: Adv. Nestorium IV, 5–6 (PG 76,189–205). – Unter *dieser* Rücksicht scheint uns *J. M. R. Tillard*, L'Eucharistie, den Geist der griechischen Väter besser zu treffen.

[18] Die christologischen Kämpfe haben hier zu Einseitigkeiten geführt. Wir deuteten schon darauf hin, daß Cyrill von Alexandrien den Begriff »τύπος« für die eucharistische Speise ablehnt, weil er eine »nestorianische« und damit symbolistische Interpretation dieses Begriffs befürchtet: Fragment zu Mt 26,27 (PG 72,452 C). Wie so oft, ist auch hier in der Situation des Kampfes die ursprüngliche, die volle Spannung umfassende Position nicht gehalten worden. Das »noch nicht« gerät bei Cyrill an dieser Stelle schon in Gefahr. Damit ist nicht gesagt, daß Cyrills Auffassung falsch wurde, sie wurde aber einseitig. Aus unserer geschichtlichen Erfahrung wissen wir, daß sogar Konzilsdefinitionen das Mysterium nur nach einer bestimmten Seite hin schützen wollen und darum eine wahre Konzilsaussage sehr wohl einseitig sein kann. Damit ist sie aber – das ist die unausbleibliche Folgerung – rein als satzhafte Formulierung noch nicht »die volle Wahrheit«, in die hinein die Kirche sich immer erst noch vom Geist Jesu führen lassen muß. Denn das von allen Glaubenssätzen Gemeinte, die Person dessen, der kommt, die Welt zu richten, ist immer größer als die analogen, auf ihn hinweisenden Glaubenssätze.

Eucharistiefeier, der sie formende Ruf »Maranatha – Komm, unser Herr!« aussagbar, ja er wird deutlich hervorgehoben. Dies ist möglich, insofern »Urbild – Abbild« nicht mehr wie bei Platon statische, sondern geschichtliche Kategorien sind. Wir werden später sehen, daß das abendländische Mittelalter weder die Idee des Realsymbols noch die damit zusammenhängende einer gestuften und auf die Vollendung hindrängenden Gegenwart aussagen konnte und daß es daher nicht fähig war, die Bildtheologie der griechischen Patristik nachzuvollziehen.

Bei den griechischen Vätern wird also mit *einem* Blick gesehen, daß Christus in der Eucharistie *wirklich anwesend* ist und daß er trotzdem erst *verborgen und vorläufig anwesend* ist, so daß die Eucharistiefeier – sie selbst! – auch noch *ein Modus spezifischer Abwesenheit Christi* ist, nur auf dem *Weg* der Kirche ihre Funktion hat und danach drängt, sich in der vollen Gegenwart Christi selbst aufzuheben [19]. *Die Vorläufigkeit und Wirklichkeit* der Sakramente überhaupt konnte von der Bildtheologie in Einheit und Unterschiedenheit zugleich ausgesagt werden, und so leistete sie etwas, was die Transsubstantiationslehre des Hochmittelalters z. B. nicht leisten konnte.

Unter *einer* Rücksicht scheint die griechische Bildtheologie allerdings die biblische Aussage nicht zu erreichen, nämlich in bezug auf den Personalismus. Wir sagten, daß für jede Form des neutestamentlichen Eucharistieverständnisses der freie, in der Geschichte handelnde Gott, der im Christusereignis die Befreiung des Menschen wirkt, den Hintergrund aller Überlegungen darstellt. Der Vater wirkt im Tod Jesu das Heil der Glaubenden. Er schafft auf Grund seiner Zuwendung zum Menschen das Zueinander und Ineinander von Tod Jesu und Eucharistiefeier, bzw. er wirkt die Auferstehung Jesu so, daß dieser in der Geschichte seiner Kirche die Vollmacht gewinnt, ihr seine Gegenwart in der eucharistischen Feier zu schenken [20]. Dieser Grundzug der freien Liebeszuwendung Gottes und der freien Lebenshingabe Christi charakterisiert die biblischen Aussagen über die Eucharistie.

---

[19] Diese Dialektik von »Anwesenheit – Abwesenheit« hebt auch *J. Ratzinger*, Problem der Transsubstantiation, 129–158, hervor, und zwar in Auseinandersetzung mit der Eucharistielehre Calvins. Diese überbetonte das »noch nicht« oder besser das »nicht hier, sondern beim Vater« – zweifellos in einer extremen Reaktion gegen den dinglichen Realismus, dem die spätmittelalterliche Theologie verfallen war. Allerdings ist bei Calvin zu berücksichtigen, daß das Denken seiner Zeit weniger geschichtlich orientiert war und darum die Spannung letztlich nicht zeitlich, also nicht im »schon – noch nicht«, ausgelegt wurde, sondern räumlich: »auf Erden – im Himmel«, oder: »hier – beim Vater«.

[20] Vgl. oben den letzten Abschnitt des vorigen Kapitels: »Inhalt und Struktur der biblischen Aussagen über die Eucharistie«.

Für den Platoniker, auch für den christlichen Platoniker, ist aber das Verhältnis »Urbild – Abbild« ein Grundgesetz des Kosmos, das schon vor aller Heilsgeschichte naturhaft von Bedeutung ist. Sicher wissen die griechischen Väter, daß alle Gesetze des Kosmos auf Gott und seinen Willen zurückgehen, aber bei diesen Gesetzen hat sich der göttliche Wille doch mit der Schöpfung selbst gebunden, zumindest im antiken Kosmos-Verständnis. Gottes Wille erscheint gegenüber dem Kosmos und seinen Gesetzen als Träger, aber nicht als ein Wille, der in die Gesetzmäßigkeit eingreift und sie verändert. Insofern nimmt die Umformung platonischer Kategorien ins Ereignishafte, die die Väter vollziehen, den Charakter des Naturhaften, Gesetzmäßigen, Prozeßhaften an. Das Wirken Christi in der Eucharistie, die Form seiner eucharistischen Gegenwart, scheint nur der höchste Fall einer universalen, kosmischen Wirklichkeit zu sein. Wenn also auch die Väter, sicher auf Grund ihres christlichen Glaubens, Platons Denken dynamisierten, so stellt sich doch oft die Frage, ob der Heilsprozeß dabei nicht zu sehr naturhaft-kosmisch und zu wenig gnadenhaft-geschichtlich – im Sinne der freien, erwählenden und Heil schenkenden Liebestat Gottes – gesehen wird.

Ein Hinweis auf *unsere* Situation verdeutlicht das Gesagte. Wir erlebten und erleben die Entpersonalisierung und damit Verfälschung des biblischen Geschichtsdenkens in den säkularisierten Systemen Hegels und der von ihm abhängigen Denker, etwa Marx' und Blochs, und von hier aus stellt sich auch die entscheidende Frage an Teilhard de Chardin. Denkt er biblisch-geschichtlich, im Raum des *Erwählungswillens* Gottes, oder kosmisch-evolutiv? Anders ausgedrückt: Ist die Kategorie der Freiheit oder die der Notwendigkeit bei ihm vorrangig?

Dieser Vorgriff in unsere Situation soll das spezifische Problem beleuchten, dem wir angesichts der Vätertheologie begegnen. Es ist zwar in bezug auf die Kategorien Freiheit und Notwendigkeit ein weiter Weg von den griechischen Vätern zu Hegel. Die Apokatastasislehre des Origenes, die bei Gregor von Nyssa wiederkehrt, atmet aber innerhalb eines anderen geistigen Raumes schon viel von Hegelschem Geist. Und es bleibt zwar bei allen Vätern vorausgesetzt, daß *der freie Gott der Schöpfer des Kosmos* ist, es stellt sich aber unwillkürlich angesichts ihrer Theologie die Frage, ob die *in der Heilsgeschichte* erscheinende *Freiheit Gottes nicht verblaßt zugunsten eines Denkens in notwendigen Prozessen*[21].

Charakteristisch für die Neigung der griechischen Väter, sowohl die

---

[21] Man beachte nur etwa Röm 3,21–31, die zentralen Sätze des Römerbriefs, in deren Darstellung das entscheidende Handeln Gottes *innerhalb* der Geschichte in Christus sich ereignet und alle Dinge des Kosmos umwertet. Schon die Begriffe »neue Schöp-

Erlösung durch die Inkarnation wie die Heiligung durch die Eucharistie naturhaft zu denken, sind die Termini, mit denen sie die Wirkung des »Fleisches des Logos« und dann auch der Eucharistie umschreiben. Weitgehend stammen sie aus dem platonischen Denken, und dies in einer Weise, daß sie keine Verwandlung in Richtung auf den biblischen Personalismus durchmachten [22]. Es ist bezeichnend, daß Betz bei der Darstellung der Väterlehre der Satz in die Feder fließt, daß »der Heilige Geist diese (d. h. die eucharistischen Gaben) *mit Beschlag belegt* und sie durchwaltet« (309). Er sagt ausdrücklich: »Die Wandlung des Wesens ist demzufolge Wirkung einer bei dem Ding eintretenden Änderung des Besitzverhältnisses. Diese Vorstellung schwingt von vornherein als Nebenton in μεταβάλλειν mit; denn wie jede Veränderung drückt das Verbum auch die des Besitzes aus« (309).

Bekannt ist das Bild von der glühenden Kohle, dem Holz und dem Feuer, das vor allem die Alexandriner auf die Inkarnation des Logos und seine erlösende Funktion anwenden. Hier entspricht das Feuer dem Logos bzw. dem Heiligen Geist, die Kohle und ihr Glühen dem Vorgang der Inkarnation, das Holz entspricht dem vom Logos ergriffenen Menschen. Die Heiligung und Erlösung ist also wie ein naturhafter Prozeß vorgestellt. Die Eucharistie wird im selben Sinne als Weiterwirken der Inkarnation verstanden [23], so daß auch hier der Mensch, der an ihr teilnimmt, naturhaft geheiligt wird.

So verwendet z. B. Cyrill von Alexandrien denselben Terminus μετα-

fung«, »neuer Bund« u. ä. im NT machen darauf aufmerksam, worum es geht, ebenso der Begriff »Fülle der Zeit«. Das eigentliche theologische Problem, das sich hier stellt, ist dies: Wie läßt sich die *universale Bedeutung* des Christusereignisses mit seiner *Kontingenz*, d. h. mit seiner Stellung *innerhalb* des geschichtlichen Ablaufs, in einer Einheit sehen? Genau dies ist das Zentralproblem der christlichen Theologie überhaupt, das in jedem Traktat wiederkehrt: Der Logos ist Fleisch, ist geschichtliches Ereignis, ist in die Sinnlosigkeit des Todes preisgegebener Mensch geworden. Uns scheint, daß die Neigung der griechischen Väter zum Monophysitismus – und sie ist im ganzen sicher stärker als die zum »Nestorianismus« – mit ihrer Tendenz zusammenhängt, den Kosmos als die große, vergöttlichte Einheit zu sehen. Ihre Eucharistielehre ist von diesem kosmischen Grundzug geprägt, wie die östlichen Liturgien heute noch bezeugen. Kommt aber dabei der menschliche Tod Jesu, sein Leiden *mitten in* der Geschichte nicht zu kurz? Wir sind uns bewußt, daß man in bezug auf die Antiochener in der Bejahung dieser Frage vorsichtiger sein muß als gegenüber den Alexandrinern. Aber gerade bei den Antiochenern zeigt sich auf der anderen Seite, daß sie die Einheit Christi – und dann auch der Kirche und der Sakramente – nicht eigentlich vom Personalen, sondern von der Betrachtung der *Naturen* und ihrer »Verbindung« angehen, sie also nicht als in der Person *ursprünglich* gegeben ansehen. Damit aber wird klar, daß auch sie nicht aus dem kosmisch-naturhaften Denken ausbrechen konnten. Vgl. dazu die Beurteilung der Christologie der Antiochener bei D. *Wiederkehr*, Entwurf einer systematischen Christologie, in: MS III, 1, 509.
[22] Vgl. *J. Betz*, Eucharistie, I/1, 308-315.
[23] Ebd. 311: »Die Wandlung der Abendmahlsspeise in den Leib Christi wird vom

ποιεῖν, den er für die Verwandlung der Gaben in Leib und Blut Christi benutzt, auch für die Wandlung, die die Kommunizierenden durch die Eucharistie erfahren [24]. Nach den Alexandrinern ergibt sich also eine Kette der Wirkungen: Inkarnation, Eucharistie, Heiligung der an der Eucharistie Teilnehmenden, wobei stets – und darin liegt der Unterschied zum biblischen Denken – dasselbe Prinzip einer naturhaften Heiligung angewendet wird: Das Fleisch (σάρξ) des Logos wird von diesem geheiligt, er heiligt auch das Brot, macht es zu seinem Fleisch (σάρξ), und durch dieses heiligt er und nimmt in Besitz die Menschen, die an der Eucharistie teilnehmen.

Gewiß ist dabei immer *vorausgesetzt*, daß die Teilnehmer *im Glauben* hinzutreten; aber es ist den Vätern offensichtlich nicht gelungen, *die beiden Aussagen in einer Einheit* zu sehen, die eine, daß *das Fleisch* des Logos wirkt, und die andere, daß *der Glaube* dem Menschen das Heil schenkt. Man hat vielmehr den Eindruck, daß der Glaube in der Sicht vor allem der Alexandriner nur eine Tür öffnet, durch die *dann naturhaft* – fast automatisch – sich die heiligende Kraft der durch den Heiligen Geist in Beschlag genommenen eucharistischen Gaben auswirkt. Eine Einheit im Sinne eines personalen Dialogs zwischen Christus und den Glaubenden wird hier kaum sichtbar. Um es mit den Kategorien von Joh 6 zu sagen: Es ergibt sich die von den Vätern ungelöst gelassene Frage, wie die Aussagen »Wer *glaubt*, hat ewiges Leben« und »Wer mein Fleisch *ißt*, hat ewiges Leben« eine Einheit bilden können. Diese Einheit kann – im Anschluß an die johanneische Theologie – nur christologisch gesehen werden, aber dann nicht im Sinne einer Logos-Sarx-Christologie, sondern nur von einer Personologie her. Die Logos-Sarx-Christologie denkt naturhaft (göttliche und menschliche Natur) und macht sich deshalb von vornherein beim konkreten Bedenken des Heils die Einheit der Person Christi zum Problem.

Mit dieser Überlegung berühren wir schon das *heutige* Problem der Eucharistielehre und der Sakramentenlehre überhaupt: Wie kann das Heil zugleich personal und sakramental sein, wie bilden Glaubensvollzug und »opus operatum«, d. h. die in der kirchlichen Handlung uns

---

Nyssener demnach als deren Inbesitznahme durch den Logos, d. h. nach Weise der Inkarnation, aufgefaßt.« – In dieser Väterlehre liegt eine Gefahr beschlossen, die sich später in der sogenannten Impanationslehre ausgewirkt hat: Der Logos »ergreift« und »eint mit sich« das Brot genau so, wie er den menschlichen Leib in der Inkarnation mit sich geeint hat. Dabei erscheint die Eucharistie als Parallele der Inkarnation, als »ihr zweiter Fall«. So wird aber übersehen, daß die Eucharistie auf der Inkarnation wie auf Tod und Auferstehung Jesu *aufruht*, d. h. nicht neben ihr steht als ihre Wiederholung, sondern von ihr herkommt als die Wirklichkeit, in der sie sich *bezeugt*.

[24] *J. Betz*, Eucharistie, I/1, 313, Anm. 236.

ergreifende Christuswirklichkeit, eine Einheit? Das Problem ist von K. Rahner klar formuliert [25], von E. Schillebeeckx mit Hilfe der Kategorie der Begegnung angegangen worden [26] und gerät heute in das Kreuzfeuer transzendentaler, funktionaler und politischer Interpretation des Christentums. Entscheidend für eine Lösung wird sein, daß der Mensch und die Geschichte so verstanden werden, daß innerhalb eines von der Kategorie der Notwendigkeit (d. h. des prozeßhaften Ablaufs) bestimmten Feldes der Mensch dennoch der Kategorie der Freiheit zugehört und daß beides so vermittelt wird, daß das der Notwendigkeit zugeordnete Feld als (wenn auch begrenzte) Möglichkeit der Freiheit erscheint. Eine Reduzierung auf den Akt der Entscheidung führt zu Bultmann und zum Aktualismus. Wie Moltmann gezeigt hat, wird hier der Glaube weltlos und damit in letzter Konsequenz wesenlos [27]. Eine Reduzierung auf die Kategorie der Notwendigkeit führt letztlich zur Magie, zum Ritualismus oder zum (eventuell soziologischen) Funktionalismus, in dem das Heil prozeßhaft abläuft und darum beeinflußbar ist von Fachkenntnissen (Reduktion auf Psychologie oder Soziologie), aszetischen oder organisatorischen Fähigkeiten (Reduktion auf Effizienz, eine moderne Form des Pelagianismus) oder manipuliert werden kann (Klerikalismus).

Die Einheit, welche die Vätertheologie hier anbietet, bleibt zu äußerlich und läßt die beiden Pole (Glaube und sakramentale Handlung) in einer bloß äußeren Berührung. Der Glaube ist in dieser Sicht gefordert, damit der Christ an der Eucharistiefeier teilnehmen kann, aber die sakramentalen Handlungen wirken, wenn sie einmal das Tor offen finden – oder, wie die mittelalterliche Theologie sagen wird, wenn der Mensch kein Hindernis, keinen obex, setzt – von selbst, gleichsam mit physischer Notwendigkeit. Es ist das große Verdienst Schillebeeckx', den Begriff des »opus operatum« personalisiert zu haben, ihn als das uns zuvorkommende und entgegenkommende Wirken Christi durch seinen Geist in der Kirche zu sehen und ihn damit zu öffnen dafür, daß er zu einer inneren Einheit vermittelt werden kann mit der Wirklichkeit des Glaubens in denen, denen Christus begegnen, denen er Heil schenken will. Nur wenn die Ebene des Personalen in der Betrachtung des Sakramentes die Ebene des Naturhaften übergreift und formt (und dennoch auf ihr aufruht), können die der Kategorie der Notwendigkeit zugehörigen Wirklichkeiten im Sakrament (Wasser, Brot, Wein, Waschen, Essen, Trinken) mit dem Moment des Glaubens

---

[25] Schriften zur Theologie II, Einsiedeln 1955, 115–142: Personale und sakramentale Frömmigkeit.
[26] E. Schillebeeckx, Christus – Sakrament der Gottbegegnung, Mainz ²1965.
[27] J. Moltmann, Theologie der Hoffnung, 51–60.

und der Freiheit zu einer echten Einheit vermittelt werden. (Essen z. B. wird dann zum Mahlhalten.) Unsere dogmengeschichtlichen Überlegungen haben das Ziel, einen Beitrag zur Lösung dieses unseres heutigen Problems zu leisten. Darum war es angebracht, schon hier bei der kritischen Reflexion über die griechische Eucharistielehre davon zu sprechen. Dabei dürfte klar sein, daß die Kategorien der Freiheit und der Notwendigkeit sowohl auf der Seite Christi wie auf der Seite der an ihn Glaubenden vorkommen müssen. Das Christus auferlegte *Schicksal*, das Unentrinnbare und Ausweglose seines Todes, aber auch seine *Freiheit*, die dieses Schicksal zur letzten Aussage und Gabe der Liebe macht, müssen bedacht werden, wenn man verstehen will, was uns bei der Eucharistie – unserem Glauben zuvor und darum ihn aufrufend – entgegenkommt, was also nach der bisher üblichen Ausdrucksweise »opus operatum« ist. Ebenso muß auf der Seite der Glaubenden die Kategorie der Notwendigkeit (die Verflechtung in die Welt, die Abhängigkeit von den Dingen, von Nahrung und Reinigung, die naturhafte Seite unseres Daseins, Geburt, Tod, Geschlecht) bedacht werden und *darin* das sie Überragende und darum Formende: Entscheidung, Freiheit, Glaube [28].

Nur dann kann das Sakrament und kann vor allem die Eucharistie gesehen werden in ihrer zentralen Stellung innerhalb der Kirche: sie ist Gottes Heil durch Christus und seinen Geist in der Gemeinschaft der Glaubenden, in einer Weise, wie es der welthaften und doch eschatologischen Existenz des pilgernden Volkes Gottes entspricht. Dieses Heil ist nicht weltlos, und darum ist es sakramental, aber es ist keineswegs magisch-kosmisch, und darum ist es personal und der Dimension des Glaubens zugeordnet. Halten wir uns diese aus der Reflexion über

---

[28] Es ist einzusehen, daß die Verflechtung und Angewiesenheit des Menschen in der Welt, deren Rahmen sein Geboren*werden* und Sterben*müssen* ist, sich mit der Kategorie der *Notwendigkeit* auslegen läßt: Wir *müssen* essen und trinken, sind in Leiblichkeit hineingestellt. Diese Dimension nimmt die sakramentale Wirklichkeit auf, verwandelt sie aber durch die christologische Dimension, die auf der anthropologischpersonalen als ihrer Substruktur aufruht. Daher ist der übergreifende Rahmen beim Sakrament der der Selbsthingabe und Stiftung Jesu und der Annahme dieser Hingabe Jesu durch den Glauben der Gemeinde. Ohne diesen personal-christologischen und in der Folge davon ekklesiologischen Rahmen wird die Welthaftigkeit des Menschen nicht zum Sakrament. Ohne die Stiftung oder die Sendung durch Jesus ist der Begriff des Sakraments im christlichen Sinn nicht möglich. Dabei behaupten wir nicht für jedes Sakrament eine historisch nachweisbare Stiftung Jesu, es genügt sein Wille, *leibhafte Gemeinde* zu wollen. Dieser Wille Jesu ist in der Stiftung der Eucharistie enthalten, die, wie im vorigen Kapitel gezeigt, soweit nachgewiesen werden kann, daß sie als moralisch sicher gelten darf. Unter dieser Rücksicht erweist sich die Eucharistie als kirchenstiftend und als Kern der kirchlich-sakramentalen Wirklichkeit überhaupt.

die griechische Eucharistielehre erwachsenen Gedanken für den weiteren Verlauf unserer Überlegungen gegenwärtig [29].

4. Die lateinischen Väter

Die lateinischen Väter sind, was die spekulative Seite der Eucharistielehre angeht, derselben platonischen Denkform verpflichtet wie die griechischen Väter. Ihr Interesse ist aber im ganzen weniger spekulativ und darum auch weniger kosmisch-universal, sondern mehr der seelsorglichen und praktischen Seite der Eucharistie zugeneigt. Daher spiegelt sich in ihren Aussagen auch mehr die Sorge um den einzelnen Christen und die konkrete Situation ihrer Gemeinden. So zeigt sich schon bei den lateinischen Vätern eine Eigenart, die das abendländische Mittelalter bestimmen wird: der Zug zum Individuellen und zum Ethischen. Im Nominalismus und in der reformatorischen Auffassung vom Christentum wird sich diese Neigung – tausend Jahre später – potenziert darstellen. Man kann sie aber auch schon feststellen, wenn man Cyprian von Karthago und Ambrosius von Mailand auf der einen Seite etwa mit Gregor von Nyssa oder Cyrill von Alexandrien auf der anderen Seite vergleicht.

So erscheint bei Cyprian die Eucharistie vor allem als Stärkung für das ethisch konsequente christliche Leben, letztlich als Stärkung für das Martyrium in der Verfolgung [30]. Von daher ist es verständlich, daß auch die ethische Voraussetzung zum Empfang der Eucharistie eingeschärft wird. Cyprian wendet sich gegen die Bischöfe, die den Abgefallenen nach der Verfolgung bald wieder die Rekonziliation und damit den Zugang zur Eucharistie gewähren. Die äußere Teilnahme am Sakrament ohne die innere Umkehr ist sinnlos, ja sie vertieft die Trennung von Gott. »Eine derart leichtgemachte Möglichkeit (der Versöhnung und damit der Wiederzulassung zur Eucharistie) schenkt nicht den Frieden, sondern nimmt ihn vollends weg, sie gibt keine Gemeinschaft, sondern ist ein Hindernis für das Heil.« [31]

---

[29] Das, was hier nur angedeutet ist, muß im letzten Kapitel weiter reflektiert werden, wenn es darum geht, den Zeichenbegriff personologisch zu verstehen. Ein Ereignis kann nur dann Träger personaler Selbstgabe sein, wenn es (auch ontologisch) über sich hinausweist, also zum *Zeichen* wird.
[30] Ep. 57,2 (CSEL 3,2,651 f. *Hartel*).
[31] De lapsis 15–16 (CSEL 3,1,247 f. *Hartel*). – In unserem Zusammenhang spielt es eine geringe Rolle, daß sich die Haltung Cyprians innerhalb einiger Jahre gemildert hat, so daß er vor der neuen Verfolgungswelle auch eher geneigt war, Abgefallene schneller wieder zur Eucharistie zuzulassen. Der Grund hierfür ist nämlich auch ein ethisch-pastoraler, der zudem auf das Individuum schaut: Er möchte die Christen

Auf die Frage, *zwischen wem* durch die Rekonziliation Friede gestiftet wird, *welche* Gemeinschaft durch die Zulassung zur Eucharistie wiedergeschenkt wird, muß man nach Cyprian antworten: Zunächst die Gemeinschaft mit der Kirche, mit der Versammlung der Glaubenden. Eucharistie und Einheit der Gemeinde ist für Cyprian fast eine Identität. Erst über die Gemeinschaft mit der Kirche ist – auch in der Eucharistiefeier – die Gemeinschaft mit Christus und mit Gott zu erreichen. Dieser ekklesiale Charakter der Eucharistielehre ist von Cyprian bis Augustinus das Kennzeichen der afrikanisch-lateinischen Kirche geblieben, verstärkt durch den Kampf gegen die kirchenspaltende Tendenz des Donatismus.

Dennoch bleibt für Cyprian letzte Instanz der Verbindung mit Christus *und* der Kirche die Gewissensentscheidung des einzelnen Christen: »Wer (durch seine innere Entscheidung) vom Evangelium getrennt ist, tritt auch nicht mit der Kirche in Gemeinschaft.« [32] Gerade deshalb, weil die Kirche das äußere Zeichen der inneren Gemeinschaft mit Gott ist, darf der Bischof einen abgefallenen Christen, der noch nicht die Umkehr vollzogen hat, nicht zur Eucharistie zulassen.

Zwei Grundlinien charakterisieren also die Eucharistielehre Cyprians: Die Eucharistie als Zeichen und Kraftquelle für das ethische Leben des Christen und die Eucharistie als Realisation und Ursprung der Einheit der Gemeinde, diese Einheit verstanden sowohl als Gemeinschaft mit Christus wie als Gemeinschaft der Christen untereinander.

Außerdem wird bei ihm zuerst innerhalb der Patristik die Aussage explizit faßbar, daß Christus in der Eucharistiefeier seinen Leib und sein Blut opfert, und zwar wird dies ausgesagt, ohne daß es, wie es im griechischen Raum fast immer geschieht, auf dem Hintergrund und in Kraft der Anamnese, der kommemorativen Aktualpräsenz, ausgelegt wird. »Wer ist mehr Priester des höchsten Gottes als unser Herr Jesus Christus, der Gott dem Vater ein Opfer darbringt! Und zwar bringt er dasselbe dar wie Melchisedech, nämlich Brot und Wein, nämlich seinen Leib und sein Blut.« [33]

Hier kündet sich eine Tendenz an, die hinter die Aussage des Hebräerbriefes zurückfällt. Im Hebräerbrief ist der »Schatten« bzw. das Vorbild (nämlich Melchisedech) im Urbild Christus aufgehoben und darum außer Kraft gesetzt, so daß es nur noch *ein* Opfer gibt, nämlich das Kreuzesopfer, das dann »ein für allemal« gilt. Bei Cyprian ist von dieser Aufhebung nicht mehr die Rede, sondern nur noch von einer Stei-

---

durch die Eucharistie für den neuen Kampf stärken, damit sie nicht ein zweites Mal untreu werden.
[32] Ebd.
[33] Ep. 63,4 (CSEL 3,2,703 *Hartel*).

gerung im Opfer Christi. Das im Wert Gesteigerte aber ist vergleichbar, es fällt letztlich doch unter *einen* Begriff mit dem, was geringer ist als es selbst, und so gerät das eucharistische Opfer hier schon andeutungsweise unter einen allgemeinen, religionsgeschichtlichen Opferbegriff. Nach der Theologie der Griechen aber fließt sein Opfercharakter ganz aus der *Vergegenwärtigung des einzigen gültigen Opfers, des Kreuzesopfers.* So macht sich bei Cyprian schon die abendländische Tendenz zur Individualisierung, zur Vereinzelung bemerkbar. *Jede* Eucharistiefeier kann in der Konsequenz des Cyprianwortes aufgefaßt werden als ein *neues* Opfer Christi, während sie in der griechischen Patristik als Realgedächtnis des *einen* Opfers Christi am Kreuz erscheint.

An den Grundlinien der Eucharistielehre Cyprians haben wir die Haupttendenzen der abendländischen Patristik in unserer Frage schon aufzeigen können. Es muß jedoch betont werden, daß sich daneben immer wieder eine Darstellung innerhalb des Urbild-Abbild-Denkens zeigt, wenn auch nicht auf der spekulativen Höhe der Griechen. Nur ab und zu kommt eine Tendenz zum Vorschein, die dem Bilddenken entgegenläuft, wie die gerade erwähnte Opfertheologie Cyprians.

Zwei lateinischen Vätern müssen wir unsere Aufmerksamkeit noch gesondert zuwenden, weil sie für die Eucharistielehre des Frühmittelalters und für die Kämpfe um die Eucharistie im Frühmittelalter von entscheidender Bedeutung sind: Ambrosius und Augustinus.

Bei Ambrosius fällt zunächst auch das ethisch-pastorale Interesse auf. Selbst seine ontisch gemeinten Aussagen über die Eucharistie sind immer eingebettet in einen Kontext der Paränese, der Ermunterung und Ermahnung zu ethisch einwandfreiem christlichen Leben [34]. E. Dassmann, einer der besten Kenner der Spiritualität des Ambrosius, spricht gerade im Umkreis der Eucharistielehre von der »Bevorzugung des Ethischen vor dem Ontischen« [35].

Dieser für die abendländischen Väter typische Grundzug gerät aber bei Ambrosius in eine intensive Begegnung mit der Theologie der griechischen Väter. Es ist bekannt, daß Ambrosius, der sehr gut Griechisch sprach, nach seiner Bischofsweihe zur Vertiefung seiner theologischen

---

[34] Man vergleiche etwa Expos. ps. 118,48 (CSEL 62,180 *Petschenig*), wo die interessante Formulierung »Wo sein Leib ist, da ist Christus« in einem ermahnenden Kontext vorkommt: »Nimm vorher den Herrn Jesus in die Wohnung deines Geistes auf! Wo sein Leib ist, da ist Christus. Wenn also der Feind deine Wohnung vom Glanz himmlischer Gegenwart erfüllt sieht, ... wird er fliehen und zurückweichen...« Dies ist *ein* Beispiel für viele.
[35] *E. Dassmann,* Die Frömmigkeit des Kirchenvaters Ambrosius von Mailand, Münster 1965, 170.

Bildung hauptsächlich griechische Theologen las und sich ihre Gedankenwelt vertraut machte. Aus der gegenseitigen Durchdringung seiner praktisch-pastoralen Veranlagung mit seinem griechisch gebildeten Geist ist die Eigenart, aber zum Teil auch die Unausgeglichenheit seiner Eucharistielehre zu verstehen.
Der erste Grundzug seiner Eucharistielehre, der von hierher verständlich wird, ist sein sogenannter Metabolismus, d. h. die Lehre von der *Verwandlung* der »Natur« (des Wesens) von Brot und Wein durch das eucharistische Hochgebet, durch »das Wort des Segens«.
Wieso ist dieser Metabolismus in der ausgeprägten ambrosianischen Form als eine Frucht der Begegnung zwischen lateinischem und griechischem Geist anzusehen? Die Antwort ergibt sich aus einer Analyse des Kontextes, in dem die entsprechenden Worte »verändern« (mutare) und »verwandeln« (convertere) vorkommen. Sie begegnen ausschließlich in dem Buch »De mysteriis« und in den sechs Büchern »De sacramentis«[36]. In »De mysteriis« liegt dem Fragen des Ambrosius nach der Gegenwart Christi in der Eucharistie der platonische Dualismus »Geist – Leib« zugrunde, wodurch eine Unschärfe zwischen einer Gegenwart des erhöhten Herrn im Pneuma und einer Gegenwart des göttlichen Geistes entsteht: »In diesem Sakrament ist Christus, weil es der Leib Christi ist. Also ist es keine leibliche, sondern eine geistige Speise... Der Leib Gottes ist nämlich ein geistiger Leib, der Leib Christi ist der Leib des göttlichen Geistes, weil Christus Geist ist...«[37]
Wir sehen, die uns von den Griechen bekannte Differenz zwischen Sichtbarem und Unsichtbarem ist hier nicht mehr exakt in einer *heilsgeschichtlichen Bildtheologie* ausgelegt, sondern vorschnell mit der Differenz »Gott – Welt« bzw. »göttlicher Geist – Leib« in Verbindung gebracht. In anderen Werken des Ambrosius begegnen aber, wie wir weiter unten sehen werden, die Ausdrucksweisen der griechischen Bildtheologie noch in reiner Form. Entscheidend und unterscheidend bei dem Lateiner Ambrosius ist aber vor allem, daß er *die Frage nach der Möglichkeit und dem Grund* der Differenz »sichtbar – unsichtbar« stellt. Das bedeutet, daß sie für ihn nicht mehr ein selbstverständliches kosmisches Grundgesetz darstellt, wie das bei einem ursprünglich griechisch denkenden Vater der Fall wäre. »Vielleicht sagst du: ›Ich sehe aber etwas anderes (als den Leib Christi)! Wieso behauptest du, daß

---

[36] Zur Echtheitsfrage von »De sacramentis« vgl. *B. Altaner*, Patrologie, Freiburg ⁷1966, 383, wo es heißt, daß die Abfassung durch Ambrosius »jetzt kaum mehr abgelehnt wird«. Auf jeden Fall handelt es sich um eine in Mailand zur Zeit des Ambrosius entstandene Schrift. Die sachliche Übereinstimmung mit dem sicher echten Buch »De mysteriis« ist außerdem erwiesen.
[37] De mysteriis 9,58 (CSEL 73,115 *Faller*).

ich den Leib Christi empfange?‹ Und wirklich steht noch aus, daß wir das beweisen [38]. Wie viele Beispiele (der Hl. Schrift) sollen wir also heranziehen, um zu beweisen, daß es sich hier nicht um das handelt, was die Natur bildete, sondern um das, was das Wort des Segens weihte, und daß die Kraft des Segens größer ist als die Kraft der Natur, weil die Natur selbst durch den Segen verändert wird.« [39]
Gerade indem Ambrosius das griechische Denken aufnimmt, durchbricht er es hier auf Grund seiner lateinischen Mentalität. Er verliert dabei etwas, und er gewinnt dabei etwas. Er *verliert* dabei die Selbstverständlichkeit des Bilddenkens. Er hinterfragt es schon und macht es damit auch in einem auf die Dauer destruktiven Sinne fragwürdig. Obwohl in den übrigen Werken des Ambrosius und hier und da auch in »De mysteriis« und in »De sacramentis« das Denken in der Form des Realsymbols noch lebendig ist, erkennt man schon den Hebel, der dieses Denken aus seinen Grundlagen bewegt und dem Begriff »Bild« auf die Dauer einen anderen Stellenwert gibt. Verloren geht dabei auch der universalistische Zug des griechischen Denkens, die selbstverständliche Einheit von Schöpfung und Erlösung, die im kosmischen Grundgesetz der Urbild-Abbild-Beziehung liegende Klammer des von Gott geschaffenen Universums. Bei Ambrosius klafft nämlich schon ein Gegensatz zwischen »Natur« und »Wort des Segens«, zwischen »natura« und »benedictio«.

Gerade dadurch *gewinnt* Ambrosius aber etwas von der *Personalität* der Schrift zurück. Der glaubende Mensch ist nicht mehr schlechthin eingebettet in den sakramental-kosmischen Prozeß, er tritt den Dingen, er tritt auch den Sakramenten *gegen*über, er fragt nach ihrer *Möglichkeit*. Er kann zur Erklärung dieser Möglichkeit nicht mehr auf ein kosmisches Gesetz rekurrieren, sondern nur noch auf den schöpferischen Willen Gottes und Christi, womit ein biblischer Zug zurückgewonnen ist: »Wenn das Wort des Elias soviel vermochte, daß er Feuer vom Himmel herabflehte, wird das Wort Christi es nicht vermögen, daß er die Art der Elemente [40] verändert? Du hast über die Erschaffung der ganzen Welt gelesen: Er sprach und es ward, er befahl und es stand da. Kann also das Wort Christi, der aus dem Nichts schaffen konnte, was nicht war, nicht das, was schon ist, verwandeln

---

[38] Hier meldet sich der Abendländer zu Wort. Diese Forderung taucht bei den Griechen so nicht auf. Sie denken nicht daran, »das zu beweisen«, weil es für sie eindeutig und klar war.
[39] De mysteriis 9,50 (CSEL 73,110 *Faller*).
[40] »Species elementorum« – wir übersetzen hier »species« nicht mit »Erscheinung« oder »sichtbarer Gestalt«; denn das Wort ist noch nicht im mittelalterlichen Sinne festgelegt.

in das, was es nicht war? Denn es ist nicht weniger, wenn es (das Wort Christi) den Dingen ein neues Wesen (naturas) gibt, als wenn es ihr Wesen verändert.«[41]
Aber auch in dieser Betonung göttlicher und damit in Entsprechung menschlicher, ethischer Freiheit liegt wieder eine Gefahr: die Gefahr, Freiheit als in sich stehende Setzung zu verstehen. Die Neigung in diese Richtung hat sich dann in der mittelalterlichen Geistesgeschichte bis hin zum Nominalismus und zur Reformation (vor allem Calvin) entwickelt. Das Problem, das hier zwischen Ambrosius und damit den Lateinern auf der einen Seite und den Griechen auf der anderen Seite spielt, ist das Problem von Freiheit des Menschen gegenüber der Welt auf der einen und Einheit des Menschen mit der Welt auf der anderen Seite. Es ist ein Problem, das in neuester Zeit in anderer Form wiederkehrt zwischen Kant (Betonung der menschlichen Spontaneität und Freiheit) und Hegel (Betonung der Einheit von Mensch und Welt in der Entwicklung des Begriffs und der Idee) oder auch zwischen Sartre (Freiheit des Menschen als Absolutum) und Heidegger (Mensch in Welt, der Mensch als Hirt des Seins). Christlich gesehen ist es das Problem von Personalität und Sakramentalität, das Problem also, wie Freiheit und Notwendigkeit in der Gabe des Heils eine Einheit bilden können. Nicht hegelsche Dialektik, sondern christliche Dialogik scheint uns hier eine Lösung zu bieten, eine Dialogik, in der in Christus und seinem Schicksal die Vermittlung von Freiheit und Notwendigkeit geschehen ist, insofern wir in ihm zur Möglichkeit der Freiheit erlöst sind. Das bedeutet: unsere Möglichkeit, wir selbst zu werden, vermittelt sich von außen, von ihm, der für uns die Sünde (unsere Entscheidung gegen Gott) und das Verhängnis (unser Nichtkönnen) getragen und sie damit verwandelt hat. Sakramentalität ist die Artikulation dieses »extra nos«, dieses Erlöstseins »von außen«, von Christus her, doch in einer Weise, daß wir als Person – und d. h. in unserer Entscheidung – zur Vollendung geführt werden. In Christus ist also das der Freiheit gegenüber Spröde, Undurchdringliche, die »Notwendigkeit«, die Ausgeliefertheit des Menschen an Welt (Schicksal, Tod) als Akt der Liebe, in Freiheit, gestaltet und damit verwandelt worden. Seitdem kann, um auf Bultmanns Worte anzuspielen, Geist durch Fleisch (durch das »außen«) genährt und getragen werden.
Bei Ambrosius ist diese Einheit unserer Ansicht nach nicht erreicht. In unserem Text hat seine Sicht auf Christus etwas Monophysitisches an sich, er setzt Christus schlechthin mit Gott gleich, ohne die Bedeutung seines menschlichen Schicksals für die Eucharistie genügend herauszu-

---
[41] De mysteriis 9,52 (CSEL 73,112 *Faller*).

stellen. Die zitierten Texte haben gezeigt, daß er vom Leib Gottes sprechen kann und zur Erklärung der eucharistischen Verwandlung unmittelbar auf Christi Wort als auf das Wort Gottes, des Schöpfers der Welt, rekurriert. Hier fehlt die christologische Vermittlung, die Kategorie der Freiheit ist im Begriff, die Kategorie der Notwendigkeit zu verdrängen statt sie zu verwandeln.

Daß unsere Interpretation sich auf der richtigen Fährte bewegt, ergibt sich mit ziemlicher Deutlichkeit daraus, daß Ambrosius wie kein anderer Vater in der Eucharistie und überhaupt in den Sakramenten die Kategorie der personalen Begegnung kennt: »Siehe, nicht mehr im Schatten, nicht mehr im Symbol (figura), nicht mehr im Bild (typos), sondern in Wahrheit erstrahlt offen das Licht ... nicht durch einen Spiegel, nicht im Gleichnis, sondern von Angesicht zu Angesicht hast du dich, Christus, mir gezeigt; ich finde dich in deinen Sakramenten.«[42] Hier beginnt der Zerfall der Bildtheologie schon: Wahrheit und Bild treten als Gegensätze auf. Es entsteht die Frage: Welcher Unterschied besteht noch zwischen dem »von Angesicht zu Angesicht« im Sakrament und in der künftigen Vollendung?

Die Größe des Ambrosius, aber zugleich die dem Mittelalter durch Übersteigerung dieses Ansatzes drohende Gefahr, wird sichtbar: Man ahnt, daß eine Linie von diesen Worten zu einer Eucharistiefrömmigkeit führt, die das Anschauen der Hostie, das »von Angesicht zu Angesicht« als sakramentalen Vollzug erstrebt, nicht oder kaum mehr das Mitfeiern der Mysterien, in denen sich Welterlösung vorbereitet, wie die Griechen es sahen.

Es ist aber darauf hinzuweisen, daß in anderen als den bisher zitierten Werken des Ambrosius sich eine heilsgeschichtliche, mit Hilfe der Bildtheologie ausgedrückte Eucharistielehre findet. Gerade darum sprachen wir oben von der Unausgeglichenheit in der Eucharistielehre des Ambrosius. Vor allem »De fide« ist hier zu nennen. Bezeichnend ist schon, daß in »De fide« kein einziges Mal das Wort »verändern« (mutare) oder »verwandeln« (convertere) in bezug auf die Eucharistie vorkommt, wohl aber das Wort »transfigurare«, das man mit »umbilden«, »umbezeichnen« übersetzen könnte. Ein typisch »griechischer« Satz ist etwa dieser: »Sooft wir die heiligen Zeichen empfangen (sacramenta sumimus), die durch das Geheimnis des Weihegebetes in Fleisch und Blut umgebildet werden (transfigurantur), verkünden wir den Tod des Herrn.«[43]

E. Dassmann versucht, zweifellos auf Grund seiner anderen Thematik

---

[42] Apologia prophetae David 12,58 (CSEL 32,2,339 *Schenkl*).
[43] De fide 4,10,124 (CSEL 78,201 *Faller*).

dazu verführt, diese verschiedenen Ansätze bei Ambrosius zu harmonisieren: »Ambrosius ist für sein metabolisches Verständnis der Eucharistie und für seine klar bezeugte Lehre von der Verwandlung des Brotes und Weines in den Leib und das Blut Christi bekannt... Diese Betrachtung macht aber Ambrosius, weil auch er den Unterschied des Geistig-Ewigen vom Zeitlich-Vergänglichen im Sakramentsempfang kennt, das Verständnis eines geistigen Empfangs dieses geistigen Sakramentes,... nicht unmöglich.«[44]
Wir empfinden diese Harmonisierung als nicht ganz sachgerecht. Statt dessen sehen wir eine stärkere Gegensätzlichkeit, den Ansatz eines neuen, das Bilddenken sprengenden Denkens in Ambrosius. So hätte man allein aus seinen Werken im Frühmittelalter zwei einander bekämpfende Richtungen entwickeln können, einen aus dem antiken Bilddenken stammenden Symbolismus und einen aus dem Metabolismus stammenden objektivistischen Realismus. Daß es tatsächlich zu diesem Kampf kam, hat seinen Grund auch in der selbständigen und von der ambrosianischen Lehre abweichenden Sicht des hl. Augustinus, mit der wir uns jetzt kurz beschäftigen müssen.
Es würde den Rahmen unserer Darstellung sprengen, würden wir wie bei Ambrosius auch bei Augustinus seine eigenen Aussagen über die Eucharistie heranziehen, die an Fülle die des Ambrosius übertreffen. Wir sind der Meinung, daß die Darstellung von Fr. Hofmann auch heute noch gültig ist[45], wegen ihrer Ausgeglichenheit, der Heranziehung des reichen Quellenmaterials und vor allem wegen des Ansatzpunktes. Denn Augustinus hat die Eucharistie, stärker noch als Cyprian, als *Kirche im Vollzug* gesehen, so daß der ekklesiologische Ansatz hier als der einzig richtige erscheint.
Zwei tragende Gedanken machen die Eucharistielehre Augustins zu dem, was sie ist. Der eine besteht darin, daß er Christus und Kirche immer zusammen sieht: Totus Christus, caput et corpus – der ganze Christus, Haupt und Leib. Der andere Gedanke beruht auf der ungebrochenen Kraft des Urbild-Abbild-Denkens. Augustinus ist christlicher Platoniker.
Man hat die Eucharistielehre Augustins oft symbolistisch ausgelegt, dieses Wort verstanden im Gegensatz zu realistisch. Es dürfte heute klar sein, daß diese Auslegung an der Sache vorbeigeht. Augustinus lebt noch jenseits der Entgegensetzung »Bild oder Wirklichkeit«, für ihn ist das Abbild Realsymbol.
Die eucharistische Speise ist in seiner Theologie also Realsymbol, aber

---

[44] E. *Dassmann*, Frömmigkeit des Ambrosius, 169.
[45] *Fr. Hofmann*, Der Kirchenbegriff des hl. Augustinus, München 1933, § 26, Eucharistie und Kirche, 390–413.

– und hierin liegt das für ihn Typische – Realsymbol des *ganzen* Christus, des Hauptes *und* des Leibes. Seine Neigung zur Ekklesiologie, seine Leidenschaft für die eine, umfassende Kirche wurde durch den Kampf mit den Donatisten noch gesteigert. Die Eucharistie ist für ihn *der* Vollzug der Einheit, des Kircheseins der Glaubenden. Wer sich von der einen Kirche trennt, feiert die Eucharistie nicht zu seinem Heil, sondern zu seinem Verderben, ja feiert im Grunde gar nicht Eucharistie. Hierin stimmt Augustinus mit Cyprian überein.

»Diese Betrachtung hat nun allerdings zur Folge, daß die Eucharistie nicht nur die Menschheit Christi, sondern auch die Kirche ... sakramental darstellt. So wird sie zum sacramentum unitatis et caritatis, ... als das Augustinus sie seinen Gläubigen gegen die partikularistischen Tendenzen des Donatismus unermüdlich ins Gewissen hämmert. Der mediator Christus und die Kirche sind in gleicher Weise die res dieses Sakramentes ... Wie Fleisch und Blut des mediator, so ist das eucharistische Brot ... auch das Geheimnis all derer, die in lebensvoller Einheit mit dem mediator verbunden sind.«[46]

Hofmann verweist darauf[47], daß Augustinus sehr oft auf das Wort 1 Kor 10,17 zu sprechen kommt: »Ein Brot, ein Leib sind wir vielen«, und er zitiert in diesem Zusammenhang Texte aus Predigten Augustins: »Ihr werdet das Brot, das der Leib Christi ist.«[48] »Wenn ihr selbst also der Leib Christi und seine Glieder seid, dann liegt auf dem eucharistischen Tisch euer eigenes Geheimnis ... Ihr sollt sein, was ihr seht, und sollt empfangen, was ihr seid!«[49]

Hier lebt die paulinische Sicht vom eucharistischen und ekklesialen Leib Christi wieder auf, wird theologisch weiter durchdacht und zum Prinzip der Eucharistielehre gemacht. Damit erhält die Eucharistielehre des hl. Augustinus eine andere Bewegungsrichtung als die des hl. Ambrosius. Bei diesem war das personale Gegenüber zwischen Christus und dem Gläubigen angezielt, bei Augustinus ist die Intention bestimmend, das Eingehen des einzelnen in die Einheit des Leibes Christi zu betonen. Nicht Gegenüber-, sondern In-Sein ist hier das Ziel der eucharistischen Feier. Nicht wir nehmen Christus auf, sondern er nimmt uns auf und gliedert uns seinem Leib ein. So ist die Eucharistie untrennbar Realsymbol Christi *und* Realsymbol der eigentlichen, d. h. der durch Gnade und Glaube mit ihm zu *einem* Leib verbundenen Kirche.

Ziemlich unabhängig von dieser Grundlinie ist die augustinische Eucha-

---

[46] Ebd. 397.
[47] Ebd.
[48] Sermo 227,40 f. (Sources Chrétiennes 116,238 *Poque*).
[49] Sermo 272 (PL 38,1247 f.).

ristielehre noch dadurch charakterisiert, daß sein Bilddenken *neuplatonisch* gefärbt ist. Dadurch dringt bei ihm ein leibfeindlicher Zug in die Spannung Urbild – Abbild, unsichtbar – sichtbar. Das Sichtbare im Sakrament ist zwar Ausdruck und Begegnungsmöglichkeit des Unsichtbaren, d. h. Christi und der (geistigen) Kirche, aber zugleich hat es den Charakter einer Wirklichkeit, die man zum Unsichtbaren hin übersteigen und hinter sich lassen muß. Die Dynamik, die in der Schrift durch das »schon – noch nicht« ausgedrückt und damit *heilsgeschichtlich* verstanden wird, ist bei Augustinus meist zeitlos-neuplatonisch als Relation zwischen Sichtbarem und Unsichtbarem ausgelegt. Dadurch verliert das leibhaftige, sichtbare Zeichen im Sakrament aber etwas von seinem Gewicht: Es ist nur noch – leider, könnte man sagen – notwendige Stufe zum Erreichen des Unsichtbaren, Ewigen. So ist es verständlich, daß Augustinus in der Folgezeit – sicher gegen sein im Grunde *christlich*-antikes Bilddenken – immer wieder in der Abwertung des sakramentalen Zeichens, und d. h. spiritualistisch und symbolistisch, interpretiert wurde [50].

Wie stark diese Gefahr, Augustinus symbolistisch zu verstehen, im Frühmittelalter empfunden wurde, erkennt man daran, daß die Realisten seine eucharistischen Texte teilweise in ihrem Sinne erklärend erweiterten. So heißt es in einem Augustinustext: »Wer nicht in Christus bleibt und in dem Christus nicht bleibt, der ißt ohne Zweifel auch nicht sein Fleisch und trinkt nicht sein Blut.« [51] Bei Beda und Alkuin wird er in folgender Weise wiedergegeben: »Wer nicht in Christus bleibt und in dem Christus nicht bleibt, der ißt ohne Zweifel auch nicht geistigerweise sein Fleisch und trinkt nicht sein Blut, obwohl er fleischlicherweise und in sichtbarer Form das Sakrament des Leibes und Blutes Christi mit den Zähnen berührt.« [52] Wir werden uns noch eingehend damit beschäftigen müssen, welche geistesgeschichtlichen und theologiegeschichtlichen Vorgänge in der Karolingerzeit und im

---

[50] Vgl. *Fr. Hofmann*, Kirchenbegriff des hl. Augustinus, 404–408. – Man beachte in diesem Zusammenhang das Wort Augustins: »Geistig faßt auf, was ich gesprochen habe! Nicht diesen Leib, den ihr seht, werdet ihr essen, nicht jenes Blut trinken, welches meine Kreuziger vergießen werden. Ich habe euch ein Sakrament empfohlen (= ein Zeichen, ein Realsymbol); geistig aufgefaßt wird es euch lebendig machen« (Enarrationes in ps. 98,9 – CCL 39,1386 *Dekkers-Fraipont*). Diese Stelle kann verschieden interpretiert werden. Es ist verfehlt, sie symbolistisch (im Gegensatz zu realistisch) zu interpretieren. Das Geistige, Unsichtbare war für Augustinus das eigentlich Reale. Augustinustexte dieser Art führten im ersten Abendmahlsstreit des 9. Jh. auf Grund von Mißverständnissen zu einer symbolistischen und (im Gegenschlag dazu) zu einer grobrealistischen Eucharistieauffassung. Davon werden wir im nächsten Kapitel ausführlicher sprechen müssen.
[51] In Joh. ev. tract. 26,18 (CCL 36,268 *Willems*).
[52] Zitiert nach *Fr. Hofmann*, Kirchenbegriff des hl. Augustinus, 411, Anm. 217.

Frühmittelalter zum Mißverstehen der Texte des Ambrosius und des Augustinus führten. Ein Gedanke, der uns innerhalb der Patristik zuerst bei Cyprian begegnet, muß hier noch kurz wiederaufgenommen werden, die Frage nach dem Opfercharakter der Eucharistiefeier. In der griechischen Patristik sah man als Grundlage des Opfercharakters der Eucharistiefeier die Anamnese, die kommemorative Aktualpräsenz des einen und einzigen Opfers Christi am Kreuz. Dieses wurde in den »heiligen Mysterien« wieder Gegenwart, und so hatte die Kirche die Möglichkeit, in Verbindung mit dem erlösenden Opfer Christi ihre Fürbitten für die Verstorbenen und für die Lebenden vor Gott zu bringen. Wir sahen, daß sich schon bei Cyprian ein Opferbegriff bildet, der nicht von der Wirklichkeit der Anamnese her, sondern *unmittelbar* das Darbringen der eucharistischen Gaben in der Feier als ein Opfer versteht, das Christus als Hoherpriester Gott dem Vater darbringt. Diese Linie Cyprians setzt sich in der abendländischen Kirche fort und führt spätestens in der Zeit Gregors des Großen zur privaten Zelebration von Mönchspriestern und zu Votivmessen, bei denen nur noch der Priester kommuniziert [53]. Am ehesten wird die Sorge für die Verstorbenen dieser Praxis Vorschub geleistet haben. Hier hat sich schon eine dinghafte Vorstellung vom Opfer der Messe und von der Fürbitte für die Verstorbenen durchgesetzt, die wahrscheinlich ihren Grund unter anderem in dem aufs Singuläre und Konkrete ausgerichteten abendländischen Denken hatte, dem die Möglichkeit des Bilddenkens und einer kommemorativen Gegenwart im Ausgang der Antike schließlich entschwand. Mitgespielt hat dabei sicher die Durchdringung des westlichen Mittelmeerraumes mit germanischer Mentalität, die sich seit Beginn der Völkerwanderung immer mehr bemerkbar macht.

Charakteristisch für diesen von der Anamnesevorstellung gelösten Opferbegriff ist die Aussage Gregors des Großen, daß Christus »in diesem Mysterium des heiligen Opfers von neuem (iterum) für uns geopfert wird« [54]. Unseres Wissens begegnet hier zum erstenmal in der Geschichte diese Aussage, daß Christus *von neuem* geopfert wird, so daß der Weg zu dem Gedanken frei wird, in der Messe *wiederhole* sich das Opfer Christi auf unblutige Weise. Dies signalisiert den Zerfall des Bilddenkens. Denn für die griechischen Väter, die den Opfercharakter der Eucharistiefeier in der *Vergegenwärtigung* des Kreuzesopfers sahen, war der Gedanke einer *Wiederholung unvollziehbar* [55].

Als in der Karolingerzeit das Denken neuer Völker, der Germanen,

---

[53] Vgl. *J. A. Jungmann*, Missarum Sollemnia, Wien ⁵1962, 269 ff., bes. 274.
[54] Dial. 4,58 (PL 77,425).
[55] Vgl. *J. Betz*, Eucharistie, I/1, 127 ff. u. ö.

für die abendländische Christenheit *bestimmend* wurde, mußte die bei Gregor schon faßbare Entwicklung sich verschärfen. Weil zudem in der eucharistischen Theologie des Ambrosius und des Augustinus, der beiden für das Mittelalter entscheidenden Väter, verschiedene Ansätze vorlagen, konnte eine Krise in der eucharistischen Theologie nicht ausbleiben. Sie führte zu den beiden Abendmahlskämpfen im neunten und elften Jahrhundert, mit denen wir uns im nächsten Kapitel beschäftigen müssen. Die Wende nämlich, die in der Spätantike einsetzte und über das Frühmittelalter den Weg der mittelalterlichen Theologie bestimmte, ist – jedenfalls in der Eucharistielehre – die bisher einschneidendste und darum auch für unsere Betrachtung die wichtigste.

III. DIE WENDE VON DER ANTIKEN BILDTHEOLOGIE ZUR MITTELALTERLICHEN EUCHARISTIELEHRE UND IHRE KONSEQUENZEN

*1. Vorüberlegung:
Das Weltverständnis der Germanen und die karolingische
Renaissance*

Im Laufe dieses dritten Kapitels hoffen wir zeigen zu können, daß die Umwälzung, welche im Denken des Abendlandes in der Wende von der christlichen Antike zum Frühmittelalter vor sich ging, für die Eucharistielehre die bisher einschneidendste war. Es empfiehlt sich daher, vor der Darstellung und Analyse der frühmittelalterlichen Wende in der Eucharistielehre nach dem größeren geschichtlichen Zusammenhang zu fragen.

In der Zeit der Völkerwanderung ging die antike Kultur, jedenfalls in ihrer Einheitlichkeit und der Ordnung, die sie im Römischen Reich gewonnen hatte, für das Abendland zugrunde. Sie fand aber in den germanischen Völkern Erben, die zugleich mit ihr das Christentum übernahmen. Der für das Frühmittelalter schließlich entscheidende Stamm der Franken nahm bei der Taufe Chlodwigs zu Reims im Jahre 496 das Christentum im Unterschied zu den meisten anderen germanischen Stämmen in der katholischen Form an. So kommt es zu einer geschichtlichen Konstellation, die man mit Lortz so beschreiben kann: »Zwei Größen stehen sich also gegenüber: Kirche und germanische Völker. Auf ihrem Bund ruht das ganze Mittelalter.«[1]

Dabei bleibt zu beachten, daß die Kirche Übermittlerin nicht nur der christlichen Botschaft, sondern auch der antiken Kultur wurde. Die entscheidende Frage für uns ist dabei folgende: Welcher Verwandlungs- oder Assimilationsprozeß ging vor sich, als die Germanen die christliche Botschaft übernahmen? Daß sie nämlich nicht passiv blieben, sondern daß es sich um eine echte *Begegnung* zwischen Germanen und Christentum und darum auch zwischen Germanen und antikem Kulturgut handelte, ist allgemein bekannt.

Ehe wir die Frage genauer beantworten können, gilt es folgendes festzustellen: Die germanischen Völker waren zunächst der antiken Kultur geistig nicht gewachsen, so daß ihre Übernahme bei der ersten, Jahrhunderte in Anspruch nehmenden Begegnung noch nicht Assimilation und Verarbeitung, sondern »Abschreiben« war, wobei dieser Begriff wörtlich genommen werden darf[2]. Die Unmittelbarkeit und

---

[1] *J. Lortz*, Geschichte der Kirche, Bd. I, Münster ²¹1962, 169.
[2] *Ebd.* 163: »Die Devise lautet: Abschreiben! abschreiben! abschreiben!«

unverbrauchte Weltzugewandtheit der Germanen, die sich in ihren Eroberungszügen in dieser Haltung noch bestärkt fühlten, führte dazu, daß auch die erste geistige Auseinandersetzung, die an den Namen der Karolinger geknüpft ist, nicht in einer reflexen, sich selbst kontrollierenden Form, sondern in direktem, allerdings schöpferischem Zugriff erfolgte. So rang man etwa beim ersten Abendmahlsstreit im neunten Jahrhundert um das Verständnis der Texte Augustins, ohne erkennen zu können, daß die dabei auftauchenden Probleme aus der germanischen Denkform und nicht aus den Texten selbst stammten. Diese Direktheit gab der einmal erwachten geistigen Auseinandersetzung eine große Stoßkraft und Vitalität, so daß die antiken Denkinhalte dem germanischen Denken fast nahtlos verbunden, dabei aber auch tiefgreifend verwandelt wurden, trotz der beibehaltenen lateinischen Sprache und der oft beibehaltenen Begrifflichkeit.

Worin aber bestand germanisches Denken, welche Grundzüge zeichneten es aus? Der in unserem Zusammenhang wichtigste Grundzug ist der eines *dinglichen Realismus*. Wir gebrauchen diese Bezeichnung, um den Unterschied zum antiken *symbolischen Realismus* herauszustellen.

Einige Tatsachen, deren Aufzählung keinen Anspruch auf Vollzähligkeit erhebt, können uns das, was hier mit dinglichem Realismus gemeint ist, konkret vor Augen führen. Das germanische Recht kennt bis weit ins Mittelalter hinein das Wergeld. Bei Verletzung oder Tötung, selbst bei Mord konnte eine rechtliche Sühnung erfolgen durch Zahlung einer bedeutenden Summe an den Verletzten oder an die Sippe des Getöteten. Daß diesem Recht tatsächlich die Vorstellung des Aufwiegens eines menschlichen Lebens durch Geld zugrunde liegt, zeigt sich darin, daß die Höhe der Summe sich nach dem Stand des Verletzten oder Getöteten richtete. Die Vorstellung einer Inkommensurabilität, einer Unvergleichlichkeit der Person zum materiellen Wert war also nicht vorhanden.

Statt dessen herrschte ein stark ständisches Denken. Die Inkommensurabilität, die Unvergleichlichkeit zwischen verschiedenen Ebenen, hatte daher viel eher ihren Ort zwischen den Ständen in der Gesellschaft (etwa zwischen Adel und Hörigen), als zwischen der Person und allem Nicht-Personalen. Daran schon ist zu erkennen, daß der Verstehenshorizont für Mensch und Welt und das erste Bezugsverhältnis sich auf etwas richtete, das man in Besitz nehmen, das man *haben* oder *ableisten* kann.

Verwandt mit dem Rechtsdenken, das sich in der Gewohnheit des »Wergeldes« ausdrückt, ist die Art, wie seit dem sechsten und siebten Jahrhundert die Buße bei der Beichte auferlegt und aufgefaßt wurde.

Wir sprechen in diesem Zusammenhang von der sogenannten Tarifbuße. In den Bußbüchern dieser Zeit wurde die Buße schematisch und rechnerisch nach der Zahl der äußeren Vergehen festgesetzt, und gemäß dem germanischen Rechtsdenken kam es zu dem Standpunkt, daß man – bei Undurchführbarkeit der in den Bußbüchern vorgesehenen Buße – Ersatzleistungen anderer Art erbringen könne. Es handelt sich dabei um die sogenannten Redemptionen. B. Poschmann schildert, wohin dieses Denken führen konnte: »In den Bußbüchern Bedas und Egberts erscheinen die eigentlichen Bußsätze praktisch schon durch die gleich beigefügten Redemptionen ersetzt... Am bedenklichsten wurde die Sache, wenn man sich für Geld durch andere in der Bußleistung vertreten ließ. Wohin das Prinzip der Stellvertretung, das für den Fall eigener Behinderung eine gewisse Berechtigung haben mochte (vgl. P. Bedae, c. X, § 8), praktisch führte, zeigt die Anweisung in der Bußordnung des Königs Eadgar aus der 2. Hälfte des 10. Jahrhunderts, wie ein Magnat durch eine entsprechende Zahl zum Fasten gedungener Männer seine siebenjährige Buße in drei Tagen erledigen könne (Mansi XVIII 525).«[3] Hier wird es deutlich, wie dinglich die Wirklichkeit, auch die geistig-personale, beim Germanen aufgefaßt wurde.

Zwar stellten wir auch beim Bilddenken der griechischen Väter ein gewisses Verfehlen der personalen Dimension fest. Der Grund dafür war jedoch bei ihnen ein in kosmischen Grundgesetzen denkender Spiritualismus, in dem man einen Anflug von hegelscher Geistmetaphysik sehen könnte. Von so subtiler Art war das Verfehlen der personalen Dimension beim Germanen nicht. Hier liegt die Gefahr vielmehr nicht in einem Spiritualismus, sondern in einem auch den religiösen Bereich ergreifenden dinglichen Rechtsdenken.

Wir möchten hier nicht im einzelnen weitere Züge des Frühmittelalters (und des Mittelalters überhaupt) analysieren, in denen sich die Grundhaltung der Germanen zeigt, sondern sie nur kurz nennen. Hierhin gehört das Eigenkirchenwesen, die dauernd anwesende Gefahr der Simonie[4] und die außerordentlich starke, für uns unvorstellbare Wertschätzung von Heiligenreliquien. Wenn man nach den Ursachen dieses dinglichen Realismus fragt, so wird zunächst darauf hinzuweisen sein,

---

[3] *B. Poschmann*, Buße und letzte Ölung (HDG IV, 3), Freiburg 1951, 68.
[4] Als Beispiel unter vielen anderen vgl. *B. Poschmann*, ebd. 131, Anm. 7: »Die letzte Ölung bot für die avaritia der Geistlichen noch besondere Anhaltspunkte. So verlangten im 13. Jahrh. viele Pfarrer die Leintücher, auf denen der Kranke gesalbt wurde, andere die Kerzen, die bei der Spendung gebrannt hatten... Nach einem den Mißbrauch scharf rügenden Anonymus von Passau (1260) erklärten manche, daß ... nur jemand um ihre Spendung bitten dürfte, der wenigstens über den Wert von zwei Kühen verfüge.«

daß die Germanen ein biologisch unverbrauchtes, kulturell jedoch kaum geprägtes Volk mit starker Stammes- und Sippenbindung waren. Hinzuweisen ist aber auch auf die Umbruchsituation der Völkerwanderung, die in Europa vom vierten bis zum neunten Jahrhundert bestimmend blieb. Die Erfahrung eines gewaltigen und lang anhaltenden geschichtlichen Umbruchs führt aber fast zwangsläufig zu einer Art praktischen Positivismus, zum praktischen (nicht aber unbedingt zum theoretischen) Materialismus. Werte und Ideen werden in einer solchen Situation voneinander verdrängt, verlieren damit aber für das Bewußtsein der Menschen ihre Gültigkeit und Sicherheit. Das einzig Feste und Zuverlässige scheint dann das Handgreifliche, das Zuhandene und Verfügbare zu sein. Wir erleben ähnliches auch in unserer geschichtlichen Situation, die in vielem sich von der uns hier interessierenden Zeit unterscheidet, in *einem* ihr aber ähnelt, nämlich in der Erfahrung einer geistigen Wende und des Flüssigwerdens der Ideen. Auch heute sind Positivismus und Materialismus oft die Folge dieser Erfahrung, wenn auch auf Grund veränderter Bewußtseinskonstellation meist in einer reflexen und theoretisch-kritischen Form.

Man wird jedoch mit den beiden genannten Ursachen die Denkform der Germanen nicht adäquat erklären können. Es bleibt eine nicht erklärbare, nicht zurückführbare Eigenart in ihrem Volkscharakter, in der Welterfahrung dieser am Beginn des Mittelalters heraufziehenden Völker. Bei ihnen verbindet sich ein tiefes, oft metaphysisches und meist religiöses Denken mit dem beschriebenen dinglichen Realismus in einer logisch nicht aufzulösenden Weise.

Die Karolingerzeit brachte den ersten großangelegten Versuch, das Christentum und das antike Kulturgut zur Grundlage eines Reiches zu machen, das von einem germanischen Volksstamm, den Franken, getragen wurde. Die Ideen in Religion, Kunst, Politik und Philosophie stammen fast sämtlich aus dem antiken Erbe, werden aber in schöpferischer Assimilation verwandelt. So entsteht trotz Übernahme der entscheidenden Anstöße etwas Neues. Die Pfalzkapelle Karls des Großen in Aachen ist nach dem Vorbild von S. Vitale in Ravenna gebaut, und doch ist sie ein eigenständiger Bau und spricht eine neue Sprache.

Daß das symbolische Denken der Ostkirche, die zur Zeit der Karolinger ohne tiefgreifende Wende dem antiken Geist verpflichtet blieb, im Frankenreich nicht mehr verstanden wurde, zeigt sich vor allem in der Stellung, welche die Libri Carolini [5] gegenüber dem Bilderstreit in Byzanz einnehmen. Die Ikonenverehrung der Byzantiner beruht auf

---

[5] Monumenta Germaniae Historica, Legium sectio III, Concilia tomi II suppl. Hrsg. *H. Bastgen*, Hannover–Leipzig 1924.

dem antiken Bilddenken. Von ihr rücken die Libri Carolini in einer Weise ab, die erkennen läßt, daß für sie im Grunde das Problem nicht mehr existiert. Sie anerkennen die göttliche Gegenwart in der Welt nur noch in der Form, wie sie von Gott selbst gestiftet ist. Eigenartigerweise ist dabei aber nicht – wie von den Gegnern der Ikonenverehrung im Osten – auf *das* Bild »des unsichtbaren Gottes«, auf Christus, verwiesen, sondern auf die *Bundeslade,* die im Tempel Israels stand. So gibt z. B. auch das Apsismosaik der karolingischen Kapelle in Germigny-des-Prés die Vorstellung von der Bundeslade als der geheimnisvollen göttlichen Gegenwart wieder: In dieser Kapelle nimmt die Zentralstelle im Apsisgewölbe nicht die »Maiestas Domini«, also nicht der thronende Christus, ein, sondern die Bundeslade [6]. Offensichtlich war Christus diesem frühen germanisch-christlichen Denken weniger der Offenbarer des im Licht verhüllten Vaters als vielmehr der auf Erden wandelnde Gott in dinglicher Direktheit.

Auf dem Hintergrund dieses Denkens und der Reichsideologie Karls des Großen erklärt sich auch die Vorliebe der karolingischen Theologen für das Alte Testament. Alkuin nennt Karl den Großen den neuen Salomon, die Aachener Pfalzkapelle ist für ihn »templum sapientissimi Salomonis« [7]. Die Theokratie, die ein König verwaltet – dieser alttestamentliche Gedanke gibt der politischen Theologie der Karolinger Durchschlagskraft.

So stellt sich der geistige Horizont dar, vor dem die Eucharistielehre, die die Franken von der antiken Christenheit übernahmen, am Beginn des Mittelalters durchdacht wurde. Daß es hier notwendig zu Spannungen und Auseinandersetzungen kommen mußte, ist leicht einzusehen. Sie zeigten sich zum erstenmal schon in der Karolingerzeit selbst, im ersten Abendmahlsstreit, der unter Anteilnahme des Kaisers Karls des Kahlen hauptsächlich von den Mönchen der Abtei Corbi in Nordfrankreich und ihrer Tochtergründungen ausgefochten wurde.

Ehe wir uns der Darstellung und Interpretation dieses Abendmahlsstreites und dann der mittelalterlichen Eucharistielehre überhaupt zuwenden, ist – selbst auf die Gefahr einer Wiederholung hin – eine kurze methodische Bemerkung angebracht. Obwohl wir bei unserer Darstellung die Geschichtlichkeit der Kirche, der Theologie und der Glaubensaussagen und damit auch der Eucharistielehre stark betonen, kommt es uns nicht primär auf eine Ideengeschichte der Eucharistie an, sondern auf diese selbst. Gerade weil wir der Überzeugung sind,

---

[6] Vgl. P. *Bloch,* Das Apsismosaik von Germigny-des-Prés, in: Karl der Große, Lebenswerk und Nachleben, Bd. III, hrsg. v. *W. Braunfels* u. *H. Schnitzler,* Düsseldorf ³1966, 234–261.
[7] Vgl. P. *Bloch,* Apsismosaik, 259.

daß sich die von Christus der Kirche übergebene Gabe in der Geschichte kraft seiner Verheißung durchhält, und weil wir eine möglichst klare und zutreffende Vorstellung dieser Gabe *heute* gewinnen wollen, müssen wir aber den geschichtlichen Weg nachvollziehen, den die Tradition gegangen ist, welche uns diese Gabe mit dem deutenden Wort über sie vermittelt. Daß christliche Tradition dabei das schlechthin Neue, die Botschaft und Wirklichkeit von eschatologischer Qualität vermittelt, wird auch bei der Betrachtung der Dogmengeschichte unsere Arbeit aus aller bloß bewahrenden und wiederholenden Form herausholen und sie herausfordern zu einer Konfrontation mit der vermittelten Wirklichkeit des Glaubens selbst.

2. *Der erste Abendmahlsstreit – Zeichen der Wende*

Wir sahen, daß das antik-christliche Bilddenken den germanischen Völkern unzugänglich war. Daher mußten die Texte der Väter, die mit großem Eifer abgeschrieben und gelesen wurden, anders verstanden werden, als diese selbst sie verstanden hatten. Zwar waren es meist nicht die griechischen, sondern die lateinischen Väter, die im frühen Mittelalter die fränkischen Mönche erreichten, aber das Bilddenken war ja auch – trotz aller Differenzierung im einzelnen – die Grundlage der Theologie des *Augustinus* und zum Teil auch des *Ambrosius*. Diese beiden lateinischen Väter bestimmten aber die tragenden religiösen Ideen des Mittelalters weithin, neben den östlichen Texten, die durch Übersetzungen zugänglich wurden. Unter ihnen ist vor allem Pseudodionysius zu nennen.

Zunächst mußte bei dem dinglichen Denken der Germanen der *dynamische* Charakter der antiken Eucharistielehre zum größten Teil *verlorengehen*. Wir sahen, daß in der antiken, vor allem griechischen Sicht *Ereignisse* – auf der einen Seite das Christusereignis, auf der anderen Seite die eucharistische Gemeindefeier – Ausgangs- und Bezugspunkte der eucharistischen Theologie waren. In einem dinglichen Denken mußte der Blick von den Ereignissen zu den Objekten gleiten. Das bedeutet, daß die somatische Realpräsenz [8] aus ihrer Einbettung in den Anamnese-Gedanken herausgelöst wurde und isoliert in den Mittelpunkt der Betrachtung rückte. Das Ereignis der Mahlfeier wurde dadurch immer stärker fast als bloßer Vorgang der Herbeiführung der

---

[8] Statt des in der nachtridentinischen Theologie gebräuchlichen Begriffs »Realpräsenz« benutzen wir gern den Ausdruck mit präzisierendem Zusatz: »somatische (= leibhaftige) Realpräsenz«, damit deutlich wird, daß auch die Gegenwart Jesu als *Mahlherr* und die sakramentale Vergegenwärtigung des Christus*ereignisses real* sind.

somatischen Realpräsenz gesehen, also in die Rolle eines bloßen Mittels gedrängt. Im Hochmittelalter sollte das dahin führen, daß das Anschauen und die Verehrung der konsekrierten Hostie zum normalen Ziel der Messe wurde, während die Häufigkeit der sakramentalen Teilnahme am eucharistischen Mahl bei den Gläubigen abnahm. Der Objektivismus schafft ja Distanz, er betont einseitig die dingliche *Gegen-ständlichkeit*. Ein Denken im Ereignishorizont drängt dagegen – auch wenn es durchaus das personale *Gegenüber* kennt – auf Mitvollzug und auf Teilnahme an einem Geschehen [9].

So ist am Beginn des Mittelalters die Wende anzusetzen, die eine weitgehende Verengung der eucharistischen Theologie zu einer Theologie der somatischen Realpräsenz mit sich brachte [10]. Eine charakteristische Erscheinung zeigt uns an, daß die Idee der »Anamnesis«, des »Realgedächtnisses«, nicht mehr verstanden wurde. Während nämlich bei den Vätern die eucharistische Handlung als *ganze* Realsymbol und darum Realgedächtnis der Erlösungstat Gottes war, wurde im Mittelalter die Beziehung zwischen Kreuzestod Christi und Eucharistiefeier immer mehr auf der Ebene der *Allegorese* erfahren und ausgesagt. Eine der vielen Allegoresen des Mittelalters besagte etwa, daß in der Dreiteilung der Hostie bei der Brechung vor der Kommunion – ein kleines Stück wurde ja dem Wein im Kelch beigefügt – die drei Formen der Kirche als Frucht des Kreuzes Christi versinnbildet seien: die mit Chri-

---

[9] Nach vielen Autoren ist das Werk *Isidors v. Sevilla* der Wendepunkt, der zu einer Verlagerung des Schwergewichts auf die somatische Realpräsenz Christi im Sakrament führte. Doch ist die Theologie Isidors nur eines der ersten *Symptome* für die Umwälzung. Er war in dem von Goten beherrschten Spanien vom germanischen Denken beeinflußt und suchte bewußt eine Verschmelzung antiker und germanischer Kultur. Die *Ursache* der Veränderung muß daher im z. T. unbewußten Denkhintergrund seines Werkes gesehen werden, nämlich in dem von uns im vorigen Abschnitt dargestellten neuen Weltverständnis.
[10] Zum Folgenden vgl. *J. R. Geiselmann*, Die Eucharistielehre der Vorscholastik (Forschungen zur christlichen Literatur- und Dogmengeschichte XV, 1-3), Paderborn 1926; *ders.*, Die Abendmahlslehre an der Wende der christlichen Spätantike zum Frühmittelalter, München 1933; *B. Neunheuser*, Eucharistie in Mittelalter und Neuzeit (HDG IV, 4b), Freiburg 1963; *H. Jorissen*, Die Entfaltung der Transsubstantiationslehre bis zum Beginn der Hochscholastik (MBTh 28,1), Münster 1965. – Unsere Interpretation unterscheidet sich jedoch etwas von der Darstellung Geiselmanns und vor allem Neunheusers, insofern dieser die Zäsur des Frühmittelalters abzuschwächen scheint, während es unsere Absicht ist, sie deutlich hervorzuheben. Auch Jorissen scheint eine Idee der Dogmengeschichte zu vertreten, in der es nur eine aufsteigende Linie vom Ungeklärten zu größerer Klarheit gibt. Dabei ist unserer Ansicht nach die Bedeutung epochaler Wenden und die Notwendigkeit neuer Sprach- und Denkformen übersehen. Diese kritische Anmerkung zu Jorissens Werk will jedoch in keiner Weise leugnen, daß er das historische Material in hervorragender Weise sichtet.

stus triumphierende Kirche, die Seelen im Fegfeuer und die auf Erden streitende Kirche. Mit dem Gewicht, das die Ebene reiner Allegorese im Mittelalter gewann, war das Wissen um die *Realsymbolik* verloren. Wer Allegorien *sucht*, versucht einen Mangel zu verdecken. Anders war es bei den antiken Allegorien, die eine viel größere Nähe zu dem Grund haben, aus dem sie wuchsen: Sie waren nur Hinweis auf die Wirklichkeit des Glaubens, Hinweis auf die alle äußere Entsprechung weit überragende Gegenwart des Todes Christi in der Feier der Eucharistie [11].

Die Krise des Bilddenkens zeigte sich in der Karolingerzeit vor allem aber auf dem Gebiet, auf das sich wegen des dinglichen Denkens der Germanen die Eucharistielehre konzentrierte, also beim Ringen um den rechten Ausdruck der somatischen Realpräsenz. Der erste Abendmahlsstreit zwischen den beiden Mönchen der Abtei Corbi signalisiert die Wende. Gegen seinen Abt Paschasius Radbertus (+ 851 oder 860) und dessen Schrift »Vom Leib und Blut des Herrn« [12] schreibt Ratramnus (+ 868) eine Gegenschrift mit dem gleichen Titel [13], die auf Grund von Fragen des Kaisers Karls des Kahlen verfaßt und auch an diesen gerichtet ist.

Bis heute ist die Interpretation dieser beiden Schriften umstritten. Diejenigen Dogmenhistoriker, die von der Transsubstantiationslehre des Hochmittelalters her fragen, werden geneigt sein, in Ratramnus einen schon auf Berengar hinweisenden Symbolisten zu sehen, diejenigen, die vom Augustinismus her interpretieren, werden Ratramnus dagegen noch im Sinne des antiken Realsymbols deuten und dann bei Paschasius einen grobrealistischen, den sogenannten kapharnaitischen Sakramentsbegriff finden [14]. Wie sollen wir angesichts dieser verschiedenen Interpretationen Stellung beziehen? [15]

---

[11] Es ist das Verdienst von *F. Pratzner*, Messe und Kreuzesopfer. Die Krise der sakramentalen Idee bei Luther und in der mittelalterlichen Scholastik (WBTh XXIX), Wien 1970, auf die Bedeutung dieses Vorgangs für die ökumenische Situation hingewiesen zu haben. Der Vorgang als solcher ist zwar schon seit Jahrzehnten untersucht. Aber seine Bedeutung für uns – die z. T. darin besteht, daß die Reformation die Schwierigkeiten des zu Beginn des Mittelalters eingeschlagenen Weges geschichtlich offenbar machte und daß auch das Trienter Konzil sie nicht bewältigen konnte – wird doch erst von Pratzner in eindringlicher Weise hervorgehoben. Wir werden im Laufe dieses Kapitels ausführlich darauf zu sprechen kommen.
[12] De corpore et sanguine Domini (PL 120,1267–1350).
[13] PL 121,125–147.
[14] »Kapharnaitisch« bedeutet hier eine Einstellung zur Eucharistie, die in der Linie der Frage in Joh 6,52 liegt: »Wie kann uns dieser sein Fleisch zu essen geben?« Diese Frage stellen nach Joh 6 die Juden in der Synagoge zu Kapharnaum. Die kapharnaitische Sicht der Eucharistie läßt also den Sinn für deren sakramental-pneumatische Dimension vermissen.
[15] Man vergleiche etwa die Verschiedenheit der Auffassung bei *F. Pratzner*, Messe

Gerade die Tatsache, daß man beide Theologen verschieden auslegen kann, ist unserer Ansicht nach ein Zeichen für die Übergangssituation, in der sie schreiben. In ihrer Theologie bricht ein neues Denken in die Interpretation der Vätertexte und deren Begriffswelt ein, so daß zunächst weder das antike Bilddenken völlig verschwunden ist noch auch das neue, objektivierende Denken seine begriffliche Form gefunden hat. Diesen Vorgang gilt es zu analysieren und außerdem die – eben noch nicht in sich selbst abgeklärten – verschiedenen Tendenzen zu sehen, die sich im ersten Abendmahlsstreit zu Wort melden.

Man darf zunächst folgendes feststellen. Sowohl bei Paschasius, der sich wohl am stärksten um die Einheit von Bild (= figura) und Wirklichkeit (= veritas) bemüht, als auch bei Ratramnus ist die nicht hinterfragte, selbstverständliche Stufung des Seins in Urbild – Bild verlorengegangen. So haben beide die Schwierigkeit zu erklären, wie etwas *Wirklichkeit* sein kann, wenn es nur (!) *Bild* ist. Bei Paschasius stellt sich daher die Frage: »... aber wenn (der eucharistische Leib Christi) Bild ist, so ist zu fragen, wie er Wirklichkeit sein kann.«[16] Bei Ratramnus lautet die Frage: »... ob das, was in der Kirche von den Gläubigen genossen wird, nämlich der Leib und das Blut Christi, im Mysterium (= im Bild) geschieht oder in der Wirklichkeit ... und ob es derselbe Leib ist, der aus Maria geboren worden ist und gelitten hat.«[17] *Beide* Theologen zeigen durch ihre Fragestellung und durch die Problematik, die sie während der ganzen Schrift bewegt, daß sie den Denkhorizont des antiken Bilddenkens im wesentlichen schon verloren haben, und keinem von beiden gelingt es, diesen Horizont wiederzugewinnen. Die spätere Entwicklung hat vielmehr gezeigt, daß er für Jahrhunderte verloren war und daß die wenigen Elemente des Bilddenkens, die in der Karolingerzeit noch vorhanden waren, im Laufe des Mittelalters fast völlig verschwanden und sich in die oben kurz beschriebene blasse Allegorese auflösten. Diesem Tatbestand gegenüber, der sich durch eine nähere Analyse der Schriften sowohl des Paschasius wie des Ratramnus erhärten wird, ist die Frage zweitrangig,

---

und Kreuzesopfer, 119–132, und *H. Jorissen*, Entfaltung, 4–6. Während Jorissen in der Theologie des Ratramnus das eigentliche Erbe der augustinischen Bildtheologie zu erkennen glaubt, ist nach Pratzner gerade Paschasius derjenige, der das antike Realsymbol, also den Realismus im Bilddenken und damit den Kern des Bilddenkens, bewahrt hat. Weitere Literatur zu dieser Frage bei beiden Autoren.
[16] PL 120,1278 A: »Sed si figura est, quaerendum, quomodo veritas esse potest.«
[17] PL 121,129 B–130 A: »Quod in Ecclesia ore fidelium sumitur, corpus et sanguis Christi, ... in mysterio fiat an in veritate ... et utrum ipsum corpus quod de Maria natum est, et passum, mortuum et sepultum, quodque resurgens et coelos ascendens ad dexteram Patris consideat.«

wie man jeden dieser beiden Theologen für sich genommen einzuordnen hat.

Innerhalb des bei beiden zerbrechenden antiken Bilddenkens sind allerdings ihre Tendenzen verschieden, und so werden sie zu theologischen Gegnern. Paschasius geht von einem Bildverständnis aus, das noch Züge des antiken Denkens an sich trägt: »... durch die Menschheit Christi gelangt man zur Gottheit des Vaters; und somit wird jene mit Recht Bild und Abbild der Substanz jener genannt.« [18] Hier ist das Bild (die Menschheit Christi) noch *die* Seite der Wirklichkeit des in sich selbst verborgenen Urbildes (der Gottheit des Vaters), die uns erreicht und durch die wir Zugang zum in sich unsichtbaren Urbild haben. In bezug auf die Eucharistie wendet Paschasius jedoch das Verhältnis Urbild – Abbild in einem engeren Sinne an, als es dem antiken Bilddenken entspräche. Er nennt nämlich den eucharistischen Leib Christi als solchen schon »veritas – Wirklichkeit«, gibt ihm also den Rang des Urbildes. Erinnern wir uns, daß in der antiken Bildtheologie der erhöhte Herr bzw. das Paschaereignis von Tod und Auferstehung Christi das Urbild waren. Die eucharistische Speise aber kam auf die Ebene des sakramentalen Abbildes, also des Realsymbols, zu stehen, und gerade das gab ihr die ihr eigene, sakramentale Realität. Bei Paschasius zerbricht – trotz des zunächst antiken Ansatzes – an dieser Stelle die Zweistufigkeit, und somit kommt er zu einer Identifizierung von Wirklichkeit (veritas) und Bild (figura) im eucharistischen Brot selbst. »Aber wenn wir in aller Wahrhaftigkeit hineinschauen (in das eucharistische Mysterium), wird es mit Recht *zugleich* Wirklichkeit und Bild genannt: so, daß Bild oder Abbild der Wirklichkeit ist, was nach außen wahrgenommen wird, Wirklichkeit aber, was immer von diesem Mysterium nach innen recht verstanden oder geglaubt wird. Denn nicht jedes Bild ist Schatten oder Falschheit.« [19]

Man erkennt, daß die Beziehung Urbild – Bild, die in der Antike die Beziehung zwischen dem erhöhten Herrn und der eucharistischen Speise (und Feier) war, hier zu einer Beziehung *Wirklichkeit* – Bild *innerhalb* der eucharistischen Speise selbst wird. Das Kriterium des Unterschiedes zwischen Wirklichkeit und Bild wird zudem von der sinnlichen Erfahrung des Menschen genommen. Was die Sinne wahr-

---

[18] PL 120,1279 A. – Anklang an Hebr 1,3. Der lateinische Text: »Sic ex humanitate Christi ad divinitatem Patris pervenitur; et ideo iure figura vel character substantiae illius vocatur.«
[19] PL 120,1278 B–C: »Sed si veraciter inspicimus, iure simul veritas et figura dicitur: ut sit figura vel character veritatis, quod exterius sentitur; veritas vero, quidquid de hoc mysterio interius recte intelligitur aut creditur. Non enim omnis figura umbra vel falsitas.«

nehmen, ist Bild, was sie nicht wahrnehmen, ist Wirklichkeit – an der eucharistischen Speise selbst! Man spürt einerseits den Einfluß des hl. Augustinus, der – neuplatonisch – die Bildtheologie vom menschlichen Sehen oder Nicht-mehr-sehen-Können aufbaut, andererseits aber die objektivierende Identifizierung, welche – über Augustinus hinaus – die dynamische Stufung des Seins zerbricht: Bei Paschasius ist ja das eucharistische Mysterium *zugleich* Wirklichkeit und Bild. Damit ist die Möglichkeit verschwunden, die Wirklichkeit des Bildes als eine *Wirklichkeit eigener Art* zu sehen. Bild wird ja nicht als eine niedere Form einer höheren Form von Wirklichkeit entgegengesetzt, sondern es tritt in Gegensatz zu Wirklichkeit schlechthin, ist damit aber als Nicht-Wirklichkeit qualifiziert. Der heilsgeschichtliche Zug des »schon – noch nicht«, den die antike Bildtheologie aufrechterhalten konnte, ist nicht mehr ausgesagt. Denn mit dem »zugleich« des Paschasius ist die Spannung Urbild – Bild nur noch die Beziehung »unsichtbar – sichtbar«, nicht aber mehr die Beziehung: »jetzige, mich ergreifende Realität – noch ausstehende, von Gott her mich erwartende Realität«. Damit kann die Eucharistie auch nicht mehr eine *ontologische Dynamik* auf das Urbild hin enthalten, da das Urbild ja schon als *voll gegenwärtig*, wenn auch als *unsichtbar* gegenwärtig, vorgestellt wird.

Daß wir in der zutreffenden Richtung interpretieren, ergibt sich aus einem Satz des Paschasius in seinem Brief an Frudegard: »So empfangen wir im Brot das, was am Kreuze hing, und trinken im Kelch das, was aus Christi Seite floß.«[20] Ein antiker Theologe hätte das nicht sagen können. Weil die Zweistufigkeit der Wirklichkeit, wie sie das Bilddenken kannte, zerbrochen ist, kann Realität nur noch auf der *einen* Ebene des Dinghaften gesehen werden. Dies führt zur ungestuften, schlechthinnigen Identifizierung von historischem Leib Christi mit dem eucharistischen Leib Christi. Die Funktion der Bildtheologie ist aus dem ontologischen Bereich zurückgenommen und auf den gnoseologischen reduziert, genauer sogar auf den sensualen Bereich: Was wir mit den Sinnen erfassen, ist Bild, jedoch ist das unsichtbare Urbild, die Wirklichkeit (veritas) im selben, univoken Sinne schon anwesend, wenn eben auch noch unsichtbar. Im antiken Denken war das Urbild nicht im selben Sinne für uns anwesend wie in dem ihm eigenen Raum, sondern es war anwesend gerade *durch* das sichtbare Abbild. Die Bildhaftigkeit konnte auch dem Begriff nach nicht der Wirklichkeit oder der Anwesenheit entgegengesetzt werden, da es sich bei ihr gerade um eine besondere Form von Wirklichkeit und Anwesenheit handelte.

---

[20] PL 120,1355 A: »... ut percipiamus in pane, quod pependit in cruce, et bibamus in calice, quod manavit ex Christi latere.«

Damit war das Urbild für die christliche Antike das noch Ausständige, obwohl es gerade im Modus dieser seiner Ausständigkeit die Macht hatte, sich im Bild schon in vorläufiger und doch wirklicher Weise zu schenken. In diesem Sich-Schenken zog und drängte es aber notwendig zu seiner vollen Anwesenheit bei Gott hin. Für jeden, der Paschasius aufmerksam liest, ist mit seinen Gedanken dagegen schon die Weiche gestellt zu einem univoken Gegenwartsbegriff und damit zur späteren Transsubstantiationslehre des Hochmittelalters, bei der die Spannung zwischen Zeichen und Wirklichkeit (nicht mehr: zwischen Bild und Urbild) in die Eucharistie selbst verlegt wird und diese höchstens noch »nebenbei«, aber *nicht mehr in der Fassung der Gegenwart Christi als solcher*, eine Realverheißung des endgültigen Heils ist.

Paschasius legt also im sich anmeldenden objektivistischen Horizont des Frühmittelalters, in dem »Bild« und »Wirklichkeit« in Gegensatz treten, die antike Bildtheologie nicht in der Richtung des Symbolismus, sondern in der Richtung des Realismus aus. Die Symbolhaftigkeit reduziert sich auf das Verhältnis eines sichtbar Anwesenden (der Eigenschaften des Brotes) zu einem (zugleich mit ihm und »unter« ihm) unsichtbar Anwesenden. Wie steht es bei Ratramnus?

Ratramnus schreibt seine Gedanken als Entgegnung auf die Schrift des Paschasius nieder, d. h., ihm war die Identifizierung zwischen eucharistischem und historischem Leib Christi, die dieser durchführte, bekannt. Daher stellt er die oben von uns angeführte Frage, »ob es derselbe Leib ist, der aus Maria geboren worden ist und gelitten hat«. Er empfand den Unterschied zwischen der Interpretation seines Abtes und dem Denken der Väter, etwa dem Denken des ihm vor allem bekannten Augustinus. Er vermißt das Verständnis des Symbols bei Paschasius. Daher interpretiert er die Bildtheologie, die Theologie des Realsymbols, in der Tendenz, die Symbolhaftigkeit zu wahren. Aber da es auch ihm nicht mehr gelingen kann, die Zweistufigkeit in der Struktur des Seins, also als Ontologie, durchzuhalten, kommt er zu einem Resultat, das dem des Paschasius weitgehend entgegengesetzt ist: »Daß das Brot, welches Leib Christi, und der Kelch, welcher Blut Christi genannt wird, Bild ist, weil Mysterium, und daß kein geringer Unterschied besteht zwischen dem Leib, der in der Form des Mysteriums existiert, und dem Leib, der gelitten hat und begraben worden ist und der auferstand. Denn dies ist der eigene Leib des Erlösers, und in ihm ist keine Bildhaftigkeit und kein Hinweis auf etwas anderes...«[21]

---

[21] PL 121,169 A: »Positis sanctarum Scripturarum testimoniis et sanctorum Patrum dictis evidentissime monstratum est, quod panis qui corpus Christi, et calix qui sanguis Christi appellatur, figura sit, quia mysterium: et quod non parva differentia sit

Das Verhältnis »Wirklichkeit – Bild« wird von Ratramnus in einem der Theologie des Paschasius konträren Sinne verwendet. Paschasius faßte, hier der Antike näher, das uns zugewandte Sichtbare (die Menschheit Christi, das sichtbare Brot) als *Bild* und suchte dahinter die Wirklichkeit, die Wahrheit. Ratramnus sieht die vorliegende, mit den Sinnen erfaßbare Wirklichkeit als die eigentliche »Wahrheit«. Die Dimension der Bildhaftigkeit wendet er nicht mehr auf das Verhältnis »Menschheit Christi – unsichtbarer Vater« an, wie es doch schon im Johannesevangelium geschieht (etwa Joh 1,18; 14,9) und wie es in der christlichen Antike selbstverständlich war. Für Ratramnus ist vielmehr der Leib Christi, der am Kreuz starb, eine in sich stehende Wirklichkeit (veritas), als der historische Leib. Wirklichkeit ist hier eindimensional die feststellbare, greifbare Wirklichkeit, ob es sich nun um das eucharistische Brot und den eucharistischen Kelch [22] oder um den historischen Leib Christi handelt. Bildhaftigkeit ist nicht mehr ontologisch, sondern gnoseologisch fundiert, entsteht durch das Schauen des Glaubens: »Denn Mysterium kann eine Wirklichkeit nicht genannt werden, in der nichts verborgen, nichts den körperlichen Sinnen entzogen, nichts mit einem Schleier bedeckt ist.« [23]

Damit wird die Bildhaftigkeit und die Kategorie »Mysterium« *nicht mehr* – wie in der Antike – primär als eine Kategorie der *Offenbarung* und erst sekundär als eine Kategorie des Entzugs und der Verborgenheit gesehen, sondern *primär* als eine Kategorie der *Verborgenheit*. So entfällt – hierin gleichen sich Ratramnus und Paschasius – die dynamische Spannung »schon – noch nicht«. Diese wird vielmehr umgedeutet und statisch gefaßt als das Verhältnis »körperlich – geistig«, wobei das Geistige auch anwesend, aber verborgen ist. »Unter dem Schleier des körperlichen Brotes und des körperlichen Weines existiert der geistige Leib und das geistige Blut. Nicht als ob es hier zwei unter sich verschiedene Dinge gäbe, nämlich den Leib und den Geist; vielmehr ist es eine und dieselbe Sache, gemäß der einen Weise das, was wir als Brot und Wein erfassen, gemäß der anderen Weise aber Leib und Blut Christi.« [24]

---

inter corpus quod per mysterium existit, et corpus quod passum est, et sepultum, et resurrexit. Quoniam hoc proprium Salvatoris corpus existit, nec in eo vel aliqua figura, vel aliqua significatio, sed ipsa rei manifestatio cognoscitur.«
[22] Daher die Formulierung: »Das Brot, welches Leib Christi ... *genannt wird*.«
[23] PL 121,131 A: »Quoniam mysterium dici non potest, in quo nihil est abditum, nihil est corporalibus sensibus remotum, nihil aliquo velamine contectum.«
[24] PL 121,134 B–135 A: »Sub velamento corporei panis corporeique vini spirituale corpus spiritualisque sanguis existit. Non quod duarum sint existentiae rerum inter se diversarum, corporis videlicet et spiritus, verum una eademque res, secundum aliud species panis et vini consistit, secundum aliud autem corpus et sanguis Christi.«

Dieser Text, der auf seine letzte Intention hin kaum zu durchschauen ist, läßt auf jeden Fall erkennen, daß auch bei Ratramnus die Wirklichkeit nicht mehr als gestufte gesehen wird. Nicht Urbild – Bild bzw. volle Wirklichkeit und im Bild partizipierende Wirklichkeit sind die ontologischen Kategorien, sondern Geist – Leib, die ontologisch als verschieden gefaßt, dann aber auch wieder identifiziert werden. Statt Stufung der Wirklichkeit erscheint ein eindimensionales und gerade darum trennendes Denken, das mit den Kategorien von Identität und Differenz in einer dialektisch zu nennenden Weise arbeitet. Ratramnus und Paschasius sind in ihrem Denken also verwandter, als es auf den ersten Blick scheint. So zeigen beide den Zerfall des antiken Bilddenkens an. Während Paschasius in dieser Situation die *Realität* des Sakramentes retten will und daher den Begriff Wirklichkeit (veritas) für das nicht Geschaute, für die transempirische Heilsrealität verwendet, benutzt Ratramnus ihn für die historische, sinnenhaft feststellbare Realität. Ratramnus will dadurch den *Symbolismus* retten, kommt aber nur zu einer Aufspaltung der sakramentalen Wirklichkeit in Geist und Leib, deren Einheit er zwar noch behaupten, von seinem Ansatz her aber nicht mehr einsichtig machen kann.
So neigt Paschasius zu einer Identifizierung von historischem und eucharistischem Leib Christi, Ratramnus zu einer schlechthinnigen Differenzierung, insofern bei ihm der historische Leib Christi Wirklichkeit (veritas), das Sakrament aber Bild (figura) ist.
Seit dem ersten Abendmahlsstreit stellt sich daher die Frage, wie man im Verständnis des Sakramentes *Realismus und Symbolismus* miteinander vereinen kann. Ihre selbstverständliche Einheit, wie sie die christliche Antike kannte, war zerstört. Wirklichkeit wurde, auch wenn sie als transempirische und geistige Wirklichkeit aufgefaßt wurde, letztlich dinghaft verstanden, Symbol- oder Bildhaftigkeit dagegen gnoseologisch und nicht ontologisch gesehen. Die dem Mittelalter gestellte Aufgabe bestand also darin, innerhalb des nun einmal geschichtlich vorgegebenen dinghaften Denkens eine Verbindung von Realismus und Symbolismus zu finden.
Ehe diese Aufgabe gelöst werden konnte, war noch ein langes Ringen unter den verschiedenen theologischen Richtungen erforderlich. Wir müssen nämlich feststellen, daß die abendländische Kirche des neunten Jahrhunderts den Abendmahlsstreit nicht gelöst, sondern ihn nur beschwichtigt und zum Teil auch über anderen Problemen vergessen hat. Der Streit beruhigte sich, die Problematik aber blieb bestehen. Daher ist es nicht zu verwundern, daß er zwei Jahrhunderte später wieder aufflammte und dann – wegen der inzwischen reifer gewordenen philosophischen Mittel – auch auf eine Lösung drängte. Dogmengeschicht-

lich ergibt sich daraus ein beachtliches Ergebnis, das für unsere Situation einen Hinweis enthalten kann: Die Kirche des Frühmittelalters hat also über zweihundert Jahre, vom neunten bis zum elften Jahrhundert, die Wirklichkeit der Eucharistie vollzogen, ohne für ihre Zeit die Möglichkeit eines richtigen theologischen Ausdrucks zu haben. Die Vätertexte wurden zwar zitiert und tradiert, aber nicht mehr im patristischen Sinne verstanden. Die Überwindung des Gegensatzes zwischen Symbolismus und extremem Realismus war nicht möglich. Trotz der Führung der Kirche durch den Geist Jesu ist also auf Grund einer geistesgeschichtlichen Konstellation ein solcher Zustand denkbar, ohne daß die Kirche untergeht oder die in Frage stehende Wirklichkeit verliert. Das sollte die Theologen bescheidener und alle Christen zuversichtlicher machen, was das Ringen um manche Glaubensfrage in unserer Zeit angeht. Damit soll nun aber nicht gesagt werden, daß die Kirche auf theologische Reflexion verzichten könne. Gerade die Tatsache, daß sich im elften Jahrhundert die Abendmahlsfrage neu stellte und dann durchgefochten werden mußte, zeigt die Notwendigkeit theologischer Reflexion. Aber es sollte uns bewußt sein, daß die Theologie den Gesetzen des geschichtlichen Weges verpflichtet ist, den die Kirche in der jeweiligen Zeit geht, und das gilt dann auch für uns heute und für die Kirche von heute.

3. Der zweite Abendmahlsstreit und die hochmittelalterliche Lösung

Zwei Jahrhunderte nach dem Abendmahlsstreit der Karolingerzeit rückt das eucharistische Problem wieder ins Bewußtsein des Mittelalters durch die Arbeiten des zu seiner Zeit berühmten Berengar von Tours, des Leiters der Domschule dieser Stadt (+ 1088). Bei ihm wird der dingliche Seinsbegriff stärker philosophisch durchdacht. Wir haben hier einen Vorgang zu beachten, der bei allen dogmengeschichtlichen Entwicklungen eine große Rolle spielt, daß nämlich eine Weltsicht, die unreflektiert, als geistiger Horizont, schon länger vorhanden ist, sich allmählich in die Reflexion erhebt und dann erst die eigentlichen Schwierigkeiten der Theologie mit dem in einer anderen Sprache überlieferten Glaubensinhalt beginnen. Die bisherige dogmengeschichtliche Arbeit hat oft zu sehr nur auf die begrifflich faßbare Seite der Entwicklungen geachtet. Es ist aber notwendig, die geistigen Hintergründe einer Entwicklung zu erfragen, soweit das möglich ist. Bei einer solchen Forderung wird nicht geleugnet, daß die dogmengeschichtliche Entwicklung in der Kirche vom Geist Jesu begleitet und gelenkt ist, aber dieser tritt ja nicht als Konkurrent der geistesgeschichtlichen Ströme auf, sondern wirkt in ihnen und durch sie, selbst dort, wo er als Moment des Gegensatzes und der Korrektur zu verstehen ist. Darum ist es nicht singulär Berengar von Tours anzulasten, daß er, wie wir sehen werden, den Symbolismus in einem der Tradition widersprechenden Sinne vertrat. Er dachte nur den Ansatz zu Ende, der bei Ratramnus vorlag. Die Zeit drängte auf Reflexion des durch den dinglichen Denkhorizont gegebenen eucharistischen Problems, und insofern mußte der Symbolismus und mußte als Gegenposition zu ihm ein extremer, dinglicher Realismus einmal zur Sprache kommen. Gewiß hätte dies an sich auch in rein theoretischer Weise, also in der Form methodischer Problemstellung geschehen können, aber dieser Weg ist doch in der Geschichte selten. Der zunächst methodisch gemeinte Zweifel des Descartes etwa ist doch später existentiell geworden, und sehr oft geht der Weg zu einer theologischen Lösung durch existentiellen Kampf verschiedener Lager und manchmal sogar durch Häresie und Schisma. Die menschliche Schuld, die hierin ihren Anteil am Geschehen offenbar macht, ist nun einmal auch bei einer dogmengeschichtlichen Betrachtung und vielleicht gerade bei ihr nicht auszuklammern, kann aber auch nicht nur *einer* der streitenden Parteien angelastet werden. Gerade hier ist das Gericht Gott allein vorbehalten.

Da wir den Geschichtsgang nicht um seiner selbst willen zu erkennen suchen, sondern um einen Weg in unserer Situation zu finden, da aber andererseits auch unsere Situation von menschlicher Schuld und Enge gezeichnet ist, wäre es verhängnisvoll, wenn wir in der Betrachtung der Geschichte nur das Resultat, vielleicht noch in der Vorstellung einer »ewigen Wahrheit«, beachten würden. Dies widerspräche sogar grundsätzlich schon der Geschichtlichkeit der Offenbarung und der Überlieferung.

Dies ist bei der Beurteilung des Berengar von Tours und auch bei der Beurteilung seiner oft ebenso extremen, »orthodoxen« Gegner zu bedenken. Zunächst aber zu Berengars Lehre. Er verwendet im Umkreis der Eucharistielehre schon den Begriff der Substanz, identifiziert die Substanz aber – anders als Aristoteles, dessen Werke ja zur Zeit Berengars im Abendland weitgehend noch nicht rezipiert waren – mit der Summe der sinnlich wahrnehmbaren Eigenschaften eines Dinges. Die Konsequenz in der Eucharistielehre ist ein Symbolismus, der bei seiner schärferen Fassung eine größere Herausforderung an die Theologie darstellte als der Symbolismus des Ratramnus. Auch bei Berengar spielt jedoch wie bei Ratramnus der Gegensatz von Wirklichkeit bzw. Wahrheit (veritas) und Bild (figura) eine große Rolle. Brot und

Wein »sind nicht der wahre Leib noch das wahre Blut, sondern ein Bild (figura) und Gleichnis (similitudo)«[25].

Der dialektische Fortschritt in den Überlegungen Berengars läßt sich vor allem daran erkennen, daß er genauer als seine Vorgänger den Wandlungs*vorgang* analysiert[26]. Auch diese Entwicklung war innerhalb des dinglichen Erkenntnishorizontes des Mittelalters auf die Dauer unvermeidlich. Wir haben festgestellt, daß sich schon in der Karolingerzeit das Interesse an der theologischen Durchdringung der eucharistischen Wirklichkeit praktisch auf das Thema der somatischen Realpräsenz einengt. Damit rückt zunächst die Frage: »Was *sind* Brot und Wein?« in den Vordergrund. Diese Frage muß sich aber zuspitzen zu der weiteren: »Welche Veränderung geht mit Brot und Wein vor sich, und wie ist diese Veränderung begrifflich zu fassen?« Ferner wird das objektivierende Denken notwendig auf die Fixierung des Zeitpunktes der Veränderung drängen, ebenso die instrumentale Ursache suchen, also auf die Fragen eine Antwort suchen: »Wann und wodurch geschieht diese Veränderung?«

Alle diese Fragen sind seit dem zweiten Abendmahlsstreit, seit Berengar von Tours, in expliziter Weise gestellt. Latent waren sie aber schon anwesend seit dem ersten Abendmahlsstreit.

Welche Antwort gibt Berengar auf die Frage nach der Art der Veränderung, die an Brot und Wein geschieht? Seinem sensualistischen Substanzbegriff gemäß, nach dem die Substanz oder die »Form« eines Dings die Summe der sinnlich wahrnehmbaren Eigenschaften ist, muß er es ablehnen, daß »die Substanz des Brotes dem Sakrament des Herrenleibes weiche«[27]. Somit ändert sich nach ihm im Wandlungsvorgang an der *Wirklichkeit* der eucharistischen Speisen nichts. Der Vorgang besteht vielmehr darin, daß Brot und Wein Symbole (aber *nicht: Real*symbole) des Leibes und Blutes Christi werden und daß Christus durch diese Symbole am Geist der Gläubigen gnadenhaft wirkt.

Dabei ist zu beachten, daß hier der Bereich des Symbols die Wirklichkeit nicht berührt, und gerade darin besteht der nun explizite und deutliche Unterschied zum antiken Bilddenken. Der intentionale Bereich unseres Denkens, Wollens und Glaubens erscheint bei Berengar getrennt vom »physischen« Bereich der Dinge, dem der Begriff »Wirklichkeit, Wahrheit = veritas« allein zugeordnet wird. So wird die Frage, *welche Art von Wirklichkeit*, welche Art von Sein dem Symbol zukommt, nicht mehr möglich, bzw. sie ist vorentschieden durch die Trennung von Symbol und Realität, von Bild und Wirklichkeit.

---

[25] *J. R. Geiselmann*, Eucharistielehre der Vorscholastik, 291, Anm. 1.
[26] Vgl. etwa *H. Jorissen*, Entfaltung, 4-7.
[27] Berengarius, Epistola ad Ascelinum (PL 150,66 B).

Wirklichkeit ist univok, gleichsinnig, geworden und kommt dem Dinghaften, dem sinnenhaft Feststellbaren zu.

Die Reaktion, die Berengar im elften Jahrhundert ausgelöst hat, kann eine Lehre für uns enthalten. Eine traditionalistische Richtung, die sogenannten Antidialektiker, zu denen auch der hl. Petrus Damiani zählte, sahen schon in der Anwendung der Philosophie auf die Eucharistielehre einen Irrweg und die Wurzel der Häresie. Damit erscheinen sie, von heute aus gesehen, als Theologen, welche die Zeichen ihrer Zeit nicht verstanden haben. Das elfte Jahrhundert drängte auf eine mit philosophischen Mitteln durchgeführte Reflexion des Glaubensinhaltes und konnte und durfte sie nicht umgehen. Die Antidialektiker verwarfen also den notwendig gewordenen Weg, der Chance und Gefahr zugleich war, schon allein deswegen, weil er auch eine Gefahr enthielt. Damit verfielen sie aber der anderen, mindestens ebenso tödlichen Gefahr, das Traditionsgut museal zu verstehen und es zu konservieren [28]. Auf Grund des dinglichen Denkhorizontes war dem Mittelalter ein geschichtliches Denken ohnehin weitgehend verschlossen. Daß der Geist Jesu sich aller weltlichen Wirklichkeit und also auch der Dialektik bedienen könne, um in geschichtlicher Weise die Kirche »in die ganze Wahrheit einzuführen« (Joh 16,13), war jedenfalls den Antidialektikern fremd.

Die Lösung des eucharistischen Problems konnte vom elften Jahrhundert an nicht in einer Ablehnung der Dialektik, sondern nur in ihrem unvoreingenommenen und doch der Tradition der Kirche verpflichteten Gebrauch liegen. Die Verurteilungen, die Berengar von seiten der Antidialektiker erfuhr, und die beiden professiones fidei, die er unterzeichnen mußte, sind daher ebenso unhaltbar wie sein eigener bloßer Symbolismus. Sie stellen nämlich das andere Extrem eines grobsinnlichen, dem sakramentalen Geschehen unangemessenen Objektivismus

---

[28] Wir entnehmen W. *Nyssen/F. P. Sonntag,* Der Gott der wandernden Völker. Frühe christliche Zeugnisse der keltisch-germanischen Stämme von Västergötland bis Asturien, Olten–Freiburg 1969, 117, folgende interessante Episode aus dem Leben des hl. Columban. Sie beleuchtet den Umstand, daß dingliches Denken zumeist auch rückwärts gewandtes, auf die Festigkeit der Tradition bauendes Denken ist. »Es ging um die Frage des Ostertermins. Columban feierte das Osterfest nach dem alten 84jährigen Zyklus, während sich die fränkische Kirche an den sogenannten viktorianischen Komputus hielt... In einem Brief wandte er (Columban) sich an Papst Gregor den Großen und fragte ihn, warum er den gallischen Irrtum nicht längst beseitigt habe. Der Vertreter des Papstes in Gallien, Candidus, hatte bereits auf diesen Vorwurf entgegnet, und so schloß Columban seinen Brief, die Antwort des Papstes vorwegnehmend: ›Wenn du aber, wie ich von deinem Candidus höre, wirst antworten wollen, Althergebrachtes dürfe man nicht abändern, so liegt hier offenbar ein alter Irrtum vor, und älter als solcher ist immer die Wahrheit, die ihn zurechtweist.‹«

dar. So heißt es z. B. in der professio fidei von 1059: »Brot und Wein, die auf dem Altar sind, sind nach der Konsekration nicht nur das Sakrament, sondern auch der wahre Leib und das wahre Blut unseres Herrn Jesus Christus, und sie werden sinnenhaft, nicht nur im Sakrament, sondern in Wahrheit, von den Händen der Priester angefaßt und gebrochen und von den Zähnen der Gläubigen gekaut.«[29] Die professio fidei von 1079 ist zurückhaltender, krankt aber auch an der Entgegensetzung von Sakrament (sacramentum) und Wirklichkeit (veritas): »Ich, Berengar, glaube mit dem Herzen und bekenne mit dem Mund, daß das Brot und der Wein... nach der Konsekration der wahre Leib Christi ist, der von der Jungfrau geboren wurde, der für das Heil der Welt am Kreuz hing und der zur Rechten des Vaters sitzt, und das wahre Blut Christi, das aus seiner Seite geflossen ist, und zwar nicht nur durch das Zeichen und die Kraft des Sakramentes, sondern in seinem eigenen Wesen und seiner wirklichen Substanz.«[30]
Man erkennt: Die Gegner Berengars kommen über die Thesen des Paschasius im wesentlichen nicht hinaus: Identifizierung des sakramentalen und des historischen Leibes Christi. Zum Teil finden sich in der professio fidei wörtlich Formulierungen aus den Schriften des Paschasius. Sakramentaler, historischer *und auferstandener* Leib Christi werden schlechthin identifiziert. Personales Denken wird insofern nicht erreicht, als nicht in der Person Jesu, sondern in der dinghaften Natur seines Leibes diese Identität gesehen wird.
Der Gegensatz »Bild – Wirklichkeit«, der schon im ersten Abendmahlsstreit vorlag, spitzt sich zu bis zu der Formulierung: »nicht nur im Sakrament – sondern auch in der Wirklichkeit«. Damit ist indirekt ausgesagt, daß die sakramentale Ebene *keine* Wirklichkeit ist. Man sieht, wie die Gegner Berengars genau wie er selbst im gleichen objektivierenden Denkhorizont stehen. Für beide stellt sich die falsche Alternative »entweder Symbol oder Wirklichkeit«, und die Wahl muß dann *in jedem Falle* in eine Sackgasse führen. Die Frage, ob die Wirklichkeit nicht gestuft sei und dem Sakrament daher eine andere Art von Wirklichkeit als dem sinnenhaft Feststellbaren – aber eben doch Wirklichkeit! – zukomme, wird nicht gestellt. Sie konnte auf Grund des Denkhorizontes auch gar nicht gestellt werden, da im dinglichen Verstehenshorizont alle Wirklichkeit von vornherein als dinghaft feststellbar gesehen wird. Wir werden weiter unten verfolgen, auf welchem Wege die Stufung der Wirklichkeit – allerdings in einer dem dinghaften Denken gemäßen und daher eigengearteten Form –

---

[29] Vgl. DS 690.
[30] Vgl. DS 700.

schließlich doch in der Eucharistielehre des Mittelalters wieder erkannt und ausgesagt wurde. Auf die Dauer drängte die Wirklichkeit der Eucharistie eben doch über den Verstehenshorizont hinaus, der für sie ein zu enges Gewand war.

Zunächst empfiehlt sich aber hier eine Reflexion auf die Struktur christlicher Tradition. Die Antidialektiker faßten die Glaubenstradition als das in allen Momenten Feststehende, Formulierte. Damit übersahen sie ein entscheidendes Moment, durch das sich die christliche Tradition von jeder anderen unterscheidet. Die apostolische Tradition, kristallisiert in den Schriften des Neuen Testamentes, ruht nicht in sich selbst, sondern ist ihrem Wesen nach Zeugnis von einem anderen, Zeugnis vom geschichtlichen Christusereignis. Sowohl das Neue Testament wie die spätere Tradition der Kirche haben also relationalen, bezüglichen Charakter, weisen auf ein personales Geschehen, das sich in der Zeit und an einem bestimmten Ort vollzogen hat, nämlich auf Jesus von Nazaret und das, was Gott in ihm getan hat. Damit weisen sie hin auch und vor allem auf das, worin sich in diesem Geschehen das Ende und Ziel aller Geschichte, das die Geschichte Übergreifende und Finalisierende offenbart. Alles Feststehende an der christlichen Tradition hat also seinen Sinn darin, daß es auf ein eschatologisches, personales Ereignis hinweist, das sich an einem bestimmten Punkt mit unserer linearen, zeitlichen Geschichte verbunden hat [31].

Jesus Christus und das, was mit ihm geschehen ist und sich in ihm offenbart, hat also trotz seines Eingehens in die Geschichte, ja im Vollzug seines Eingehens in die Geschichte, den Charakter des »eschatos logos«, des unüberbietbaren und letzten Wortes Gottes, des Ziels der Geschichte, und erweist sich als die unsere gesamte Geschichte finalisierende Wirklichkeit, die darum fähig ist, neue geschichtliche Horizonte zu eröffnen. Dies ist etwa ausgesagt in den Stellen des Epheser- und Kolosserbriefs, in denen davon die Rede ist, daß sich die Äonen, die Geschichtsepochen, der Herrschaft Christi unterwerfen müssen [32]. Damit aber ist der relationale, Geschichtshorizonte aufschließende Charakter der christlichen Tradition, also ihr eschatologischer Horizont, gegeben. Ein wichtiges und entscheidendes Moment christlich-biblischer Tradition wird übersehen und diese Tradition wird auf »die Überlieferung der Menschen« verengt, wenn dies »darüber hinaus« nicht in den Blick kommt. »Noch vieles habe ich euch zu sagen, doch ihr könnt es jetzt noch nicht tragen. Wenn aber jener kommt, der Geist

---

[31] Vgl. *J. L. Leuba*, Tradition und Traditionen, in: *K. E. Skydsgaard/L. Vischer* (Hrsg.), Schrift und Tradition, Zürich 1963, 9–23.
[32] Vgl. etwa Kol 1,12–23; 2,6–10; Eph 1,17–23. – Zur letztgenannten Stelle vgl. *H. Schlier*, Der Brief an die Epheser. Ein Kommentar, Düsseldorf ³1962, 74–99.

der Wahrheit, so wird er euch den Weg in die ganze Wahrheit führen. Denn er wird nicht von sich aus reden... Er wird mich verherrlichen, weil er von dem, was mein ist, nehmen und euch verkünden wird« (Joh 16,12 ff.).
Es ist keine Epoche der Kirchengeschichte denkbar, in der dieses Wort des Johannesevangeliums nicht mehr gilt; denn dies würde das Aufhören der eschatologischen Geschichtsmächtigkeit des »Christus gestern, heute und derselbe auch in Ewigkeit« (Hebr 13,8) bedeuten. Der analoge Charakter des Neuen Testamentes und der kirchlichen Tradition und damit ihr *relationaler, nicht sich selbst meinender, sondern auf Christus hinweisender* Charakter läßt es trotz der bleibenden Normativität des neutestamentlichen Zeugnisses nicht zu, den Satz des Hebräerbriefes zu verändern etwa in der Form: »Das Neue Testament gestern, heute und dasselbe auch in Ewigkeit« oder: »Die Glaubenstradition der Kirche gestern, heute und in Ewigkeit«. Alles, was nicht Christus selbst ist, also auch das normative Zeugnis von ihm, das Neue Testament, muß – allerdings im Horchen auf *ihn,* auf *seinen Geist* in der *Gemeinschaft der an ihn Glaubenden* – interpretiert, auf ihn hin verstanden, je neu ausgelegt werden. Es muß in der Sprache neuer Epochen verkündet werden, damit Christus sich als jener erweist, der »die Herrschaften und Mächte ihrer Macht entkleidet... und seinen Triumph über sie gehalten hat« (Kol 2,15).
Wer eine neu heraufziehende Epoche, wer eine fremde Kultur von der Christusbotschaft ausschließt, glaubt nicht an die Macht des Christus, sich eine neue Epoche zu unterwerfen, indem er sich ihr unterwirft, und qualifiziert damit die Tradition, in der er steht, im Grunde als eine menschliche, mit anderen konkurrierende Tradition. Jesus von Nazaret aber ist gekommen, das Wort Gottes, das unter menschlichen Überlieferungen verborgen war bei den Menschen, offenbar zu machen (vgl. Mt 15,1–9 par). Der neue Wein, der jeweils wieder in neue Schläuche zu füllen ist, kann seine Qualität der Neuheit nicht verlieren, weil er das Eschaton, das Ziel der Geschichte, als Inhalt und Kraft enthält. Dies muß sich aber im Zukunft erschließenden Charakter der christlichen Tradition bekunden, die sich als sie selbst gerade dann durchhält, wenn sie in neue Sprachen und Epochen eingeht. Christliche Tradition enthält also in dem, was sie bewahrt, das Unruhestiftende, neu Hereinbrechende, das Zeichen endgültiger Zukunft, das Zeichen endgültiger Zusage Gottes, weil sie Zeugnis von Jesus Christus ist. Die Unüberholbarkeit und Endgültigkeit der Offenbarung in Christus ist notwendig mit dieser Eigenart der christlichen Tradition verbunden. Kirchliche Tradition auf das Fixe, Feststehende beschränken wollen heißt: Christus zu einem bloß Vergangenen machen, zu einem

Überholbaren, der von neuen Epochen und Kulturen abgelöst werden kann [33].
Die Identität des Tradierten muß hierbei in Christus selbst gesucht werden. Er allein ist die Einheit der verschiedenen Theologien des Neuen Testamentes, er allein derjenige, der das in Konzilsentscheidungen der einzelnen Epochen Gemeinte eint und verbindet. Daher wird ein hermeneutisches Prinzip, das unsere späteren systematischen Überlegungen leitet, die christologische Reduktion sein müssen, d. h. die Zurückführung aller in ihrer Relationalität zu sehenden Aussagen der Bibel und der Tradition auf die Person Christi und das Handeln Gottes in ihm.

Doch kehren wir nach diesen – für uns allerdings wichtigen – hermeneutischen Reflexionen über die Dogmengeschichte wieder zurück zum Problem des elften Jahrhunderts. Die Lösung des eucharistischen Problems, die für einige Jahrhunderte bestimmend bleiben konnte, kam – und das ist nach dem Gesagten nicht verwunderlich – nicht von den Antidialektikern, sondern von jenen Theologen, die wie Berengar die Mittel der Dialektik anwandten, aber mit ihrer Hilfe versuchten, der in der Tradition gemeinten Wirklichkeit treu zu bleiben und diese in einen neuen Denk- und Sprachhorizont zu übersetzen. Ihre Aufgabe kann, von heute aus gesehen, so formuliert werden: Wie kann man sowohl die Symbolhaftigkeit wie auch den Realismus in der Eucharistie aussagen, wenn der Denkhorizont nicht mehr das antike Bilddenken, sondern ein auf das nur mit sich selbst identisch gedachte Objekt gerichtetes Denken ist?
Die bahnbrechenden Theologen sind hier vor allem Lanfrank von Bec (1010–1089) und Guitmund von Aversa (+ 1095). Sie haben der späteren Transsubstantiationslehre des Hochmittelalters den Weg gewiesen. Wir können ihre Überlegungen nicht in allen Einzelheiten darlegen, sondern wollen nur die großen Züge des ideengeschichtlichen Vorgangs verfolgen, der sich an Hand ihrer Gedanken vollzogen hat.
Beide Theologen erkannten, daß der Substanzbegriff, den Berengar ja herangezogen hatte, für die von der Zeitsituation geforderte philosophische Durchdringung der Eucharistielehre unumgänglich war. Er

---

[33] Vgl. *J. Moltmann*, Theologie der Hoffnung, 273–279. – Man wird den folgenden Sätzen Moltmanns die Zustimmung kaum versagen können: »Was Tradition ist und wie sie geschieht, das ergibt sich allemal von der zu tradierenden Sache her (273) ... Die christliche Verkündigung setzt ein mit der Auferweckung des gekreuzigten Christus und seiner Erhöhung zum Herrn der kommenden Welt Gottes (275) ... Tradition ist Sendung nach vorne, ins Novum der verheißenen Zukunft hinein (277).« Moltmann übersieht dabei keineswegs den Rückbezug der Tradition und des Glaubens auf das Christusereignis, betont aber zu Recht die eschatologische Qualität des hier Tradierten.

konnte aber so gefaßt werden, daß er die Spannung »sichtbar – unsichtbar« nicht zerstörte, sondern aufrechthielt. Das Mittel, sowohl den Symbolismus wie den Realismus zu seinem Recht kommen zu lassen, bildete nun der als Einheit des Dings gefaßte Unterschied zwischen Substanz und Akzidenz bzw. zwischen Substanz und Spezies. In bezug auf das eucharistische Brot unterscheidet Lanfrank etwa zwischen Substanz (substantia) und sichtbarer Gestalt (species visibilis), in bezug auf den Leib Christi zwischen Wesen (essentia) und Eigenschaften (proprietates). So kann er den Realismus wahren durch die Aussage: »Wir glauben, ... daß die irdischen *Substanzen* ... in das *Wesen* des Herrenleibes verwandelt werden.«[34] Damit hält er den Realismus aufrecht, entgeht aber der Identifizierung des historischen Leibes Christi (und seiner Eigenschaften) mit dem sakramentalen Leib Christi, da eben nur das *Wesen* und nicht die Eigenschaften des Herrenleibes im eucharistischen Brot gegenwärtig sind. Ebenso vermag er zu erklären, daß alles, was sichtbar und erfahrbar am Brot ist, unverändert bleibt; denn »die äußere Gestalt der Dinge selbst« (ipsarum rerum species) bleibt erhalten[35].

So hat Lanfrank die Möglichkeit, den Zeichencharakter der Eucharistie zu wahren, ohne den Realismus aufzugeben. Die sichtbaren Eigenschaften des Brotes sind nämlich das Zeichen für die in ihm verborgene *wesenhafte* Wirklichkeit des Leibes Christi. Er kennt schon den Unterschied zwischen *Sakrament, als der sichtbaren, zeichenhaften Wirklichkeit,* und der vom Sakrament *bezeichneten, unsichtbaren Wirklichkeit (res sacramenti),* in diesem Falle der wesenhaften Wirklichkeit des Leibes Christi.

Gewiß hat es noch mehr als hundert Jahre gebraucht, bis die Transsubstantiationslehre ihre reife begriffliche Formulierung fand. Dies geschah mit Hilfe der vor allem in der zweiten Hälfte des zwölften Jahrhunderts in breiter Form vollzogenen Aufnahme aristotelischen Gedankengutes. Diesen komplizierten Prozeß, in dem Alanus von Lille – hundert Jahre nach Lanfrank und Guitmund – eine entscheidende Rolle spielte, hat H. Jorissen ausführlich dargelegt[36]. Dieser Weg in seinen Einzelheiten und gelegentlichen Sackgassen – z. B. dem anfänglichen Schwanken zwischen Transsubstantiations- und Konsubstantiationslehre – ist ein Beweis dafür, daß die innere Logik der durch Lanfrank und Guitmund vorgeschlagenen Lösung auf die schließliche Anwendung aristotelischer Kategorien und damit auf die präzise Un-

---

[34] PL 150,430 B–C: »Credimus ... terrenas substantias ... converti in essentiam Dominici corporis.«
[35] Vgl. PL 150,420 D.
[36] Entfaltung, 65–154.

terscheidung zwischen Substanz und Akzidenz im Sinne von »unsichtbarer Wirklichkeit eines Dings« und »sichtbaren, wahrnehmbaren Bestimmungen eines Dings« hindrängte. Der Platonismus und seine *christlich-patristische Form* konnten dem objektivierenden Denken des Mittelalters in der Grundstruktur nur fremd bleiben, während es im Aristotelismus in allen Fragen, in denen es auf dingliche Präzisierung drängte, das kongeniale Ausdrucksmittel fand [37].
Die Transsubstantiationslehre ist also entwickelt worden, damit man der Alternative »entweder grobsinnlicher Realismus oder reiner, d. h. subjektiver Symbolismus« entgehen konnte. Die Spannung und das Gefälle »Zeichen – Bezeichnetes« oder »schon – noch nicht«, welche die Väter durch die Stufung »Bild – Urbild« ausgedrückt hatten, wird im Mittelalter also schließlich durch die Unterscheidung »substantia – species« oder »substantia – accidens« ausgedrückt. Während jedoch die Begriffe »Bild – Urbild« nicht nur die somatische Realpräsenz, sondern auf Grund ihrer Dynamisierung auch die Aktualpräsenz, vor allem die kommemorative Aktualpräsenz Christi, fassen konnten [38], waren die Begriffe »substantia – accidens« nur auf die somatische Realpräsenz anwendbar, weil von vornherein statisch-objektivistisch gefaßt. Immerhin war es mit ihnen möglich, die Eucharistie einerseits als Zeichen, andererseits als außersubjektive Realität zu sehen. Allerdings mußte man dafür eine ontologische Trennung von Substanz und Akzidenz beim eucharistischen Brot selbst in Kauf nehmen. So wird die Frage der Hochscholastik, ob die Akzidenzien, also die wahrnehmbaren Eigenschaften von Brot und Wein, nach der Konsekration ohne Träger (sine subiecto) existieren, mit dem Hinweis auf die göttliche Allmacht von den meisten mittelalterlichen Theologen bejaht. Ein solches Denken mußte schließlich fast zwangsläufig naturphilosophisch interpretiert und dann in seiner eigentlichen Intention mißverstanden werden, und dies ist in der Spätscholastik auch geschehen.
Entscheidend für die dogmengeschichtliche Beurteilung der Transsubstantiationslehre ist daher die Beachtung der *Funktion,* die sie im mittelalterlichen Denken ausübte: Sie hielt das Gefälle »sichtbar – unsichtbar« offen und wahrte damit auf ihre Weise die »analogia fidei«, diese

---

[37] Selbst solche mittelalterlichen Theologen, die eine starke Neigung zum Augustinismus hatten, wie etwa Bonaventura, bewegten sich in der *schulmäßigen Darstellung* der Eucharistielehre in aristotelischen Kategorien. Die Heranziehung der Kategorien der Bildtheologie hinterläßt dagegen auch bei ihnen den deutlichen Eindruck reiner Allegorese, und das zeigt eben, daß die Bildtheologie in bezug auf die Eucharistielehre verfallen war. Man vgl. unter dieser Rücksicht Bonaventura, Opera omnia, Quaracchi 1882–1902, Bd. IV, 177–313, u. Bd. V, 553–566.
[38] Vgl. oben unsere Darstellung der Eucharistielehre der griechischen Väter (2. Kapitel).

hier verstanden als die Stufung der Wirklichkeit, die Offenheit der Welt für die Freiheit des göttlichen Handelns. Konkret heißt das: Das Hineinreichen der eucharistischen Zeichen in die Wirklichkeit Christi und Gottes blieb gewährleistet, wenn auch unter einseitiger Betonung der statisch aufgefaßten Realpräsenz.

Von dieser *Funktion* der Transsubstantiationslehre her wird dann aber auch die spätere Aussage des Trienter Konzils zu deuten sein, welche den Begriff »transsubstantiatio« aufnimmt. Nicht dieser Begriff und nicht die Unterscheidung »substantia – accidens« sind durch das Konzil definiert, sondern die Tatsache, daß im eucharistischen Geschehen und dabei in den eucharistischen Gaben Christus *sich selbst* uns schenkt. Ausgeschlossen ist damit eine rein positivistische Sicht der Wirklichkeit, die über die erfahrbare Seite der Welt nichts Seiendes zuläßt, und eine rein subjektivistische Interpretation, bei der das Sein des Brotes und des Weines in keiner Weise von der Wirklichkeit Christi selbst berührt würde. Es bleibt aber durch die Aussage des Konzils die Möglichkeit offen, die Zweidimensionalität der eucharistischen Wirklichkeit mit einer relational-personalen Ontologie auszudrücken, wie das Mittelalter und das Trienter Konzil sie mit ihrer statisch-objektivistischen Ontologie ausgedrückt hatten. Was erhalten bleiben muß, wenn die Identität des im Glaubensakt Gemeinten sich durchhalten soll, ist die beschriebene Funktion der begrifflichen Aussagen, die Zweidimensionalität der *Wirklichkeit* des Sakramentes offenzuhalten.

Inhaltlich genauer als oben und kurz zusammengefaßt dargestellt, besagt die Transsubstantiationslehre des Hochmittelalters, daß die Substanz des Brotes und des Weines in die Substanz des Leibes und des Blutes Christi verwandelt wird, die Akzidenzien von Brot und Wein aber bleiben. So war, um diese wichtige Seite der Entwicklung noch einmal zu betonen, sowohl der grobsinnliche Realismus der Antidialektiker des elften Jahrhunderts, der extremen Gegner Berengars, abgewehrt – denn nicht die Akzidenzien, sondern nur die unsichtbare Substanz wird verwandelt – wie auch der subjektivistische Symbolismus Berengars verworfen –, denn die Substanz von Brot und Wein und also die transsubjektive Wirklichkeit wird ja tatsächlich verwandelt. Allerdings sind bei der Konzentration auf die somatische Realpräsenz, die mit dem frühmittelalterlichen Denken einsetzte und die sich im Hochmittelalter verstärkte, eine Reihe von wichtigen Aspekten der Eucharistie fast aus dem Bewußtsein gedrängt worden. Die universale, kosmisch-heilsgeschichtliche Perspektive der griechischen Väter und die ekklesiale Sicht des hl. Augustinus sind in den Summen und Sentenzenkommentaren des Mittelalters nicht nachvollzogen worden. Verbal finden sich Reste dieser Tradition, aber fast immer erkennt man, daß

die bildhaften Entsprechungen der Heilsgeschichte in Allegorese abgleiten und überhaupt als sekundäres, fast ornamentales Beiwerk behandelt werden, das aus Gründen der kontinuierlichen Überlieferung nicht fehlen darf.
Unter dieser Rücksicht ist eine mittelalterliche Entwicklung interessant, die H. de Lubac in seinem Buch »Corpus Mysticum« ausführlich dargestellt hat und die das Verhältnis der Kirche zur Eucharistie betrifft [39]. Für die erste Hälfte des neunten Jahrhunderts kann de Lubac noch folgendes feststellen: »Immer ist das Corpus katexochen, an das man in erster Linie denkt und das nicht weiter verdeutlicht zu werden braucht, die Kirche... Ist die Kirche nicht der fortlebende Christus? ... Und dieser Übergang Christi in seine Kirche wird seinerseits vorbereitet und wie vorgeformt durch einen ersten Übergang: den der Kirche in Christus hinein: ist sie denn nicht schon der große Leib, aus dem Christus seinen Körper gezogen hat?«[40] Erst im Kontext der Einheit von Christus und Kirche wird die Eucharistie gesehen.
In bezug auf *das eucharistische Brot* spricht man daher in der Patristik und im beginnenden Mittelalter zunächst vom »corpus Christi mysticum«, vom »mystischen Leib Christi«. Der Ausdruck »mystisch« verweist dabei auf den Begriff »Mysterium«, der bei den Vätern vornehmlich die Eucharistiefeier meint. Er ist daher im Sinne der Bildtheologie zu verstehen: Das Mysterium ist die zweigestufte, dynamische Wirklichkeit, durch die wir Zugang zum Bereich Christi und damit Gottes haben.
Auf Grund der Kämpfe um die Frage: »Wahrheit *oder* Bild?« und durch den damit zusammenhängenden Zerfall des Denkens im Realsymbol wird der Begriff »mystischer Leib« (corpus mysticum) für die Eucharistie durch den Begriff »wahrer Leib« (corpus verum) ersetzt, der vorher *auf die Kirche* angewandt worden war [41]. Der Zusammenhang zwischen Kirche und Eucharistie schwindet wegen der Konzentration auf die somatische Realpräsenz weitgehend aus dem Bewußtsein. Allerdings ist festzuhalten, daß die schließliche Anwendung des

---

[39] *H. de Lubac*, Corpus Mysticum. L'Eucharistie et l'Eglise au Moyen Age, Paris ²1949. Deutsch: Corpus Mysticum, Einsiedeln 1969.
[40] Ebd. 37.
[41] Ebd. 97–147. – Wie sehr diese Ausdrucksweise die Frömmigkeit bestimmt hat, erkennt man an der Beliebtheit des Kirchenliedes: »Wahrer Leib, sei uns gegrüßet!« Übrigens gingen bis weit in die nachtridentinische Zeit monophysitische Tendenzen in der Christologie mit den objektivierenden in der Eucharistielehre Hand in Hand. So war es noch in der ersten Hälfte unseres Jahrhunderts hier und da (etwa in Tirol) üblich, für das im Ziborium ausgesetzte eucharistische Brot, die Selbstgabe des für uns gestorbenen und auferstandenen Christus, die Bezeichnung »kleiner Gott« zu verwenden. Wenn die Monstranz ausgesetzt war, sprach man vom »großen Gott«.

Begriffs »mystischer Leib« (corpus mysticum) auf die Kirche *zunächst* immer noch im Umkreis der Eucharistielehre steht: »Die Kirche ist also der mystische Leib Christi: das heißt ganz einfach: sie ist der Leib Christi, der durch das Sakrament bezeichnet wird.«[42]
Allerdings zeigt sich gerade in dieser Aussage, wenigstens in der konkreten Gestalt, die sie im Hochmittelalter annahm, noch einmal die Engführung des dinglichen Denkens. Schauen wir uns die entsprechende Lehre bei Thomas von Aquin an: »In diesem Sakrament ist, wie in anderen Sakramenten, das, was ›Sakrament‹ ist, das Zeichen dessen, was die ›Wirklichkeit des Sakramentes‹ (die ›res sacramenti‹) ist: Die ›Wirklichkeit dieses Sakramentes‹ (res huius sacramenti) ist aber eine doppelte...: eine, die bezeichnet und enthalten ist, nämlich Christus selbst. Eine andere aber ist bezeichnet und nicht enthalten, nämlich der mystische Leib Christi, das heißt die Gemeinschaft der Heiligen.«[43]
Hier ist Augustins Lehre, daß der *ganze* Christus, Haupt und Glieder, in der Eucharistie zeichenhaft dargestellt ist, aufgenommen und doch wesentlich verändert. Für Augustinus wäre es unverständlich gewesen, »bezeichnet sein« und »enthalten sein« zu trennen. Daß die Eucharistie *eine* Wirklichkeit, Christus selbst, bezeichnet *und* enthält, eine *andere*, die Kirche, *nur* bezeichnet, also nicht enthält, zeigt deutlich, wie weit das Denken des Mittelalters sich von der Möglichkeit, ein Realsymbol als solches zu denken, entfernt hatte. Sakramentalität, also Zeichenhaftigkeit, und somatische Realpräsenz sind für das Mittelalter zwei verschiedene Ebenen geworden; denn es gibt eine Zeichenhaftigkeit in der Eucharistie, eben in bezug auf die Gemeinschaft der Heiligen, die nichts mehr mit Präsenz zu tun hat, sondern, so müssen wir schließen, »geistig« verstanden ist – »geistig« im Gegensatz zu »wirklich«. Für Augustinus ergab sich dagegen *aus der Tatsache*, daß die Eucharistie den »totus Christus«, Haupt und Glieder, *bezeichnet,* eben auch ganz selbstverständlich, daß die Eucharistie diesen *ganzen* Christus, Haupt und Glieder, *enthält*.
Damit ist auch das Verhältnis Kirche – Eucharistie nach mittelalterlicher Vorstellung nur noch nach einer Seite hin geöffnet: Eucharistie wirkt (auf Grund der Realpräsenz Christi) Kirche, baut die Gemeinschaft der Heiligen auf. Es wird aber im Mittelalter nicht mehr verstanden, daß umgekehrt auch *die Kirche* (kraft der prinzipalen *Aktual-*

---

[42] H. de Lubac, Corpus Mysticum, 307 f.
[43] Summa theologica III, qu. 80, a. 4: »Respondeo dicendum, quod in hoc sacramento, sicut in aliis, id quod est sacramentum, est signum eius, quod est res sacramenti: duplex autem est res huius sacramenti ...: una quidem, quae est significata et contenta, scilicet ipse Christus: alia autem est significata et non contenta, scilicet corpus Christi mysticum, quod est societas sanctorum.«

präsenz Christi, seiner Gegenwart im Geist als Mahlherr) *die Eucharistie wirkt,* daß die Gemeinschaft der Glaubenden also der Bereich Christi ist, innerhalb dessen Eucharistie erst möglich und vollziehbar wird. So hatte sich ja auch das letzte Mahl Jesu vollzogen: Die Jünger Jesu waren »schon rein kraft des Wortes«, waren schon Kirche, waren schon mit Christus im Mahl beisammen, als sie seine Selbstgabe im Brot empfingen.

Diese *Reziprozität,* dieses *gegenseitige* Verhältnis »Kirche – Eucharistie« ist also trotz der oben angegebenen Lehre, daß die Gemeinschaft der Heiligen die »res sacramenti« der Eucharistie ist, im Mittelalter verlorengegangen, weil es sich bei der Kirche eben nur noch um die »res«, aber nicht mehr um das »sacramentum« handelte (res tantum, res et *non* sacramentum) und damit die Kirche nicht mehr als Sakrament faßbar war. Damit konnte die Kirche aber auch nicht mehr als das leibhaftige Werkzeug Christi in der Welt erscheinen, nicht mehr als das, was der biblische Ausdruck »Leib Christi« meinte. Sie war vielmehr zum »mystischen Leib« geworden, also gerade das Verborgene, Unsichtbare, dem die Sichtbarkeit des Sakramentalen fehlte. Eine Spiritualisierung des Kirchenbegriffs, ein Aufspalten der Kirche in »Rechtsinstitution« und unsichtbare »Gemeinschaft der Heiligen« war die Folge. Es war von hier aus nicht mehr möglich, Kirche als »κοινωνία τῶν ἁγίων«, als »Teilhabe an den eucharistischen Mysterien« zu sehen, es war nicht mehr möglich, das Ineinander, das wechselseitige In-sein von Kirche und Eucharistie zu fassen.

Die in der mittelalterlichen Theologie noch aufrechterhaltene Beziehung zwischen Eucharistie und kirchlichem Leib Christi hatte also – offenbar auf Grund der Überbetonung der somatischen Realpräsenz und damit letztlich des dinglichen Denkens – ein völlig einliniges Gefälle. Sie hat es darum, wie wir über de Lubac hinaus feststellen müssen, nicht verhindern können, daß sich die Kirche des Mittelalters nicht mehr als wirkliche Einheit, als »Leib« darstellte. Sie zerfiel in Stände, die auch bei der Eucharistiefeier getrennt waren und eigentlich nur das Eine noch gemeinsam hatten, daß sie nämlich die konsekrierte Hostie anschauen und verehren durften. Die Zweigeschossigkeit in den mittelalterlichen Schloßkirchen (ein Geschoß für den Adel, in Kaiserburgen oft noch einmal unterteilt, und ein anderes Geschoß für das Gesinde) machte »Communio« als Kommunion mit dem »ganzen Christus«, Haupt und Gliedern, gar nicht mehr möglich. Der Lettner, der das Volk von den Klerikern trennte, drückte zu deutlich aus, daß die mittelalterliche Kirche nicht mehr mit dem *einen* Leib, mit der sichtbaren, *sakramentalen,* Christus bezeugenden und zeugenden Gemeinschaft der Glaubenden, identifiziert werden konnte, sondern daß sie eine Klerikerkirche geworden war. So ist es nicht verwunderlich, daß während des Spätmittelalters und schließlich in der Neuzeit auch die *Theologie* den Bezug zwischen Kirche und Eucharistie fast völlig vergaß.

Die hier aufgezeigte Entwicklung ist nur verständlich auf dem Hintergrund eines verdinglichenden Denkens und des Zerfalls der Bildtheologie. Eine damit zusammenhängende, allerdings nicht ganz so folgenschwere Konsequenz der mittelalterlichen Entwicklung ist die Art, wie der Kirchen*raum* als Ort der Gegenwart Gottes betont wurde. Wie Y. Congar in seinem Buch »Le mystère du Temple« mit ausführlichen Belegen zeigt, ist die Gegenwart Gottes im Neuen Testament nicht mehr an den Tempel in Jerusalem, auch nicht an irgendein anderes »von Menschen gemachtes Haus«, sondern an Jesus selbst und an seinen Leib, die Kirche, gebunden [44]. Überall dort, wo sich die Gemeinde Jesu zur Eucharistie versammelt, ist nach dem Neuen Testament der Raum der Anwesenheit Gottes. Erst Jahrhunderte nach der urkirchlichen Zeit kommt wieder die im Grunde durch das Neue Testament überwundene alttestamentliche Vorstellung in das christliche Bewußtsein hinein: die Auffassung vom konsekrierten Raum und Altar. Die Gegenwart Gottes scheint nach dem mittelalterlichen Ritual der Altar- und Kirchweihe an den *Ort* gebunden. Dennoch blieb das Bewußtsein stets erhalten, daß der Kirchenraum aus Stein ein Abbild der »Kirche aus lebendigen Steinen« ist. Dies zeigte sich etwa in der Zwölfzahl der Segnungen an zwölf Stellen des Kirchenraumes, durch die auf die Zwölfzahl der Apostel als Fundament der Glaubensgemeinschaft hingewiesen wurde. Unter aller Allegorese und Verdinglichung erhielten sich hier Reste patristischen Bilddenkens.

Trotz dieser Feststellungen bleibt das Urteil bestehen, daß es *innerhalb des im Mittelalter vorgegebenen Denkhorizontes* keinen anderen genuinen Ausdruck für die Wirklichkeit der Eucharistie gab als den der *Transsubstantiation*. Der Denkhorizont selbst aber zeigte seine Grenzen, und zwar in dem Schicksal, das im Spätmittelalter und in der Reformationszeit auf die Eucharistielehre des Hochmittelalters wartete.

---

[44] *Y. Congar*, Le mystère du Temple, Paris 1958. – Vgl. etwa 222: »Vraiment, il n'y a de ›temple‹, dans les temps messianiques, que le corps de Jésus-Christ.« Unter dem Leib Christi, dem einzigen Tempel der messianischen Zeit, ist hier die Gemeinde der Gläubigen zu verstehen, das »Haus aus lebendigen Steinen«.

4. Spätmittelalter und Reformation: Geschichtlicher Erweis der Grenzen des Objektivismus

Der Theologe des Spätmittelalters, über dessen Eucharistielehre wir am besten informiert sind, ist Wilhelm von Ockham. Eigenartig ist nur, daß bei der Interpretation der Eucharistielehre Ockhams wie überhaupt seiner Stellung im Spätmittelalter die geschichtlichen Maßstäbe viel zu kurz angelegt werden. Man kann Ockham z. B. nicht als Abfall vom Hochmittelalter und damit als Wegbereiter der Reformation sehen, da er vielmehr die im Früh- und Hochmittelalter angelegten Impulse nur zu Ende dachte, und schließlich ist auch die Reformation und ist Luther nicht der Neuerer, der gegenüber einer gesunden Hochscholastik irrigen Ideen des Nominalismus zum Durchbruch verhalf. Wir möchten die geschichtliche Situation – jedenfalls in bezug auf die Eucharistielehre – vielmehr so sehen, daß in dem Rückgriff auf die Schrift, die in Luther vor sich ging, die Unzulänglichkeit und Einseitigkeit der scholastischen Kategorien sichtbar wurde. Luther und den Reformatoren ist es freilich, wie wir sehen werden, nicht gelungen, sich aus den Denkweisen der Spätscholastik zu befreien, und so kam es nicht zu einer theologischen Aufarbeitung der Probleme, die sich aus dem an sich richtigen Rückgriff auf die Schrift ergaben, sondern es kam zum Bruch mit der Tradition. Wir hoffen, diese Sicht im folgenden begründen zu können.

Zunächst wenden wir uns der spätmittelalterlichen Eucharistielehre zu. Das Problem der Transsubstantiation rückte derart in den Mittelpunkt des Interesses, daß die im Hochmittelalter immerhin noch mitlaufenden Aussagen über die Messe als Opfergeschehen oder über die Beziehungen zwischen Kirche und Eucharistie fast ganz verschwanden. Diese Konsequenz lag in der Logik der im Frühmittelalter vollzogenen Wende zur Verdinglichung und ist dem Spätmittelalter also nicht allein anzulasten. In ihr kam nur zum Vorschein, was am Beginn des Mittelalters grundgelegt war.

Ockham hat in seinem Sentenzenkommentar und in zwei gesonderten Traktaten die Eucharistie behandelt[45]. In der Beurteilung seiner Eucharistielehre gehen die beiden Autoren Buescher und Iserloh auf Grund ihrer verschiedenen Interpretationsprinzipien auseinander[46]. Eine ausgewogene, aus einer gründlichen Kenntnis der gesamten Lehre

---

[45] Sent IV, qu. 6; Tractatus de corpore Christi; Tractatus de sacramento altaris. – Zur Echtheitsfrage und allen mit dem Text und seiner Edition zusammenhängenden Fragen vgl. *H. Junghans*, Ockham im Lichte der neueren Forschung, Berlin–Hamburg 1968, 43–55; 82–85.
[46] *G. Buescher*, The Eucharistic Teaching of William Ockham, St. Bonaventure 1950;

Ockhams schöpfende Besprechung beider Autoren findet sich bei Junghans [47], so daß wir zu folgender Darstellung kommen können. Bezeichnenderweise gilt die Untersuchung Ockhams fast ausschließlich der Transsubstantiationslehre. Ockham rekurriert in seinen Überlegungen aber auch auf die sogenannte Konsubstantiationslehre. Was ist der Unterschied zwischen beiden? In der Transsubstantiationslehre wird entweder – und dies ist ihre dem Wortlaut genau entsprechende Auslegung – die *Verwandlung* der Substanz von Brot und Wein in die Substanz des Leibes und Blutes Christi gelehrt oder die *Vernichtung* von Brot- und Weinsubstanz und die Gegenwärtigsetzung der an ihre Stelle tretenden Substanz des Leibes und Blutes Christi. Diese letztere Auslegung ist vor allem im Spätmittelalter eine als orthodox geltende Interpretation der Transsubstantiationslehre. In der Konsubstantiationslehre, die schon im zwölften und dreizehnten Jahrhundert in der Diskussion auftaucht [48], wird behauptet, daß die Substanz des Leibes und Blutes Christi gegenwärtig werde bei *gleichzeitig bleibender Anwesenheit* der vorhandenen Brotsubstanz. Hier ist also weder an eine Verwandlung der Brotsubstanz in den Leib Christi noch an eine Vernichtung der Brotsubstanz und ihre Ersetzung durch die Substanz des Leibes Christi gedacht. Vielmehr existieren beide Substanzen miteinander am selben Ort. Seit dem vierten Laterankonzil, das im Jahre 1215 stattfand, wurde die Konsubstantiationslehre als unkirchliche und deshalb falsche Auffassung qualifiziert, obwohl man die Transsubstantiationslehre meist nicht als definiert betrachtete [49]. Aus diesem letzten Grund ist es zu verstehen, daß in vielen Traktaten des Spätmittelalters die Konsubstantiationslehre immer wieder diskutiert wurde.

Ockham hält sie – wie schon Duns Scotus – von der verstandesmäßigen Beurteilung her für vernünftiger und leichter einsehbar als die Transsubstantiationslehre, stellt auch ihre Vereinbarkeit mit der Lehre der Schrift fest, da in ihr ja auch eine volle Realpräsenz Christi gelehrt wird. Trotzdem hält er aber um der Lehre der Kirche willen die Transsubstantiationslehre für die richtige Auslegung des Wandlungsvorgangs [50]. Bei Luther wird später diese Bindung an die Kirchenlehre

---

E. *Iserloh*, Gnade und Eucharistie in der philosophischen Theologie des Wilhelm v Ockham, Wiesbaden 1956.
[47] H. *Junghans*, Ockham, 306–325.
[48] Vgl. H. *Jorissen*, Entfaltung, 24–54.
[49] Vgl. DS 802.
[50] Ockham selbst scheint den Begriff transsubstantiatio so weit gefaßt zu haben, daß er die heute als Konsubstantiationslehre bezeichnete Ansicht als *eine* Auslegung der Transsubstantiation ansah. Er verwirft sie jedoch, wie oben gesagt, um der Lehre der

wegfallen, und so finden wir beim Reformator die Konsubstantiationslehre wieder. Was ist zu ihrer Beurteilung zu sagen? Sie scheint uns eine typische Konsequenz eines Denkens zu sein, in dem Gegenwart nur als räumlich-dingliche Gegenwart vorgestellt wird und damit der sakramentale Symbolismus zerstört ist. Denn in der Konsubstantiationslehre kommt es nur noch darauf an, daß Christus im Brot gegenwärtig ist, eine über das Zusammensein am selben Ort hinausgehende Beziehung zwischen Brot und Leib Christi ist nicht mehr gegeben. Damit ist aber die Zeichenhaftigkeit und der Hinweischarakter des Brotes in keiner Weise mehr ontologisch zu fassen, sondern kann nur noch symbolistisch im menschlichen Bewußtsein gefunden werden. Durch die Konsubstantiationslehre gerät die Einheit von Zeichen und Wirklichkeit, die der Begriff der Transsubstantiation auf seine Weise wahren konnte, in Gefahr, insofern bei der Vorstellung der Konsubstantiation das Sein des Brotes unberührt bleibt von der Gegenwart Christi, also mehr ein Katalysator dieser Gegenwart ist als *das diese Gegenwart gewährende Zeichen.* Die irdische Wirklichkeit des eucharistischen Mahles und der eucharistischen Speise wird nicht Träger der Begegnung mit Christus, sondern nur ihr Anlaß.

Es scheint uns bezeichnend, daß unseres Wissens kein Theologe des vierzehnten und fünfzehnten Jahrhunderts diesen *sachlichen* Einwand gegen die Konsubstantiationslehre erhebt, sondern nur mit der formalen Autorität der Kirche gegen sie argumentiert. Dies ist ein Zeugnis dafür, daß im Spätmittelalter die »analogia fidei«, das Zusammensehen der verschiedenen Momente einer Glaubenswirklichkeit zu einer Ganzheit, kaum geübt wurde. Die Verengung der Eucharistielehre auf die Transsubstantiationslehre hatte also auch für diese selbst schließlich negative Folgen. Dies lehrt uns heute, daß bei modernen Versuchen zur Eucharistielehre das hermeneutische Prinzip der anzustrebenden Ganzheitsschau auf jeden Fall beachtet werden muß. Gerade hier scheint allerdings – weniger wegen einer philosophischen Grundentscheidung als vielmehr auf Grund des heutigen Spezialistentums – noch manches im argen zu liegen. So gehen einige moderne Versuche doch

---

Kirche willen: »Dico, quod in altari est vera transsubstantiatio corporis Christi. Sed hoc potest multis modis poni. Uno modo ponendo quod remaneat ibi substantia panis et cum hoc corpus Christi coexistat substantiae illi... Primus modus potest teneri, quia non repugnat rationi nec alicui auctoritati bibliae et est rationabilior et facilior ad tenendum inter omnes modos, quia pauciora inconvenientia sequuntur ex eo quam ex aliquo alio modo. Quia tamen determinatio ecclesiae in contrarium existit... et communiter omnes doctores tenent quod ibi non remanet substantia panis, ideo etiam teneo quod non remanet ibi substantia panis« (Sent IV, qu. 6 D, zitiert nach *F. Hoffmann*, Die Schriften des Oxforder Kanzlers Luterell. Texte zur Theologie des vierzehnten Jahrhunderts, Leipzig 1959, 56, Anm. 3).

wieder zu sehr von der somatischen Realpräsenz aus, statt diese von dem eucharistischen Gesamtzusammenhang her – etwa von der Gegenwart Christi als des Mahlherrn der zum Mahl versammelten Gemeinde – zu sehen [51].

Ein weiterer Grundzug der Ockhamschen Überlegungen zur Eucharistie, der allerdings weithin aus seiner polemischen Situation erklärt werden kann, ist sein Interesse an philosophischen Problemen des Raumes, des Wesens der räumlichen Substanz und ihres Verhältnisses zu Quantität und Qualität. Man darf aber diesen Charakter seiner Eucharistielehre nicht als typisch für ihn bezeichnen. Ockham war auf diesem Gebiet angegriffen worden und mußte seine Rechtgläubigkeit verteidigen. In seinem Werk spiegelt sich auch unter dieser Rücksicht weniger seine eigene Einseitigkeit als diejenige der Zeit wider.

Es wäre unzutreffend, Ockham die Lehre einer doppelten Wahrheit vorzuwerfen. Theologie und Philosophie sind bei ihm eine Einheit; allerdings hat man oft den Eindruck, daß die Theologie zur »Magd der Philosophie« wird. »Er zog die Theologie zur Klärung philosophischer Probleme heran.« [52] Seine Überlegung war diese: Wenn – und dies ist für ihn wegen der Kirchenlehre nicht zu bezweifeln – die Transsubstantiationslehre die richtige Erklärung der eucharistischen Verwandlung ist, dann müssen daraus eine Reihe Konsequenzen für das Wesen der körperlichen Substanz, für Quantität und Qualität, für das Wesen des Raumes usw. gezogen werden. Er stellt sich z. B. die Frage, »wie Christus definitive gegenwärtig war, ohne daß eine Konfusion der Organe stattfand. Damit war die Frage verbunden, ob Ockhams Erklärung nicht die Anordnung des Organismus (Christi), die Figur des Körpers zerstörte. Ockham nahm die Fragen auf und legte dar, wie nach seiner Vorstellung sein System nicht zu abwegigen Schlüssen führte.« [53]

Diese Probleme haben mit der biblischen Eucharistielehre nichts mehr zu tun. Hier ist überdeutlich die Grenze des Objektivismus zu erkennen. Nur ist es verfehlt, die Schuld vornehmlich bei Ockham oder beim Nominalismus oder beim Spätmittelalter zu suchen. Bei Ockham liegt vielmehr die Konsequenz auch des früh- und hochmittelalterlichen Denkens vor [54]. Der Ansatz des sich in der Karolingerzeit anbahnen-

---

[51] Dies gilt z. B. in jeweils verschiedener Weise von den im übrigen wegweisenden Versuchen von *P. Schoonenberg* und *E. Schillebeeckx*, auf die wir im nächsten Kapitel eingehen werden.
[52] *H. Junghans*, Ockham, 309.
[53] Ebd. 310.
[54] Der Nominalismus als Reflexion über die Begriffe, die »Wörter« (»nomina«), erscheint zwar als Abwendung vom materiellen Ding und als Hinwendung zu dessen

den Denkens zeigt in der Lehre des Spätmittelalters seine Grenzen. Wenn nun kein vor allem philosophisch interessierter Denker wie Ockham, sondern ein religiös aufgewühlter Geist wie Luther in dieser Situation stand, mußte es zu einem spontanen Rückgriff auf die biblische Wurzel des Christentums kommen. In der Reformationszeit zeigte sich endgültig, daß der Denkhorizont, innerhalb dessen die Transsubstantiationslehre zunächst eine Lösung war, selbst zu begrenzt war, als daß er die Fülle der biblischen Aussagen hätte fassen können. Diese biblischen Aussagen mußten daher von sich aus Sprengstoff gegen die zu eng gefaßte Eucharistielehre enthalten. Es ist allerdings die Tragik der Reformation, daß die Reformatoren selbst dem verengten Denkhorizont verhaftet blieben und daher über eine bloße Gegenposition nicht hinauskamen. Davon werden wir nun sprechen müssen.

In der Reformation, vor allem bei Luther, geschah eine von explosiver Religiosität getragene Konfrontation zwischen spätscholastischer Theologie und biblischem Ursprung. Die Konfrontation zeigte die Einseitigkeit des objektivistischen Denkens angesichts des biblischen Anspruchs. Weil sie sich aber in der Plötzlichkeit, mit welcher die Reaktion Luthers und der Reformation auftrat, nicht mit ihrer eigenen spätscholastischen Herkunft auseinandersetzen konnte, blieb sie auch dort dem spätscholastischen Ansatz verhaftet, wo sie ihm verbal widersprach, sah gerade deshalb in der spätscholastischen Tradition nicht mehr den auf der Schrift aufruhenden Kern (etwa die *Funktion* der Transsubstantiationslehre) und faßte von daher die Schrift selbst einseitig, d. h. in einer *Entgegensetzung* gegen die spätscholastische eigene Herkunft. Dies hängt damit zusammen, daß Dogmen- und Kirchengeschichte gegenüber der als *in sich selbst ruhend* vorgestellten Schrift von der Reformation als *Verfallsgeschichte* interpretiert wurden. *Die Schrift selbst* wurde *nicht geschichtlich* und *die Geschichte* (vor allem des Spätmittelalters) als *Verfall* gesehen.

Während *sakramentales* Denken stets die *Einheit von Göttlichem und Menschlichem*, die durch Gott selbst gestiftet ist, im Blick behält, dachte Luther im *Gegensatz* »Gott – Mensch«: Heil und Rettung durch *Gott allein* und *nicht durch den Menschen*, durch die Schrift allein und nicht durch die diese vermittelnde Geschichte. Der Objektivismus des Mittelalters hatte zu einer Gefährdung der Souveränität Gottes in der Gnaden- und Sakramentsauffassung geführt. Luther – und noch mehr Calvin – wollte der Souveränität Gottes wieder ihren Platz zurückgeben und das menschliche Werk, das nach seiner Mei-

---

sprachlicher Bezeichnung, erweist sich, tiefer gesehen, aber gerade darum als »dingliches«, d. h. vereinzelndes Denken, wenn auch auf einer höheren Reflexionsstufe als das Denken des frühen Mittelalters.

nung sich diesen Platz angemaßt hatte, von seinem Thron stoßen. Weil er aber in seiner Situation extrem reagierte, ging bei seiner Betonung der Souveränität Gottes die geschichtliche und damit strukturalsoziale Dimension dieser Souveränität schon im Ansatz weithin verloren, die Tatsache also, daß sich Gott in Freiheit durch Jesus von Nazaret in die Geschichte der Menschen hineingebunden hat. Damit verschwand aber auch weithin die geistlich-leibliche Dimension des Sakramentalen. Wir werden sogar sagen müssen, daß Calvin unter dieser Rücksicht der konsequentere Denker, der größere Systematiker war, der – dem reformatorischen Prinzip darin treuer als Luther – auch im Sakrament dem unsichtbaren, nicht gebundenen, prädestinierenden Willen und Wirken des Geistes (oft *gegen* die kontinuierlich-leibhaftige Gestalt des Sakramentes) immer die Führung zuerkannte.

Wenden wir uns nach diesen Vorbemerkungen nun der Abendmahlslehre Luthers zu [55]. Natürlich können wir hier nur ihre Grundlinien darstellen und interpretieren. Für die Akzentverschiebungen in der Entwicklung Luthers sowie für den Unterschied zwischen ihm, Calvin und Zwingli sei auf die einschlägige Literatur verwiesen.

Luthers Kritik an der Eucharistielehre seiner Zeit hat sich schon in den ersten Jahren nach 1517 in der Weise entwickelt, daß er drei Lehrpunkte angreift, die er für unvereinbar mit der Lehre des Neuen Testamentes hält: 1. die Kommunion der Gläubigen unter nur einer Gestalt; 2. die Transsubstantiationslehre, an deren Stelle er die Lehre von der Konsubstantiation setzt; 3. die Lehre vom Opfercharakter der Messe.

Luthers Abendmahlslehre hatte in der ersten Zeit nach 1517 insofern einen augustinischen Einschlag, als er – in diesem Falle ein Erbe der etwa auch bei Thomas begegnenden Lehre – die Gemeinschaft der Glaubenden mit Christus und untereinander als Ziel der Eucharistie sehr betonte. Nachdem er einmal entschlossen war, die Schrift *gegen* die spätscholastische Tradition zu setzen, mußte ihm daher die Kommunion der Gläubigen unter nur einer Gestalt, nämlich der des Brotes, als Verfall und Abweichen von dem Stiftungswillen Christi erscheinen. Die aus der Transsubstantiationslehre entwickelte Konkomitanzlehre,

---

[55] Zum folgenden: *H. Graß*, Die Abendmahlslehre bei Luther und Calvin, Gütersloh ²1954; *A. Peters*, Realpräsenz. Luthers Zeugnis von Christi Gegenwart im Abendmahl, Berlin 1960; *E. Iserloh*, Die Eucharistie in der Darstellung des Johannes Eck, Münster 1950; *ders*., Der Kampf um die Messe in den ersten Jahren der Auseinandersetzung mit Luther, Münster 1952; dazu die schon erwähnten Werke von *B. Neunheuser*, Eucharistie in Mittelalter und Neuzeit (HDG IV, 4b), Freiburg 1963, und *F. Pratzner*, Messe und Kreuzesopfer, Wien 1970. – Zu den liturgiegeschichtlichen Fragen, die hier und da auch von dogmengeschichtlichem Gewicht sind, vgl. *H. B. Meyer*, Luther und die Messe, Paderborn 1965.

die zur Stützung der Kommunion unter einer Gestalt diente[56], schien ihm als Begründung zu theoretisch und zu sehr auf menschlicher Logik statt auf dem Gehorsam gegenüber Christi Wort aufzuruhen. Damit sah er offenbar eine Schwäche der mittelalterlichen Position. Denn hätte die mittelalterliche Theologie ihre eigene Aussage, daß die Eucharistie die Gemeinschaft der Heiligen bezeichne, auf der Ebene des Ereignisses und nicht nur auf der Ebene der Objekte ernst genommen, so hätte sie erkennen müssen, daß der vielen dargebotene Kelch einen eindeutigen Zeichencharakter in Richtung auf die Einheit des Leibes Christi, der Kirche, hat. Diesem ersten Streitpunkt zwischen Luther und der Eucharistielehre seiner Zeit kommt indessen mehr ein pastoraler als ein dogmatischer Stellenwert zu.

Was die Art und Weise der somatischen Realpräsenz Christi in Brot und Wein und daher den zweiten oben genannten Streitpunkt angeht, so müssen wir hier für uns unwesentliche Züge der Lehre Luthers, wie seinen Rekurs auf die Ubiquitätslehre, übergehen[57]. Wichtig ist vor allem, daß er an der Gegenwart Christi in Brot und Wein in einem realen Sinne festhielt. Seine Aussage, daß Christus »in usu« gegenwärtig sei, wird man am besten so verstehen: Christus ist in Brot und Wein *im Vollzug des Sakramentes* gegenwärtig. Damit ist nicht allein der Augenblick des Sakramentsempfangs, der Kommunion, gemeint. Luther kennt eine Gegenwart Christi in den eucharistischen Speisen auch vor dem Empfang, und die Forderung, möglichst nichts von den eucharistischen Gaben übrigzulassen bzw. das Übriggebliebene zu verbrennen, deutet auch wenigstens die Überzeugung an, daß die Gegenwart Christi nach der Feier andauern könnte.

Was Luther wiedergewinnen wollte, war der *Ereignis*charakter der eucharistischen Handlung. »In usu« heißt für ihn: »innerhalb des Auftrags Christi«. Der Auftrag Christi aber ging auf ein *Tun*, auf einen *Vollzug:* »Tut *dies* zu meinem Gedächtnis!« Das zu tun Gebotene aber

---

[56] Die Konkomitanzlehre des Mittelalters besagt: Mit dem Leib Christi ist im Brot der *ganze* Christus, mit Gottheit und Menschheit, enthalten, und dasselbe gilt entsprechend für den eucharistischen Wein, der also mit dem Blut Christi den *ganzen* Christus enthält. Dies war die theologische Rechtfertigung für den Kommunionempfang unter nur *einer* Gestalt. – In biblischer Betrachtungsweise wird die Komplikation der Konkomitanzlehre überflüssig: »Leib« und »Blut« sind ursprünglich schon Ausdrücke für die *Person* in der Situation der Hingabe.
[57] Die Ubiquitätslehre besagt: Ist Christus nach seiner Auferstehung und Himmelfahrt »zur Rechten Gottes«, so partizipiert er an der göttlichen Allgegenwart, auch seinem Leib, seiner Menschheit nach. Darum kann er zu gleicher Zeit an verschiedenen, ja an allen Orten sein. Die katholische (und ebenso die reformierte) Theologie sah in der Ubiquitätslehre Luthers eine monophysitische Tendenz, insofern hier Menschheit und Gottheit Christi nicht genügend unterschieden werden.

war das Austeilen von Brot und Wein und das Genießen dieser durch das Wort geheiligten Gaben unter Danksagung an Gott.
Luther sah hier ohne Zweifel etwas Wichtiges. Er lehnte aber in seiner einseitigen Gegenposition ab, daß die Selbstgabe Christi vom Ereignis der Feier her auch nach ihr in der Gemeinschaft der Glaubenden verehrt und den Kranken gereicht werden könne. Hier zeigt sich deutlich, wie wenig Luther aus dem objektivistischen Denkhorizont seiner Zeit ausbrechen und eine ganzheitliche Sicht gewinnen konnte, wie wenig es ihm gelang, auch die Schrift in lebendiger, geschichtlicher Weise zu verstehen. Wir können uns hier dem Urteil Ganoczys anschließen: »Gewiß sagte Jesus in den Evangelien nicht: Betet mich an, das ist mein Leib, sondern: Nehmet und esset alle davon, das ist mein Leib! Aber das Brot, über das er dieses Wort der Liebe und der Verheißung sagt, ist doch ... ein bleibendes Zeichen seiner bleibenden Liebe... Daß dieses sakramentale Zeichen auch zwischen zwei eucharistischen Feiern aufbewahrt werden kann und eventuell aufbewahrt werden muß, hat schon die dritte oder vierte christliche Generation erkannt... Erst unser typisch westliches, die großen Perspektiven zerstückelndes Denken hat hier radikale Ablehnung hervorgebracht.« [58]
Um Luther gerecht zu werden, müssen wir allerdings darauf achten, daß er in einer Kampfsituation stand, daß er sich gegen die dinglich eingestellte Sicht des Spätmittelalters wandte, in der die Meß*feier* oft nur als ein Mittel zur Herbeiführung der Realpräsenz Christi erschien. Insofern ist es besonders bemerkenswert, daß Luther innerhalb der Feier die somatische Realpräsenz Christi im realistischen Sinne forderte und daß er diese Lehre mit leidenschaftlichem Einsatz gegen Zwingli verteidigte. Auch gegenüber Calvins Lehre, der die Wirkung der eucharistischen Gaben und damit die Realität der Gegenwart Christi auf die von Gott Prädestinierten beschränken wollte, betonte Luther den sakramental-leiblichen und damit außersubjektiven Charakter der Realpräsenz: Auch die Bösen, auch die von Gott Fernen empfangen in der Eucharistie den wirklichen Leib Christi, allerdings nicht zu ihrem Heil, sondern zu ihrem Unheil. Insofern kam es Luther darauf an, daß der nach dem Heil und der Rechtfertigung verlangende Mensch Gottes Willen nicht nur als unsichtbares, letztlich unheimliches und nur anzubetendes Geheimnis verehren, sondern ihn als Heil und Rettung in einer erfahrbaren Weise annehmen konnte.
In der begrifflichen Erklärung der Gegenwart Christi in Brot und Wein unterscheidet sich Luthers Lehre jedoch, wie schon angedeutet, von der Transsubstantiationslehre. Er entscheidet sich für die Konsub-

---

[58] *A. Ganoczy*, Glaubwürdiges Feiern der Eucharistie, in: GuL 45 (1972) 109.

stantiationslehre, die nach Ansicht der meisten spätscholastischen Theologen philosophisch weniger Schwierigkeiten mit sich brachte. Nachdem er sich vom Papst getrennt hatte, konnte für ihn das Argument Ockhams, die Kirche habe sich für die Transsubstantiationslehre ausgesprochen, nichts mehr bedeuten. Luther sah dabei so wenig wie Ockham, daß ein sachlicher Grund in der Sakramentalität selbst – nämlich das ontologische Ineinander von Zeichen und Bezeichnetem – für die Transsubstantiationslehre gegen die Konsubstantiationslehre sprach. Denn diese letztere besagte – wie wir schon ausführten – ontologisch ein bloßes *Nebeneinander* von Brot und Leib Christi und behauptete nur, daß sie beide zugleich am selben Ort seien.
Sowohl im ersten Streitpunkt (Kommunion unter nur *einer* Gestalt) wie im zweiten (Art und Dauer der Gegenwart Christi in Brot und Wein) hätte es jedoch eventuell zu einer Einigung zwischen Luther und der katholischen Kirche kommen können. Luther selbst maß dem Streit um die Transsubstantiationslehre keine entscheidende Bedeutung zu, sondern sah, wie er sich ausdrückte, in dieser Lehre den *geringsten* Irrtum der katholischen Kirche. Entscheidend war der dritte Streitpunkt: Luther leugnete den Opfercharakter der Messe.
Bei der Frage um den Opfercharakter der Eucharistiefeier war Luthers empfindlichste Stelle mit im Spiel: Er sah die Behauptung, die Messe sei ein Opfer, als eine Aufrichtung des menschlichen Werkes gegen die göttliche Gnade. Warum? In seiner Argumentation gegen den Opfercharakter der Messe spielt im Laufe der Zeit die Aussage des Hebräerbriefes eine immer größere Rolle, daß Christus ein für allemal ein einziges Opfer für die Sünden dargebracht, damit alle anderen Opfer abgeschafft und sich für immer als ewiger Hoherpriester zur Rechten Gottes gesetzt habe (vgl. vor allem Hebr 10,1-18). Die alttestamentlichen Opfer, die in ihrer heilsgeschichtlich vorläufigen Zeit eine relative Berechtigung hatten, sind durch das eine Opfer Christi am Kreuz als nichtig erwiesen. Für alle Zeit bis zur Vollendung der Geschichte genügt also ein einziges Opfer, das Opfer Christi am Kreuz[59]. Wird

---

[59] Der Opferbegriff in bezug auf das Kreuzesopfer war für Luther nicht in dem Sinne problematisch, wie das bei heutigen Theologen oft der Fall ist. Man vgl. u. a. *H. Kessler*, Die theologische Bedeutung des Todes Jesu, Düsseldorf 1970. Allerdings scheint uns Kessler soweit vom Hebräerbrief abzuweichen, daß er dessen Aussagen nicht nur neu interpretiert, sondern schlechthin leugnet. Gegenüber zwei Extremen, der Subsumierung des Kreuzesopfers unter den alttestamentlichen Opferbegriff einerseits und der Auflösung des Opferbegriffs andererseits ist festzuhalten: Im *Gehorsam* Christi gegenüber Gott, der sich am Kreuz vollendet, ist jedes alttestamentliche und religionsgeschichtliche Opfer aufgehoben. Das Opfer kommt zur Vollendung, insofern im Gehorsam Christi nicht mehr eine vom Geber verschiedene Gabe, sondern die Person selbst Gott überantwortet wird. Das (religionsgeschichtliche) Opfer ver-

also behauptet, die Messe sei ein Opfer, so kann es sich bei ihr nach Luther nur um ein *neues* Opfer *gegen* das einzige Opfer Christi handeln, also um ein menschliches Werk, das man Gott über das Opfer Christi hinaus noch darzubringen meint. Damit aber sagt man – so interpretiert Luther –, daß das eine Opfer Christi *nicht* genügt, und erweist sich als ungläubig gegenüber der Aussage des Hebräerbriefes, und zwar im Grunde sogar gegenüber der Zentralaussage, daß der Sünder nicht durch ein menschliches Werk, sondern allein durch Gottes Erbarmen in Christus auf Grund des Glaubens gerettet wird.

Wir sehen: Der Opfercharakter der Eucharistiefeier läßt sich innerhalb des Rahmens, in dem der Hebräerbrief denkt, nur dann aufrechterhalten, wenn die Eucharistiefeier *kein neues Opfer neben* dem Kreuzesopfer Christi ist, sondern wenn sie *die sakramentale Vergegenwärtigung des einzigen Opfers Christi* ist. Für uns genügt der Hinweis auf die griechischen Väter. Bei ihnen hätte die Problematik Luthers nicht entstehen können. Für sie waren die eucharistischen Mysterien ein Opfer, aber nur deswegen, weil sie in kommemorativer Aktualpräsenz, in »Anamnese«, das eine Kreuzesopfer Christi in die Gegenwart der glaubenden Gemeinde stellten. Denn die Gemeinde bezog sich nach ihnen in der Eucharistiefeier durch das »Bild« gerade auf nichts anderes als auf das »Urbild«, auf den Kreuzestod Christi selbst. Für die griechischen Väter war also die Sakramentalität, d. h. die Zeichen- und Bildhaftigkeit der Feier, der reale Grund für die Anamnese, für die Vergegenwärtigung des einen Opfers Christi, und diese Vergegenwärtigung war der Grund für den Opfercharakter der Eucharistie. Weil sie im Horizont des Realsymbols dachten, sahen sie im Zeichen die Wirklichkeit des einen Opfers Christi in ihre Gegenwart hereinragen, sahen also in der Eucharistiefeier das eine, einzige Opfer Christi sakramental, d. h. zeichenhaft-wirklich, vergegenwärtigt.

Diese Möglichkeit war, wie wir gezeigt haben, seit der Karolingerzeit nicht mehr vorhanden. Sakramentalität, Symbolhaftigkeit und Opfercharakter waren auseinandergefallen. In bezug auf die somatische Realpräsenz, also in bezug auf die statische, dinghaft aufgefaßte Seite der Eucharistie war es dem Mittelalter in der Transsubstantiationslehre noch gelungen, Zeichenhaftigkeit und wirkliche Gegenwart durch die Unterscheidung »Substanz – Akzidenz« in einer Einheit zu denken.

---

liert seine Bedeutung, insofern das Unzureichende und Vorläufige des vom Geber verschiedenen Opfers durch den Gehorsam Christi offenbar wird. Zugleich ist daran festzuhalten, daß Christus allein zu der vollen Hingabe an den Vaterwillen fähig war, die er am Kreuz vollzog, und daß er darin an unserer Stelle stand, mit uns solidarisch war und uns so erlöste. In diesem Sinne ist es auch weiterhin möglich und notwendig, vom Opfer Christi am Kreuz zu sprechen.

Die Konzentrierung auf die somatische Realpräsenz hatte es aber mit sich gebracht, daß die ereignishafte Seite der Eucharistie nicht aufgearbeitet wurde. So war hier das »In-eins-Denken« von Symbolismus und Realismus, von Zeichenhaftigkeit und Opfergeschehen, unterblieben.

Unsere These, die dem *gesamten* Mittelalter hier ein wenn auch letztlich verhängtes Versagen vorwirft, ist allerdings in dieser Radikalität nicht oft aufgestellt worden, weshalb wir zu ihrer Begründung noch etwas ausführlicher werden müssen. Casel, der als einer der ersten in unserem Jahrhundert die entscheidende Bedeutung des Anamnese-Gedankens der griechischen Väter erkannte, versuchte immer wieder, Traditionszeugen für ihn auch im Mittelalter zu finden, und glaubte einen solchen Zeugen in Thomas von Aquin gefunden zu haben. Tatsächlich gebraucht Thomas den Begriff »Vergegenwärtigung der Passion des Herrn« (repraesentatio dominicae passionis), wo er vom Opfercharakter der Messe handelt, aber es ist schon zwischen Casel und seinen Gegnern kontrovers gewesen, ob die Vergegenwärtigung bei Thomas im Sinne des Realsymbols zu verstehen ist. Nach unserer Ansicht sind die Analysen und Ergebnisse F. Pratzners in diesem Punkt so überzeugend [60], daß wir mit ihm zu dem Schluß kommen: »Was das Verständnis der sakramentalen Idee in der Scholastik des Mittelalters und speziell bei Thomas betrifft, sehen wir uns durch die eben dargelegten Meinungen nicht veranlaßt, das Ergebnis unserer Untersuchung zu revidieren, daß in der vorherrschenden mittelalterlich-scholastischen Theologie und speziell bei Thomas von Aquin die sakramentale Idee nicht mehr anzutreffen ist, derzufolge das Heilsereignis des Paschageschehens Christi wirklich im Symbol oder sakramentalen Zeichen gegenwärtig und offenbar werden soll.« [61]

Damit bestätigt sich unsere bisherige Gesamtanalyse auch in dieser Frage: Der eigentliche Wendepunkt ist der Übergang von der christlichen Antike zur Karolingerzeit und zum Frühmittelalter. Bei dieser Wende ging das sakramentale Denken in seiner Weite, in der es auch und vor allem auf Ereignisse angewandt werden konnte, verloren. Durch die Konzentration auf die somatische Realpräsenz wurde das Bewußtsein des Mittelalters auf diese fixiert. Wir sehen allerdings die Führung des Geistes Christi in der Tatsache, daß *innerhalb des verengten, dinglichen Verstehenshorizontes* und damit in bezug auf die Realpräsenz, eine für das Mittelalter zunächst ausreichende Lösung gefunden wurde. Diese Lösung aber mußte sich in dem Moment als

---
[60] F. *Pratzner*, Messe und Kreuzesopfer, 70–76. Hier auch der Hinweis auf die entsprechenden Thomasstellen und auf weitere Literatur.
[61] Ebd. 76.

unzureichend erweisen, in dem die Frage nach dem Ereignis- und Opfercharakter der eucharistischen Handlung wieder aufbrach, und das geschah in der Reformation.

Wir glauben daher, die in der katholischen Theologie übliche These erweitern zu müssen, die in den letzten Jahren vor allem von E. Iserloh in seinen dieses Thema behandelnden, im übrigen sehr gründlichen Schriften vertreten worden ist [62]. Nach dieser These sähe die Entwicklung so aus: Das Hochmittelalter habe noch in der sakramentalen Idee gedacht und habe in der Transsubstantiationslehre in bezug auf die Realpräsenz eine begriffliche Klärung erreicht. Was den Opfercharakter der Messe angehe, so sei dieser etwa noch bei Thomas auf Grund der Vergegenwärtigung des Kreuzesopfers erklärt. Im Spätmittelalter aber und durch seinen Nominalismus – Ockham wird hier als entscheidender Theologe genannt – sei ein Abfall vom Hochmittelalter vor sich gegangen. Der Opfercharakter der Messe sei nun aus dem Bewußtsein geschwunden, bzw. eine Praxis sei eingerissen, in der das Opfer der Messe vom Kreuzesopfer isoliert und daher manipulierbar wurde, eine Praxis, die Luther mit Recht kritisierte. An den katholischen Reaktionen auf Luther zeige sich, daß das Spätmittelalter theologisch dem Problem des Opfercharakters der Eucharistie nicht gewachsen gewesen sei.

Zweifellos ist vieles von dem Gesagten durch die Fakten zu erhärten. Aber der Bogen ist hier nicht weit genug gespannt. Tatsächlich hat das Spätmittelalter nur offenbar gemacht, was in der mittelalterlichen Theologie – auch im Hochmittelalter – schon vorhanden war: Die Frage nach dem Verhältnis zwischen Sakrament und Wirklichkeit war auf einem Sektor zwar zunächst gelöst (Transsubstantiationslehre), weil es aber nur *ein* Sektor war, der ins Bewußtsein trat, war diese Lösung in sich zu eng und konnte also auf den anderen Sektoren des eucharistischen Problems in der Stunde der Entscheidung nicht weiterhelfen, sondern war vielmehr in seiner Enge hinderlich. *Daher* im Spätmittelalter – und auch bei Ockham – die naturphilosophischen, sachfremden Fragen an Hand der Transsubstantiationslehre, *daher* das Unvermögen fast aller katholischen Gegner Luthers, ihm auf seine theologische Problematik eine auch nur einigermaßen ausreichende Antwort zu geben.

Die Frage bleibt nur, ob Luthers Antwort selbst ausreicht. Sie scheint uns gegenüber dem eucharistischen Geschehen völlig unbefriedigend zu sein, da sie die sakramentale Idee, deren Zerstörung im Frühmittelalter begann, vollends liquidiert, also der letzte Vollstrecker einer Fehl-

---

[62] S. o. Anm. 46 u. 55.

entwicklung ist. Seine katholischen Gegner konnten den Opfercharakter der Eucharistiefeier nicht mit der Einzigkeit des Kreuzesopfers vermitteln – aber sie hielten, einfach auf Grund der Tradition, daran fest. Luther konnte ihn nicht vermitteln – und er leugnete ihn.

Diese Entscheidung Luthers rückt innerhalb der Reformation die Möglichkeit, Sakramentalität und Opfer als Einheit zu sehen, in eine noch größere Ferne als innerhalb der katholischen Theologie seiner Zeit. Zerbrochen war die sakramentale Idee, war das Denken im Realsymbol für beide Seiten, aber der geschichtliche Zugang zu dem, was in Casel und der Mysterientheologie im zwanzigsten Jahrhundert wieder aufbrach, war und ist jedenfalls von der katholischen Position aus leichter möglich als von der reformatorischen.

Umgekehrt muß man sehen: Bei dem Anliegen Luthers, gegen menschliches Werk Gottes Gnade, Gottes allein entscheidendes Heilswirken zu betonen, war seine Reaktion gegen die Theologie seiner Zeit nur zu verständlich. Die Tragik liegt darin, daß die Theologie zur Zeit Luthers weder ihm noch seinen Gegnern die Möglichkeit gab, den Opfercharakter der Messe allein durch die Vergegenwärtigung des einen Opfers Christi zu erklären.

Daß nicht nur Luther, sondern auch seine katholischen Gegner durch die Problemstellung überfordert waren, zeigen die Studien E. Iserlohs sehr deutlich [63]. Damit man erkennt, wie hilflos oft die gegen Luther und Zwingli gewendete katholische Argumentation war, möchten wir zwei Zitate von Hieronymus Emser anführen:

»Leib und Blut werden aber in unserer Messe nicht auf dieselbe Weise dargebracht, wie er sich selbst wahrhaft und wirklich am Kreuze dargebracht hat. Dieses Opfer zur Sühne der Sünden der ganzen Welt geschah nur einmal. Christus allein steht es zu. Von ihm sagt Paulus: Mit dem einen Opfer hat er für immer die zur Vollendung geführt, die sich heiligen lassen. Aber doch wird derselbe Leib und dasselbe Blut des Herrn von uns täglich dargebracht im Mysterium unter den Gestalten von Brot und Wein.« [64]

»Wir räumen also Zwingli ein, Christus sei nur einmal gestorben, nur einmal habe er sich am Kreuze dargebracht, einmal und in dem einzigen Opfer am Kreuze habe er ein für allemal vollendet, die sich heiligen lassen. Wie es aber dennoch dieser Erlösung und Vollendung nicht widerspricht, daß wir fallen und wieder fallen, deshalb wiederholen

---

[63] Vor allem: Der Kampf um die Messe in den ersten Jahren der Auseinandersetzung mit Luther, Münster 1952; Die Eucharistie in der Darstellung des Johannes Eck, Münster 1950.

[64] *Hieronymus Emser*, Missae christianorum contra Lutheranam missandi formulam assertio (1524), C III v (zitiert bei E. *Iserloh*, Der Kampf um die Messe, 23 f.).

wir auch täglich das Geheimnis dieses Opfers und bringen zwar nicht den blutigen, aber doch den glorreichen Leib Christi zum Opfer dar.«[65]
Wir sehen: Statt eines Argumentes und einer theologischen Erklärung oder Begründung steht eine bloße Behauptung. Der Hinweis auf unsere täglichen Sünden ist in diesem Falle kein Argument, sondern läßt sich geradezu auf Grund des Hebräerbriefes gegen Emser wenden. Der Hebräerbrief sagt: »Nun muß jeder Priester Tag für Tag dastehen und in seinem Dienst immer wieder die gleichen Opfer darbringen, die doch niemals Sünden beseitigen können. Er aber hat ein einziges Mal sein Opfer zur Sühnung der Sünden dargebracht und sich für ewige Dauer zur Rechten Gottes gesetzt« (Hebr 10,11 f.). Der Gedanke des Hebräerbriefes geht also gerade dahin, daß das ein für allemal dargebrachte Opfer Christi für *alle* Sünden, also auch für die Sünden in der Zeit nach Christus, allein vergebend ist und daher genügt. Die Frage, die wirklich weitergeführt hätte, hätte also so gestellt werden müssen: Ist die Messe nicht *die Weise*, in der das *eine* Opfer Christi in unsere Gegenwart hereinragt? Aber gerade sie wird von Emser nicht gestellt und darum auch nicht beantwortet; denn die Aussage, daß »wir täglich das Geheimnis dieses Opfers *wiederholen*«, lenkt gerade vom Gedanken der Vergegenwärtigung ab.

Bei Emser ist nur die Identität der geopferten Gabe in Kreuzes- und Meßopfer, nicht aber die Identität des Opfers gewährleistet. Hier ist deutlich die dingliche Denkrichtung und darum auch die Grenze der Aussagemöglichkeit zu erkennen. Daß es sich sowohl am Kreuz wie in der Messe um den Leib Christi und also um dieselbe Opfer*gabe* handelt, ist auf Grund der Transsubstantiationslehre gegeben. Aber ist es dasselbe Opfer? Ist es in beiden Fällen derselbe Opfernde? Emsers Text berechtigt zu der Annahme, daß nach ihm der Opfernde bei der Messe nicht Christus, sondern die Kirche ist: »*Wir* wiederholen täglich das Geheimnis dieses Opfers, *wir* bringen zwar nicht den blutigen, aber doch den glorreichen Leib Christi zum Opfer dar.«
Auch Eck war »der Auffassung, daß die Kirche die ›principalis offerens‹ ist und der Priester in persona ecclesiae opfert, wobei die seinshafte Verbindung der Kirche mit Christus ... nicht gesehen wird... Aus der Verschiedenheit von Opferakt und Opferpriester folgt, daß die Messe an Wert unendlich hinter dem Kreuzesopfer zurückbleibt.«[66]
Daß bei dieser Auffassung der Hebräerbrief wirklich unrecht bekam und daß Luther sich durch diese Argumentation nicht beruhigen ließ,

---
[65] Ders., Canonis missae contra Huldricum Zwinglium defensio (1524), E IV v/F I r (zitiert bei *E. Iserloh*, Der Kampf um die Messe, 24).
[66] *E. Iserloh*, Die Eucharistie in der Darstellung des Johannes Eck, 343.

sondern in der Leugnung des Opfercharakters der Messe nur um so entschiedener wurde, kann nicht verwundern. Wir werden allerdings sehen, daß sich bald schon auf katholischer Seite Theologen fanden, die nicht nur die Identität der Opfer*gabe* am Kreuz und in der Messe, sondern auch die Identität des Opfer*priesters* erkannten, also Christus auch als den primär Opfernden bei der Messe sahen und dadurch der entsprechenden Aussage des Trienter Konzils vorarbeiteten. Allerdings wäre es zu dieser katholischen Besinnung ohne die Herausforderung durch die Reformation wohl kaum gekommen.

Ein einziger, im übrigen nicht besonders bekannter und zu seiner Zeit wenig bestimmender Theologe hat schon früh, nämlich noch zur Zeit Luthers, nicht nur die Lehre von der Identität des Opferpriesters am Kreuz und in der Messe vertreten, sondern im Grunde die patristische Lehre von der Vergegenwärtigung des Kreuzesopfers dargestellt. Es ist Schatzgeyer († 1527). Der Ausgangspunkt seiner Argumentation ist der Begriff des *Gedächtnisses*.

Wie wir sahen, hat Luther den Begriff »Gedächtnis« nicht mehr realsymbolisch fassen können. Sagt er doch: »Christus ist nur einmal dargebracht worden... Was aber von uns täglich dargebracht wird, ist nicht so sehr ein Opfer, als vielmehr das Gedächtnis jenes Opfers, wie er sagte: Tut dies zu meinem Gedächtnis! Er leidet nämlich nicht so oft, als seiner gedacht wird, da er gelitten hat.«[67] Weiter heißt es bei Luther: »Dieses Opfer des neuen Bundes ist in bezug auf das Haupt der Kirche, das Christus ist, vollbracht und hat schlechthin aufgehört.«[68] Man erkennt, daß Luther Opfer und Gedächtnis des Opfers trennte. Das Gedächtnis war für ihn subjektives Gedenken, nicht objektives Geschehen. In diesem Falle war ihm die biblische Vorstellung vom Gedächtnis, war ihm etwa die Auffassung des Hebräers von der Paschafeier als dem Realgedächtnis des Auszugs aus Ägypten, nicht mehr zugänglich, konnte er also auch die patristische »sakramentale Idee« nicht mehr vollziehen.

Schatzgeyer aber wies auf sie hin, allerdings ohne dabei von Luther oder auch seinen katholischen Mitstreitern verstanden zu werden: »Das Opfer, das die christliche Kirche und ihre Diener auf dem Altare opfern, ist kein anderes als das am Kreuz geopfert worden ist, und es ist desselbigen nicht allein Gedächtnis, sondern auch eine herrliche,

---

[67] WA 57,217,27 ff. – 218,1 ff.: »Christus oblatus est non nisi semel... Quod autem a nobis offertur quotidie, non tam oblatio quam memoria est oblationis illius, sicut dixit: Hoc facite in meam commemorationem. Non enim toties patitur, quoties memoratur passus.«
[68] WA 57,218,5 ff.: »Oblatio haec novi testamenti quoad caput Ecclesiae, qui Christus est, perfecta est et cessavit omnino.«

wahrliche Vergegenwärtigung.«[69] »Darum ist auch der Vorwurf falsch, so etliche sprechen, das Bild des Herkules ist nicht Herkules, darum ist auch die Vergegenwärtigung (die geschieht im Geiste) nicht die wesentliche, die geschehen ist am Kreuze. Antwort ich darauf, daß es nicht ein Bild der vergangenen ist, sondern die vergangenen Dinge selbst, erneuert im Glauben vor dem Vater, als geschähen sie jetzt gegenwärtiglich am Kreuze.«[70]
Die Zeit war anscheinend für Schatzgeyer nicht reif. Etwas später wird auch von Cajetan die Lehre von der Identität des Opferpriesters am Kreuz und in der Messe vorgetragen, wobei allerdings bei ihm im Unterschied zu Schatzgeyer der Gedanke des Realgedächtnisses im patristischen Sinne nicht voll erfaßt ist. Vielmehr ist die Vorstellung, daß Christus selbst in Opfergestalt (immolativo modo) gegenwärtig werde, der Ausgangspunkt seiner Überlegungen. Dieser Ausgangspunkt besteht also in einer erweitert gedachten somatischen Realpräsenz und nicht – wie bei Schatzgeyer – in der kommemorativen Aktualpräsenz[71]. Immerhin war seit Cajetan auf katholischer Seite die Position Ecks schon bedeutend korrigiert und somit eine Vorarbeit für das Konzil von Trient geleistet.

5. Das Konzil von Trient und die nachtridentinische Theologie

Das Konzil von Trient sah sich durch die Thesen Luthers und der übrigen Reformatoren in eine Verteidigungsposition gedrängt. Dies war natürlich kein günstiger Ausgangspunkt für eine gründliche theologische Aufarbeitung der anstehenden Probleme. Dennoch ist der Fortschritt der Aussagen des Konzils beträchtlich gegenüber den Antworten auf Luthers Schriften, welche die katholischen Autoren – abgesehen von Schatzgeyer – in den zwanziger Jahren des sechzehnten Jahrhunderts gegeben hatten.
Was die Relation zwischen Kreuzesopfer und Meßopfer angeht, heißt es im 2. Kapitel der 22. Sitzung des Konzils: »Um eine und dieselbe Opfergabe handelt es sich (am Kreuz und bei der Messe), und derselbe

---

[69] *K. Schatzgeyer*, Von dem heiligsten Opfer der Mess, sämtlichen dreyen fürnemlichsten und wesentlichsten taylen (1525), B III (zitiert bei *E. Iserloh*, Der Kampf um die Messe, 42).
[70] *Ders.*, Abwaschung des unflats, so Andreas Osiander dem Gaspar Schatzger in sein antlitz gespihen hat (München 1525), J Iv (zitiert bei *E. Iserloh*, Der Kampf um die Messe, 42).
[71] Vgl. *N. M. Halmer*, Die Meßopferspekulation von Kardinal Cajetan und Ruard Tapper, in: Divus Thomas 21 (1943) 187–212.

(Christus) opfert sich heute durch den Dienst der Priester, der sich selbst damals am Kreuz opferte.«[72] Damit war die Einheit von Kreuzes- und Meßopfer nicht nur auf die Opfergabe beschränkt, wie bei Eck und anderen katholischen Theologen, sondern auf die Person des Opfernden ausgedehnt. Zugleich rückte das Amt in der Kirche – wenigstens theoretisch – an seine untergeordnete, instrumentale Stelle, wurde als »ministerium«, als »Dienst«, verstanden.

Doch genügte dies, um die Schwierigkeit Luthers zu lösen? Wohl kaum. Es ging ja doch um die tiefere Frage, ob sich Christus in der Messe *immer wieder* zum Opfer bringt, oder ob sein Opfer am Kreuz tatsächlich genügt und die Eucharistiefeier dann ihren Opfercharakter nur aus der Vergegenwärtigung des *einen* Kreuzesopfers gewinnt. Die Frage war nur dann so lösbar, daß sie Luthers Schwierigkeit beheben konnte, wenn die kommemorative Aktualpräsenz für das Konzil vorstellbar und vollziehbar war. War dies der Fall?

Man muß auf diese letzte Frage mit einem klaren Nein antworten. Schauen wir uns die Texte an! Im ersten Kapitel der obenerwähnten Sitzung heißt es: »Beim letzten Mahl brachte er (Christus) seinen Leib und sein Blut unter den Gestalten von Brot und Wein Gott dem Vater dar, ... damit er ... seiner Kirche ein sichtbares Opfer hinterließ, durch das jenes einmal am Kreuz zu vollziehende Opfer vergegenwärtigt werde und sein Gedächtnis bis zur Vollendung der Welt fortdauere.«[73]

Der Ausdruck »vergegenwärtigen« (repraesentare) legt zunächst nahe, an die patristische Vorstellung der kommemorativen Aktualpräsenz des Opfers Christi zu denken. Doch schauen wir genauer zu. Der Gedanke des Konzilstextes ist, wie die Analyse zeigt, folgender: *Durch die Darbringung von Leib und Blut Christi unter den Gestalten von Brot und Wein* ist die Eucharistiefeier schon ein *sichtbares Opfer*, das an sich selbst – auch ohne den Bezug zum Kreuzesopfer – schon Opfercharakter hat. Erst logisch nachträglich zu seinem Opfercharakter tritt kraft des von Christus gestifteten Bezugs zwischen den beiden Opfern – dem Kreuzes- und dem Meßopfer – die Funktion zum Meßopfer, das Kreuzesopfer darzustellen und zu vergegenwärtigen. Die kommemorative Aktualpräsenz, die Vergegenwärtigung des Kreuzes-

---

[72] DS 1743: »Una enim eademque est hostia, idem nunc offerens sacerdotum ministerio, qui se ipsum tunc in cruce obtulit, sola offerendi ratione diversa.« Durch den Nachsatz »sola offerendi ratione diversa« wird nahegelegt, daß sich Christus – zwar nicht blutig wie am Kreuz, aber doch in neuer Weise – in jeder Messe wieder opfert. Dies ist ein Argument für die von uns im Folgenden vorgetragene Interpretation des Tridentinums.

[73] DS 1740.

opfers, ist dabei also nicht der Grund des Opfercharakters der Messe, sondern dieser ist umgekehrt der Grund dafür, daß die Messe das Kreuzesopfer vergegenwärtigen kann.

Daß unsere Interpretation richtig ist, läßt sich durch verschiedene Beobachtungen erhärten. Es ist sehr bezeichnend, daß der Hauptstreit unter den Vätern und Konzilstheologen von Trient nicht um den Opfercharakter der Eucharistiefeier der Kirche, sondern um den des letzten Mahles Jesu selbst ging. Daran ist deutlich zu erkennen, daß man in der Vergegenwärtigung des Kreuzesopfers nicht den Grund für den Opfercharakter der Messe sah; denn in diesem Falle hätte dieselbe Überlegung für das Abendmahl Jesu wie für die Messe gegolten. Es macht ja wenig Unterschied, daß das Abendmahl eine vorherige, die Messe eine nachherige Vergegenwärtigung ist.

Die Tatsache, daß man sich um den Opfercharakter des letzten Mahls Jesu stritt, zeigt deutlich, daß man die Krise und Abschaffung des alttestamentlichen und religionsgeschichtlichen Opfers, die das Kreuzesopfer bedeutete und auf die der Hebräerbrief hinwies, auf dem Konzil nicht sah. Man faßte alttestamentliches Opfer, Kreuzesopfer und Meßopfer auf der gleichen Ebene unter einen religionsgeschichtlichen Opferbegriff, für dessen Anwendung man wohl beim Kreuzes- und Meßopfer, nicht aber beim letzten Mahl Jesu die Bedingungen ohne weiteres erfüllt sah. Erst nach langen Kämpfen kam es zu einer Formulierung, die auch das Abendmahl Jesu als Opfer auffaßte, aber in einer Weise, daß offensichtlich nicht der Gedanke der Vergegenwärtigung des Kreuzesopfers eine Rolle spielte. Damit wird aber klar: Im Darbringen von Leib und Blut Christi unter der Gestalt von Brot und Wein sieht das Konzil den Opfercharakter begründet. Mit anderen Worten: Die Messe ist ein je neues Opfern Christi, durch das – eben, weil es sich schon um ein Opfern handelt! – das Kreuzesopfer vergegenwärtigt wird. Damit aber wird der Opfercharakter der Messe bei ihrer Beziehung zum Kreuzesopfer vorausgesetzt und nicht aus ihm abgeleitet [74].

Selbst K. Rahner, der in seiner Schrift »Die vielen Messen und das eine Opfer« den Gedanken der Vergegenwärtigung des einen Kreuzesopfers zum Ausgangspunkt seiner Betrachtungen macht, fühlt sich durch das Konzil zu folgender Aussage gezwungen: »Wir wissen aus der Lehre der Kirche, daß der kultische Vorgang, den wir Messe nennen, ein sacrificium visibile ist. Damit ist offenbar gesagt und gemeint, daß der kultische Vorgang der Messe in seiner Sichtbarkeit selbst und durch diese ein Opfer sei; er kann nicht bloß die Sichtbarkeit eines

---

[74] Vgl. F. Pratzner, Messe und Kreuzesopfer, 27–52.

(vielleicht als solchen unsichtbaren) Opfers sein, derart, daß bloß ›unter‹ oder ›hinter‹ einem sichtbaren Kultvorgang (der als solcher kein Opfer wäre...) etwas verborgen gegenwärtig wäre, was als ›Opfer‹ bezeichnet werden könnte. Eine rechte Interpretation der Lehre des Tridentinums vom sacrificium visibile der Messe wird festhalten müssen: der Opfercharakter der Messe ist in der Dimension der sichtbaren kultischen Handlung zu suchen.«[75]
Nach dem Gesagten ist diese historische Interpretation des Trienter Konzils als gesichert anzusehen. Allerdings halten wir damit – und hierin möchten wir Rahner nicht folgen – nicht auch schon die systematische Frage für entschieden, ob diese Aussage schon die vom Konzil letztlich gemeinte Wirklichkeit trifft, oder ob sie sich nur deshalb findet, weil das Konzil innerhalb seiner Denkform und Opfervorstellung keine andere Möglichkeit sah, den Opfercharakter der Messe zu erklären.
Dies letztere ist tatsächlich als sehr wahrscheinlich anzunehmen. Denn daß der Begriff des Gedächtnisses den Konzilsvätern suspekt war, erkennt man an der Formulierung des Canon 3: »Wenn jemand sagt, das Opfer der Messe sei ... ein bloßes Gedächtnis des am Kreuz geschehenen Opfers..., der sei im Banne.«[76] Dieser gegen Luther gerichtete Satz übernimmt von diesem den Inhalt des Begriffs »Gedächtnis«, definiert diesen daher im Sinne subjektiver Erinnerung und versperrt dadurch den Weg zu dem Begriff eines Realgedächtnisses. Auch aus der 13. Sitzung, Canon 1, ergibt sich klar, daß das Konzil wie das Mittelalter im Gegensatz von »dinghafter Wirklichkeit« und »Zeichen oder Bild« dachte, daß ihm also ein Denken im Realsymbol nicht möglich war[77].
Daher können wir schließen, daß dem Konzil von Trient die Möglichkeit gefehlt hat, in der kommemorativen Aktualpräsenz des Kreuzesopfers den Grund für den Opfercharakter der Messe zu sehen. Das bedeutet zweierlei: erstens die historische Tatsache, daß das Konzil nicht die Möglichkeit hatte, die Schwierigkeit Luthers theologisch zu bewältigen (Luther allerdings hatte diese Möglichkeit auch nicht, son-

---

[75] *K. Rahner/A. Häußling*, Die vielen Messen und das eine Opfer (QD 31), Freiburg ²1966, 28 f.

[76] DS 1753: »Si quis dixerit, Missae sacrificium tantum esse laudis et gratiarum actionis, aut nudam commemorationem sacrificii in cruce peracti, non autem propitiatorium; vel soli prodesse sumenti; neque pro vivis et defunctis, pro peccatis, poenis, satisfactionibus et aliis necessitatibus offerri debere: anathema sit.«

[77] DS 1651: »Si quis negaverit, in sanctissimae Eucharistiae sacramento contineri vere, realiter et substantialiter, corpus et sanguinem una cum anima et divinitate Domini nostri Iesu Christi ac proinde totum Christum; sed dixerit, tantummodo esse in eo ut in signo vel figura, aut virtute: anathema sit.«

dern zerhieb einen Knoten, der langsam hätte gelöst werden müssen); zweitens die dogmatische Feststellung, daß das Konzil eine ihm nicht bekannte theologische Möglichkeit zur Erklärung des Opfercharakters der Messe nicht schon deshalb verwerfen wollte, weil es sie nicht anwandte. Vielmehr wandte es sie umgekehrt nicht an, weil sie ihm unbekannt oder jedenfalls in der Situation nicht zugänglich war. Daher scheint der oben angeführte Schluß Rahners voreilig, der auf Grund der Aussagen des Trienter Konzils daran festhält, daß der Opfercharakter der Messe logisch vorgängig zu ihrem Bezug zum Kreuzesopfer schon feststehe [78].

Das Trienter Konzil vermochte es also auf Grund seiner geschichtlichen Situation nicht, Sakramentalität und Opfercharakter der Messe als *eine* Wirklichkeit zu sehen und den Opfercharakter aus der Sakramentalität, aus dem Zeichencharakter, zu begründen. Es hatte sich allerdings diesen Weg auch schon durch eine Entscheidung zur Tagesordnung verbaut [79]. Schon 1547 hatte sich das Konzil entschlossen, die Realpräsenz und die Eucharistie als Sakrament getrennt zu behandeln von der Frage des Meßopfers, und diese Entscheidung wurde auch durchgeführt. Im Oktober 1551 behandelte das Konzil die Realpräsenz und die Fragen um den Empfang des Sakramentes, elf Jahre später, im Juli 1562, die Frage der Kelchkommunion der Laien und der Kinderkommunion, und im September desselben Jahres 1562 erst die Frage des Meßopfers.

Schon allein diese Trennung der Traktate ist ein deutliches Zeichen dafür, daß man auf dem Konzil den inneren Zusammenhang zwischen Sakramentalität und Opfercharakter der Messe nicht sah. Man nahm auch den Zusammenhang zwischen Realpräsenz und Opfercharakter nicht wahr bzw. faßte ihn als eine akzidentelle Verbindung in dem Sinne, daß eben Christus unter der Gestalt von Brot und Wein gegenwärtig sein mußte, damit er sich seinem Vater – unblutig statt wie einst blutig – darbringen konnte. Bei einer solchen Vorstellung aber mußte notwendig jede Messe als ein neues, wenn auch auf das Kreuzesopfer bezogenes Opfer erscheinen, bei dem lediglich Opferpriester und Opfergabe mit dem Priester und der Gabe am Kreuz identisch, die Opfer-

---

[78] *K. Rahner* führt an der zitierten Stelle (s. o. Anm. 75) noch andere Gründe für seine Ansicht auf, von denen der Hinweis auf die Meßopfertheorien allerdings keine selbständige Beweiskraft hat, da diese ganz auf dem Tridentinum aufruhen und von ihm ausgehen. Im nächsten Kapitel werden wir uns mit der Frage unter systematischem Aspekt näher beschäftigen müssen. Der an dem Problem selbst interessierte Leser sei daher auf das 4. Kapitel, 5. Abschnitt: Versuch einer Deutung der eucharistischen Wirklichkeit, verwiesen.
[79] Zum Folgenden vgl. *B. Neunheuser*, Eucharistie in Mittelalter und Neuzeit, 57, und die dort angegebene Literatur.

handlungen aber verschieden waren. Die nachtridentinische Theologie spricht denn auch folgerichtig von der »Wiederholung« oder der »Erneuerung« des Kreuzesopfers, aber kaum von seiner Vergegenwärtigung. Wenn dies letztere aber der Fall ist, so ist der Begriff genau so gebraucht wie beim Trienter Konzil selbst, d. h., die Vergegenwärtigung setzt den Opfercharakter *voraus*.
Die vom Konzil vorgenommene Trennung der Traktate hatte schwerwiegende Folgen. Es wurde im Anschluß an das Konzil in der katholischen Theologie üblich, den Traktat von der Eucharistie in zwei oder drei getrennten Teilen zu behandeln, die nur akzidentell – in dem oben angedeuteten Sinne – über die Realpräsenz zusammenhingen. So finden wir bis in die jüngste Vergangenheit hinein in den meisten katholischen Handbüchern der Dogmatik die voneinander getrennten Abschnitte: »Die reale Gegenwart Christi in der Eucharistie«, »Die Eucharistie als Sakrament«, »Die Eucharistie als Opfer«. Durch eine solche Trennung wurde die Wiedergewinnung der Einsicht, daß die Eucharistie als Sakrament gerade der Grund für die Eucharistie als Opfer und für die Realpräsenz Christi ist, ungeheuer erschwert. Durch die Einteilung der einzelnen Traktate war der Blick von vornherein in eine verengte Fragestellung gewiesen.

Was die Lehre von der somatischen Realpräsenz Christi angeht, so wiederholte und sanktionierte das Konzil die Lehre des Hochmittelalters, vor allem in der 13. Sitzung im Oktober 1551. Bei der Formulierung wird ein Gegensatz sichtbar zwischen »wirklich, wahr, substantiell« und »zeichenhaft, bildhaft«[80]. Das Konzil wollte zwar nicht leugnen, daß die Eucharistie Symbol sei[81], es hielt aber den Begriff des Symbols nicht für ausreichend, die Art der Gegenwart Christi in Brot und Wein richtig auszudrücken. Wie wir gesehen haben, war ihm die Vorstellung eines Realsymbols fremd. Man könnte daher in bezug auf die Realpräsenz die Aussage des Konzils auf die Formel bringen: »Nicht nur Symbol, sondern auch Wirklichkeit«.
Die Erklärung des Wandlungsvorgangs wird mit dem Begriff der Transsubstantiation bei Ablehnung der Konsubstantiation gegeben[82]. Allerdings räumt das Konzil ein, daß der primäre Sinn der Euchari-

---

[80] Vgl. DS 1651 (s. o. Anm. 77).
[81] Vgl. DS 1638, 1639.
[82] DS 1652: »Si quis dixerit, in sacrosancto Eucharistiae sacramento remanere substantiam panis et vini una cum corpore et sanguine Domini Iesu Christi, negaveritque mirabilem illam et singularem conversionem totius substantiae panis in corpus et totius substantiae vini in sanguinem, manentibus dumtaxat speciebus panis et vini, quam quidem conversionem catholica Ecclesia aptissime transsubstantiationem appellat: anathema sit.«

stiefeier und damit auch der Realpräsenz nicht die Anbetung des gegenwärtigen Christus, sondern der Empfang seines eucharistischen Leibes und Blutes ist. Dadurch gewinnt es, offenbar von der biblischen Argumentation Luthers auf diesen Punkt hingewiesen, den Ansatz zu einer dynamischen Sicht der Eucharistiefeier zurück. Dennoch klingt die Aussage »Das Sakrament wurde von Christus eingesetzt, damit man es empfange«[83] im Zusammenhang wie ein Zugeständnis, wird also nicht zum Ausgangspunkt der eigentlichen Eucharistielehre; vielmehr wird dargelegt, wie trotz dieser mehr zugestandenen Tatsache die Anbetung Christi in den eucharistischen Gaben auch nach der Feier möglich ist. Insofern liegt der Akzent auch bei den Konzilsaussagen in der Richtung eines verdinglichenden Denkens.

Von dem Ansatz, den Schatzgeyer einige Jahrzehnte vor dem Konzil ausgesprochen hatte, war auf dem Konzil selbst wenig zu spüren. Die Verteidigungsposition des Konzils führte daher zu einer Sanktionierung der vom Hochmittelalter überkommenen Lehre, nicht aber zu einer gründlichen theologischen Aufarbeitung der von der Reformation aufgeworfenen Probleme. Der Weg zu dieser Aufarbeitung – insbesondere in bezug auf den Opfercharakter der Messe – war durch das Auseinanderreißen der verschiedenen eucharistischen Traktate für die nachtridentinische katholische Theologie sogar erschwert worden.

Auf evangelischer Seite aber setzte in der Zeit nach dem Konzil von Trient eine stark dynamistische und subjektivistische Interpretation der Eucharistie ein. Die sakramentale Idee war hier durch die Leugnung des Opfercharakters noch mehr verschüttet als in der katholischen Theologie. Die starke Betonung des subjektiven Glaubens – mehr des Einzelnen als der Kirche – ließ die ekklesiale, heilsgeschichtliche Selbstgabe Christi im Abendmahl gegenüber der Predigt als wenig bedeutsam erscheinen. Dies mußte der eucharistischen Frömmigkeit auf evangelischer Seite mit der Zeit den Boden entziehen, während sie sich auf katholischer Seite auf die Anbetung des Sakramentes und das fast magische Vertrauen auf den als endlich gedachten Opferwert der einzelnen Messen konzentrierte.

Aus diesen Feststellungen wird deutlich, daß eine ökumenische Besinnung auf die Eucharistie nicht nur hinter die Reformation auf das Mittelalter, sondern hinter das Frühmittelalter auf die Schrift und die Väter zurückfragen muß. Denn der Streit, in den Luther und das Konzil von Trient gerieten, hatte einen wesentlichen Grund in der Weichenstellung der Karolingerzeit, hatte damit also seinen Grund vor

---

[83] DS 1643: »Neque enim ideo minus est adorandum, quod fuerit a Christo Domino, ut sumatur, institutum.«

allem in der Denkform der germanischen Völker. Diese dingliche Denkform erwies sich bei der explosiven Konfrontation mit der Schrift, die Luther durchführte, als zu eng. Es ist allerdings noch die Frage, wer den Grenzen dieser Denkform mehr erlag: Luther, der ihr ein gut Teil biblischen und patristischen Denkens – letztlich gegen seinen Willen – opferte, oder das Konzil von Trient, das zwar keinen Ansatz zur wirklichen Lösung fand, aber zunächst einmal die überkommene mittelalterliche Tradition übernahm, sie zum Teil vertiefte und dadurch die Kontinuität wahrte und den Zugang zu einer Überwindung der Verengung offenhielt. Man muß dabei z. B. beachten, daß das Traditionsprinzip des Konzils in der Frage der Realpräsenz die im Mittelalter gefundene Lösung beibehielt, während man der lutherischen Konsubstantiationslehre den Vorwurf machen muß, daß sie nicht zeichenhaft, sondern spiritualistisch denkt, insofern bei ihr die Wirklichkeit des Brotes und die Wirklichkeit Christi selbst ontologisch unverbunden nebeneinander stehen. Dieses Urteil gilt gerade dann, wenn man die für Luther und das Konzil von Trient maßgebliche Denkform *historisch* als gegeben ansieht, eine Denkform, in der Substanz und Akzidenz die hauptsächlichen Kategorien der Weltauslegung waren.

Eine ökumenische Besinnung muß also – und darauf kommt es an – bei Schrift und Vätern ansetzen, und es gibt eine Reihe Anzeichen dafür, daß dieser Weg heute weiterführt. Wir werden im nächsten Kapitel darauf zu sprechen kommen. Die Epoche der Eucharistielehre, die in der Karolingerzeit begonnen hat und die in der Reformationszeit ihre stärkste Krise durchmachte, zieht sich zwar bis in unser Jahrhundert hin, da die Krise im sechzehnten Jahrhundert keine adäquate Antwort und darum auch keine Lösung fand. Wir haben aber Grund zu der Hoffnung, daß sich diese Epoche heute ihrem Ende zuneigt.

Zunächst wollen wir jedoch den Weg der katholischen nachtridentinischen Theologie noch in einem kurzen Umriß betrachten. Die vom Konzil sanktionierte hochmittelalterliche Lehre von der Transsubstantiation schien so durchdacht und gefestigt, daß in ihrem Bereich keine theologische Entwicklung mehr möglich schien. Anders verhielt es sich aber auf dem Gebiet der Meßopferlehre. Wir sahen schon, das Konzil faßte Kreuzesopfer wie Meßopfer unter einen allgemeinen, letztlich religionsgeschichtlichen Opferbegriff. Wir sahen auch, daß sich aus den Aussagen des Konzils die Folgerung ergab, daß man im sichtbaren Ritus der Messe ihren Opfercharakter finden könne und müsse. Daraus entstand die durch das Konzil nicht beantwortete Frage: Worin ist im einzelnen der Opfercharakter der Messe zu sehen? Das Konzil hatte dafür einen kleinen Hinweis gegeben, nicht mehr. Es hatte – dar-

in Zeuge einer sehr langen Tradition – auf die Weissagung des Maleachi hingewiesen: »Überall wird meinem Namen geopfert und ein reines Speiseopfer dargebracht werden« (Mal 1,11). Es sah diese Weissagung in der Eucharistie erfüllt [84]. Dies lenkte das Suchen der Theologen in die Richtung, in der Messe den Charakter eines (alttestamentlichen) Speiseopfers anzunehmen.
Es war aber nicht geklärt, welche Elemente ein Opfer überhaupt ausmachten und worin die Messe der Definition des Opfers entsprach. Zur Lösung dieser beiden miteinander zusammenhängenden Fragen sind die verschiedenen, oft einander bekämpfenden Meßopfertheorien in den Jahrhunderten nach dem Tridentinum innerhalb der katholischen Theologie entwickelt worden.
Auf die hochmittelalterliche Theologie, insbesondere auf die Meinung des hl. Thomas von Aquin, berief sich die Theorie von Vázquez, die später von Lessius übernommen und weiter durchdacht wurde. Sie sah in der Doppelkonsekration den Opfercharakter der Messe. Obwohl also auch hier im Ritus der Eucharistiefeier selbst der Opfercharakter gesehen wurde, war der Hinweis auf den Kreuzestod und damit die Hinordnung der Messe auf das Kreuzesopfer in dieser Theorie noch am stärksten gegeben. Die Trennung von Leib und Blut Christi in der Eucharistiefeier war für die Vertreter dieser Theorie ein Zeichen für die Trennung von Leib und Blut Christi am Kreuz. Dabei ist jedoch zu bedenken, daß diese Theologen nicht der Meinung waren, daß der zeichenhafte Hinweis als solcher schon den Opfercharakter der Messe ausmache. Man suchte vielmehr in der Doppelkonsekration selbst ein Opfermoment, das einem religionsgeschichtlichen Opferbegriff, eben der Trennung von Leib und Blut eines zu schlachtenden Opfers, genüge.
Damit entstand natürlich die Ungereimtheit, daß man in dieser Theorie der Weissagung des Maleachi nicht gerecht wurde, die dazu hätte führen müssen, den Opfercharakter der Messe in der Darbringung von Speisen zu sehen. Man könnte, von heute aus gesehen, darauf hinweisen, daß bei Joh 6 die Begriffe »Fleisch und Blut« (σάρξ καὶ αἷμα) wahrscheinlich aus der Opfersprache genommen sind. Doch ist damit noch nicht entschieden, daß die Eucharistie in sich, unabhängig vom Kreuzesopfer, schon eine Opferhandlung ist, sondern es ist nur gesagt, daß die eucharistische Handlung eine Realdeutung des Todes Christi *als* eines Opfertodes ist. Tod Christi und Eucharistie sind dabei in Joh 6 viel stärker als Einheit gesehen, als daß die Fragestellung der nachtridentinischen Theologie an sie herangetragen werden könnte.

---

[84] Vgl. DS 1742.

Auch für patristisches Denken ist eine Begründung des Opfercharakters der Eucharistiefeier aus der Trennung von Fleisch und Blut Christi unvorstellbar, wie nach allem Gesagten im Grunde selbstverständlich ist. »Als Opferterminus drückt baśar/dam nicht so sehr die Trennung von Leib und Blut in der Schlachtung, sondern die totale Repräsentanz des Lebens und seiner Hingabe an Gott im Opfer aus... Ferner ist keineswegs belanglos, daß die Patristik, die noch den alten Opferauffassungen näherstand als wir Heutigen, die Trennung der Gestalten als Darstellung des Opfertodes Jesu überhaupt nicht kennt.«[85] Es ist daran zu erinnern, daß biblisch »Leib« oder »Fleisch« den *ganzen* Menschen meint, ebenso wie »Blut«. Damit entfällt für die Theorie des Vázquez die biblische Grundlage, wie im übrigen auch für die Konkomitanzlehre des Mittelalters. Gemeint ist vielmehr in jedem Teil der eucharistischen Doppelhandlung dasselbe, mit einer Steigerung in der Kelchhandlung: die Hingabe Jesu selbst als Person an Gott und dadurch an die Welt.

Doch viel grundsätzlicher krankt die hier kurz geschilderte Theorie an dem für alle Meßopfertheorien charakteristischen Ansatz, der im Ritus der Messe als solcher und nicht in der Vergegenwärtigung des Kreuzesopfers den Grund dafür sehen will, daß die Messe ein Opfer ist. Dadurch wird, wie schon betont, die Aufhebung des »Opfers« im religionsgeschichtlichen Sinne und die Reduktion aller Opfer auf den Gehorsam Jesu vor dem Vater nicht realisiert.

Vielleicht ist es angebracht, hier genauer die Frage zu stellen, warum man auch als katholischer Theologe trotz der Aussage des Tridentinums, auf dem die Meßopfertheorien sämtlich basieren, doch eine Ablehnung ihres Grundansatzes befürworten darf. Es ist hier auf das grundsätzliche Verhältnis zwischen Schrift und Lehramt zu reflektieren: »Es ist nicht nur wahr, daß das Lehramt in seinen Äußerungen ein integrierendes Moment der Schriftinterpretation des Theologen ist, sondern es gilt auch umgekehrt, daß die Schrift als Ausdruck des je größeren Ursprungs, auf den der Theologe zu reflektieren hat, ein Moment für die Interpretation des Lehramtes ist.«[86] Damit ist eine Interpretation des Tridentinums möglich, die dessen Aussagen über den Opfercharakter der Eucharistiefeier von historisch bedingten Verengungen befreit und sie in eine größere Nähe zur Schrift führt. Der vom Konzil gemeinten Sache bleibt man gerade und nur in dieser Weise treu.

---
[85] *J. Betz*, Die Eucharistie in der Zeit der griechischen Väter, Bd. I/1, 145 f.
[86] *M. Löhrer*, Überlegungen zur Interpretation lehramtlicher Aussagen als Frage des ökumenischen Gesprächs, in: Gott in Welt II (Festschrift f. K. Rahner), Freiburg 1964, 499–523; unser Zitat: 510 f.

Neben der genannten Meßopfertheorie entstanden im Laufe der Zeit eine Reihe anderer, die man umrißhaft in die beiden Gruppen der Oblations- und der Destruktionstheorien einteilen kann. Die Oblationstheorien sahen in der *Darbringung* einer Gabe an Gott das Wesen des religionsgeschichtlichen Opfers, die Destruktionstheorien in der *Vernichtung* oder *Veränderung* der Gabe. Beide mußten also versuchen, in der Messe entweder Darbringung oder Vernichtung bzw. Veränderung der eucharistischen Gaben, d. h. des Leibes und Blutes Christi, zu erkennen. Eine Darbringung oder Veränderung des Brotes und Weines *vor* der Konsekration konnte für sie deswegen nicht genügen, weil nach der Aussage des Trienter Konzils Christus selbst die Opfergabe nicht nur am Kreuz *war*, sondern auch in der Messe *ist*. In oft verwikkelten und einander in immer neue Verästelungen der Theorie treibenden Diskussionen rangen die Vertreter der Oblations- und Destruktionstheorien miteinander. Man wird hier an die scharfsinnigen Überlegungen der Spätscholastik über Raum und Zeit erinnert, die an Hand der Transsubstantiationslehre durchgeführt wurden, die aber mit deren Funktion in der *Eucharistielehre* reichlich wenig zu tun hatten.

Schon allein die Tatsache, daß bis ins zwanzigste Jahrhundert hinein die verschiedensten, von je anderen Definitionen des Opfers ausgehenden Theorien über das Meßopfer entstanden, erweist diesen Weg als eine Sackgasse. Man kann und muß heute die Grundlage, auf der sie aufbauten, schlechthin bestreiten, daß nämlich die Eucharistiefeier logisch vor ihrer Relation zum Kreuzesopfer schon Opfercharakter haben müsse. Aus der recht verstandenen Aussage des Trienter Konzils kann man jedenfalls diese Folgerung nicht ziehen, wie oben gezeigt. Wir sind daher der Meinung, daß der Opfercharakter der Eucharistiefeier allein in der sakramentalen Vergegenwärtigung der Hingabe Jesu am Kreuz besteht. Damit erübrigen sich Meßopfertheorien.

Diese Meinung bringt auch keine *sachlichen* Schwierigkeiten mit sich. K. Rahner glaubt dies allerdings, wenn er sagt: »Würde auch eine Sichtbarkeit des Opfers Christi, die nicht selbst ›Opfer‹ wäre, schon dadurch selbst zu einem sacrificium visibile, weil ›unter‹ und ›hinter‹ ihr das Opfer Christi, das als solches unsichtbar bleibt, gegenwärtig ist, dann wäre eigentlich nicht mehr einzusehen, warum nicht jedes Sakrament, in dem die Kraft Christi gegenwärtig ist, ein Opfer wäre.«[87]

Hier scheint uns Rahner doch den Fehler zu begehen, daß er – wie die Meßopfertheorien, auf die er sich nebenbei beruft – mit einem univoken, religionsgeschichtlichen Opferbegriff arbeitet. Das einzige Opfer,

---

[87] *K. Rahner/A. Häußling*, Die vielen Messen und das eine Opfer, 29.

von dem neutestamentlich auszugehen ist, ist der Gehorsam Christi, der sich in seinem Kreuzestod vollendete und der Hingabe an den Vaterwillen und dadurch Hingabe an die Menschen war. Wenn diese Lebenshingabe Christi, seine Gehorsamstat, sich in der Eucharistiefeier im sakramentalen Zeichen als seinem Realsymbol ausdrückt und vergegenwärtigt, so genügt das, um einen Opfercharakter der Eucharistie festzustellen. Nun vermag aber das Austeilen des Brotes und des Weines mit den dazu gesprochenen Einsetzungsworten diese Lebenshingabe anzuzeigen und auszudrücken. In der Kraft seines Todes und seiner Stiftung ist damit aber diese eucharistische Handlung die hier und jetzt sichtbar werdende Lebenshingabe Christi selbst.

Bleibt nur die Frage, warum nicht andere Sakramente, etwa die Taufe, Opfercharakter besitzen, drücken sie doch auch den Tod und die Auferstehung Christi aus und machen die Kraft Christi gegenwärtig. Hier ist zu bedenken, daß das Christusereignis sich nicht in jedem Sakrament unter derselben Rücksicht vergegenwärtigt. Man muß auf die Handlung der Taufe und ihre Interpretation in Schrift und Tradition schauen, um zu erkennen, daß hier nicht die Lebenshingabe Christi vor Gott für die vielen, sondern Durchgang durch Tod in Leben, Absterben gegenüber dem alten, sündigen Leben und Auferstehen in ein neues, Gott gehöriges Leben der Bezug ist, unter dem sich das Christusereignis vergegenwärtigt. Damit wird nun aber die Taufe nicht schon »in sich« ein solcher Durchgang. Daß sie ein solcher Weg auch wirklich ist, beruht ganz und gar auf ihrer Relation zum Christusereignis, darauf also, daß sich dieses unter der angegebenen Rücksicht in der Taufe vergegenwärtigt.

So vergegenwärtigt sich das Christusereignis in der *Eucharistiefeier* unter der Rücksicht seines *Opfercharakters,* und dies ist an der Handlung selbst (Einsetzungsworte und Austeilen) zu erkennen. Das bedeutet aber eben keineswegs, daß hier ein Opfercharakter vorläge, noch ehe diese Ausdrucksbeziehung zum Christusereignis statthat. Man könnte höchstens von so etwas wie einer »potentia oboedientialis« des Ritus selbst für den Opfercharakter sprechen, einer Hinordnung also, die dem Christusereignis den Raum gewährt, in dem es sich dann *sichtbar,* im sakramentalen Zeichen, *als* Opfer, *als* Hingabe, *als* Gehorsamstat, vergegenwärtigt [88].

Letztlich aber kommt es auf diese Unterscheidungen und Abstraktio-

---

[88] Wäre das Vollziehen des Ritus der Eucharistiefeier in einer nicht an Christus glaubenden, nicht getauften Gemeinschaft schon in irgendeiner Weise ein – wenn auch letztlich wertloses – Opfer vor Gott, etwa so, wie die Opfer der Religionsgeschichte? Von der Sichtbarkeit des Ritus her offenbar nicht. Damit läßt sich aber Rahners Meinung, der Opfercharakter der Messe liege »in der Dimension der sichtbaren kultischen

nen nicht an. Sehen wir die Sakramente von vornherein *als* realisierende Zeichen, *als* Realsymbole, so gründet ihre Verschiedenheit geradezu in dem verschiedenen Bezug zum Christusereignis, und dieser ist als das »Sich-darstellen«, »Sich-vergegenwärtigen« des Christusereignisses in der Mannigfaltigkeit des Lebens der christlichen Gemeinde zu sehen. Einheit *und* Verschiedenheit der Sakramente gründen dann in der Relationalität der Zeichenhaftigkeit, in der und durch die das Christusereignis sich vergegenwärtigt.

Man muß doch auch dies sehen: Ein Opfercharakter der Messe als Ritus, logisch vor der Relation zum Kreuzesopfer, führt theologisch zu nichts, da der *Wert* dieses Opfers ohnehin erst durch die Beziehung zum Kreuzesopfer zu begründen ist, wenn man dem Hebräerbrief und seinem »ein für allemal« nicht direkt widersprechen will. In dieser Frage behält Luther recht, so daß nur eine solche Interpretation des Trienter Konzils schriftgemäß sein kann, in der die Basis aller Meßopfertheorien der nachtridentinischen Zeit aufgegeben wird und man allein von der zeichenhaften, sakramentalen Ausdruckhaftigkeit *und* Vergegenwärtigung her denkt. Auch und gerade die Vätertexte, welche die Meßopfertheorien zu ihrer Begründung anführen, sprechen viel eher für die von uns vorgeschlagene Lösung [89].

Die evangelische Theologie führte nach dem sechzehnten Jahrhundert

---

Handlung« (ebd. 29), kaum aufrechterhalten. Alles, was hier Sakrament und *so* (in *dieser* spezifischen Weise der Sakramentalität) Opfer ist, stammt aus der Relation zum Christusereignis. Auf der *sichtbaren* Ebene als *physisch*-sichtbarer ist also das »sacrificium visibile« des Tridentinums nicht anzusiedeln. Es ist vielmehr die *relationale Sichtbarkeit* gemeint, welche die »Augen des Glaubens« voraussetzt. In ähnlicher Weise wird *Gott* in Jesus von Nazaret *sichtbar*: »Wer mich sieht, sieht den Vater« (Joh 14,9). *Ohne Glauben* ist hier allerdings *nichts von Gott zu sehen, im Glauben* aber ist Gott in Jesus sogar *leibhaftig zu sehen*. Diese und keine andere Art von Sichtbarkeit meint doch das Konzil von Trient.
[89] Das gilt z. B. von dem Satz *Cyrills v. Jerusalem* (myst. 5,10): »Wir bringen den für unsere Sünden geopferten Christus dar.« Der Hintergrund ist die Anamnesis-Lehre der griechischen Väter, deren Grundstruktur ist: »μεμνημένοι προσφέρομεν – gedenkend bringen wir dar.« Daß wir darbringen können und daß die eucharistische Handlung Opfercharakter hat, hängt also ganz daran, daß Christus kraft seiner Auferstehung und seines Stiftungsbefehls seinen Kreuzestod zum wesentlichen Inhalt der Eucharistiefeier macht, seinen Tod in der Realverkündigung vergegenwärtigt. – Vgl. auch *J. Betz*, Die Eucharistie in der Zeit der griechischen Väter, Bd. I/1, 226: »Eine für uns sehr instruktive Aussage bietet eine Homilie zu Hebr 3,1, die unter dem Namen des Chrysostomus überliefert, aber kaum von ihm abgefaßt ist. Es heißt in ihr: ›Gekreuzigt wird im Typos Christus, der durch das Schwert des priesterlichen Gebetes geschlachtet wird‹ (PG 64,489 D). Die vergangene Kreuzigung steht also nicht wieder in sich selbst auf, sie verdankt ihre Vergegenwärtigung vielmehr dem jetzigen liturgischen Typosgeschehen, hat also eine relative, symbolische Gegenwartsweise.« Die Gesamtheit der Väterstellen ruft geradezu nach dieser von Betz vorgetragenen sakramentalen Deutung des Opfercharakters der Eucharistie.

in der Konsequenz des lutherischen Ansatzes zu einem immer stärkeren Subjektivismus und einer einseitigen Betonung des Glaubensaktes des Einzelnen, eine eigenartige und doch, tiefer gesehen, notwendige Entwicklung, da Luther Gottes Werk allein gegen alles Menschenwerk stellen wollte. Es zeigt sich, daß das Auseinanderreißen der Gott und Mensch in Beziehung setzenden Christuswirklichkeit in einen göttlichen und einen menschlichen Anteil in jedem Falle zu exzentrischen Positionen führt, die ihren inneren Gegensatz in ihrer Wirkungsgeschichte selbst offenbaren.
In der katholischen Theologie vollzog sich die entgegengesetzte Entwicklung. Der Objektivismus des Mittelalters wurde auf den Ereignischarakter der sakramentalen Handlung übertragen, der durch den Kampf um das Meßopfer unter allerdings einseitigem Aspekt stärker in den Blick gerückt war. Dies führte zu einer Art Ritualismus und einer Überbetonung des »opus operatum«. Dieses wurde nicht mehr als das Handeln des erhöhten Herrn innerhalb der an ihn glaubenden Gemeinschaft und damit nicht mehr in der Hinordnung auf den Glauben der Gemeinde gesehen, sondern als in sich stehender, nur an die Erfüllung äußerer Riten und an die Intention des zelebrierenden Priesters gebundener Vorgang. Die Forderung, der Priester müsse die Intention haben, »zu tun, was die Kirche tut«, wurde oft formalistisch und rituell interpretiert, ohne daß man auf den tieferen Glaubensgehalt dessen, »was die Kirche tun will«, reflektierte. Dadurch wurde eine dialogische Betrachtung der Eucharistie und der übrigen Sakramente verhindert, in welcher die Handlung Christi auf die glaubende Antwort und den Mitvollzug der Gemeinde hingeordnet erscheint [90]. Die Tat des die Eucharistie mitfeiernden Gläubigen, des Kommunizierenden, wurde oft nur negativ bestimmt, als Wegräumen des »obex«, des Hindernisses, so daß die Gnadenwirkung als solche bei entsprechender Disposition fast automatisch, physisch-unterpersonal, aufgefaßt wurde. Dies führte schließlich zur Vernachlässigung des Verkündigungs- und Zeichencharakters der Sakramente. Der sakramentale Zeichengehalt wurde dem katholischen Volk immer mehr unzugänglich. Die Verehrung des eucharistischen Christus war denn auch der Hauptausdruck katholischer eucharistischer Frömmigkeit, dessen äußerer Höhepunkt die Fronleichnamsprozession war.
Der Individualismus der Neuzeit tat ein übriges, daß sowohl im evangelischen wie im katholischen Bereich der innere Zusammenhang zwischen Kirche – Gemeinde und Eucharistie nur noch schwach bewußt

---

[90] Daß in der dialogischen Sicht die Tat Christi im Sakrament dennoch *nicht vom Glauben des Einzelnen abhängig* wird, werden wir im nächsten Kapitel zeigen müssen.

war. Zwar wurde durch die Aussagen des hl. Paulus, der denselben Begriff »Leib Christi« auf die Kirche und auf das eucharistische Brot anwandte, und durch den im Abendland nie ganz verdrängten Augustinismus etwas von der großen Tradition erhalten, nach der die Eucharistie das tiefste und wirksamste Symbol der Einheit der Glaubenden ist [91], aber diese Tradition prägte die praktische Eucharistiefeier, das »Anhören der Messe«, kaum. Alles hier Aufgezählte kann als eine Folge verdinglichenden Denkens oder als eine einseitige Reaktion auf dieses Denken verstanden werden.

Damit haben wir die Geschichte der eucharistischen Praxis und vor allem der Eucharistielehre in ihren für uns wichtigen Zügen bis in unser Jahrhundert verfolgt, in dem sich eine neue Wende abzuzeichnen beginnt. Wir erkennen, daß unsere Situation und damit auch die sich heute abzeichnende Wende mitgeprägt sind von der Weichenstellung, welche die frühmittelalterliche Theologie in dem Übergang von der Antike zu mittelalterlichem Denken vollzogen hat. Auch Reformation und Trienter Konzil sind Erben der im Frühmittelalter gefällten Entscheidung. Die starke Akzentuierung der Realpräsenz und die damit gegebene Verengung waren der Grund dafür, daß die Fragen Luthers zur Meßopferlehre nicht bewältigt werden konnten. Es fehlte eine entsprechende Vorarbeit und Entwicklung im Hoch- und Spätmittelalter. Das dingliche Denken hatte unterlassen, den *Ereignis*charakter der Eucharistie genau so zu reflektieren wie die Gegenwart Christi in Brot und Wein, und als Luther mit Ungestüm auf diesen Ereignischarakter aufmerksam machte, waren er und seine Gegner nicht dafür gerüstet, der Problemstellung zu genügen.

Wir meinen aber gezeigt zu haben, daß der Glaube zu sehen vermag, wie der Geist Christi die Kirche bei allen Verengungen des Fragehorizontes, die als solche geschichtliches Schicksal waren [92], nicht verlassen hat. Wir erkannten, daß die Transsubstantiationslehre innerhalb

---

[91] Vgl. die Aussage des Konzils von Trient, daß die Eucharistie »Symbol jenes eines Leibes ist, dessen Haupt Christus selbst ist« (DS 1638).
[92] Damit ist auch gesagt, daß eine Beurteilung der Entwicklung unter *wertenden* Gesichtspunkten kaum möglich ist. Zwar fällt im mittelalterlichen Denken, wie sich nicht leugnen läßt, die bei den griechischen Vätern lebendige Ereignis-Dimension weithin aus – aber war das nicht ein notwendiges Durchgangsstadium, das später einen Neuaufbruch zu personalem Denken ermöglichte? Die heutigen Bewegungen in der Eucharistielehre und der Praxis der Eucharistie verdanken jedenfalls die Tatsache, daß sie nicht bloße Wiederholung der Patristik, sondern etwas Neues sind, *auch* dem Weg der mittelalterlichen Theologie. Ist insofern die Eucharistie in Feier und Lehre in der abendländischen Kirche nicht lebendiger als in der Ostkirche, in der die patristische Liturgie und Theologie zwar nicht verengt wurden, aber immer mehr den Charakter des rituell Fixierten und des Musealen annahmen?

des mittelalterlichen Denkens trotz aller Verengung die Funktion erfüllte, Symbolismus und Realismus als Einheit sichtbar zu machen. Wir sahen, daß sich in der katholischen Besinnung zwischen Eck und dem Trienter Konzil zwar nicht die Möglichkeit ergab, das Meßopfer von seiner Sakramentalität her zu bestimmen, aber doch Christus selbst als Opfergabe *und* Opferpriester sowohl am Kreuz wie in der Eucharistiefeier zu erkennen. Insofern hielten die Aussagen des Konzils von Trient und die nachtridentinischen Meßopfertheorien das Bewußtsein vom Opfercharakter der Eucharistiefeier wach und ließen, gerade wegen ihrer Gegensätzlichkeit und inneren Problematik, nach einer tieferen theologischen Begründung suchen.

IV. UNSERE AUFGABE

1. Bruch und Kontinuität: Das Ende der abendländischen Lösung

Ehe wir an die Frage herangehen, welche Aufgabe die heutige Situation in der Eucharistielehre der Theologie stellt, müssen wir uns über die Konsequenzen unserer bisherigen Überlegungen für die Vorstellung von Dogmengeschichte Rechenschaft ablegen. Seit Vinzenz von Lerin ist dort, wo man überhaupt die Geschichtlichkeit des Dogmas akzeptierte [1], der Gedanke eines stetigen Wachstums oder einer Entwicklung leitend gewesen, wenigstens in der katholischen Theologie [2]. Selbst bei Newman oder in der Konzeption von A. M. Landgraf [3] ist eine Vorstellung maßgebend, die man mehr als Dogmen*entwicklung* denn als Dogmen*geschichte* bezeichnen kann. Wie ein Same sich zu einem Baum entfaltet, so liegen nach dieser Auffassung in Schrift und Tradition noch unentfaltete Wahrheiten verborgen, die sich im Laufe der Kirchengeschichte zu immer größerer Klarheit und begrifflichen Schärfe entwickeln. Bei diesem Vorgang wirkt der Geist Christi durch verschiedene Werkzeuge, durch den Glaubenssinn des Volkes Gottes, durch die auch geistesgeschichtlich bedingte Arbeit der Theologen und durch die authentische Verkündigung des Lehramtes. K. Rahner hat innerhalb dieses Vorstellungsrahmens immer wieder betont, daß bei dieser Entwicklung des Dogmas nicht nur und nicht einmal in der Hauptsache rein logische Deduktionen eine Rolle spielen, sondern daß die Kirche, geführt vom Geist Christi, eine Glaubensintuition für die

---

[1] Dies war in der nachtridentinischen katholischen Theologie weithin bis ins 20. Jahrhundert hinein nicht der Fall. Dazu sagt *J. Ratzinger*, Das Problem der Dogmengeschichte in der Sicht der katholischen Theologie, Köln 1966, 11 f.: »Katholische Dogmengeschichte konnte nicht bis zur Geschichtlichkeit des Dogmas voranschreiten, sondern mußte zum Nachweis seiner Ungeschichtlichkeit und seiner stetigen Identität werden.«
[2] Die protestantische Verfallsidee, welche in der evangelischen Theologie zu einer intensiven dogmengeschichtlichen Arbeit führte, ging geradezu vom entgegengesetzten Apriori aus. Nach der Verfallsidee ist die Kirchengeschichte dauernd von einem geistigen Schwerefeld bestimmt, das sie von der Reinheit des Evangeliums wegzieht. Daher ist der Sinn aller dogmengeschichtlichen Arbeit bei diesem Verständnis der Kirchengeschichte der Rückgriff auf die Schrift. Diese muß daher – und darin liegt ein gewisser Widerspruch – ungeschichtlich und wie ein fester Block verstanden werden. Da sich diese Sicht der Schrift nicht mehr halten läßt, gewinnt die heutige evangelische Theologie oft wieder einen Sinn für die positive, die Schrift auslegende Funktion der lebendigen Tradition in der Geschichte der Kirche. Vgl. dazu die in Anm. 1 genannte Arbeit von *J. Ratzinger*, 10–15.
[3] Dogmengeschichte der Frühscholastik, 8 Bände, Regensburg 1952 ff.

lebendigen Zusammenhänge und Implikationen des in der Schrift Ausgesagten hat [4].

Es ist angesichts unserer bisherigen Überlegungen für uns eine Frage, ob sich diese Sicht einer Dogmen*entwicklung* aufrechterhalten läßt. Nach unserer Ansicht wird bei dieser Vorstellung von Dogmenentwicklung nicht genügend beachtet, daß es innerhalb der Geschichte der Kirche und ihres Dogmas große geistesgeschichtliche Umbrüche und Wenden gibt, die neue Epochen heraufführen und die Kontinuität einer Entwicklung unterbrechen. Natürlich ist damit nicht gesagt, daß *jede* Kontinuität durch den Bruch unmöglich gemacht ist, ja wir werden wegen der eschatologischen Qualität des Christusereignisses notwendig sogar eine *Identität* des Glaubensinhaltes aufrechterhalten. Die Frage ist nur: Welcher Art ist diese Identität, und wie ergänzen und begrenzen sich Kontinuität und Bruch, Identität und Wandlung?

Schauen wir auf das uns nun geläufige Beispiel des Bruchs zwischen Antike und Mittelalter. Kann man den Vorgang, in dem in der Übernahme der antiken Eucharistieaussagen die ihnen zugrundeliegende Denkform nicht mehr mitverstanden wurde und durch den es zum ersten und zweiten Abendmahlsstreit und schließlich zur Entwicklung der hochmittelalterlichen Transsubstantiationslehre kam, kann man diesen Vorgang eine *Entwicklung* des eucharistischen Dogmas nennen? Wurde hier nicht gerade die Entwicklung des antiken Bilddenkens beendet? Umgekehrt: Ist damit *jede* Kontinuität oder Identität verschwunden? Es war ja doch noch die von der antiken Christenheit übernommene Eucharistiefeier, die man feierte, und sie wurde immer noch verstanden an Hand der Texte des Neuen Testamentes. Was blieb identisch, und was wandelte sich?

Identisch blieben jedenfalls nicht die Begriffe, sofern man unter ihnen nicht bloß die aus Lauten bestehenden Wörter versteht. Denn Bild, Wahrheit, Wirklichkeit (figura, veritas, realitas) waren etwas anderes für die Theologen des elften Jahrhunderts als etwa für Augustinus. Der oft unbewußte, oft nur mitbewußte neue Denkhorizont hatte die Begriffe verwandelt, und gerade darum kam es zu neuen Fragestellungen und zu neuen Antworten. Diese stehen zu den alten Antworten nicht im Verhältnis des Fortgeschrittenen und Entwickelten zum Unentwickelten, sondern sie bedeuteten das Ergebnis einer Übersetzung, der Übersetzung des Überkommenen in ein *neues* Weltverständnis. Sehr oft tragen sie daher das Kennzeichen des Neuen, Unentwickelten

---

[4] Vgl. vor allem *K. Rahner*, Schriften zur Theologie I, Einsiedeln 1954, 40–90: Zur Frage der Dogmenentwicklung; *ders.*, Schriften zur Theologie IV, Einsiedeln 1960, 11–50: Überlegungen zur Dogmenentwicklung; *K. Rahner/K. Lehmann*, Geschichtlichkeit der Vermittlung (der Offenbarung), in: MS I, Einsiedeln 1965, 727–787.

an sich, während z. B. die antike Eucharistielehre der griechischen Väter, hier also die frühere Aussage, demgegenüber das Kennzeichen hoher Entwicklung und großer Reife aufweist.
Wir können also die Identität des Glaubensinhaltes innerhalb der Dogmengeschichte nicht auf der Ebene der Begriffe sehen. So notwendig es für den Glauben ist, seinen Inhalt zu formulieren, und er also der Begriffe bedarf: das, was in die Formulierung drängt und sich durch alle geschichtlichen Epochen und verschiedenen Denkformen durchhält, ist selbst zwar offen für Begrifflichkeit, muß die Begrifflichkeit von sich aus aber *übersteigen*. Damit ist keineswegs gesagt, daß die Relation zwischen dem begriffsüberlegenen Inhalt des Glaubens und der Glaubensaussage beliebig und diese letztere daher nach Willkür ersetzbar sei, daß es bei Glaubensaussagen also keinen Unterschied zwischen wahr und falsch, zwischen genau und ungenau gebe.
Greifen wir um der größeren Klarheit willen hier wieder zu einem Beispiel: Für die Antike war die Frage um Substanz und Akzidenz innerhalb der Eucharistielehre belanglos, kein Mittel der theologischen Aussage. Sie wurde es aber im Mittelalter. *Nachdem* sie es geworden war, war es keineswegs mehr belanglos, ob man eine Transsubstantiations- oder eine Konsubstantiationslehre vertrat. *Wenn* der Denkhorizont des Mittelalters vorausgesetzt wird, ergibt sich die Transsubstantiationslehre und nicht die Konsubstantiationslehre als das treffende und darum den Glaubensinhalt darstellende Wort, als das *wahre Wort*. Warum dies so ist, versuchten wir im vorigen Kapitel zu zeigen.
Mit der Behauptung, dies Wort der Transsubstantiationslehre sei das wahre Wort, ist aber nun nicht gesagt, daß es sich dabei um das *endgültige* oder um das für immer treffende Wort handle. Denn der mittelalterliche Denkhorizont selbst hatte seine Verengungen, kannte seinen blinden Fleck. Eine neue Epoche verlangt daher nach dem *neuen* wahren Wort. Wenn wir die Aufgabe haben, dieses zu finden, so kann bei dieser Anstrengung die Tatsache, daß der Glaube der Kirche sich im Mittelalter in der Transsubstantiationslehre ausdrückte, natürlich nicht gleichgültig sein, wenn auch der *Ausgangspunkt* der Neuformulierung nicht die Aussage des Mittelalters, sondern die Aussage der Schrift als der ersten und normativen Formulierung des Glaubens sein muß. Denn auch das Mittelalter wollte mit seiner Aussage nichts anderes als innerhalb seines Denkhorizonts die *Schrift* verstehen und auslegen. Die Schrift muß also auch dann, wenn auf Grund der geistesgeschichtlichen Situation eine Neuformulierung notwendig wird, die Hauptblickrichtung bestimmen.
Dabei ist folgendes zu bedenken. Wir haben bisher von »Glauben« gesprochen, ohne dabei immer zu bestimmen, ob es sich um den Glau-

bensinhalt (fides, quae creditur) oder um das Glaubensvermögen und den Glaubensakt des Menschen handelt (fides, qua creditur). Manchmal haben wir dies mit Absicht offengelassen. Denn tatsächlich liegt die in dem Wandel der begrifflichen Aussage sich durchhaltende Identität auf beiden Seiten, auf der Seite des Glaubensinhaltes *und* des Glaubensaktes. Wir müssen uns hüten, in einen reinen Objektivismus zu verfallen, der die Identität nur im Glaubens*inhalt* sucht, oder in einen reinen Subjektivismus zu geraten, der nur im Glaubensakt – bei völlig diskontinuierlichem Inhalt – dasjenige sieht, was die Kirche verschiedener Epochen verbindet.

Der identisch bleibende Glaubensinhalt kann darum nicht rein objektivistisch, nicht rein satzhaft bestimmt werden. Man wird ihn am besten als das Handeln Gottes in Jesus Christus sehen, wobei der Alte Bund und das Handeln Gottes in ihm als ein integrales und in Christus erfülltes Moment immer mitzusehen ist. Wenn man dieses weite Verständnis des Handelns Gottes in Christus voraussetzt, kann man das Christusereignis, das in Tod und Auferweckung des Jesus von Nazaret kulminiert, den eigentlichen Inhalt des christlichen Glaubens nennen [5]. Die eschatologische Qualität, die diesem Christusereignis eignet, und die hauptsächlichsten Konsequenzen, die sich aus ihr ergeben, hat die Urkirche im Neuen Testament in der Glaubensentsprechung zum Ereignis selbst normativ formuliert. Damit legt sich in der Urkirche und im Neuen Testament – durch den Geist Jesu, der den Raum der Glaubensentsprechung zum Ereignis schafft – das Christusereignis selbst aus.

Daß diese erste und normative Selbstauslegung, das Neue Testament, immer wieder ausgelegt werden muß, ergibt sich dabei notwendig, da das Neue Testament ja nicht selbst der Glaubensinhalt, sondern »nur«

---

[5] Vgl. hierzu und zu den folgenden Gedanken *J. Ratzinger*, Problem der Dogmengeschichte, 19: »Offenbarung ist im biblischen Bereich nicht begriffen als ein System von Sätzen, sondern als das geschehene und im Glauben immer noch geschehende Ereignis einer neuen Relation zwischen Gott und dem Menschen. Dieses Ereignis hat insofern den Charakter des Perfektischen an sich, als in Christus für den Gläubigen die Relation Gott – Mensch in ihre höchste, nicht mehr zu überbietende, sondern immer nur neu einzuholende Möglichkeit gekommen ist, aber es behält sein Präsens, insofern es immer neu zum Vollzug kommen soll. – Die Formeln, in denen sich dieses Ereignis lehrmäßig expliziert, sind, von da aus gesehen, schon nicht mehr eigentlich die Offenbarung selbst, sondern eben ihre Explikation in menschliche Rede hinein. Zweifellos gibt es auch hier das Moment des Abschließenden und Exemplarischen; durch die Aufstellung eines mündlichen und schriftlichen Kanons (regula fidei und heilige Schriften) hat die Kirche selbst sich einer bleibenden Norm der Explikationen unterstellt. Diese kann indes nicht eine abschließende und abgeschlossene Quantität von feststehenden Offenbarungssätzen meinen, sondern bildet eine gestaltgebende Norm für die unerläßlich bleibende, weitergehende Geschichte des Glaubens.«

seine erste Selbstauslegung, das erste, grundlegende *Zeugnis von ihm* ist. Daher bringt das Neue Testament die Relation zu dem, was es bezeugt, zu seinem nicht mehr satzhaften, nicht mehr begrifflichen Inhalt immer mit sich, weist also letztlich nicht auf sich und seine Worthaftigkeit, sondern durch dieselbe – die allerdings nicht umgangen werden kann – auf das oder besser den von ihm Gemeinten hin. Darum verlangt es aber in der jeweiligen geschichtlichen Situation nach der Ausformulierung dieser seiner Relation zum von ihm Bezeugten.

Daß diese Ausformulierung der Relation zum Christusereignis möglich ist, hängt mit zwei Wirklichkeiten zusammen, die im tiefsten allerdings eine sind. Der eine Grund liegt in der eschatologischen Qualität des Christusereignisses. Dieses Ereignis enthält seinem Inhalt nach das Gericht über diese Welt und damit das Ziel und die Vollendung der Welt. Darum erzeugt es durch sein Zeugnis, das Neue Testament, innerhalb des Raums dieses Zeugnisses, innerhalb der Glaubensgemeinschaft, einen je neuen, eschatologischen Geschichtshorizont, der die Dynamik auf die noch ausstehende und schon angebrochene Vollendung offenhält. Dieser Geschichtshorizont ist notwendig unabgeschlossen, weil nach vorn gerichtet. Er erzeugt daher die Hoffnung auf die in Christus endgültig verheißene Vollendung der Geschichte. Der zweite Grund dafür, daß die Ausformulierung der Relation zwischen dem ersten Zeugnis von Christus und dem Christusereignis selbst immer wieder möglich ist, daß damit Identität des Inhaltes im Wandel der Aussage sich durchhält, ist die Wirksamkeit des Geistes Christi, der der Kirche verheißen ist. Letztlich handelt es sich hier nur um eine andere Seite der eschatologischen Qualität des Christusereignisses. Denn daß der am Kreuz gestorbene Jesus von Nazaret zugleich der Auferstandene und damit der Richter der Lebenden und Toten ist, ist allein der Grund dafür, daß er durch den Geist bei der Gemeinschaft der an ihn Glaubenden bleibt und sie durch den geschichtlichen Weg in *seine* ganze Wahrheit, also in die endgültige Fülle der Erschlossenheit Gottes hineinführen kann.

Somit ist der Glaube, daß der Geist Christi bei der Gemeinde Christi bleibt und damit die Identität des Glaubensinhaltes im geschichtlichen Wandel der begrifflichen Aussage ermöglicht, nur ein Moment des Glaubens an Jesus Christus als den endgültigen Offenbarer, den Richter der Lebenden und Toten.

Der Glaubensakt, der diesem letztlich personalen und darum überbegrifflichen Glaubensinhalt entspricht, gewinnt innerhalb der kirchlichen Gemeinschaft – denn nur *ihr* ist die Begleitung des Geistes verheißen – die Kraft, den jeweils gemäßen begrifflichen Ausdruck für den Glaubensinhalt in der Auslegung der Schrift zu finden. Dabei ist nicht nur der dauernde Blick auf die Schrift, sondern auch auf die Zeugnisse der Glaubensgeschichte notwendig, in denen der Geist in der Kirche die Schrift für eine vergangene Zeit ausgelegt hat. Der eschatologische Charakter des Christusereignisses muß es aber verhindern, daß diese Beachtung der Tradition des Glaubens rein retrospektiv wird. Denn die Schrift und die sie auslegende Tradition verweisen uns je neu auf den aus der Zukunft uns entgegenkommenden Christus. Damit wird Glaube zur Sendung; denn der in der Schrift bezeugte Christus kommt auf den Glauben auch in den Zeichen der Zeit zu, zugleich mit dem Auftrag, den er ihm durch sie erteilt.

Machen wir mit der Erkenntnis ernst, daß der Glaubensinhalt letztlich eine Person und ihr Schicksal ist, nämlich Jesus Christus und das, was mit ihm geschah, dann werden wir die Identität in der Dogmengeschichte nicht in einem System sehen können, nicht in einem Gefüge von Begriffen. Dennoch ist der Glaube nicht völlig unanschaulich oder gegenstandslos. Personalität heißt »gegenüber-stehen«, heißt Geschichtlichkeit, heißt allerdings zugleich Umgreifen und Übersteigen der *dinglichen* Gegenständlichkeit. Jesus Christus bezeugt sich primär in der personal und sozial – und das bedeutet: geschichtlich – erfahrbaren Glaubensgemeinschaft und ihren Vollzügen, dem Wort der Verkündigung und des Gebetes, den Sakramenten, der tätigen Liebe.

Insofern diese geschichtliche und personale Anschaubarkeit und Hörbarkeit des Zeugnisses Christi als Moment ihres eigenen Lebens die Formulierung des Glaubensinhaltes, des Bekenntnisses zu Christus notwendig macht, ist der Glaubenssatz in verbindlicher Form notwendig. Gerade darum bleibt aber auch die Notwendigkeit und Möglichkeit der Neuformulierung, und zwar gerade um der Identität des Glaubens willen, sowohl um der Identität des Glaubensinhaltes wie um der Identität des Glaubensaktes willen. Denn in einer erstarrten, geistlosen Tradition bloßer Sätze muß das rechte, weil lebendige, *Verständnis* des Glaubensinhaltes gerade gefährdet sein. Begriffe wandeln ihre Bedeutung. Wort und Geist zusammen – und beide innerhalb der strukturierten Glaubensgemeinschaft, der allein das Wort anvertraut und der Geist verheißen ist – gewähren die Zuversicht, daß wir an denselben Herrn glauben, an den die Apostel glaubten und von dem allein gilt: »Jesus Christus gestern und heute derselbe, und so auch in Ewigkeit« (Hebr 13,8).

Zum Christusereignis gehört nach dem Zeugnis des Neuen Testamentes und der Kirchengeschichte die Eucharistiefeier als seine der Glaubensgemeinschaft auf dem geschichtlichen Weg gewährte, leibhaftige Gegenwärtigkeit. Eine Folgerung daraus ist aber, daß die eucharistische Gegenwart Christi und seiner Heilstat auch am *eschatologischen* Charakter des Christusereignisses teilhat. Es handelt sich bei ihr also um eine Gegenwart, die über sich hinausweist auf die Vollendung der Gemeinschaft mit dem Herrn, die also das Moment des »noch nicht«, des noch Ausständigen, enthält. Damit enthält sie – gerade wenn sie mit sich selbst in der Geschichte identisch bleibt – ein über sich hinausweisendes, dynamisches Element, legt ihren letztlich nicht ausschöpfbaren Gehalt folglich in den einzelnen Epochen der Kirchengeschichte je neu aus.

Fragen wir nach diesen allgemeinen, aber zur Klärung unserer Aufgabe notwendigen Überlegungen nun konkret, worin wir die Wende in der Eucharistielehre unserer Zeit sehen können. Vielleicht darf man die Antwort in dieser Form geben: Statt in einem dinglichen Denkhorizont, der das Mittelalter und die nachtridentinische Epoche weithin bestimmte, denken wir heute, wenigstens in den Geisteswissenschaften, weithin personal. In einem dinglichen Denkhorizont war der Substanzbegriff einer der Leitbegriffe; er wird es aber nicht in einem personologischen Denkhorizont sein. Das bedeutet allerdings nicht, daß personales Denken den Seinsbegriff ausschließen müßte, also nicht ontologisches Denken sein dürfte. Personales und aktualistisches Denken ist zu unterscheiden, ebenso wie personales Denken nicht mit rein funktionalem identifiziert werden darf.

Wer eine solche vorschnelle Identifikation durchführt, verfällt einer durch die epochale Wende provozierten und doch falschen Verwechslung von »ontologisch« mit »dinglich«. Das Abendland hat – seit der Übernahme der klassischen griechischen Philosophie – seine Ontologie dinglich aufgebaut, von der Analyse der sachhaften Wirklichkeit her, geführt von der Frage: »*Was* ist dies da?« Es wäre ein folgenschwerer Irrtum, wenn man auf Grund einer Abkehr von diesem dinglich-ontologischen Denken im Raum personalen Denkens die Frage vergessen würde: »*Wer ist* dieser?« Dann würde man die Person nur in ihren jeweiligen Akten, ohne ontische Qualität, sehen und sie als solche gerade verfehlen.

Die geistige Erfahrung des Beharrenden und der Identität im Wandel, die zur Geschichtlichkeit des Menschen gehört, hat in der bisherigen abendländischen Tradition weithin eine Interpretation mit Hilfe dinglich-ontologischer Kategorien gefunden, und man darf der Überzeugung sein, daß dies eine unzureichende Interpretation war. Diese Erkenntnis sollte aber nicht zu der Leugnung dieser Grunderfahrung führen, sondern zu einer Suche nach Kategorien, mit denen sie besser dargestellt und ausgelegt werden kann, und dies scheinen – weil es sich um eine personale Erfahrung handelt – personologische Kategorien zu sein. Darum ist für die Philosophie und Theologie unserer Zeit eine entscheidende Frage die nach dem Zusammenhang zwischen Person und Sein, und diese Frage scheint auch den Unsicherheiten zugrunde zu liegen, welche in den letzten Jahren in der Eucharistielehre auftauchen. Personalismus dürfte daher kein Schlagwort für eine Haltung bleiben, die sich auf den beschränkten Raum des Personkerns und der intimen Beziehungen zurückzieht. »In der ›echten Ontologie‹ (Stammler) bzw. in einer umfassenden ontologischen Anthropologie, wie sie heute von verschiedenen Seiten her erarbeitet wird, dürfte die personalistische Scheidung von Person und Sein zu überwinden sein. Der Theologie fällt dabei die Aufgabe zu, den Menschen in der Einheit seiner sachlichen Lebensbezüge (Weltoffenheit) mit seiner Bezogenheit auf Gott und die Mitmenschen zu verstehen.«[6]

Damit wird auch klar, daß ein Rückgriff hinter das Mittelalter auf die Väterzeit in der Eucharistielehre zwar notwendig ist, aber als solcher nicht genügt. Das kosmische und prozeßhafte Denken der griechischen Väter ist für uns nicht mehr nachzuvollziehen, jedenfalls nicht in der ihnen eigenen Form. Statt dessen wird ein anthropologischer Verstehenshorizont vorauszusetzen sein, in dem allerdings auch die Sachbezogenheit des Menschen, sein Sein in der Welt, als wesentliches Moment Beachtung finden muß. Wenn wir »Person« nicht einseitig auf den beziehungslosen Kern des Menschen beschränken, wenn wir Dialoghaftigkeit im umfassenden Sinne als Gemeinschaftsfähigkeit verstehen und dabei die sachhafte und biologische *Sub*struktur des Menschen mitdenken, ohne sie zu verabsolutieren, so können wir die heute geforderte Denkform als personale, als dialogische oder als relationale Ontologie bezeichnen. Die Aufgabe der Eucharistielehre ist es heute, die Eucharistie innerhalb des so bestimmten Denkhorizontes so auszusagen, daß sie sich dabei als die leibhaftige Gegenwart Jesu in der Feier der Kirche auf ihrem Weg in die Vollendung auslegt.

Es taucht hier allerdings die Frage auf, ob wir mit unserem dogmengeschichtlichen Ansatz mit den Aussagen der Enzyklika Papst Pauls VI. über die Eucharistie »Mysterium fidei« übereinstimmen. Die Enzyklika sagt in Nr. 23: »Weil diese und die andern Formeln, deren sich die Kirche bedient, um die Dogmen des Glaubens vorzulegen, Begriffsinhalte ausdrücken, die nicht an eine bestimmte Kulturform, nicht an eine bestimmte Phase wissenschaftlichen Fortschritts noch an diese oder jene theologische Schule gebunden sind, sondern das darstellen, was der menschliche Geist über die Wirklichkeit in der universalen und notwendigen Erfahrung ausmacht und mit geeigneten und bestimmten

---

[6] W. *Pannenberg*, Art. Person, in: RGG³, Bd. V (1961) 234.

Worten bezeichnet, die der Umgangssprache oder der gehobenen Sprache entnommen sind, deswegen sind diese Formeln den Menschen aller Zeiten und aller Orte angepaßt. In der Tat können diese Formeln mit Nutzen klarer und tiefer erklärt werden, nie aber in einem anderen Sinne, als in dem sie gebraucht wurden, so daß mit dem Fortschritt des Glaubensverständnisses die Glaubenswahrheit unberührt bleibt.«[7] Die Enzyklika spricht also von einem Fortschritt und folglich von einer Wandlung des Glaubens*verständnisses* bei Identität und Unwandelbarkeit der Glaubens*wahrheit*. Es wird aber nicht eindeutig klar, worin die Identität der Glaubens*wahrheit* besteht. Ein Fortschritt und damit eine Wandlung des Glaubens*verständnisses* ist, wie gesagt, vorausgesetzt, so daß die davon unberührt bleibende Glaubens*wahrheit* nicht völlig auf der Ebene dieses Glaubens*verständnisses* liegen kann. Sie scheint vielmehr an die universale menschliche Erfahrung zu appellieren, die vorgängig ist zu den aus der jeweiligen Kultur stammenden, in der Theologie verwendeten Begriffen. Eine weitere und je neue Auslegung dieser Begriffe auf das in ihnen Gemeinte hin zur Wahrung der Identität des Glaubensinhaltes scheint die Enzyklika also nicht auszuschließen, sondern sogar zu verlangen. Der einzige Unterschied zu unserer Vorstellung liegt dann wohl darin, daß die Dogmengeschichte in der Enzyklika als Dogmen*entwicklung,* im Sinne eines ständigen Fortschritts zu größerer Klarheit, verstanden ist.

Nun sprechen die Tatsachen der Dogmengeschichte, die durch die Arbeiten der letzten Jahre ans Licht traten, eine so deutliche Sprache, daß wir auch epochale Wenden und damit Wandlungen des Glaubensverständnisses annehmen müssen, die nicht in das Schema einer aufsteigenden, immer fortschreitenden Entwicklung gepreßt werden können. Man darf voraussetzen, daß die Enzyklika die theologischen Konsequenzen aus diesen Ergebnissen der dogmengeschichtlichen Arbeit noch nicht ziehen konnte, daß sie aber auch nicht verhindern wollte, daß diese Konsequenzen gezogen werden. So glauben wir die Enzyklika so weit interpretieren zu dürfen, daß sie unsere Vorstellung von Dogmengeschichte und damit die in diesem Rahmen vor uns liegende Aufgabe nicht ausschließt. Dies gilt um so mehr, als in dem dogmengeschichtlich-hermeneutischen Zirkel des theologischen Verstehens nicht nur das Lehramt die Schrift und die Tradition interpretiert, sondern auch lehramtliche Äußerungen von Schrift und Tradition her verstanden werden müssen.

---

[7] Nach der von der Pressestelle des Vatikans besorgten deutschen Übersetzung, Luzern 1965, 8. – Der lateinische Text unseres Abschnittes: AAS 57 (1965) 758.

2. Die bewegenden Kräfte

Bei allen geschichtlichen Entwicklungen ist die Genese so wichtig wie das Resultat, ja dieses nur aus jener zu verstehen. Ehe wir uns fragen können, welche Aufgabe die eucharistische Theologie heute im einzelnen zu erfüllen hat, müssen wir daher nach den geschichtlichen Anstößen fragen, die eine Wende im Eucharistieverständnis möglich und notwendig gemacht haben.

Wir können drei Anstöße unterscheiden, obwohl sie sich schon seit Jahren und vor allem seit dem Zweiten Vatikanischen Konzil in einer Weise gegenseitig beeinflussen, daß man heute von einer einzigen Bewegung in der eucharistischen Theologie sprechen muß. In ihrem Ursprung sind die drei Kräfte aber doch deutlich unterschieden.

Die erste und historisch älteste eucharistische Bewegung, die für unsere Zeit in ihren Auswirkungen noch maßgeblich ist, ist die in der Zeit zwischen den beiden Weltkriegen einsetzende biblisch-patristische Besinnung. Namen wie R. Guardini, O. Casel und der einer Abtei, nämlich Maria-Laach, mögen zu ihrer umrißhaften Charakterisierung genügen. Diese Bewegung hat eine umfassende liturgiegeschichtliche Forschung inspiriert. Man denke nur an J. A. Jungmanns »Missarum Sollemnia«, die genetische Erklärung der Eucharistiefeier [8], und alle mit diesem grundlegenden Werk zusammenhängenden Arbeiten. Letztlich ist auch die von uns so oft zitierte Arbeit von J. Betz über die griechischen Väter eine Frucht dieser Bewegung.

Von der theologisch-systematischen Seite war in diesem Zusammenhang grundlegend das Werk O. Casels. Der systematische Entwurf Casels ist bekannt unter dem Begriff »Mysterienlehre«. Wenn auch von dem heutigen Stand der historischen und systematischen Arbeit im einzelnen manche Kritik an Casels Mysterienlehre anzumelden ist, so bleibt doch sein wesentliches Verdienst unbestritten [9]. Worin besteht es? Casel lenkte den Blick mit großer Folgerichtigkeit auf eine Seite der Eucharistiefeier, die seit dem Ausgang der Antike in der abendländischen Theologie praktisch aus dem Bewußtsein geschwunden war, nämlich auf die »Mysteriengegenwart«, das Realgedächtnis [10]. Er löste damit die jahrhundertelange Fixierung auf die somatische Realprä-

---

[8] *J. A. Jungmann*, Missarum Sollemnia, Wien ⁵1962.
[9] Eine gründliche und, wie wir meinen, im wesentlichen abschließende Stellungnahme zu der Mysterienlehre Casels findet man bei *J. Betz*, Die Eucharistie in der Zeit der griechischen Väter, I/1, 242–251. Dort auch die Angabe der bedeutendsten Werke Casels und der wichtigsten Literatur zum Thema »Mysterienlehre«.
[10] Ein kurzes, geschichtlich nicht wirksames Auftauchen der Lehre vom Realgedächtnis konnten wir bei Schatzgeyer in der Auseinandersetzung mit Luther feststellen.

senz. Casel schaut vor allem auf die kommemorative Aktualpräsenz, die in der eucharistischen Feier sich vollziehende Gegenwart der Heilstat Christi, und so kann er, gestützt auf die griechischen Väter, sagen, »daß die christliche Liturgie der rituelle Vollzug des Erlösungswerkes Christi in der Ekklesia und durch sie ist, also *die Gegenwart göttlicher Heilstat unter dem Schleier der Symbole*« [11].
Damit war das seit dem Frühmittelalter vorherrschende Denken aufgesprengt, in dem wohl von der Gegenwart des Leibes und Blutes Jesu und von der Erneuerung oder Wiederholung des Kreuzesopfers, nicht aber von der Gegenwart der Erlösungstat selbst die Rede war. Die Leistung Casels kann unter dieser Rücksicht nicht genug betont werden.
Es war allerdings nicht zu erwarten, daß er die von ihm intuitiv erfaßte sakramentale Idee schon genau in dem Sinne der griechischen Väter auslegte, obwohl gerade dies seine Absicht war. Schon die Caselsche Definition der Mysteriengegenwart, die wir oben anführten, verrät es uns. Casel spricht von der »Gegenwart göttlicher Heilstat unter dem Schleier der Symbole«. Das Verhältnis von Heilstat und Symbol, also das Verhältnis von Tod und Auferstehung Christi zur eucharistischen Feier der Gemeinde ist bei ihm nicht nur in dieser Definition, sondern auch in ihrer theologischen Entfaltung so aufgefaßt, daß dem Symbol und also der kirchlichen Feier keine echt vermittelnde Funktion gegenüber der Mysteriengegenwart zukommt. Die göttliche Heilstat vollzieht sich nach Casel »unter dem *Schleier* der Symbole«. Sie selbst wird also als alleinige Ursache ihrer eigenen Vergegenwärtigung gesehen, die Eucharistiefeier, das Symbol, scheint nur die Rolle eines Katalysators, einer *Bedingung* der Vergegenwärtigung zu spielen. Die Heilstat Gottes vergegenwärtigt sich nach Casel nicht *durch* das Symbol, so daß dem Symbol, der kirchlichen Feier, eine echte, wenn auch instrumentale Ursächlichkeit zukäme, sondern die Heilstat verwirklicht sich »*durch* die Ekklesia unter dem Schleier der Symbole«. Die Ekklesia ist hier weniger die konkrete zu *dieser* Feier unter dem Auftrag Christi versammelte Gemeinde als die ideale und unsichtbare »Braut des Lammes«. Damit haben »die Symbole« mehr die Funktion einer Einkleidung der Mysteriengegenwart, sie sind nicht selbst und als solche die sakramentale, sichtbare Gestalt der vergangenen Heilstat.
Damit aber wird – bei aller Größe der theologischen Leistung – die *Geschichte* des Erlösungswerkes in der Caselschen Lehre nicht ernst genug genommen. Die Frage nach der Relation der *vergangenen* Heilstat zur *jetzigen* Feier wird noch nicht weit genug verfolgt. Deshalb

---

[11] JLW 8 (1928) 145.

fallen bei Casel auch die diese Relation vermittelnden Wirklichkeiten zum Teil aus: die Gegenwart des auferstandenen und erhöhten Herrn als des Herrn der *Geschichte,* der allein kraft seiner eschatologischen Vollmacht Geschichte umgreifen kann, *die konkrete versammelte Gemeinde* als Vollzug der Kirche, durch die der erhöhte Christus wirkt, das Wort in der Gemeinde, das unter seinem auch historischen Auftrag steht, die Handlung als ganze, in welcher er kraft des Geistes der Gastgeber ist. Bei Casel erscheinen die göttliche Heilstat und die Ekklesia gleichsam der Zeit und der Geschichte entrückt und darum *unmittelbar* gegenwärtig, so daß er davon spricht, daß »Christus wieder stirbt« und von daher die Daseinsweise des Auferstandenen für ihn keine Begründung seiner Lehre, sondern eine Schwierigkeit ausmacht. Er spricht von der »Schwierigkeit, die darin liegt, daß doch der Herr jetzt verklärt ist und doch im Sakrament wieder stirbt«[12].

Aber diese Ungenauigkeit in der Interpretation der patristischen Lehre von der Vergegenwärtigung wird mehr als aufgewogen durch die Aussage Casels, daß es eine solche Gegenwart der vergangenen Heilstat überhaupt gibt und daß nur dadurch sowohl der Opfercharakter der eucharistischen Feier wie auch die Teilnahme der Gläubigen an ihr richtig verstanden werden können. Was den Opfercharakter der Eucharistiefeier angeht, so sahen wir, daß den Kämpfen der Reformationszeit gerade die von Casel vorgetragene Idee gefehlt hat. Erst seitdem Casel den Blick der Theologen dafür geöffnet hat, daß man schon allein auf Grund der *Vergegenwärtigung des Kreuzesopfers* von einem Opfercharakter der Eucharistiefeier sprechen kann, ist auch eine ökumenische Einigung in dieser Frage denkbar. Katholische Theologen sprechen nicht mehr von »Erneuerung« oder »Wiederholung« des Kreuzesopfers, eine Ausdrucksweise, die mit den Aussagen des Hebräerbriefes unvereinbar ist. Anglikanische und lutherische Theologen des nordamerikanischen Raumes beginnen, der von Casel vorgeschlagenen Sicht in den Grundzügen zuzustimmen und von einem Opfercharakter des Abendmahls zu sprechen, wenn dieser in der Vergegenwärtigung des Kreuzesopfers gesehen wird[13].

Was die Teilnahme der Gläubigen am Heilswerk Christi angeht, so war es bei Luther und zum Teil auch in der katholischen nachtridenti-

---

[12] JLW 8 (1928) 174. – Dieses »wieder sterben« bei Casel ist – trotz seiner Fragwürdigkeit – natürlich etwas anderes als das »wieder geopfert werden« bei Gregor dem Großen und in der mittelalterlichen und nachtridentinischen Theologie. Bei Casel ist an eine Gegenwart des Sterbens Christi selbst gedacht, bei Gregor an eine unblutige, *neue* Darbringung Christi unter der Gestalt von Brot und Wein.

[13] Hierbei denken wir an die sogenannte Erklärung von Windsor, in der am 8. September 1971 eine Kommission von anglikanischen und katholischen Theologen weit-

nischen Theologie üblich geworden, dem Empfänger der Eucharistie nur noch die *Frucht* dieser Heilstat zuzusprechen, während nach Casel *diese selbst* auf Grund ihrer Vergegenwärtigung zugänglich wird und mitvollzogen werden darf. So ist in der Caselschen Sicht die Gnade, welche die Eucharistie verleiht, letztlich identisch mit ihrem Inhalt und Vollzug: der Gegenwart und Offenheit der Heilstat Christi. Eine Konsequenz davon ist, daß das gesamte Leben der Christen eucharistisch geprägt sein darf und soll: Es ist Mitvollzug des Paschamysteriums Christi, des Christusereignisses, nicht auf Grund menschlicher Leistung, sondern auf Grund der Gabe Christi, der in der eucharistischen Feier seiner Gemeinde Anteil gewährt an seinem Leben, Sterben und Auferstehen. Damit ist die in der Eucharistiefeier empfangene Gnade viel tiefer mit ihrer Herkunft, dem Christusereignis, verbunden, als wenn sie nur als dessen Frucht erscheint: Sie *ist* dieses Geschehen selbst in *der* Form, in der *Christus selbst* es zum Nachvollzug öffnet. Diese Macht hat er als der erhöhte Herr. Die Feststellung Kierkegaards, daß Christentum nicht primär Lehre, sondern Existenzmitteilung ist, wird von diesem sakramentalen Denken her am deutlichsten, wenigstens dann, wenn man die sakramentale Wirklichkeit von ihrem Ursprung her als personal-christologische Wirklichkeit faßt. Ethische Nachfolge Christi wird erst möglich durch die Selbstgabe Christi, die zugleich die Öffnung seines Existenzvollzugs ist, und dies geschieht am intensivsten in der eucharistischen Feier [14].

Die liturgisch-patristische Bewegung, innerhalb deren wir auch die Caselsche Mysterienlehre sehen möchten, vollzog sich vor allem im

---

gehende Gemeinsamkeiten in der Auffassung von der Realpräsenz und vom Opfercharakter der Eucharistie feststellte. Was die Gespräche zwischen Katholiken und Lutheranern in den USA angeht, so ist in diesem Zusammenhang zu verweisen auf: *Lutherans and Catholics in Dialogue III: The Eucharist as Sacrifice.* Published jointly by Representatives of the U.S.A. National Committee of the Lutheran World Federation and the Bishops' Committee for Ecumenical and Interreligious Affairs, Washington–New York 1967.

[14] Der Impuls, den Casel der eucharistischen Theologie gab, läuft auf eine Wiedergewinnung des Denkens im Realsymbol hinaus. Vor kurzem hat J. P. de Jong, Die Eucharistie als Symbolwirklichkeit, Regensburg 1969, eine Eucharistielehre vorgelegt, die von diesem Prinzip ausgeht. Neben dem Positiven, das der Ansatz mit sich bringt, scheint der Versuch de Jongs uns aber hermeneutisch zu wenig durchdacht zu sein. Bei ihm handelt es sich fast um eine *Wiederholung* der patristischen Lehre. Dabei ist aber zu wenig berücksichtigt, daß sich die Denkweisen heute gegenüber der Antike gewandelt haben. Vor allem müßte der Personalismus und die Erfahrung des Geschichtlichen stärker beachtet werden, die dem antiken Menschen nicht in der Weise zugänglich waren, wie das heute der Fall ist. Eine Wiedergewinnung des realsymbolischen Denkens auf breiter Basis ist nur dann zu erhoffen, wenn es über Kategorien des Personalen und Geschichtlichen zugänglich gemacht wird.

deutschsprachigen Raum. In Frankreich war sie in dieser Konstellation keine einheitliche Bewegung. Zwar gab es hier parallel zu Deutschland auch eine Fülle patristischer Studien zur Eucharistie [15]. Diese inspirierten die praktische Gestaltung der Eucharistiefeier aber nicht in gleicher Breite wie in Deutschland. Die liturgische Gestaltung wurde in Frankreich mehr von der missionarischen und pastoralen Situation der Kirche bestimmt. Heute gibt dies der französischen Liturgiewissenschaft gegenüber der deutschen den Vorteil, daß sie sich unmittelbar einer liturgischen *Pastoral* zuwenden kann. Die liturgische Arbeit in Deutschland macht demgegenüber einen rückwärts gewandten, historisierenden Eindruck. Auch historisches Wissen sollte dazu dienen, der *heutigen* Pastoral zu helfen, und darf nicht zu einem Gestrüpp werden, das die Anwendung der wesentlichen Grundzüge auf die heutige Situation erschwert.

Vielleicht hängt es damit zusammen, daß im französischen Sprachraum eine Bewegung der eucharistischen Theologie begann, der man – wenigstens im Ursprung – Selbständigkeit zubilligen muß. Man kann sie als biblisch-ökumenisch bezeichnen. 1955 veröffentlichte der reformierte Theologe Fr. J. Leenhardt sein Werk »Ceci est mon corps« (»Das ist mein Leib«) [16]. Darin legte er eine Interpretation der Realpräsenz vor, die eine Öffnung zum katholischen Verständnis hin bedeutete. Er benutzte sogar den Begriff »Transsubstantiation«, obwohl er ihn anders faßte als das Konzil von Trient. Mit dieser Veröffentlichung beginnt ein intensiver ökumenischer Dialog über die Eucharistie, der vom französischen Sprachraum aus schnell auch den flämisch-niederländischen Raum einbezieht. Auf die Dauer werden die niederländischen und flämischen Theologen sogar den Hauptanteil an der Diskussion bestreiten [17].

Der Dialog wurde so intensiv geführt, daß schon im September 1958 in der belgischen Benediktinerabtei von Saint-Croix d'Amay in Chevetogne, die sich schon länger der ökumenischen Arbeit gewidmet hatte, eine interkonfessionelle Tagung von Theologen zum Thema »Eucharistie« stattfand, hauptsächlich unter der Rücksicht »Realpräsenz und Transsubstantiation«. Die meisten der heute von flämischen

---

[15] Eine Frucht dieser Einzelstudien ist etwa *J. M. R. Tillard*, L'Eucharistie Pâque de l'Eglise, Paris 1964. Tillard stellt die Eucharistie im Geist der griechischen Väter in einem weitgespannten heilsgeschichtlichen Rahmen dar. – Ebenso ist hier zu nennen *L. Bouyer*, Eucharistie. Théologie et spiritualité de la prière eucharistique, Tournai ²1968.

[16] Neuchâtel–Paris 1955 (Cahiers théologiques nr. 37).

[17] *P. Schoonenberg, E. Schillebeeckx, L. Smits* und *S. Trooster* sind – mindestens im Ansatz und in der Intention – von dieser biblisch-ökumenischen Bewegung inspiriert. Auf ihre Gedanken werden wir im Laufe dieses Kapitels noch näher eingehen.

und niederländischen Theologen formulierten Versuche für ein neues Eucharistieverständnis sind im Grundriß in den Vorträgen und Gesprächen dieser Tagung konzipiert worden. Von den katholischen Theologen wurde hier der Versuch gemacht, die Transsubstantiation und die Gegenwart Christi in der Eucharistie mit Hilfe personaler Kategorien zu sehen. Dabei spielte die Überlegung eine große Rolle, daß sich oft hinter den verschiedenen Begriffen auf katholischer und evangelischer Seite mehr Einigkeit in der Sache verbirgt, als man zunächst vermutet. Es war daher sicher richtig, daß man durch die Begriffe hindurch auf die gemeinte Sache zurückfragte und, wo es sich als notwendig und als möglich erwies, aus dem gewandelten Denkhorizont heraus neue Begriffe formulierte.
Beim dritten Impuls, der die Eucharistielehre in Bewegung brachte, handelt es sich um eine philosophische, näherhin anthropologische Reflexion, die im Anschluß an die Philosophie Heideggers Wirklichkeit überhaupt in einer neuen Weise sehen will. Dieser Impuls ging weithin von deutschen Theologen aus und ist, historisch gesehen, der jüngste unter den genannten. Wirklichkeit war im Mittelalter meist dinghaft, als in sich selbst ruhend, aufgefaßt worden. Die Entwicklung, welche die abendländische Philosophie von Kant über Fichte zu Hegel und zum späten Schelling sowie zu Kierkegaard, Marx und Nietzsche durchlaufen hat, führte – auch wenn man ihre Einseitigkeiten realistisch und kritisch als solche erkannte – in der Theologie zu der Überzeugung, daß der objektivistische Begriff von Wirklichkeit nicht zu halten sei. Vor allem katholische Theologen der Gegenwart sehen in den Gedanken *Heideggers* eine Möglichkeit, Wirklichkeit weder subjektivistisch noch objektivistisch, sondern umgreifend zu bestimmen. Damit gewinnt die *Relation*, die Beziehung zwischen den verschiedenen Seienden, einen transzendentalen, d. h. einen *alle* Wirklichkeit prägenden Charakter. Das Seiende wird von seinem Ursprung her in Relation zu anderem Seienden gesehen, es ist *Seiendes für* anderes Seiende. Schon die Bestimmung des menschlichen Seins als »In-der-Welt-Sein«, die Heidegger vorschlägt, zeigt dies. Der Mensch wird vom Ansatz her in der Relation zu anderem (und darin zu den Mitmenschen) gesehen und darf keinen Augenblick ohne diese Relation gedacht werden. Er ist nicht zunächst Mensch, *und dann erst* kommen die Beziehungen zu anderen zu ihm hinzu. »In-Beziehung-Stehen« ist also kein Akzidenz. Vielmehr gehört es zur »Substanz«, zum Wesen des Menschen und der Dinge, in Beziehung zu stehen.
Die so gefaßte Relation muß man »transzendental« nennen, in dem Sinne, daß sie dem *Sein als solchem* wesentlich ist und nicht erst zu ihm hinzukommt, wenn es schon als existierend gedacht ist. In dieser

Konzeption einer transzendentalen Relation erscheint etwas Neues in unserem Bewußtsein. Für Aristoteles und die meisten Theologen des Mittelalters war eine Relation nicht als transzendental zu fassen. Sie war für sie immer kategorial, d. h., sie gehörte nicht zu den Bestimmungen – wie »gut«, »wahr«, »eines« –, die dem Seienden als solchem schon zukommen. Lediglich bei Duns Scotus scheint der Sache nach so etwas wie eine transzendentale Relation auch innerhalb der mittelalterlichen Theologie gedacht worden zu sein [18].

Wir werden noch sehen, daß diese abstrakt klingenden Aussagen für ein neues Verständnis der Eucharistie von großer Bedeutung sind. Wir möchten vor allem zwei katholische Theologen nennen, die auf der Basis einer relationalen Seinslehre einen Ansatz suchten, die eucharistische Realpräsenz Christi neu zu durchdenken: B. Welte und K. Rahner. Beide haben ihre Sicht auf der Tagung der katholischen Dogmatiker 1959 in Passau vorgetragen. Diese Tagung hatte keinen ökumenischen Charakter wie die ein Jahr vorher in Chevetogne abgehaltene Tagung der französischen, belgischen und niederländischen Theologen, aber ihr kommt für die theologische Entwicklung in der Eucharistielehre eine ähnliche Bedeutung zu [19].

Lassen wir B. Welte die seinen Überlegungen zugrundeliegende Sicht kurz darlegen: »Ist das, was wir hier Bezugszusammenhang nennen, eine bloß äußerliche Zutat intentionaler Art zu dem, was an sich oder in sich oder ›ontologisch‹ wirklich ist? Wenn man die Sache ganz prinzipiell betrachtet, dann gehören, glaube ich, der Bezugszusammenhang und damit die Seinsbestimmungen, die aus ihm entspringen, zum anfänglichen und eigentlichen Sein der Sache selbst. Einerseits ist es doch so: Selbst wenn wir eine Sache ›an – sich‹ und also unter Absehung von allen ihren äußerlichen und zufälligen Zusammenhängen betrachten, dann ist dies eine Weise der *Betrachtung* und des *Bezuges*, und nur innerhalb dieses Bezuges gibt es die Bestimmung ›Sache an sich‹. Auch sie gehört in einen Bezugszusammenhang... Es ist das anfängliche Sein des Seienden selbst, nicht etwas daran oder dazu, was aus der Beziehung sich bestimmt. Die Sache in *ihrem* Sein... kommt erst und nur in der Beziehung... zu *sich* selbst.« [20]

Wenn man mit Welte der Überzeugung ist, daß alles Seiende seinem Wesen nach in Relation steht, so muß auch die Transsubstantiationslehre anders gefaßt werden, als es im Mittelalter geschah. Denn Sub-

---

[18] Vgl. *H. Mühlen*, Sein und Person nach Johannes Duns Scotus, Werl 1954.
[19] Die Beiträge der Tagung sind veröffentlicht in: *M. Schmaus* (Hrsg.), Aktuelle Fragen zur Eucharistie, München 1960. – *K. Rahners* Beitrag findet sich auf S. 7–52, derjenige von *B. Welte* auf S. 184–195.
[20] *B. Welte*, ebd. 191 f. – Hervorhebungen von Welte.

stanz wurde im Mittelalter geradezu als »in sich stehende Wirklichkeit«, also als vorgängig zu den Bezugszusammenhängen innerhalb des Weltganzen, definiert. Wenn man der Überzeugung ist, daß eine solche – philosophisch bedingte – Sicht der Wirklichkeit vom Ansatz her nicht möglich ist, muß sich notwendig das, was man unter Substanz versteht, wandeln. Genauer werden wir den Konsequenzen einer relationalen Ontologie, d. h. einer Seinslehre, welche die Relation transzendental faßt, weiter unten nachgehen. Hier ging es uns zunächst um eine kurze Charakterisierung der drei verschiedenen Impulse, welche die Eucharistielehre in Bewegung brachten.

Diese drei genannten Kräfte, die liturgisch-patristische Bewegung, die biblisch-ökumenische Besinnung und das philosophisch-anthropologische Umdenken, verschmolzen, hauptsächlich durch die gemeinsame Arbeit der katholischen Theologen auf dem Zweiten Vatikanischen Konzil, allmählich zu einer einzigen Strömung, die auf den Versuch einer Neuformulierung der Eucharistielehre drängte. Dabei müssen wir sehen, daß es allen drei Richtungen um die Treue zur eucharistischen Wirklichkeit ging und geht. Gemeinsam war ihnen nämlich von Anfang an die Erkenntnis, daß in einer neuen Epoche eine neue Begrifflichkeit notwendig wird, gerade damit die Eucharistie in ihrer über den Begriffen liegenden Identität auch für uns und die auf uns zukommende Zeit aussagbar bleibt.

3. Neuere Interpretationsversuche

Auf Grund der kurz charakterisierten Bewegungen ist es in den beiden letzten Jahrzehnten zu verschiedenen Versuchen gekommen, die Eucharistie in einer Begrifflichkeit auszulegen, die gegenüber der nachtridentinischen Theologie neu ist, sich aber meist auf Aussagen der Schrift und der Väter stützt. Da es sich dabei eben um *Versuche* handelt und die eucharistische Wirklichkeit eine Fülle von Aspekten aufweist, fehlt allerdings bis heute eine systematische Eucharistielehre von einem Neuansatz her.

Wir können zwei Gruppen von Versuchen zur Eucharistielehre unterscheiden. In der ersten Gruppe wird die Eucharistie vom heilsgeschichtlichen und ekklesialen Gesichtspunkt aus als das Mahl Christi mit seiner Gemeinde dargestellt, in dem das Realgedächtnis seines Erlösungswerkes sich ereignet. Als ausgezeichnete Werke dieser ersten Gruppe sind die Arbeiten von M. Thurian und J. M. R. Tillard zu nennen [21],

---

[21] *M. Thurian*, L'Eucharistie. Mémorial du Seigneur. Sacrifice d'action de grâce et

auch J. P. de Jongs Werk gehört hierher [22]. Die heilsgeschichtliche Form der Darstellung bringt den Vorteil mit sich, daß die somatische Realpräsenz nicht isoliert betrachtet wird, sondern daß sie in dem großen Rahmen erscheint, in dem die griechische Patristik sie sah: Der erhöhte Herr vergegenwärtigt als Mahlherr seinen erlösenden Tod in der Feier seiner Gemeinde und schenkt als *Konsequenz* dieser Vergegenwärtigung sich und damit sein Heil in der eucharistischen Speise. Auch der eschatologische Charakter der Eucharistie, die Tatsache, daß sie die Kirche als Realverheißung auf dem Weg durch die Zeit in das künftige Reich Gottes begleitet, ist auf diese Weise mühelos darzustellen. Allerdings wird so die nun einmal seit Jahrhunderten lebendige Frage, *wie* der Vorgang zu erklären ist, durch den Christus *sich selbst* im Brot schenkt, kaum berührt. Thurian sagt hierzu einerseits: »Durch die wirkliche Gegenwart seines Leibes und Blutes ist die Kirche gewiß, daß Christus konkret in ihrer Mitte ist«, und andererseits: »Wie es zugeht, daß er (Christus) auch leiblich in der Eucharistie gegenwärtig sein kann, ist ein Geheimnis, das Werk des Heiligen Geistes, das die Kirche nicht begrifflich zu bestimmen vermag.« [23]

Anscheinend genügt diese letztere Feststellung doch nicht. Sonst wäre es nicht zu erklären, daß eine zweite, zahlreichere Gruppe von Versuchen existiert, in denen nach einer näheren Erklärung der somatischen Realpräsenz Christi in den eucharistischen Speisen gefragt wird.

Ehe wir selbst den Versuch machen, eine systematische Aussage über die Eucharistie zu formulieren, müssen wir die für uns wichtigen Ansätze und Anregungen in den neueren Interpretationen näher betrachten, soweit es bei der Fülle der Literatur möglich ist.

Am leichtesten gelingt dies in bezug auf die erstgenannte Gruppe, die sich durch ihre heilsgeschichtliche Sicht auszeichnet. Die Forderung, die Eucharistie im möglichst weit gefaßten Rahmen zu betrachten, die von dieser Sicht ausgeht, erscheint uns so einleuchtend, daß wir sie immer vor Augen haben müssen. Wir haben ja bei unserer dogmengeschichtlichen Übersicht festgestellt, wie verhängnisvoll sich eine Verengung auf *einen* Aspekt oder die Überbetonung *eines* Aspektes auswirken kann. Ein grundlegendes hermeneutisches Prinzip unserer Überlegungen muß also das Prinzip der (anzustrebenden) Ganzheit sein. Man könnte es auch das Prinzip der »analogia fidei« nennen, diese hier verstanden als umfassender, überbegrifflicher, letztlich einheit-

---

d'intercession, Neuchâtel 1959 (deutsch: Eucharistie, Mainz 1963); für *J. M. R. Tillard* s. o. Anm. 15.
[22] S. o. Anm. 14.
[23] *M. Thurian*, Eucharistie, 256.

licher Zusammenhang aller Glaubensgeheimnisse und Glaubensaussagen. Der »intellectus fidei«, die Einsicht in eine Glaubenswahrheit, stützt sich dabei auf das vom Ersten Vatikanischen Konzil formulierte Axiom, daß sich eine tiefere Einsicht in den Glaubensinhalt aus dem Zusammenhang der Glaubensgeheimnisse untereinander und aus ihrer Beziehung zum letzten Ziel des Menschen gewinnen läßt [24].
Unter dieser Rücksicht können wir vor allem von Thurian eine Wegweisung erhalten. Zunächst werden wir uns von ihm sagen lassen, daß die Eucharistie stets in einem *heilsgeschichtlichen* Rahmen darzustellen ist. Die Kontinuität *und* der Bruch zwischen Altem und Neuem Bund wirft Licht auf die Bedeutung der eucharistischen Feier für das neue Gottesvolk. Schon das Paschamahl des Alten Bundes war Vergegenwärtigung der Erlösungstat Jahwes, der Herausführung des Volkes Israel aus Ägypten. Die Eucharistie ist als Paschamahl des Neuen Bundes Vergegenwärtigung der endgültigen Erlösungstat Gottes, des Todes und der Auferstehung Jesu Christi. Daher weist die Eucharistie auf die eschatologische Gabe, auf die volle Gegenwart Gottes, auf die volle Gemeinschaft Gottes und der Menschen, hin und gibt verborgen, aber wirklich, daran Anteil.
Die Erlösungstat Gottes geschieht – das lernen wir aus der heilsgeschichtlichen Sicht Thurians – an seinem *Volk.* Daher ist die Eucharistiefeier ihrem Wesen nach *die* Feier der *Kirche,* der Gemeinde Jesu. Das Wesen der Kirche drückt sich am klarsten in der Eucharistiefeier aus, und von der Eucharistiefeier her konstituiert sich die Kirche immer wieder neu, auch in ihrem Dasein in der Welt. Kirche und Eucharistie sind – freilich allein durch die Macht des erhöhten Herrn und seines Geistes – in einer Art gegenseitigen In-seins, einer Art Circumincessio, zu verstehen [25]. Dieses Ineinandersein von Kirche und Eucharistie hat geschichtlichen und damit dynamischen Charakter, so daß noch keine volle Deckungsgleichheit der beiden Wirklichkeiten erreicht ist. Die Kirche bleibt unterwegs zur voll erfüllten Eucharistiefeier, zum vollendeten Herrenmahl, hin; doch ist sie dabei unterwegs zu ihrem eigenen Ursprung, nämlich der Selbstgabe Christi, die sich

---

[24] Vgl. DS 3016.
[25] Diese Forderung unterscheidet sich von der mittelalterlichen Lehre, daß die somatische Realpräsenz »res et sacramentum«, die Einheit der Kirche aber die »res«, das letzte Ziel der Eucharistie, sei. Diese mittelalterliche Lehre hat zwar eine Beziehung zwischen Eucharistie und Kirche gesehen, aber diese basiert erstens lediglich auf der somatischen Realpräsenz und nicht auf der Eucharistiefeier als ganzer und kennt zweitens nicht die *Gegenseitigkeit* der Beziehung. Demgegenüber halten wir fest: Die Eucharistie ist nicht nur die Ursache der Kirche, sondern umgekehrt ist die Kirche auch die Ursache der Eucharistie. Die im Heiligen Geist versammelte Gemeinde hat die Sendung Christi, in ihr ist Christus als Gastgeber anwesend, sie spricht in der

ein für allemal in seinem Tod für uns vollzogen hat. Die dauernde Fürsprache Christi für uns beim Vater ist die Kraft, welche die Kirche in der Eucharistie, in der gültigen Danksagung, und damit auf ihrem Weg durch die Zeit in ihren Ursprung hinein erhält. Innerhalb dieses Rahmens muß dann von der Selbstgabe Christi in den eucharistischen Speisen gesprochen werden.

In bezug auf eine Erklärung der damit angeklungenen somatischen Realpräsenz werden wir es uns allerdings nicht so leicht machen wie Thurian. Wir sehen in dem Ringen um diese Frage, das heute aufgebrochen ist, vielmehr einen Hinweis auf die Notwendigkeit, die in der Theologiegeschichte einmal gestellten Probleme nicht liegenzulassen, sondern sie anzugehen. Wir müssen daher nun die verschiedenen Versuche der zweiten Gruppe sichten.

Wir werden dabei feststellen, daß fast alle Versuche der letzten Jahre, welche die somatische Realpräsenz näher erklären wollen, in einigen Grundzügen übereinstimmen. Zunächst sind sie sich der grundsätzlichen Grenze für das Denken bewußt, welche mit einem Glaubensgeheimnis gegeben ist, und intendieren daher *keine adäquate* Erklärung. Es geht vielmehr um den Versuch, von einer unserer Denkform entsprechenden Basis aus einen Zugang zu dem Geheimnis zu finden, so wie das Mittelalter von *seinem dinglichen* Denkhorizont her einen Zugang suchte und fand. Ein weiterer gemeinsamer Grundzug bei neueren Interpretationsvorschlägen besteht darin, daß der Begriff des *Wesens* und damit der Wesensverwandlung so gefaßt wird, daß die *Relation,* die Beziehung, von vornherein mitgedacht ist. Damit hängt es zusammen, daß es sich bei den neueren Versuchen durchwegs um Vorschläge handelt, welche eine *ontologische* Erklärung intendieren, so daß man ihnen zu Unrecht den Vorwurf des bloßen Symbolismus machen würde. Allerdings wird – und das scheint uns eine notwendige Konsequenz aus unserer geistesgeschichtlichen Situation zu sein – die Ontologie nicht mehr dinglich, sondern relational oder personal gefaßt.

Diese kurzen Bemerkungen können an dieser Stelle noch nicht inhaltlich gefüllt sein und bleiben daher notwendig noch unklar. Sie sollen

---

Eucharistia, dem großen Dankgebet, das Wort Christi: »Nehmt und eßt!«, und sie besitzt darum eine wirkliche, wenn auch instrumentale Ursächlichkeit in bezug auf die Eucharistiefeier und darum auch in bezug auf die somatische Realpräsenz. Die Dinglichkeit des mittelalterlichen Denkens verhinderte es, daß die *dialektische Einheit* von Kirche und Eucharistie gesehen wurde. Diese Einheit wurde vielmehr aufgelöst in ein Nacheinander, in eine Folge von Mittel und Ziel: sacramentum tantum, res et sacramentum, res tantum. Dieses mittelalterliche Denken kann von seiner Form her den biblischen und patristischen Aussagen wohl nicht gerecht werden.

auch nur ein gewisses Vorverständnis vermitteln, das sich durch die Betrachtung einzelner Interpretationsversuche klären wird.
Zunächst möchten wir den Versuch *P. Schoonenbergs* besprechen, und zwar wegen seiner inneren Folgerichtigkeit, die allerdings auch eine gewisse Einseitigkeit oder besser Einlinigkeit mit sich bringt. Schoonenberg geht von einer Analyse des Begriffs »Gegenwart« aus [26]. Schoonenberg unterscheidet zwischen einem *bloß informierenden* und einem *realisierenden Zeichen*. Ein Verkehrszeichen ist z. B. bloß informierend. Es erinnert an etwas oder macht auf etwas aufmerksam. Ein Geschenk aber ist z. B. realisierend. Es erinnert mich nicht nur an die Liebe meines Freundes, sondern es realisiert diese Liebe, es ist ihr Vollzug. Im Geschenk kommt die Liebe des Freundes zu mir, ist sie mir gegenwärtig. Diese Unterscheidung zwischen informierendem und realisierendem Zeichen ist für die folgenden Überlegungen grundlegend.

Eine andere Unterscheidung hängt mit der genannten zusammen, nämlich die zwischen räumlicher und personaler Gegenwart. Um in der Eucharistielehre Aussagen über die Gegenwart Christi machen zu können, muß man die Wirklichkeit *personaler* Gegenwart genauer klären; denn Christus ist Person.

Jeder personalen Gegenwart liegt ein realisierendes Zeichen zugrunde. Das stärkste realisierende Zeichen ist unser Leib mit seiner Möglichkeit, sich auszudrücken und unser Dabeisein zu bekunden; aber auch Brief, Bild, Geschenk und Wort sind realisierende Zeichen, welche die personale Gegenwart vermitteln.

Im realisierenden Zeichen ist also mehr als das Zeichen: nämlich der Wille der Person zur Kommunikation. Allerdings drückt sich dieser Wille gerade im Zeichen aus und wird somit in bestimmter Hinsicht mit dem Zeichen identisch. Erst dieser Wille zur Kommunikation, der sich im leiblichen Dabeisein oder in einem Brief oder Geschenk ausdrückt, macht das Zeichen zum realisierenden Zeichen personaler Gegenwart. Ohne den Willen ist das Zeichen kein realisierendes Zeichen, ist es eine Attrappe oder eine Lüge. Dabeisein im räumlichen Sinne ist nicht immer auch personale Gegenwart. Es ist zwar wahr, daß die personale Gegenwart beim geschichtlichen Menschen in leiblicher Ge-

---

[26] P. *Schoonenberg* hat seine Gedanken zur Eucharistie bisher in folgenden Aufsätzen veröffentlicht: De tegenwoordigheid van Christus, in: Verbum 26 (1959) 148–157; Eucharistie en tegenwoordigheid, in: Heraut van het Heilig Hart 89 (1959) 106–111; Een terugblik – Ruimtelijke, persoonlijke en eucharistische tegenwoordigheid, in: Verbum 26 (1959) 314–327; Tegenwoordigheid, in: Verbum 31 (1964) 395–415; Inwieweit ist die Lehre von der Transsubstantiation historisch bestimmt?, in: Concilium 3 (1967) 305–311.

genwart ihre höchste Vollendung erfährt, aber eben in leiblicher Gegenwart, die das realisierende Zeichen des in ihr enthüllten Willens zur Kommunikation ist.
Bei dieser Phänomenologie personaler Gegenwart, wie Schoonenberg sie vorlegt, fällt sofort auf, welche Dimension dem Frühmittelalter noch nicht begrifflich zugänglich war. Es konnte die Dialektik räumlicher Gegenwart, daß sie nämlich realisierendes Zeichen des Willens zur Kommunikation sein, aber auch personales Nichtanwesendsein anzeigen kann, nicht in die Reflexion heben. Nun kommt es aber bei einer präzisen Fassung der Gegenwart Christi gegenüber seiner Kirche, wenigstens für uns heute, auf diese Dimension personaler Gegenwart an, und es handelt sich bei ihr offensichtlich um Wirklichkeit, um *Sein*, so daß man von einer personalen und damit geschichtlichen Ontologie sprechen darf.
Doch kehren wir wieder zurück zu Schoonenbergs Versuch. Sowohl vom Willen zur Kommunikation wie auch von der Ausdrucksfähigkeit des Zeichens her sind verschiedene Grade personaler Gegenwart denkbar. Ein sehr guter Freund ist mir vielleicht durch einen Brief stärker gegenwärtig, wirkt mächtiger auf mich ein als ein Fremder durch seine leibliche Gegenwart. Von hier aus vermag Liebe oder Freundschaft auch Dinge geradezu zu verwandeln, zu realisierenden Zeichen zu erwählen. Das Geschenk der Eltern an einem entscheidenden Tag des Lebens etwa behält Gewicht und Bedeutung weit über seinen materiellen Wert hinaus.
Sosehr an sich die personale Gegenwart im Leib zu ihrer höchsten Vollendung kommt – den Willen zur Kommunikation hier vorausgesetzt –, so erweist sich doch eine gewisse Raum-Zeit-Überlegenheit des Willens, insofern auch längere Abwesenheit unter personal füreinander Erschlossenen die Kommunikation nicht zu schwächen braucht, sondern sie sogar vertiefen kann. Auch Distanz kann – innerhalb einer Geschichte der Kommunikation – eine positive Funktion beim Aufbau personaler Gegenwart haben. Der Raum der Bewährung für die Treue, ohne die personale Gegenwart nicht denkbar ist, wird nämlich durch die räumliche Distanz oft erst erschlossen.
Von hier aus ist ein Zugang gegeben zur Erhellung der Gegenwart Christi in der Eucharistie. Die eucharistische Gegenwart Christi hat, biblisch gesehen, ihren Grund in seinem Tod, d. h. in seinem Fortgehen, in seinem Abschied von den Jüngern. Sie ist Todesgabe Christi, Gabe, die er im Scheiden gibt, und sie gerät damit in die Dialektik, in der seine pneumatische Gegenwart in der Kirche überhaupt steht: »Ich gehe weg und komme wieder zu euch« (Joh 14,28). Die Grundlage für seine eucharistische Gegenwart unter uns, die ja nur im Heiligen

Geist möglich wird, ist also gerade die Tatsache, daß er nicht mehr bei uns, sondern beim Vater ist. Als in den Tod Hingegebener ist Christus auch der Lebende, der Auferstandene, der den Geist sendet und damit die sakramentale Dimension eröffnet [27]. Diese pneumatische Existenz des für uns in den Tod gegebenen Christus ermöglicht es ihm, uns personal gegenwärtig zu sein in einer Form, die jede andere personale Gegenwart eines räumlich Abwesenden wesentlich übersteigt. Christus hat also die Möglichkeit, als der für uns Hingegebene, auf Grund seiner Hingabe und damit seines Fortgegangenseins, ein realisierendes Zeichen seiner Gegenwart, seines Für-uns-Daseins, zu schenken, und dieses Zeichen, diese Gabe ist *er selbst*, der Geber, weil seine Existenz durch den Tod absolute Hingabe, Zusammenfall von Existenz und Gabe geworden ist. Er gibt sich selbst seiner Gemeinde in Brot und Wein, in einem von ihm gestifteten Mahl. Damit wird auch die Spannung »schon – noch nicht« in besonderer Weise hervorgehoben: Der Abwesende schenkt sich selbst uns im Zeichen, damit sein Fortgegangensein einmal überholt wird von der unüberholbaren, eschatologischen Gegenwart. Eucharistie ist damit Selbstgabe des Herrn auf dem *Weg* der Kirche zu ihm und eröffnet den Raum der Hoffnung, in dem die Kirche darum bittet, die Dialektik von Nähe und Ferne überwinden zu dürfen in die volle Nähe des Herrn. Denn trotz oder vielmehr wegen der eucharistischen Gegenwart Christi gilt für die Kirche der Satz, daß wir »noch fern vom Herrn wandern« (2 Kor 5,6). Die Eucharistie ist in dieser Situation der Pilgerschaft die Realverheißung, daß der Weg sein Ziel finden wird in der unverhüllten und absoluten Nähe Christi zu seiner Gemeinde.

Indem Christus sich in der Eucharistie selbst schenkt, verwandelt und erhöht er die Zeichenfunktion von Brot und Wein. Sie sind nicht mehr nur körperliche Nahrung, sie sind auch nicht mehr nur ein Zeichen der Gemeinschaft unter Menschen, die sich in einem Mahl realisiert, sondern *in all dem* und *darüber hinaus* werden sie durch den Geist Jesu zu realisierenden Zeichen seiner Gegenwart für uns, seiner Hingabe für uns, seines Opfers, das uns zur Einheit in ihm erlöst. Wenn man die Ebene der Beziehung und damit die Ebene des Zeichens als die entscheidende Ebene *im Seienden selbst* ansieht, darf man bei der Eucharistie also von einer *Transsignifikation* sprechen, und diese meint dann eine wirkliche, seinshafte Verwandlung sowohl eines Mahl*geschehens* – das Mahl wird zuerst verwandelt! – wie auch der in diesem Mahlgeschehen *gereichten Speise*. Das Mahl wird verwandelt zum Gedächt-

---

[27] Vgl. Joh 19,34 f.; 1 Joh 5,5–8. »Wasser und Blut« versinnbilden Taufe und Eucharistie.

nismahl des Opfers Christi und zum Gemeinschaftsmahl des Auferstandenen mit seiner Gemeinde, die dabei gereichten Speisen werden verwandelt in ihn selbst, dessen Existenz die der Hingabe ist und bleibt.

Man kann natürlich die Frage stellen, ob dieser Begriff der Transsignifikation zur Charakterisierung der Gegenwart Christi in der Eucharistie genügt. Die Enzyklika »Mysterium fidei« scheint auf den ersten Blick diese Frage mit Nein zu beantworten [28]. Sagt sie doch, daß zur vollen Erklärung der Gegenwart Christi zum Ausdruck »Transsignifikation« der Begriff »Transsubstantiation« hinzutreten müsse. Eine genaue Analyse dessen, was die Enzyklika unter Zeichen versteht, zeigt nun aber, daß die Enzyklika nur das informierende Zeichen kennt und ihr der Begriff des realisierenden Zeichens fremd ist, wie man vor allem aus nr. 36–42 erkennt [29]. So verwirft die Enzyklika also nur den Symbolismus. Der Vorwurf des Symbolismus kann aber die dargelegte These Schoonenbergs über die Transsignifikation im Sinne einer Ontologie der personalen Gegenwart und des realisierenden Zeichens nicht treffen, da es bei *dieser* Transsignifikation eben um eine ontologische Aussage geht. So scheint es, daß die von Schoonenberg vertretene These von der Enzyklika nicht verworfen wird. Daher dürfte in dieser These ein beachtenswerter Versuch vorliegen, die Eucharistie auf der personal-ontologischen Ebene darzustellen, ein Versuch, der nach unserer Ansicht das vom Tridentinum mit dem Begriff Transsubstantiation Gemeinte in einer anderen Sprache und in einem anderen Denkhorizont wahrt [30]. Allerdings entsteht gerade auf Grund dieser Einsicht die Frage, ob Schoonenberg nicht zu einseitig von der somatischen Realpräsenz ausgeht, ob er z. B. die kommemorative Aktualpräsenz des Heils*werkes* Christi in seiner Analyse der Gegenwart

---

[28] Vgl. »Mysterium fidei« nr. 11, in: AAS 57 (1965) 755.
[29] Ebd. 763–765. – Als charakteristisch für den Symbolismus in der Eucharistie führt die Enzyklika das Bild der Didache an, das später von Cyprian erweitert wurde: »Wenn der Herr seinen Leib ein Brot nennt, das durch die Vereinigung vieler Körner zusammengebracht ist, bezeichnet er unser geeintes Volk ... und wenn er sein Blut einen Wein nennt, der aus vielen Trauben und Beeren ausgepreßt und in eins gebracht ist, bezeichnet er ebenso unsere Herde...« (Cyprian, Epistola ad Magnum 6 – PL 3, 1189). Offenbar meint Schoonenberg mit seinem Begriff »Transsignifikation« eine andere Art von Zeichen.
[30] Zu einem noch positiveren Resultat in bezug auf das Verhältnis der modernen Deutungsversuche zur Enzyklika kommt W. *Beinert*, Die Enzyklika »Mysterium Fidei« und neuere Auffassungen über die Eucharistie, in: TThQ 147 (1967) 159–176. Abschließend stellt er fest: »Jedenfalls dürfte deutlich geworden sein, daß sie (die modernen Deutungsversuche) nicht unbedingt und schon gar nicht von ihrem hermeneutischen Ansatzpunkt her mit der Enzyklika ›Mysterium Fidei‹ in Gegensatz zu stehen brauchen« (176).

Christi genügend bedacht hat. Diese Frage wird sich von selbst beantworten, wenn wir weitere Interpretationsversuche untersuchen und daraus die Konsequenzen für eine systematische Darstellung der eucharistischen Wirklichkeit ziehen.
Wir wollen uns aber vorher noch mit der Kritik auseinandersetzen, die der Versuch Schoonenbergs erfahren hat. E. Schlink meint, die Interpretation Schoonenbergs ließe »die manducatio indignorum fragwürdig werden« und dürfte »sich dem reformierten Abendmahlsverständnis nähern«[31]. Schlink befürchtet also, in der personalen Sicht Schoonenbergs komme das Sakrament nur dann zustande, wenn ein würdiger Christ es empfange. Der Unwürdige komme gar nicht vor die Wirklichkeit des im Sakrament gegenwärtigen Christus zu stehen, gerate also auch nicht unter sein Gericht. Wir können in dieser Ansicht nur ein gründliches Mißverständnis der personalen Ontologie Schoonenbergs sehen. Schlink meint offensichtlich, wenn man die Gegenwart Christi personal sieht, sei diese Gegenwart vom Empfänger abhängig, komme also nicht zustande, wenn der Mensch nicht gläubig und würdig zum Sakrament zutrete. Nach unserer Ansicht ist Schoonenberg mit seiner These aber weit davon entfernt, dies zu behaupten. Auch eine Gegenwart, in der personale Beziehung konstitutiv ist, die also auf einen Partner ausgerichtet ist, kann von dem tatsächlichen Verhalten des Partners als solche *unabhängig* sein. Derjenige, der ein Geschenk anbietet, ist personal anwesend, auch wenn das Geschenk tatsächlich nicht oder nicht dankbar angenommen wird. Insbesondere die Liebe Gottes in Christus gilt reuelos, d. h. unabhängig von dem tatsächlichen Verhalten des einzelnen Menschen, obwohl sie ihrem Wesen nach auf ihn gerichtet ist[32].
Gewiß setzt die sakramentale Realisation der Liebe Gottes in Christus voraus, daß Kirche als Gemeinschaft der Glaubenden tatsächlich existiert, aber dies ist ja – nach neutestamentlichem und vor allem patristischem Zeugnis – *vor* der Glaubensentscheidung des Einzelnen der Fall. Die Eucharistiefeier hat daher gegenüber dem einzelnen Christen einen vorgegebenen Charakter, auch wenn man ihr Wesen dialogisch, d. h. in der Beziehung Christus – Kirche, sieht. Innerhalb dieser Beziehung Christus – Kirche ist die eucharistische Gegenwart Christi personal zu fassen, damit auch hingeordnet und ausgerichtet auf

---

[31] *E. Schlink,* Das Problem der Abendmahlsgemeinschaft zwischen der evangelisch-lutherischen und der römisch-katholischen Kirche, in: *J. Höfer–K. Lehmann–W. Pannenberg–E. Schlink,* Evangelisch-katholische Abendmahlsgemeinschaft?, Regensburg-Göttingen 1971, 143–187; hier 156, Anm. 11.
[32] Das bedeutet natürlich *nicht,* daß diese Liebe Christi im würdigen und unwürdigen Empfänger des Sakramentes dieselbe *Wirkung* hervorruft.

den Glauben des Einzelnen, der mitfeiert, aber sie ist nicht abhängig von diesem Glauben. Die Gegenwart Christi in seiner Kirche trägt und ermöglicht den Glauben des Einzelnen. Vielleicht deutet sich in dem Mißverständnis Schlinks an, daß die eigentlichen Schwierigkeiten in bezug auf evangelische und katholische Verständigung in der Eucharistieauffassung im Kirchenbegriff liegen. Schoonenbergs personale Ontologie darf jedenfalls nicht individualistisch interpretiert werden, obwohl man zugeben muß, daß Schoonenberg selbst den ekklesiologischen Charakter seines Ansatzes deutlicher hätte aussagen können. In diesem Mangel ist die Einlinigkeit seiner Gedanken zu sehen. Diese sind aber für unsere ekklesiale Interpretation nicht nur offen, sondern kommen nach unserer Ansicht dadurch erst zu ihrer Tragfähigkeit.

Ein tiefer reichender Vorwurf wird Schoonenberg von H. Jorissen in einem leider nur als Manuskript veröffentlichten Vortrag gemacht[33]. Jorissen sagt: »Bei dieser von der Phänomenologie des Geschenks ausgehenden Deutung bleibt die Frage nach der *inneren* Möglichkeit einer solchen absoluten und totalen Transsignifikation, einer solchen Totalidentifikation Christi mit den eucharistischen Gaben... völlig ohne Antwort... Mit anderen Worten, diese Deutung vermag die *innere Möglichkeit* nicht einsichtig zu machen, wie ein materiell Seiendes *ontisch, total* und *bleibend* als Ausdruck personaler Selbstschenkung bestimmt werden kann.«[34]

Wir müssen gestehen: Für unsere Vorstellung macht Schoonenbergs Versuch die von Jorissen genannte innere Möglichkeit besser sichtbar als die Transsubstantiationslehre. Es kommt nur darauf an, daß man die Ebene wahrnimmt, auf der hier die Erklärung gesucht wird. Die Ebene der Erklärung in Schoonenbergs Versuch ist völlig christologisch. In der Tat Christi, der sich für uns in den Tod gegeben hat, und in der Annahme dieser Tat durch Gott ist die innere Möglichkeit dafür zu suchen, daß Christus sich selbst in den eucharistischen Gaben schenkt. Die Schwierigkeit ist hier von derselben Art wie diejenige, das »extra nos« des Heils überhaupt zu erkennen, d. h. zu erkennen, daß der Tod eines Menschen in Palästina vor zweitausend Jahren etwas mit unserem Stand vor Gott zu tun hat, daß es ein »Tod für uns« war. *Wenn* dies aber einmal im Glauben erkannt ist, wenn einmal die besondere Qualität *dieses* Jesus von Nazaret und *seines* Todes im

---

[33] *H. Jorissen*, Die Diskussion um die eucharistische Realpräsenz und die Transsubstantiation in der neueren Theologie, in: Beiträge zur Diskussion um das Eucharistieverständnis. Referate und Vorträge im Rahmen des Arbeitskreises »Eucharistie« im Collegium Albertinum, Bonn 1970, 33-57; hier 46 f.
[34] Ebd. – Hervorhebungen von Jorissen.

Glauben verstanden ist, dann ist damit auch gewußt, daß die Welt
– trotz ihrer phänomenalen Unveränderlichkeit – verwandelt ist. Dann
ist gewußt, daß Menschsein – und Menschsein ist immer »In-der-Welt-
Sein« – prinzipiell offen ist für diese Erlösungstat. Dann ist *Christus
mächtig*, sich durch die geschichtlichen und materiellen Wirklichkeiten
seiner Kirche zu schenken.
Diese *theologische* Erklärung scheint uns einleuchtender als die Erklärung von der Transsubstantiation her, die – man mag sich wenden,
wie man will – in ihrer hochmittelalterlichen *Auslegung* nun doch
eine dingliche, naturphilosophische Dimension voraussetzt [35]. Der Rekurs auf die Allmacht Gottes aber ist, wenn man so will, bei beiden
Erklärungsversuchen notwendig. Denn auch die mittelalterlichen Autoren und das Trienter Konzil mußten auf die Allmacht Gottes hinweisen bei der Frage, wie denn eine Substanz in eine andere verwandelt
werden könne. Das Trienter Konzil spricht ja geradezu von einer
»wunderbaren und einzigartigen Verwandlung« [36]. Die Verengung der
mittelalterlichen Theologie liegt jedoch hierbei darin, daß die vom
Neuen Testament her zu fordernde Begründung der somatischen Realpräsenz durch die Selbsthingabe Christi am Kreuz in der Transsubstantiationslehre gerade nicht geleistet wird. Wir haben nach unserer
Ansicht eindeutig genug zeigen können, warum schon im Mittelalter
und erst recht in der nachtridentinischen Theologie die Traktate über
die Realpräsenz und über die Eucharistie als Sakrament und als Opfer
auseinanderfielen und daher diese *theologische* Begründung der Realpräsenz innerhalb des einmal abgesteckten Rahmens nicht mehr zu
erreichen war.
Es scheint uns abendländischen Menschen des zwanzigsten Jahrhunderts, die wir durch die griechisch-abendländische Philosophie nun einmal geprägt sind, schwer einzuleuchten, daß Ontologie, also von unserem subjektiven, *akthaften* Wollen unabhängige Wirklichkeit, auch
nicht-dinglich, also personal, gedacht werden kann. Wenn man sich
von dem damit gegebenen Vorurteil befreit, scheint es uns aber durch-

---

[35] Es ist nach meiner Ansicht nicht möglich, Metaphysik und Naturphilosophie bei Aristoteles und im Mittelalter zu trennen. Ist der Begriff »Entelechie« etwa ein metaphysischer oder ein naturphilosophischer Begriff? Er ist beides. Dasselbe gilt aber für den Begriff »Substanz«. Natürlich ist die Substanz gerade nach mittelalterlicher Auffassung *nicht* mit den Mitteln des Experimentes faßbar; aber das Mittelalter war eben der Überzeugung, daß man nicht so sehr durch das Experiment als vielmehr mit Hilfe des *Denkens* auch der dinglichen Natur auf die Spur kommen kann. Metaphysik und Naturphilosophie und ihr Verhältnis zueinander sind etwas anderes vor Kant und nach Kant – damit müssen sich Philosophen *und* Theologen abfinden. Gerade *darum* die Forderung nach einem neuen Durchdenken der somatischen Realpräsenz.
[36] DS 1652.

aus möglich, aus der Beziehung des erhöhten Herrn zu Welt und Mensch die Realität seiner Selbstgabe in den eucharistischen Gaben zu erkennen. Denn Christus hat durch seinen Tod eine wirkliche Macht über Welt und Mensch gewonnen, freilich eine Macht der Liebe, der Hingabe.

Die Realität der Selbstgabe Christi in der Eucharistie ist zwar auf uns ausgerichtet, meint uns, ja ist das geronnene »für uns«, ist aber *in ihrer Existenz* »extra nos«, *nicht abhängig* von unserem Wollen und Glauben, weil auch ihr Grund, der Opfertod Christi, *unabhängig von uns* geschehen ist. Damit wird, wie gesagt, nicht ausgeschlossen, daß dieses »extra nos« des Heils *zu seiner Erfüllung* erst kommt, wenn wir es in uns hineinlassen. Eine Betrachtung der eucharistischen Speisen »in sich«, losgelöst von der Beziehung Christus–Kirche, d. h. eine Betrachtung als Ding, scheint uns dabei grundsätzlich von der Ebene wegzuführen, die hier gefordert, weil allein angemessen ist. Dabei scheint es uns gerade auf der personalen Ebene möglich, das vom Konzil von Trient *Gemeinte* in *unserer* Sprache auszusagen.

Gehen wir nun zu der Betrachtung anderer Versuche über [37]. Als zweiten bedenkenswerten Beitrag zu unserer Frage möchten wir *J. Ratzingers* Vorschlag behandeln [38]. Er ist der eigentlichen Intention nach dem Ansatz Schoonenbergs verwandt, insofern auch er in personalen und ereignishaften Kategorien denkt. »Christus ist anwesend seinem wesentlichen Selbstsein nach, in das Er die Kreatur einbezieht, dadurch, daß Er sie zu Zeichen seiner Anwesenheit macht. Anwesend ist seine durch das Kreuz hindurchgegangene Liebe, in der Er sich selbst (die ›Substanz‹ seiner selbst): Sein von Tod und Auferstehung geprägtes Du als heilschaffende Wirklichkeit uns gewährt.« [39]

Bei dieser Formulierung fällt sofort das Ineinander von Person und Schicksal Christi auf. Ratzinger spricht von der Anwesenheit der Person (des wesentlichen Selbstseins) Christi, *indem* er von der Anwesenheit seiner durch das Kreuz hindurchgegangenen Liebe spricht. Hier ist die Person Christi in ihrem pneumatischen Sein, also als Auferstandener, so gesehen, daß sie ein von seiner Lebenshingabe *geprägtes* Du ist. Damit ist in einer glücklichen Weise die Möglichkeit gegeben,

---
[37] *L. Smits*, Vragen rondom de Eucharistie, Roermond 1965, ist Schoonenbergs Versuch verwandt, so daß wir ihn nicht gesondert behandeln möchten. Er hat allerdings durch die starke Parallelisierung zwischen Inkarnation und somatischer Realpräsenz eine Neigung zur sogenannten Impanationslehre, bei der die Gegenwart Christi in der Eucharistie als zweiter Fall oder als Wiederholung der Inkarnation erscheint. Die Eucharistie wiederholt indes nicht die Inkarnation, sondern setzt sie voraus.
[38] *J. Ratzinger*, Das Problem der Transsubstantiation und die Frage nach dem Sinn der Eucharistie, 129–158.
[39] Ebd. 153 f.

somatische Realpräsenz und kommemorative Aktualpräsenz, also Gegenwart Christi *und* Gegenwart seines Todes und seiner Auferstehung, als Einheit zu sehen. Ja noch mehr: Das, was wir im Anschluß an J. Betz die Aktualpräsenz des erhöhten Herrn als des Gastgebers in der eucharistischen Feier bezeichneten, ist im Ansatz Ratzingers der tragende Grund der Gegenwart Christi: Sein Durchgang durch Tod in Auferstehung hat ihm die Macht verliehen, das Mahl und die in diesem Mahl gereichten Speisen zu Zeichen seiner Personalität zu machen, die seit ihrem ein für allemal vollzogenen Tod immer im Zustand der Fürbitte für uns, der Hingabe für uns, vor dem Vater lebt. Wir erkennen hier eine Wirklichkeit auf direktem theologischem Weg, die bei Schoonenberg über die Phänomenologie der personalen Gegenwart, also anthropologisch, angegangen wurde. In der letzten Konsequenz aber treffen sich beide Wege; denn auch Schoonenbergs anthropologische Analyse hat ein christologisches Ziel: Das Fortgegangensein Christi in seinem Tod gibt ihm – weil dieser Tod im vollen Gehorsam gegenüber dem Vater erlitten wurde – die Macht, trotz »räumlicher« Distanz uns in personaler Gegenwart das Geschenk seiner selbst zu geben.

Wie nahe Ratzingers und Schoonenbergs Gedanken einander manchmal sind, erkennt man deutlich aus der Feststellung Ratzingers, »daß zwei Menschen in einer überfüllten Straßenbahn aufeinander gepreßt sein können und doch sind sie unendlich voneinander entfernt«[40]. Auch bei Ratzinger wird daher die eucharistische Gegenwart Christi, sosehr sie die kreatürlich-leibliche Dimension ergreift, doch *begründet* in der personalen Dimension: »Eben diese Offenheit der Gewährung über alle Räume hin ist das Wesen der durch den Tod hindurchgeschrittenen Auferstehungsexistenz.«[41]

Ratzinger hofft, mit diesem Ansatz eine Betrachtungsweise gewonnen zu haben, welche die Kontroverse zwischen Luther und seinen katholischen Gegnern überwinden kann. Sowohl Luther wie seine zeitgenössischen Gegner verstanden Gegenwart ausschließlich räumlich. Die Ubiquitätslehre Luthers, in der er behauptete, der auferstandene Christus nehme an der Allgegenwart Gottes teil, kann daher nur als eine von falschen Voraussetzungen ausgehende Folgerung verstanden werden, welche die Frage der eucharistischen Gegenwart mehr verwirrt als klärt. Ratzinger meint, »die neue Seinsweise des Herrn kann keine einfache naturale Ubiquität« bedeuten, ja ist »überhaupt nicht ›secundum modum naturae‹, nach der Weise der Naturdinge, sondern ›secun-

---

[40] Ebd. 155.
[41] Ebd.

dum modum personae‹ zu verstehen«[42]. Wir werden als Argument für diese Ansicht anführen können, daß der biblische Ausdruck »Leib« – und das gilt in ähnlicher Weise für »Blut« – nicht primär die materielle Leiblichkeit, sondern die sich in ihr bezeugende und durch sie handelnde Person meint. Die materielle Seite der Auferstehungsexistenz Christi ist für uns ohnehin nicht analysierbar. Daher sind Fragen dieser Art: »Wie kann Christus im Brot gegenwärtig sein, wenn er zugleich als Auferstandener zur Rechten des Vaters ist?«, von vornherein falsch gestellt. Sie wurzeln in einem Mißverständnis der Auferstehungsexistenz und dessen, was »Leib Christi« meint.

Ratzinger gewinnt von seinem Ansatz her auch eine Dimension zurück, die für die Theologie der griechischen Väter charakteristisch war: die Dialektik von Nähe und Ferne Christi, das Ineinander von »schon« und »noch nicht«. Wir erinnern uns, daß die griechischen Väter mit Hilfe ihres Bilddenkens mit *einem* Blick in der Eucharistie die wirkliche Gegenwart Christi *und* den Hinweis auf seine noch ausstehende volle Gegenwart im Reiche Gottes sehen konnten, und zwar so, daß die jetzt gewährte Gegenwart als Realverheißung der kommenden Gegenwart erschien. Ratzinger versucht vom Ineinander von Inkarnations- und Kreuzestheologie aus diese Dialektik zu erreichen: »Deshalb ist Inkarnation als theologische Aussage nicht abtrennbar von Kreuz und Auferstehung, so wie freilich umgekehrt diese österlichen Ereignisse nur auf der Basis der Inkarnation ihren wahren Sinn behalten können... Der Glaube an die Verwandlung der Gaben ist somit einerseits ohne Zweifel der Realität der Inkarnation zugeordnet: der Hineinziehung des Geschaffenen in die verborgene Anwesenheit des Herrn und dem Sich-Hineingeben des Herrn in die irdische, menschliche Geschichte. Aber dies Ja zur Inkarnation vollzieht sich im Raum der Auferstehung, kraft deren der Herr den Seinen seine Nähe gewähren kann und gewährt. Er erhebt damit zugleich die eucharistische Gabe zu einem eschatologischen Zeichen, zu einem Hinweis auf die kommende Welt, in der das ganze All... zum kostbaren Gefäß seiner Nähe werden wird. Insofern darf man hier wirklich von einer Dialektik zwischen Hier und nicht-Hier, zwischen Schon und Nochnicht, zwischen Unten und Oben sprechen: Christus ist da und er ist doch der Verborgene; er ist der Nahe und doch der ganz-Andere, der sich Gewährende und doch der, über den man nicht verfügt, der vielmehr verfügt über uns.«[43]

---

[42] Ebd. 154.
[43] Ebd. 157 f. – Ratzinger entwickelt in diesem Aufsatz den Gedanken der Dialektik von Schon und Noch-nicht von der Auseinandersetzung mit Calvin her. Calvin hatte – gegen Luther – den Gedanken betont, daß der auferstandene Christus *nicht*

Besonders diese letzte Konsequenz der dargestellten Dialektik, daß
wir nämlich über Christus nicht verfügen können, auch nicht und erst
recht nicht in der Eucharistie, bedeutet für die katholische Frömmigkeit der letzten Jahrhunderte ein notwendiges Korrektiv, insbesondere
was die Beziehung zwischen Eucharistie und Amt in der Kirche angeht. Wir können in unserem Zusammenhang nicht ausführlich auf
die Fragen um »Eucharistie und Amt« eingehen, möchten sie aber kurz
im letzten Abschnitt des Buches besprechen, und zwar im Rahmen der
ökumenischen Probleme. Hier sei nur schon darauf hingewiesen, daß
das Amt in der Kirche, dem der Vorsitz bei der Eucharistiefeier zukommt, in keiner Weise eine *Verfügungsgewalt* über Christus hat. Ihm
ist vielmehr ein *Dienst* übertragen, der völlig eingefügt ist in die Hingabe Christi für seine Kirche. Es handelt sich beim Amt also um die
Sendung zu einem Dienst, der in zweifacher Beziehung steht: in der
Gehorsamsbeziehung zum sendenden Herrn und darum in der Dienstbeziehung zur glaubenden Gemeinde. Der einzige, der hier Vollmacht
hat und verfügt, ist Christus selbst. Seine Vollmacht rührt von seiner
Lebenshingabe her und verwirklicht sich durch die Sendungs- und
Dienststrukturen der Kirche.

Abschließend ist noch einmal darauf hinzuweisen, wie nahe verwandt
die Ergebnisse Ratzingers und die Gedanken Schoonenbergs sind. Nur
der Weg, der zum selben Ziel führt, ist jeweils verschieden. Der Weg
Ratzingers ist rein theologisch, er geht von der Schrift und den Vätern
aus und ist zugleich von der Intention geleitet, die Kontroversen zwischen katholischer, lutherischer und calvinischer Theologie auf eine
Ebene zu stellen, von der aus eine Verständigung leichter möglich wird.
Schoonenberg dagegen schlägt den Weg anthropologischer Phänomenologie ein: Er analysiert personale Gegenwart im mitmenschlichen
Bereich und versucht von hier aus einen Zugang zur Gegenwart Christi
in der Eucharistie zu gewinnen. Dabei zielt auch seine Überlegung
letztlich auf christologische Aussagen. Auch Schoonenberg ist ja bewußt, daß der Glaube nicht beweisbar ist, daß man ihn also nicht »von
unten« aufbauen kann. Aber diese letztere Einsicht schließt nicht aus,
daß man »von unten«, von der Analyse menschlichen Daseins her,
einen *Zugang* zu einem Verständnis der Glaubensaussagen gewinnen
kann. Gerade die katholische Theologie hat diese Möglichkeit immer
betont, wenn sie von der »analogia entis«, der Zuordnung von Schöp-

---

hier, sondern beim Vater sei, worauf Luther mit der Ubiquitätslehre antwortete.
Ratzinger versucht aufzuzeigen, daß es sich bei beiden Positionen um Verabsolutierungen eines der beiden Pole in der genannten Dialektik handelt. Die tragische Entwicklung des 16. Jahrhunderts rührte von dem Umstand her, daß die Dialektik selbst
rein räumlich gesehen wurde und daher ein unlösbares Problem entstand.

fungs- und Erlösungsordnung sprach. Auch die mittelalterliche Transsubstantiationslehre suchte aus *ihrer* Weltsicht einen solchen Zugang zum Geheimnis zu gewinnen.

Besonders fällt auf, daß der Begriff des Zeichens nicht nur bei Schoonenberg, sondern auch bei Ratzinger eine große Rolle spielt. Christus macht Brot und Wein zu realisierenden Zeichen seiner selbst, damit auch zu Zeichen der eschatologischen Wirklichkeit. Man darf behaupten, daß Ratzinger wie Schoonenberg die Art und Weise, wie Christus in den eucharistischen Gaben gegenwärtig wird, als *Transsignifikation* erklärt, auch wenn er diesen Ausdruck nicht verwendet. Dabei ist bei ihm noch stärker als bei Schoonenberg klar, daß diese Erklärung im Rahmen einer personalen *Ontologie* zu sehen ist [44]. Es kann also keine Rede davon sein, daß Ratzinger einen bloßen Symbolismus vertrete. Er versucht aber, die eucharistische Gegenwart Christi auf der personalen Ebene und nicht auf der Ebene dinghafter Gegenwart zu verstehen.

Als dritten Versuch, die Eucharistielehre und vor allem die somatische Realpräsenz neu zu interpretieren, möchten wir die Überlegungen von *B. Welte* nennen, die er auf der Dogmatikertagung 1959 in

---

[44] Für mißlungen halten wir allerdings den Versuch Ratzingers, die Begriffe »Substanz« und »Zeichen« miteinander zu vermitteln. Die Dialektik »Sein-von-woandersher« und »Sein-in-Selbständigkeit«, die er dazu verwendet, eignet sich wohl nicht zu einer philosophischen Deutung der Transsubstantiation oder der Transsignifikation oder gar zu einer Vermittlung beider. Denn »Sein-von-woanders-her« heißt hier: »Sein-von-Gott-her«. Es geht aber bei der Verwandlung der eucharistischen Gaben nicht darum, daß *Gott als Schöpfer* gegenwärtig wird, sondern daß durch die Macht Gottes *Christus* gegenwärtig wird. Es ist daher nicht möglich, bei irgendeinem geschöpflichen Sein, weder bei Brot und Wein noch beim auferstandenen Christus – und *hier, nicht bei der Gottheit Christi* ist im eucharistischen Zusammenhang anzusetzen – das notwendige Ineinander von »Sein-von-Gott-her« und »Sein-in-Selbständigkeit« zu lösen, so als ob das zweite Glied wegfallen könnte. Vielmehr steigern sich die Glieder der Dialektik gegenseitig: Je näher zu Gott, um so selbständiger. Dies ist wohl ein ontologisches Prinzip. Nach meiner Ansicht ist hier Ratzinger deshalb ein Fehler unterlaufen, weil er an *dieser* Stelle personale Ontologie letztlich doch wieder dinglich fassen möchte, indem er den Begriffen »Substanz« und »Transsubstantiation« in der Terminologie Rechnung tragen will. Dies führt aber, wie man an diesem Beispiel sieht und wie wir bei der Besprechung des Ansatzes von Schillebeeckx noch deutlicher sehen werden, nicht zu einer Übersetzung des mit Transsubstantiation Gemeinten, sondern zu einer Verwischung des eigentlich Gemeinten. *Entweder* man denkt dinglich und arbeitet dann konsequent mit dem Begriff *Substanz* – *oder* man denkt personal-ontologisch, und dann bietet sich der Begriff des *Zeichens* deshalb an, weil er die Relation zwischen Personen und darum das Feld fassen kann, in dem Personen einander in Geschichte und Welt begegnen. Doch scheint uns diese Kritik nicht den Kern des Gedankens Ratzingers zu berühren. Anders *H. Jorissen*, in: Beiträge zur Diskussion um das Eucharistieverständnis, 42 f. (s. o. Anm. 33).

seinem Diskussionsbeitrag formulierte [45]. Welte schlägt zur Erklärung der eucharistischen Gegenwart Christi eine relationale Ontologie vor, die entscheidende Gedanken Heideggers aufgreift. Wie wir schon oben kurz darlegten, wird die Relation hier transzendental gefaßt, so daß sie zum Wesen des Seienden hinzugehört. Mit diesem Ansatz wird das Wesen des Seienden nicht mehr bloß statisch gefaßt, sondern es erscheint geschichtlich, wird von der Verwandlung berührt. »Bezugszusammenhänge können sich auch wandeln. Dann wandelt sich mit ihnen das, was das Seiende ist, da es ja außerhalb dieser Zusammenhänge ›nichts‹ ist. Die Zusammenhänge können sich z. B. *geschichtlich* wandeln ... Diese geschichtlichen Veränderungen der Bezugs- und Verständnishorizonte geschehen zwar nicht ohne den Menschen, sie sind aber auch nicht nur vom Menschen abhängig und nicht einfach seiner Willkür unterworfen. Es gibt so etwas wie ein geschichtsbildendes Schicksal ... Seinsbestimmende Zusammenhänge können auch *gestiftet* werden, und dann bestimmen sie verbindlich, *was* das von der Stiftung betroffene Seiende *ist,* und zwar im Maße der Verbindlichkeit des Stifters und seiner Stiftung.« [46]
Dieser letzte Satz Weltes ist besonders zu beachten. Wenn er eine Ontologie fordert, bei der seinshafte Verwandlung in Geschichte, etwa durch eine Stiftung, denkbar wird, dann möchte er damit nicht alle Ebenen von Verwandlung durch Stiftung einander gleichsetzen. Das von ihm vorgelegte Beispiel, daß ein Tuch von bestimmter Farbe durch Stiftung einer staatlichen Autorität zu einer Nationalflagge wird, ist nur ein *Beispiel,* das auf die *durchgängige* Wirklichkeit von Verwandlung durch Stiftung hinweisen will. Es soll aber nicht gesagt sein, daß auf *derselben* ontologischen Ebene auch die Verwandlung der eucharistischen Gabe erklärt werden kann. Der Gedanke ist vielmehr folgender: In dem Maße, in dem die Autorität Christi – kraft seiner Sendung durch den Vater und seiner Todeshingabe – eine weit größere ist als die einer staatlichen Autorität, ist auch die das Sein der eucharistischen Gaben betreffende Verwandlung tiefgreifender als die Verwandlung eines Tuches in eine Fahne. An Hand dieser letzteren Stiftung wird nur klar, daß es in einer relationalen Ontologie einen Zugang »von unten« für ein angenähertes Verstehen der eucharistischen Gegenwart Jesu gibt.
Auf dem Hintergrund seiner Ontologie schlägt Welte folgende Sicht der Eucharistie vor: »Es hieß: Christus wird Speise. Diesen ... wertvollen Gedanken möchte ich dahin ergänzen, daß ich vorschlage, an-

---

[45] Veröffentlicht in: *M. Schmaus* (Hrsg.), Aktuelle Fragen zur Eucharistie, München 1960, 184–195.
[46] Ebd. 192 f. – Hervorhebungen von Welte.

stelle des Satzsubjektes ›Christus‹ als Subjekt ›Tod des Herrn‹ zu setzen. Sagen wir einfach ›Christus‹, dann haben wir damit noch nicht von der *Bedeutung* des Herrn für den Glauben und erst recht noch nicht von der *Tat,* die diese Bedeutung begründete, gesprochen... Den zweiten, prädikativen Terminus des Satzes, nämlich ›Speise‹, würde ich durch den Begriff ›Mahl‹ zu ersetzen vorschlagen. Speise ist Speise im eigentlichen Sinne nur im Hinblick auf (wirkliches oder mögliches) Mahl... Vom Mahl her und auf Mahl hin hat Speise ihren Sinn in ihrem Wesen *als* Speise. Mahl ist also der volle, das Wesen der Speise als Speise grundlegende Begriff. Er entspricht auch den Einsatzworten: ›Nehmet hin und esset... trinket!‹ Die Deuteworte: Dies ist mein Leib, dies ist mein Blut, dürfen nicht isoliert betrachtet werden... Die Aufforderung zum Essen und Trinken, d. h. die Eröffnung und damit die Konstitution des heiligen Mahles als Mahl, ist meiner Vermutung nach ebenso sakramentskonstitutiv wie die Deuteworte... Dies spricht dafür, daß die Eucharistie auch von der Schrift her primär eher als Mahl denn als Speise zu verstehen ist.« [47]
Welte sieht von daher die grundlegende Aussage über die Eucharistie, aus der die Einsicht in die somatische Realpräsenz erst erwächst, in dem Satz: »Der Tod des Herrn wird im Sakrament gegenwärtig als Mahl.« [48] Nach unseren bisherigen dogmengeschichtlichen Überlegungen holt dieser Ansatz die Wirklichkeiten wieder ein, die infolge des dinglichen Denkens übersehen worden sind, und stellt sie – darin der Schrift und den Vätern verpflichtet – in einen inneren Zusammenhang. Person Christi und Ereignis Christi, Mahl als Vorgang und Speise in diesem Mahl, erscheinen von vornherein als zusammengehörig. Ebenso ist die von den griechischen Vätern als konstitutiv betrachtete Gegenwart Christi als des *Gastgebers* durch die Betonung der *Stiftung* und der Aufforderungsworte: »Nehmt und eßt!... Nehmt und trinkt!« selbstverständlich erreicht. Auch der Opfercharakter der Eucharistiefeier wird sichtbar, nämlich als die Gegenwart des »Herrentodes«, ohne daß man in einen Konflikt mit der Aussage des Hebräerbriefes geriete.
Welte hat außerdem durch seinen Ansatz den Vorteil, die *Wirkung* des Sakramentes und dessen eigene Wirklichkeit in einer *Einheit* zu sehen [49]. Teilnehmen an der eucharistischen Feier heißt nach ihm teilnehmen am Ereignis Christi, an seinem hier vergegenwärtigten Tod und seiner Auferstehung, heißt also die Gabe der Gemeinschaft mit

---

[47] Ebd. 184 f. – Unsere biblischen und vor allem patristischen Untersuchungen decken sich weitgehend mit der Ansicht Weltes.
[48] Ebd. 186.
[49] Vgl. ebd. 188 f.

dem durch Tod in Auferstehung gegangenen Herrn gewinnen und dadurch unter der Aufgabe stehen, in der eigenen Existenz diese Wirklichkeit Christi auszuzeugen. Ebenso ist – von Welte selbst allerdings nicht erwähnt – innerhalb dieses Ansatzes die in der Eucharistie geschenkte Teilnahme am Christusereignis als *kirchlich* bestimmt. Denn Tod und Auferstehung Christi sind die Geburt der Kirche und erst in Konsequenz davon die Ermöglichung christlichen Lebens. Schon das Mahl als solches gewinnt seinen vollen Sinn erst in der Sammlung der einzelnen in die Gemeinde auf Grund der *einen* Tat des *einen* Christus, der sich an die vielen in dem *einen* Brot gibt.
Bei dieser Betonung *der Feier als Mahlvorgang* verfällt Welte aber nicht in einen Aktualismus, der im Gefolge Luthers den Bezugszusammenhang, den Christus in Brot und Wein durch die Feier zu seiner Gemeinde stiftet, nicht ontologisch und d. h. nicht als *bleibend konstituiert* ansehen könnte. Vielmehr erklärt sich Welte ausdrücklich für die Verehrung und Anbetung des eucharistischen Sakramentes *nach* der Feier, weiß aber darum, daß es sich hier nur um eine Folgerung aus der Gegenwart Christi *im Mahl* handeln kann [50]. Diese Aussage ist keine Konzession, sondern eine echte Konsequenz aus Weltes Ansatz. Macht man nämlich mit einer relationalen *Ontologie* Ernst, d. h., sieht man Sein und Beziehung wirklich als transzendentale Einheit, so kann eine Beziehung auch bleibend gestiftet werden, kann also ein Seiendes auf Dauer in seinem Wesen verwandeln. Insbesondere legt die Reuelosigkeit und Unbedingtheit der Liebe Christi, seine »Liebe bis ans Ende«, es nahe, an seine Gegenwart in den eucharistischen Speisen auch nach der Feier zu denken. Vor allem aber spricht dafür die seit der Väterzeit ununterbrochene Überzeugung der Kirche. Denn schon in patristischer Zeit wurde die Eucharistie aufbewahrt und den Kranken und Gefangenen gebracht, die an der Feier nicht teilnehmen konnten, offensichtlich in der Überzeugung, daß es sich hier um die *bleibende* Selbstgabe Christi handelte. Falsch wäre allerdings eine von Feier und Mahl völlig losgelöste Verehrung der Eucharistie, in der die Todeshingabe Christi vergessen würde.
H. Jorissen bringt in dem schon erwähnten Manuskript einen kritischen Einwand gegen Weltes Vorschlag [51]. Jorissen sagt: »Phänomen im Sinne Heideggers ... meint das ›Sein des Seienden‹, wie es sich ›von ihm selbst her‹ dem *besorgenden Dasein* zeigt ... Daraus folgt, daß sich konsequenterweise jeder Wechsel des je bestimmenden Um-zu-Zusammenhangs und somit des ›Wesens‹ nur auf die Ebene des *besor-*

---

[50] Ebd. 189 f.
[51] *H. Jorissen*, in: Beiträge zur Diskussion um das Eucharistieverständnis, 53–55 (s. o. Anm. 33).

genden Daseins beziehen kann.«[52] Die Kritik Jorissens zielt also dahin, daß Heideggers Denken, von dem Welte entscheidende Impulse aufnimmt, rein phänomenologisch und nicht ontologisch gemeint sei und sich daher nicht dafür eigne, die eucharistische Verwandlung auszudrücken.
Hier nimmt Jorissen wohl eine vor allem dem späteren Heidegger nicht angemessene Verkürzung vor. Es ist bezeichnend, daß Jorissen bei seiner Kritik auf »Sein und Zeit« hinweist, während sich Welte auf eine Veröffentlichung Heideggers aus dem Jahre 1954 bezieht[53]. Daß Heideggers Denken für eine Ontologie offen ist, zeigt seine Entwicklung in den letzten zwei Jahrzehnten.
Aber selbst wenn dies nicht der Fall wäre: Es kann einem Theologen nicht verboten werden, Ansätze aus der Philosophie der Zeit aufzunehmen und sie so zu verwandeln, daß sie zur Aussage von Glaubensinhalten geeignet werden. Es ist offenkundig, daß Welte nicht einfachhin Heideggers Denken übernimmt, sondern daß er es weiterdenkt bis in eine Form, in der es unserer Ansicht nach fähig ist, die eucharistische Gegenwart Christi auszudrücken. Wäre Jorissens Kritik stichhaltig, dann müßte er noch nachträglich Thomas von Aquin verbieten, das aristotelische Denken aufzunehmen und so umzuformen, daß es für eine bestimmte Epoche der Kirchengeschichte fähig wurde, ein Instrument der theologischen Aussage zu werden. Denn daß in dem Denken des Aristoteles ursprünglich Elemente vorhanden waren, die ohne eine solche Umformung der christlichen Offenbarung gegenüber undurchlässig waren, kann nicht bezweifelt werden. Man denke nur an die Unmöglichkeit, den christlichen Begriff des Schöpfers und der Schöpfung mit nicht verwandelten aristotelischen Kategorien auszusagen.
Die Frage, ob Weltes Ansatz geeignet ist zur Darstellung der eucharistischen Gegenwart Christi, kann also nicht mit einem Hinweis auf Heideggers Denken beantwortet werden, sondern die Antwort muß von dem her, was Welte selbst sagt, erfolgen. Jorissen meint nun, Weltes Aussagen reichten nicht bis zum Wesen, seien also nicht ontologisch zu verstehen, sondern könnten nur im Raum des *besorgenden* Daseins gelten. Hier stellt sich die für die heutigen Ansätze in der Eucharistielehre entscheidende Frage: Ist eine *relationale* Ontologie denkbar? Ist es denkbar, daß dort, wo Wirklichkeit als *bezogen*, d. h. als Wirklichkeit *für jemanden* gesehen wird, nicht nur eine Dimension angezielt wird, die zum Wesen kategorial hinzukommt, die also das Wesen

---

[52] Ebd. 54. – Hervorhebungen von Jorissen.
[53] Vgl. B. *Welte*, in: M. *Schmaus* (Hrsg.), Aktuelle Fragen, 193.

selbst nicht konstituiert, sondern daß eine Dimension angezielt wird, in der die Wirklichkeit in ihrem eigenen Wesen *konstituiert* wird? Eine relationale Ontologie ist nach unserem Dafürhalten nicht nur möglich, sondern sie ist auch dem Charakter der christlichen Botschaft in besonderer Weise zugeordnet, wenn ihre Anfänge nicht sogar geschichtlich auf das Christentum zurückzuführen sind. Wenn etwa das Sein Christi von seinem Werk nicht getrennt werden kann, wenn also das Sein Christi ein »Sein für Gott und für die andern« ist, dann ist vom Inhalt der christlichen Botschaft her die Wirklichkeit relational zu fassen. Die Trinitätslehre deutet unübersehbar in dieselbe Richtung[54].

Die aristotelische und damit die hochmittelalterliche Philosophie war allerdings von einem unrelationalen Seinsbegriff geprägt, und so hat sie es nicht vermocht, alle Aussagen der Schrift in ihre Sprache zu übersetzen. Man denke etwa daran, daß der vom griechischen Denken her konzipierte Gottesbegriff keine reale Relation Gottes zur Schöpfung zuließ – ein Widerspruch zu der zentralen Aussage der Schrift, daß Gott (wirklich er selbst) seine Geschöpfe liebt und die von ihm Erwählten »seit Grundlegung der Welt« bejaht. Man denke ferner an die Schwierigkeit, die vom statischen Wesen her konzipierte Einheit Gottes in Einklang zu bringen mit der Relation Vater – Sohn. Man denke an die von Boethius stammende und im Mittelalter weitgehend übernommene Definition der Person als »individuelle Substanz einer Vernunftnatur«, in der die Relation zum Mitmenschen nicht vorkommt, die also völlig unrelational konzipiert ist. Die von der Schrift sowohl des Alten wie des Neuen Bundes so stark betonte Verwiesenheit des Menschen an den Mitmenschen, gerade auch in den Fragen des Heils oder Unheils, wurde auf der Basis dieser Definition im Abendland weithin an den Rand des Bewußtseins gedrängt.

Die Sorge derer, die sich eine relationale Ontologie schwer vorstellen können, läuft im wesentlichen auf dieses Eine hinaus: Sie vermuten in jedem relationalen Denken einen reinen Funktionalismus und Aktualismus, d. h., sie unterstellen, daß die Relation mit ihrer Ausübung zusammenfällt und mit ihrer Ausübung wieder verschwindet. Im Umkreis der Eucharistielehre würde ein reiner Funktionalismus besagen: Die von den eucharistischen Gaben innerhalb der Feier wahrgenommene Funktion berührt nicht das Sein dieser Gaben, sondern vollzieht sich im reinen Akt des Nehmens, des Essens und Weiterreichens innerhalb des Bewußtseinsraumes der Versammelten; an den Gaben selbst

---

[54] Auf der Basis einer relationalen Ontologie sieht die Trinitätslehre und die Christologie D. *Wiederkehr*, Entwurf einer systematischen Christologie, in: MS III/1, Einsiedeln 1970, 477–645.

geschieht nichts. Daß relationales Denken immer funktionalistisches Denken sein muß, darf und muß aber energisch bestritten werden. Wäre nämlich relationales Denken immer funktionalistisch, dann wäre es etwa in der Erlösungslehre nicht möglich, die Kluft zwischen Person und Werk Christi zu überbrücken. Es bliebe dann nichts anderes übrig, als sich Erlösung im Sinne der Anselmschen Satisfaktionstheorie vorzustellen, die nicht zufällig im Mittelalter entwickelt wurde: Christus opfert sich am Kreuz dem Vater, und der Vater nimmt – in einem dann *forensischen, juridischen Akt* – dieses Opfer an, um auf Grund dessen die Sünden zu verzeihen. Eine *direkte* Beziehung zwischen Christi Tod und unserer Versöhnung wäre in diesem Falle nicht denkbar, und unsere Rechtfertigungsgnade wäre dann nicht von ihrem Wesen her die Gnade *Christi,* sondern könnte nur aus dem äußeren Grunde so genannt werden, weil Christus sie uns verdient hat. Auf dieser Basis sind alle Aussagen des Neuen Testamentes über die Gleichgestalt mit Christus, über das »Sein in Christus«, über die christologische Struktur der Gnade nicht einzuholen.

Wir kommen also von dieser Überlegung her zu dem Schluß: Eine genaue theologische Aussage über Christus und die mit ihm zusammenhängenden (und letztlich mit ihm identischen) Glaubensinhalte ist nur auf der Basis einer relationalen Ontologie möglich, und vielleicht besteht heute die Chance, die Fesseln einer statischen Ontologie, die das Christentum lange auf Grund der griechisch-abendländischen Philosophie mit sich trug, zu lösen.

Natürlich ist dabei darauf zu achten, daß man nicht in einen reinen Funktionalismus verfällt, in dem, wie Jorissen es ausdrückt, alle Aussagen nur für das *besorgende* Dasein gelten und keinen Wirklichkeitsbezug über den augenblicklichen Akt hinaus haben. Welte kann man allerdings den Vorwurf des Funktionalismus nicht machen, da er betont ontologisch denkt. Eher scheint dieser Vorwurf für die eucharistische Theologie von S. Trooster zu gelten, bei der der »Um-zu-Zusammenhang« und damit der *Zweck* der eucharistischen Handlung zum Erklärungsgrund der Wesensverwandlung werden soll [55]. Diese Erklärung scheint uns tatsächlich nicht ausreichend. Es ist überhaupt die Frage, ob der Begriff »Transfinalisation« für eine ontologische Deutung offen ist. Anders verhält es sich mit dem Ausdruck »Transsignifikation«. Wenn dieser auf dem Hintergrund eines Denkens im realisierenden Zeichen, also in einer relational-*ontologischen* Weise, verstanden wird, scheint er uns der heute beste Begriff, das eucharisti-

---

[55] Vgl. *S. Trooster,* Transsubstantiatie, in: Streven 18 (1965) 737–744.

sche Geschehen zu umschreiben [56]. Es hat dagegen keinen Sinn, von einem realisierenden Zweck oder Ziel zu reden, da das Ziel ja gerade noch erreicht werden *soll*, dem Geschehen selbst also transzendent ist, während sich im realisierenden Zeichen das Bezeichnete, hier etwa die Selbstgabe Christi, unmittelbar ereignet. Beim realisierenden Zeichen ist das Bezeichnete dem Zeichen *wesensimmanent*. Daher ist der Begriff des Zeichens für eine relationale *Ontologie* geeignet, der Begriff des Zweckes oder Ziels ist dagegen dem funktionalen Bereich derart ausschließlich zugeordnet, daß er nur aktualistisch verstanden werden kann, also für eine Ontologie ungeeignet ist.

Eine relationale Ontologie bietet in unserem Zusammenhang den Vorteil, daß das sakramentale Geschehen dialogisch, also personal, gefaßt werden kann, ohne daß es vom Glauben und Wollen des Einzelnen abhängig wird. Die Wirklichkeit Christi wird als »Wirklichkeit für« gesehen. Damit ist sie von ihrem eigenen Sein her bezogen auf Kirche, auf versammelte Gemeinde. Die Annahme der Erlösung durch Kirche ist also ein Wesensmoment auch der Eucharistiefeier. Dieses Verhältnis Christus – Kirche *umgreift* aber den einzelnen Glaubenden, so daß nicht von seinem Glauben die Gegenwart Christi abhängig wird – wohl aber vom Glauben der Kirche. Denn wo keine Glaubensgemeinschaft, keine unter der Sendung Christi stehende Gemeinde ist, da kann auch keine eucharistische Gegenwart des Herrn zustande kommen.

Der Einzelne wird daher durch die Feier aufgefordert, sich in das dialogisch-sakramentale Ereignis zwischen Christus und der Kirche einzufügen. Die sakramentale Wirklichkeit ist gleichsam die im Raum der glaubenden Gemeinde den Menschen entgegengestreckte Hand Christi, die ausgestreckt bleibt, ob der Einzelne sie nun ergreift oder nicht. Insofern hat sie ihre Wirklichkeit, auch im Sakrament, »außer uns«, unabhängig von uns als Einzelnen. Daß sie allerdings auf Grund ihres »Seins für«, ihrer wesentlichen Offenheit und Erwartungsstruktur, zu ihrem vollen Sinn erst dadurch kommt, daß sie von möglichst

---

[56] Vgl. *W. Pannenberg*, in: *J. Höfer-K. Lehmann-W. Pannenberg-E. Schlink*, Evangelisch-katholische Abendmahlsgemeinschaft?, Regensburg-Göttingen 1971, 36 f.: »Eine solche Interpretation der Transsubstantiation als Transsignifikation und umgekehrt dürfte die beste heute erreichbare Theorie der Realpräsenz sein.« Daß Pannenberg den Begriff »Transsignifikation« ontologisch versteht und ihn als einzigen tragenden Begriff sieht, ergibt sich aus folgenden Äußerungen: »Die symbolische Deutung des Abendmahles hatte darin ihr Recht, daß sie das Mahl und seine Elemente als Zeichen der Gemeinschaft mit Jesus Christus verstehen wollte. Sie hatte Unrecht darin, daß sie den Zeichencharakter des Mahles für unvereinbar mit realer und wesentlicher Gegenwart des Bezeichneten hielt« (ebd. 38). Pannenberg lehnt einen »Dualismus von Transsubstantiation und Transsignifikation« ab (vgl. ebd. 37, Anm. 27).

allen Teilnehmern der Eucharistiefeier ergriffen wird, ergibt sich aus diesem Bild von selbst.
Damit wird es möglich, in einer relationalen, personalen Ontologie der Sakramente das auszusagen, was Jahrhunderte hindurch in der Theologie mit dem Begriff »opus operatum« in einer undialogischen Weise ausgelegt wurde. Das »opus operatum« des Sakramentes ist in einer relational-personalen Sicht seine christologisch-ekklesiologische, dem Glauben des Einzelnen vorgegebene Struktur, die aber – gerade weil sie vorgegeben ist – ihrem ganzen Wesen nach auf den glaubenden Vollzug hingeordnet ist.
Die Kritik Jorissens an Welte scheint uns daher nicht zutreffend zu sein. Sie geht von der Voraussetzung aus, daß Ontologie statisch-dinglich sein muß. Diese Voraussetzung kann man aber, wie wir gezeigt zu haben glauben, mit Recht bestreiten.
Allerdings ist darauf hinzuweisen, daß bei allen Vorteilen eines relationalen, personalen Denkens auch hier auf Gefahren geachtet werden muß. Hatte die mittelalterliche Theologie die Tendenz, in ein individualisierendes, dingliches Denken zu verfallen, so neigt ein Denken in Bezugszusammenhängen zum Funktionalismus. Dieser Gefahr kann man aber nicht dadurch entgehen, daß man vor den Zeichen der Zeit die Augen verschließt und die Herausforderung, die in unserer geistesgeschichtlichen Situation liegt, nicht annehmen möchte. Es geht nach unserer Ansicht vielmehr darum, trotz der Gefahr eines Funktionalismus den Versuch zu unternehmen, auf der Basis eines relationalen Denkens, und d. h., nach allem Gesagten, auf der Basis einer relationalen *Ontologie,* die Christologie und die Sakramentenlehre zu formulieren.
Dem Ansatz Weltes verwandt ist *K. Rahners* Versuch, die Gegenwart Christi in der Eucharistie zu bestimmen. In seinem Aufsatz »Die Gegenwart Christi im Sakrament des Herrenmahles«[57] spricht Rahner die Meinung aus, daß das Trienter Konzil zum Glauben an die *reale* Gegenwart in Brot und Wein verpflichten will, nicht aber zu einer bestimmten *Erklärung* dieser Gegenwart. Rahner selbst möchte die somatische Realpräsenz Christi ebenso relational fassen, wie Welte es versucht.
Rahners längerer Aufsatz »Wort und Eucharistie«[58] definiert das Sakrament und vor allem die Eucharistie als höchste Aktualisationsstufe des Wortes Gottes in der Kirche. Hier scheint uns allerdings eine spiritualistische Verengung vorzuliegen, welche das Eingebettetsein in die naturalen und biologischen Bezüge nicht ernst genug nimmt. Die *Handlung* in der Eucharistiefeier, das Austeilen, das Essen und Trin-

---

[57] *K. Rahner*, Schriften zur Theologie IV, Einsiedeln 1960, 375–385.
[58] Zuerst veröffentlicht in: *M. Schmaus* (Hrsg.), Aktuelle Fragen zur Eucharistie, 7–52.

ken etwa, kann nicht, wie Rahner es versucht, völlig der Wirklichkeit »Wort« subsumiert werden. Die Reduktion des Zeichens auf die Dimension des Wortes bedeutet eine Verarmung und Spiritualisierung. Personales Denken muß die gesellschaftlichen und sachhaften Substrukturen, die Welthaftigkeit und biologische Angewiesenheit des Menschen, mitsehen. Weder ein verdinglichendes, Wirklichkeit auf sachliches Vorhandensein reduzierendes, noch ein spiritualisierendes Denken sind im echten Sinne personal oder sakramental. Die Person und darum auch das Sakrament sind von vornherein als eine *gestufte Ganzheit* zu sehen, in der Freiheit und Entscheidung zwar führend sind, aber doch eingebettet bleiben in das »In-der-Welt-sein« und von dorther auch ihre Möglichkeiten und Grenzen, ihre Leiblichkeit und Geschichtlichkeit als *wesentliche* Momente ihrer selbst empfangen [59].
Wenden wir uns zum Schluß noch dem Versuch von *E. Schillebeeckx* zu [60]. Unter den Theologen, die eine Neuinterpretation der Eucharistie versuchen, ist Schillebeeckx derjenige, der am stärksten dogmengeschichtlich arbeitet. Insofern kommt er unserer Methode und unserem Anliegen am nächsten. Allerdings beschränkt er seine dogmengeschichtliche Analyse auf das Trienter Konzil, und hier wiederum ist sein Blick eng auf die Texte des Konzils und einige erhellende Aussagen aus den Konzilsakten gerichtet. Es fehlt bei ihm eine Analyse des Konzils im geschichtlichen Kontext, z. B. in Relation zu den Aussagen der Reformatoren und der zeitgenössischen sowie spätscholastischen katholischen Theologie. Es dürfte aber heute anerkannt sein, daß auch Konzilsaussagen unbeschadet ihrer Wahrheit eine bestimmte Richtung haben, daß sie relational zur kirchengeschichtlichen Situation zu

---

[59] Richtiger scheint uns in diesem Zusammenhang die Sicht Ratzingers zu sein. Vgl. *J. Ratzinger*, Die sakramentale Begründung christlicher Existenz, Meitingen–Freising ²1967, bes. 22–24. – *K. Rahners* Eucharistieverständnis ist geprägt von seiner Geistmetaphysik, wie er sie in: Geist in Welt, München ³1964, und: Hörer des Wortes, München ²1963, dargestellt hat. Diese Sicht Rahners hat das Verdienst, entscheidend zur Neubesinnung der katholischen Theologie beigetragen zu haben. Daß die transzendentale Theologie Rahners dennoch einer Korrektur in Richtung auf einen dialogisch-geschichtlichen Ansatz bedarf, versuchten wir zu zeigen in: *A. Gerken*, Offenbarung und Transzendenzerfahrung. Kritische Thesen zu einer künftigen dialogischen Theologie, Düsseldorf 1969. Das hier vorliegende Buch über die Eucharistie möchte die dort skizzierten Prinzipien an einem konkreten Gegenstand erproben.
[60] Hier ist auf folgende Arbeiten von *E. Schillebeeckx* hinzuweisen: Christus' tegenwoordigheid in de eucharistie, in: Tijdschrift voor Theologie 5 (1965) 136–173; De eucharistische wijze van Christus' werkelijke tegenwoordigheid, in: Tijdschrift voor Theologie 6 (1966) 359–394; Transsubstantiation, Transfinalisation, Transfiguration, in: Worship 40 (1966) 324–338. Die beiden erstgenannten Aufsätze sind in deutscher Übersetzung zugänglich: *E. Schillebeeckx*, Die eucharistische Gegenwart, Düsseldorf ²1968.

verstehen sind. Dem vom Konzil *Gemeinten* kann man also nicht gerecht werden, wenn man diese Relationalität der Aussagen nicht beachtet. Insofern ist die dogmengeschichtliche Basis bei Schillebeeckx zu eng.
Trotzdem entwickelt er in der Analyse der Konzilstexte wichtige hermeneutische Prinzipien [61]. Er sieht die für das Konzil von Trient vorgegebene Verflechtung von Glaubenswirklichkeit und scholastisch-philosophischer Aussageweise. Obwohl also »Kern« und »Schale« im konkreten Vollzug eine Einheit bilden, ergibt sich bei einer Interpretation des Konzils für uns die Notwendigkeit, verschiedene »Schichten« voneinander abzuheben, also zu fragen, was gemeinter Glaubensinhalt und was zeitbedingte Sprachform ist. Schillebeeckx weiß aber, daß wir dabei nicht einen ungeschichtlichen, »reinen« Kern herausschälen, sondern daß in unserer Analyse wieder eine bestimmte Denk- und Sprachform mit der Ausrichtung auf die letztlich gemeinte Glaubenswirklichkeit in einer *für uns unauflösbaren* Weise verflochten ist. Geschichtlichkeit und Relationalität werden bei Schillebeeckx also mit der Endgültigkeit und Absolutheit der Christuswirklichkeit vermittelt, sie erscheinen zusammen als mögliche Einheit. Die Endgültigkeit der Offenbarung Gottes in Christus verhindert es nicht, daß sich das Christusereignis geschichtlich-perspektivisch auslegt, und umgekehrt ist die Geschichtlichkeit der je neuen Auslegung kein Hindernis dafür, daß hier das *endgültige* Ereignis Gottes ausgelegt wird.
Weniger glücklich scheinen uns die systematischen Folgerungen, die Schillebeeckx aus seiner dogmengeschichtlichen Überlegung zieht. Obwohl seine vorbereitenden Gedanken [62] dahin zielen, die Transsubstantiation *als* Transsignifikation zu interpretieren und darum in der Transsignifikation den umfassenden und die Transsubstantiation einschließenden Begriff zu sehen, kommt er zum Schluß in einem seltsam schwankenden Denken zu einem Nebeneinander von Transsubstantiation und Transsignifikation, das weniger befriedigt als eine klar durchgeführte Transsubstantiationslehre. Er meint, »daß die eucharistische Transsignifikation nicht mit der Transsubstantiation identisch ist, aber innerlich mit ihr zusammenhängt« [63]. Diese vage Aussage bleibt unbefriedigend, weil der angedeutete Zusammenhang zwischen beiden Begriffen nicht geklärt wird. Welcher Begriff ist führend und umfassend? Schillebeeckx sagt es nicht.
Es ist aber wohl nicht möglich, in zwei voneinander im Grundansatz verschiedenen Denkformen zugleich zu denken, wenn sie nicht in

---

[61] Vgl. E. Schillebeeckx, Die eucharistische Gegenwart, 25–34.
[62] Vgl. ebd. 63–96.
[63] Ebd. 101.

Über- oder Unterordnung oder sonstwie vermittelt und damit zu einer Einheit werden. Für uns ergibt sich aus Schillebeeckx' vorbereitenden Gedanken der Schluß, daß die Transsignifikation als umfassender, in relationaler Ontologie gründender Begriff voll ausreicht, die eucharistische Gegenwart Christi auszusagen, daß er also das mit Transsubstantiation Gemeinte mitumgreift, aber darüber hinaus die dem Dinglichen übergeordnete, führende Dimension des Personalen trifft. Wir bedauern es, daß Schillebeeckx selbst diesen Schluß nicht gezogen hat, und halten Schoonenberg und Welte ihm gegenüber für konsequent[64]. Aus den dogmengeschichtlichen Überlegungen Schillebeeckx' ergibt sich, daß ein solcher Schluß durchaus in der Linie einer verantworteten und textgemäßen Interpretation des Trienter Konzils liegt. Denn wenn das Konzil von einer »wunderbaren und einzigartigen Verwandlung« spricht[65], sagt es damit sicher auch aus, daß sie nicht adäquat in Begriffen erklärt werden kann, d. h. aber einem je neuen Erklärungsversuch offensteht. Das Konzil sagt daher auch vorsichtig, daß diese Verwandlung von der Kirche zwar im eigentlichen Sinne (proprie), aber doch innerhalb einer bestimmten, sicher auch sprachlich zu verstehenden Übereinkunft und Angemessenheit (convenienter) »Transsubstantiation« genannt worden ist[66]. Hier ist nicht die Rede davon, daß die Kirche einer späteren Epoche keinen für sie treffenderen Ausdruck für die eucharistische Verwandlung finden könne und dürfe.

4. Das Desiderat: Relationale Ontologie

Nach unserer Untersuchung der Geschichte der Eucharistielehre, nach der Analyse der heutigen Situation und ihrer faßbaren Ursachen und auf Grund der begleitenden Reflexion müssen wir nun versuchen, einen Ansatz zu bestimmen, von dem aus die vom Ursprung der Kirche uns überkommene und uns zugleich aufgetragene Wirklichkeit der Eucharistie so verkündet werden kann, daß sie sich für das heutige Bewußtsein möglichst unverkürzt zur Sprache bringt. Daß eine *adäquate* Fassung nicht möglich ist und daß mit der Perspektivität auch unserer Sicht von vornherein gerechnet werden muß, ist aus unserer dogmengeschichtlichen Reflexion klargeworden. Daß trotzdem das Bemühen berechtigt und sogar gefordert ist, die Wirklichkeit der Eucharistie möglichst *ganz* in den Blick zu nehmen, ergibt sich aber

---

[64] Vgl. dazu W. *Pannenberg*, Die Problematik der Abendmahlslehre aus evangelischer Sicht, in: Evangelisch-katholische Abendmahlsgemeinschaft?, 9–45, bes. 34–41.
[65] DS 1652.
[66] DS 1642.

ebenso aus unserer bisherigen Betrachtung. Denn in Geschichte, vor allem in der Geschichte der Kirche und der Verkündigung, legt sich die *endgültige* und *unüberholbare* Zusage Gottes, die in Christus geschehen ist, wirklich selbst aus.
Die Dogmengeschichte hat uns die Bedeutung der Denkform – und d. h. des philosophischen Ansatzes – für eine theologische Aussage gelehrt. Die Frage, welche Denkform gewählt werden soll, muß beantwortet werden, indem man sich in den hermeneutischen Zirkel zwischen sich bezeugender Offenbarungswirklichkeit und dem Bewußtsein der jeweiligen Epoche der Kirchengeschichte hineinwagt. Die Offenbarungswirklichkeit bezeugt sich in Geschichte, d. h. auch jeweils mit Hilfe eines bestimmten, der Zeit entsprechenden Denkstils, dessen Abhebung vom bezeugten Inhalt in rückblickender Reflexion nur approximativ möglich ist. Wir sind allerdings davon überzeugt, daß durch den Vergleich der verschiedenen Epochen, den wir durchgeführt haben, mindestens eine intuitive Einsicht in die sich auslegende Wirklichkeit selbst zustande gekommen ist. Diese wird uns zusammen mit der Analyse der heutigen Denkansätze und der heutigen Bewußtseinslage, so hoffen wir, die Möglichkeit geben, den Ansatz der Eucharistielehre so zu wählen, daß wir dabei weder diese Glaubenswirklichkeit noch die Sprache unserer Zeit entscheidend verfehlen. Es kommt also gerade nicht darauf an, »der Zeit nach dem Mund zu reden«, sondern die Botschaft so zu formulieren, daß ihr befreiendes wie ihr ärgerniserregendes Moment gehört werden kann.
Uns scheint nun, daß alle unsere bisherigen Überlegungen dahin drängen, die Eucharistielehre auf dem Boden einer *relationalen Ontologie* zu entwickeln oder wenigstens den Versuch dazu zu machen. Eine Ontologie scheint uns notwendig zu sein, weil wir sonst dem von allen Epochen der Kirchengeschichte bezeugten Realismus in der Eucharistie nicht entsprechen können. Auf der anderen Seite muß die Zeichenhaftigkeit, der Symbolgehalt sowohl der Feier wie der Gaben ausgesagt werden, und zwar in einer Weise, daß er nicht neben, sondern zusammen mit dem Wirklichkeitsgehalt der Eucharistie erkannt wird. Symbolismus und Realismus müssen eine Einheit bilden, und zwar nicht nur in bezug auf die somatische Realpräsenz, sondern in bezug auf alle Gegenwartsweisen Christi in der Eucharistie.
Zeichenhaftigkeit aber bedeutet Relation, bedeutet vermittelte Unmittelbarkeit. Es geht also um die Unmittelbarkeit einer personalen Begegnung, die durch ein Zeichen vermittelt ist. Wenn nun z. B. die somatische Realpräsenz mit der Zeichenhaftigkeit wirklich eine Einheit bilden soll, wenn es also um die Konzeption eines Realsymbols geht, so genügt das Nebeneinander von Realpräsenz und Zeichenhaftigkeit

nicht, wie wir es in der mittelalterlichen Transsubstantiationslehre finden. Denn diese erklärt nicht, *warum* die dinglich vorgestellte Gegenwart Christi in Brot und Wein ein *bewirkendes Zeichen* für den Aufbau seines Leibes, der Kirche, ist. Sie kann nur beides nebeneinander *behaupten*. Die Beziehung zwischen der Hingabe Christi am Kreuz und der Realpräsenz ist in der mittelalterlichen Eucharistielehre nicht ontologisch vermittelt, sondern nur allegorisch angedeutet, und zwar weil die »sakramentale Idee«, die Vorstellung einer kommemorativen Aktualpräsenz, fehlte. Schon allein aus dieser Überlegung wird klar, daß eine statische, unrelationale Ontologie die Zusammenschau und Vermittlung von Realismus und Zeichenhaftigkeit nicht leisten kann. Ein *bloß* dingliches *Da* kann nie zu einer gnadenhaften Wirkung auf Personen führen.

Außerdem muß – wie schon angedeutet – beachtet werden, daß die somatische Realpräsenz nicht isoliert gesehen werden darf. Sie steht in Beziehung zu der realen Gegenwart Christi als des Mahlherrn der eucharistischen Feier, die sogar die Ursache seiner somatischen Realpräsenz in Brot und Wein ist. Denn wäre er nicht pneumatisch, also in der Kraft seines Geistes und seines Auftrags, bei der Feier als *Geber* anwesend, so könnte er auch nicht in der *Gabe* gegenwärtig sein. Diese ist ja, als Konsequenz aus der *Selbsthingabe* Jesu in seinen Tod für uns, als *Selbstgabe* Jesu zu bestimmen. Sie darf daher keinen Augenblick so gedacht werden, daß sie aus dieser Relation zu dem, der *sich selbst gibt,* herausgelöst erscheint.

So können wir die Folgerung ziehen: Nur wenn das Sein des Seienden, nur wenn das, was wir Wesen nennen, so gesehen wird, daß es in sich selbst in Beziehung steht zu anderem, ist es möglich, Realismus und Zeichenhaftigkeit in der Eucharistie in einer Weise auszusagen, daß sie nicht bloß nebeneinander behauptet, sondern als ineinanderstehend erkannt werden.

Insbesondere ergibt sich die Forderung nach einer relationalen Ontologie aus der Tatsache, daß es sich bei der Eucharistie um *personale* Verhältnisse und Wirklichkeiten handelt. Die Person ist ja von ihrem Wesen her *dialogisch,* d. h. relational zu sehen. Eine Person ist gerade dadurch unverwechselbar sie selbst, daß sie in einer bestimmten Relation zu anderen Personen steht. Dieser im tiefsten christliche Personbegriff, der von der Relation Vater – Sohn und daher vom Christuszeugnis der Schrift ausgeht und somit trinitarisch begründet ist, wurde von der Definition des Boethius und damit vom unrelationalen Substanzbegriff leider durch Jahrhunderte hindurch verdrängt [67].

---

[67] Die im Mittelalter oft wiederholte und kommentierte Definition des Boethius be-

Wenn wir die Relationalität der Person als dialogisch bezeichnen, wollen wir damit natürlich nicht sagen, daß sie nur im *Akt* des Dialogs vorhanden sei. Wir sagen damit aber, daß die Person in einem solchen Akt ihr eigenes Wesen zum Vollzug bringt, daß dieser Akt also ihr – den Akt begründendes und auf ihn bezogenes – Wesen zu sich und damit zum Vorschein bringt.

Damit wird das Sein der Person als ein »Sein für« bestimmt. Zugleich ist aber so auch ausgesagt, daß dieses »Sein für« sich in Handlungen, in Geschichte manifestieren, »zu sich selbst kommen« will. Eine relationale, personologisch aufgebaute Ontologie ist daher auch in der Lage, zwischen Sein und Handlung zu vermitteln, so daß das Sein in der Handlung erst ganz es selbst *wird*, also auf Handlung wesentlich angelegt ist. Denn wenn personales Sein ein »Sein für« ist, dann ist der Vollzug der Relation, dann ist Geschichte als Handlung der Person zugleich der Vollzug des Seins dieses personalen Seienden. Dabei ist aber auf den Überschuß und die Vorgängigkeit des personalen Seins vor der einzelnen Handlung zu achten, auf Grund deren sich Personsein nicht im Augenblick erschöpft, sondern in eine Zukunft entwirft. Ohne die Vorgabe des Seins wäre Hoffnung nicht denkbar, so daß dann auch der Sinn der Einzelhandlung hinfiele. Der Vorschuß des Seins vor der Einzelhandlung, die doch der je neue Vollzug dieses Seins ist, charakterisiert die Person als das Wesen der Hoffnung, das unterwegs ist zu seinem eigenen Wesen, d. h. zum Zusammenfall von Sein und Relation, von Sein und Bedeutung für andere.

Eine solche Ontologie empfiehlt sich deshalb als Ansatz in der Eucharistielehre, weil sie Sein und Geschichte, Statik und Dynamik in der eucharistischen Wirklichkeit als Einheit zu sehen vermag. Die somatische Realpräsenz muß – das ist ein Ergebnis unserer dogmengeschichtlichen Überlegungen – als Vergegenwärtigung der Selbsthingabe Christi am Kreuz, als Sein im Vollzug, als »Dasein für« gesehen werden.

---

zeichnet die Person als die unteilbare Substanz einer Vernunftnatur (rationalis naturae individua substantia). Da die Substanz unrelational, als in sich stehende Wirklichkeit gesehen und dieses In-sich-Stehen nicht dialektisch ergänzt wurde durch die Relation zum Anderen, ist dieser Personbegriff für die christliche Theologie ungeeignet. So gab es denn auch im Mittelalter schon die von Richard von St. Viktor ausgehende und vor allem von Duns Scotus weiterentwickelte Definition der Person im Rahmen einer relationalen Ontologie. Danach ist die Person die nicht mitteilbare Ex-sistenz (das nicht mitteilbare Aus-sich-heraus-Stehen) einer intelligiblen Natur (intellectualis naturae incommunicabilis existentia). Die Relationalität ist hier im Begriff *existentia* ausgesagt. Vgl. dazu *H. Mühlen*, Sein und Person nach Johannes Duns Scotus, Werl 1954. – Leider gab es in dieser theologischen Tradition keinen Versuch, die relationale Ontologie auch auf die Eucharistielehre anzuwenden. Hier blieb der Substanzbegriff der Ausgangspunkt jeder Erklärung.

Dies leistet aber gerade die vorgeschlagene relationale Ontologie. Da sie Ontologie ist, löst sie nicht alles Sein in bloße Akte auf, ist also kein Aktualismus.
Den an die scholastische Philosophie gewöhnten Theologen wird es wohl schwerfallen, Ontologie relational zu fassen, da sie an eine statische Ontologie gewöhnt sind, in welcher der *Substanzbegriff* eine führende Rolle spielt. Daß dieser Begriff – und zwar nicht wegen seiner Mißdeutbarkeit im rein naturwissenschaftlichen Sinne, sondern wegen seines statisch-dinglichen Charakters – in einer relationalen Ontologie nicht entscheidend sein kann, ist wohl leicht einzusehen. Vom Substanzbegriff her ist von vornherein die Kategorie der Relation als Akzidenz aufzufassen, als etwas, was zum in sich stehenden Seienden erst hinzukommt. Vom Substanzbegriff her kommen daher auch Geschichte und Ereignis nur akzidentell ins Gesichtsfeld, während es im christlichen Offenbarungszeugnis darauf ankommt, ein Ereignis, nämlich Tod und Auferstehung Christi, gerade in seinem Ereignischarakter als ontologisch entscheidend hinzustellen, d. h. Sein und Geschichte von vornherein als Einheit zu konzipieren.
Wir möchten ein Mißverständnis, das sich gegenüber einer relationalen Ontologie immer wieder einstellt, durch *die Unterscheidung zwischen »relational« und »relativ«* ausschließen. Jeder, der das Seiende primär als in sich stehende Substanz sieht, kann das Absolute und damit auch die sich offenbarende Wirklichkeit Gottes nur so fassen, daß sie in sich selbst von der Geschichte unberührt bleibt. Darum ist in der mittelalterlichen Theologie die hypostatische Union auch so konzipiert, daß die *Geschichte* Jesu mit ihr als solcher nur akzidentell etwas zu tun hat[68]. In einer solchen Sicht kann man den Aussagen des Neuen Testamentes, die von einer Einsetzung Christi zum Sohne Gottes sprechen (etwa Röm 1,1–4), nicht gerecht werden. Man erklärt sie dann am besten als ein noch nicht reflektiertes Stadium der Christologie. Das in Geschichte sich Zeigende, in Geschichte sich Wandelnde muß in diesem Denkhorizont das Relative, letztlich Belanglose sein. Daher rührt die Versuchung der dinglich-statischen Ontologie, die geschichtliche Offenbarung Gottes umzudeuten in ein System unveränderlicher Sätze, die wohl immer genauer erklärt, als solche aber nicht verändert werden können[69]. Wenn wir dagegen die sich offenbarende Wahrheit

---

[68] Entwürfe zu einer »relationalen« Christologie: *D. Wiederkehr*, Entwurf einer systematischen Christologie, in: MS III/1, Einsiedeln 1970, 477–645; *J. Ratzinger*, Einführung in das Christentum, München [10]1970.
[69] Man begegnet heute allerdings auch hier und da der entgegengesetzten Tendenz: der Abwendung von *jeder* Ontologie in einen reinen Funktionalismus. Typisch für die Versuchung, innerhalb der Eucharistielehre die Frage nach der *Wirklichkeit* durch

Gottes personal fassen, also *in Christus und seinem Ereignis das sich geschichtlich zeigende Absolute* sehen, dann sind die dieses Ereignis bezeugenden und auslegenden Sätze, etwa des Neuen Testamentes, nun *keineswegs relativ* in dem Sinne einer statischen Ontologie, sie sind aber *relational*, d. h. bezogen auf das von ihnen Gemeinte und das in ihnen sich Bezeugende. Sie können daher nicht selbst, abgesehen von dieser Relation, als das sich zeigende Absolute aufgefaßt werden, sondern nur als sein Zeichen, als sein Zeugnis.

Wenn man die Relation als ontologisch fundiert und daher als transzendental in dem Sinne faßt, daß sie alles Seiende *als* Seiendes bestimmt, dann wird das Problem »Offenbarung und Geschichte« leichter. Gott zeigt sich geschichtlich, weil er selbst schon in sich trinitarisch, d. h. relational ist. Im geschichtlichen Offenbarungszeugnis ist die Relation zum Absoluten mitgegeben, in einer endgültigen und unüberholbaren Weise in Jesus Christus, in einer Weise des Zeugnisses, des normativen Verweises im Neuen Testament, in der Kirche und in den Sakramenten, wobei die Art und Weise dieses Verweises je wieder große Unterschiede zuläßt. Der Ausgangspunkt der Relationalität im Offenbarungsereignis ist Gott in seinem Willen, sich der Welt zu erschließen, d. h. der Absolute. Weil aber der Absolute hier im Bezug, in der Relation erscheint, sich also am anderen seiner selbst zeigt, darf nicht das Zeugnis des Neuen Testamentes oder die Kirche verabsolutiert werden, da sie ihr Wesen im Hinweis, im Freigeben des Blicks auf den in ihnen sich Zeigenden selbst haben. Das Zeugnis, auch das normative, maßgebende Zeugnis, steht also in der Schwebe zwischen dem Absoluten und dem Relativen. Es ist nicht abschaffbar, weil es *bleibend* auf das Absolute verweist, das bleibende Zeugnis seiner Erschlossenheit für uns ist. Es ist aber auch nicht das Absolute selbst, muß also in seinem Hinweischarakter gesehen, daher je neu ausgelegt und verstanden werden auf das von ihm Gemeinte hin, das sich in ihm je neu zeigen will. Das normative Zeugnis ist daher weder absolut noch relativ, es ist *relational*, bezogen auf das von ihm Bezeugte und in ihm sich Bezeugende.

Unseres Wissens ist die Unterscheidung zwischen »relational« und

---

die Frage nach der *Funktion zu ersetzen*, ist *R. Feneberg*, Christliche Passafeier und Abendmahl (StANT XXVII), München 1971. Feneberg fragt nach der *Funktion* des Abendmahlsberichtes im Leben der urchristlichen Gemeinden – eine sicher wichtige Frage –, aber er fragt nicht mehr und will nicht mehr fragen nach der in ihr bezeugten *Wirklichkeit*. Er fragt nach der *Bedeutung*, nicht mehr nach dem *Sein* (vgl. etwa 89–93 u. ö.). Charakteristisch sein Satz: »Die Evangelien sind, um zu bedeuten, nicht um zu sein« (91). Hier wird die Frage, *worauf* die Evangelien *deuten*, welche *Wirklichkeit sie bezeugen*, durch den Hinweis auf ihren Stellenwert im Gemeindeleben, auf ihre Bedeutung (= Funktion) umgangen.

»relativ« von Nicolai Hartmann zur Lösung eines philosophischen Problems verwendet worden, das unserem theologischen Problem verwandt ist. Es ging ihm darum zu zeigen, daß die *absoluten* Werte – etwa der Gerechtigkeit, der Wahrhaftigkeit – *immer bezogen* sind auf ihre Realisation durch die Freiheit des Menschen, daß sie aber trotzdem nicht vom Menschen abhängig, nicht der Willkür des Menschen unterworfen sind. »Relativ« können wir daher eine Wirklichkeit nennen, die von ihrem Bezugspunkt *abhängig*, ihm unterworfen, ist, »relational« dagegen ist die Wirklichkeit, die sich ihren Bezugspunkt unterwirft, ihn in Dienst und Gehorsam nimmt, auf ihn bezogen, aber nicht von ihm abhängig ist. Wenn wir diese Begriffsbestimmung anwenden, dürfen und müssen wir das Absolute relational, können es aber nicht relativ nennen.

Christi Gegenwart in der Eucharistie ist relational, ist eine Gegenwart »für jemanden«. Dies wird in den Einsetzungsworten unüberhörbar ausgesprochen: »Dies ist mein Leib, mein Blut für viele (für euch)!« Seltsam, daß man über Jahrhunderte den Kontext des Wortes »Das ist mein Leib« nicht beachtete, der doch erst den eigentlichen Sinn erschließt! Denn die Frage: »Wozu und für wen gibt Christus seinen Leib?« ist genau so wichtig wie die Tatsachenfrage, ob er überhaupt seinen Leib gibt. Es ist eine Konsequenz der statisch-dinglichen Ontologie, daß alle Ansätze, die das »für« betonten, zum Beispiel der augustinische, über kurz oder lang im Sinne einer Negation oder Verflüchtigung der somatischen Realpräsenz mißverstanden worden sind. Vielleicht kann hier die oben vorgeschlagene Unterscheidung helfen. Christi Gegenwart ist relational, aber nicht relativ. Sie ist auf die versammelte Gemeinde bezogen, meint sie und ist daher nur im Raum des Glaubens der Kirche denkbar, sie ist aber nicht vom Glauben des einzelnen Christen, der die Eucharistie mitfeiert, abhängig, sondern tritt ihm als die Wirklichkeit Christi entgegen. Auch der Unwürdige empfängt im Sakrament also Christus selbst, obwohl in einer Weise, die dem Entgegenkommen des Herrn nicht entspricht. Die Bezogenheit der eucharistischen Gegenwart Christi auf die Kirche, auf die Gemeinde als ganze, ist grundsätzlich schon durch den apostolischen Akt der Annahme, ist schon durch die Urgemeinde beantwortet, und auf diesem Fundament ist die Selbstgabe Christi geschichtlich durch die Zeiten möglich. Trotz der grundsätzlichen Annahme im kirchlichen Gefüge der Sendung drängt die Gabe Christi aber natürlich auch auf die gläubige Antwort jedes Christen, der an der Eucharistiefeier teilnimmt.

Auf diese Weise ist eine Fassung des »opus operatum«, d. h. der vom Glauben des einzelnen Christen unabhängigen Wirksamkeit Christi im

Sakrament, möglich, ohne daß dabei dieses »opus operatum« als ein in sich ablaufender Vorgang, beziehungslos zum Glauben, gesehen wird. Bezug zum Glauben des Einzelnen heißt eben nicht Abhängigkeit vom Glauben des Einzelnen. Das »opus operatum« kann als die uns zugewandte Gebärde Christi verstanden werden, die ohne unser Zutun, aber auf uns und unser Zutun hin geschieht.
Im übrigen sind die Begriffe »opus operatum« und »opus operantis« wegen ihres undialogischen Charakters, der die zusammengehörigen Bereiche der Wirksamkeit Christi und der Wirksamkeit der Glaubenden getrennt nebeneinanderstellt, kaum geeignet für die Darstellung der sakramentalen Wirklichkeit. Von dieser Überlegung her scheint es notwendig, in der Sakramentenlehre über die in der abendländischen Theologie bisher üblichen Kategorien der Kausalität hinaus die Kategorie der *personalen Kausalität* einzuführen. Fr. J. Leenhardt sagt in bezug auf die Sakramentenlehre K. Barths: »Sie steht zu sehr unter dem Einfluß einer Konzeption der Kausalität, wie die Erfahrung der physikalischen Welt sie unserem Geist aufdrängt. Auf der Ebene der ›Dinge‹, d. h. der physikalisch-chemischen Körper, wird man zugeben, daß eine Ursache ihren spezifischen Effekt determiniert; theoretisch kann man jede Art der Einwirkung des Objekts der Handlung auf die Produktion des Effekts ausschließen. Es ist zwar wahr, daß dieselbe Ursache, die auf verschiedene Körper einwirkt, nicht denselben Effekt hervorruft, und dies zeigt, daß der Effekt nicht ausschließlich von der Ursache determiniert ist. Aber das ändert gar nichts am Prinzip der physikalischen Kausalität, die von sich aus alleinbestimmend und ausreichend ist. Aber kann dieses Prinzip angewandt werden auf die interpersonalen Beziehungen, auf solche Beziehungen, wie sie zwischen Gott und dem Menschen herrschen?«[70]
Mit Leenhardt antworten wir auf diese Frage: Nein, das Prinzip der physikalischen Kausalität kann hier nicht angewendet werden. Die bisher gebräuchlichen Kategorien (causa efficiens, finalis, exemplaris, formalis, materialis) sind nun aber sämtlich vom Verhältnis des technisch oder handwerklich an einem Material arbeitenden Menschen her gewonnen. Sie sind nicht geeignet, das Wirken der Menschen im interpersonalen Bereich zu erfassen, können also erst recht nicht die Wirksamkeit Christi in den Sakramenten richtig beschreiben. Damit müssen wir wohl endgültig von der seit der Scholastik üblich gewordenen Frage nach Form und Materie der Sakramente Abschied nehmen [71].

---

[70] *Fr. J. Leenhardt*, Parole visible. Pour une évaluation nouvelle du sacrement (Cahiers théologiques 63), Neuchâtel–Paris 1971, 19.
[71] Auch die Bestimmung der Gnade als quasi-formale Kausalität, wie *K. Rahner* sie versucht – vgl. Schriften zur Theologie I, 347–376 u. ö. – erreicht noch nicht die

Die Kategorie der personalen Kausalität ist von vornherein so anzusetzen, daß die dialogische Form einer Handlung in ihr berücksichtigt ist. In unserem Falle umgreift die Relation »Christus – Kirche« die Wirksamkeit Christi in der Eucharistie. Damit ist gegeben, daß Christi Wirksamkeit nur dann zustande kommt, wenn sich Kirche konkret unter seinem eucharistischen Auftrag versammelt. Die Frage, wann die Gemeinde unter dem eucharistischen Auftrag steht, wann sie also der eine Pol der umfassenden Kausalität »Christus – Kirche« ist und diese Kausalität dann auch wirksam wird, ist die Frage nach der Struktur der Gemeinde, welche die Kontinuität der Sendung Christi über die Apostel bis in unsere Zeit trägt. Hier hat die Frage nach der Beziehung zwischen der Eucharistie und dem kirchlichen Amt ihren Platz. So gesehen, stehen Kirche und Eucharistie in einem wechselseitigen Kausalitätsverhältnis: Die Kirche lebt von der Eucharistie als der Gegenwart ihres Herrn, doch die Eucharistie ist nur möglich im Schoß der Kirche, weil sich Jesu Lebenshingabe nicht außerhalb seines Leibes vergegenwärtigen kann.

Mit dem dialogischen Charakter personaler Kausalität ist keineswegs notwendig gegeben, daß die Partner des Dialogs gleichbedeutsam oder gleichberechtigt seien. Es gibt die verschiedensten Formen von Partnerschaft, schon im mitmenschlichen Bereich. Hier sind etwa das Eltern-Kind-Verhältnis, das Lehrer-Schüler-Verhältnis, das Freund-Freund-Verhältnis zu unterscheiden. Die Kategorie der personalen Kausalität reicht von der Beziehung, in der die Forderung eines bedingungslosen Gehorsams am Platz ist, bis zur Partnerschaft zwischen Gleichberechtigten. Zwischen Christus und der Kirche herrscht eine Beziehung, in der die Kirche – und d. h. konkret: die Eucharistie feiernde Gemeinde – ganz die Empfangende und darum die im Gehorsam Ermächtigte ist. Als solche ist sie aber notwendig in den sakramentalen Vorgang einbezogen.

Es scheint uns wichtig, noch auf einige mögliche Mißverständnisse hinzuweisen. Wir haben eine relationale Ontologie einmal vom Sein des Seienden überhaupt und ein andermal aus einer Analyse des *personalen* Seins gefordert. Wie verhält sich personales Sein zu Sein überhaupt, und wie soll die Relationalität im Verhältnis beider gesehen werden? Dazu ist zunächst zu sagen: Die Relationalität des Seins, sein Bezogensein, geht uns an uns selbst, und d. h. am personalen Sein auf. Auch in der Heideggerschen Phänomenologie wird die Relationalität zuerst am Menschen entdeckt, *menschliches* Sein ist »In-der-

---

Ebene der personalen Kausalität, wenigstens der Terminologie nach nicht. Die *Intention* Rahners geht aber in Richtung einer Überwindung der dinglichen Kausalität bei Wahrung der ontologischen Interpretation.

Welt-sein«. Auf Grund der Tatsache aber, daß sich der Mensch als im Bezug stehend erfährt, ist mit der Relationalität seines eigenen Seins auch die Relationalität aller überhaupt zur Begegnung offenen, und d. h. eben *aller* Wirklichkeit ausgesagt. Denn der Mensch verhält sich prinzipiell und der Möglichkeit nach zu allem Sein. Er verhält sich nicht nur als rein geistiges Ich zu einem rein geistigen Du, nicht nur als Ich zu einem ihn tragenden Wir, sondern diese interpersonalen, dialogischen und gesellschaftlichen Beziehungen sind von ihrem Wesen her welthaft vermittelt. Sprache, Leib, Gebärde, Nahrung, Bild, kurz alle vom Personalen integrierten Substrukturen, sind ein Moment an der Relationalität des menschlichen Wesens. Insofern ist mit einer personalen Ontologie immer notwendig eine Ontologie der Dinge mitgegeben, aber diese geraten damit notwendig unter die Kategorie der Relationalität, die das personale Sein grundlegend charakterisiert. Damit erkennen wir diejenige Weltbetrachtung, welche die Dinge als unrelational, als Dinge »an sich« erforscht, als vorläufig und begrenzt. Erst dort, wo die Dinge »für« jemanden sind, gewinnen sie ihr Wesen, beginnen sie »zu sprechen«. Damit erweist sich der alttestamentliche Schöpfungsgedanke, der allen geschöpflichen Seienden Wortcharakter zuerkennt, sie als Sprache des Schöpfers versteht, als die grundlegende Intuition, die ihre begriffliche Fassung nur in einer relationalen Ontologie finden kann.

Ratzinger macht auf die Bedeutung dieser Zusammenhänge für ein Denken aufmerksam, das die sakramentale Wirklichkeit erkennen will: »Noch immer wirkt nach die bei Fichte zu ihrer höchsten Übersteigerung gekommene idealistische Vorstellung des menschlichen Wesens, so als wäre jeder Mensch ein autonomer Geist, der sich ganz aus eigener Entscheidung aufbaut und ganz das Produkt seiner eigenen Entschlüsse ist – nichts als Wille und Freiheit ... So absurd im letzten dieser Idealismus auch ist, er ist im europäischen Bewußtsein (mindestens im deutschen) noch immer tief verankert. Wenn Bultmann sagt, Geist könne nicht durch Materielles genährt werden und damit das sakramentale Prinzip erledigt glaubt, ist letztlich noch immer dieselbe naive Vorstellung von der geistigen Autonomie des Menschen am Werk. Es berührt eigentlich ein wenig seltsam, daß gerade in der Periode, die die Leibhaftigkeit des Menschen wieder entdeckt zu haben glaubt, die wieder zu wissen meint, daß der Mensch nur Geist in der Weise der Leiblichkeit sein kann, eine Geistmetaphysik fortwirkt oder sogar vollends zu Kräften kommt, die auf der Negation dieser Zusammenhänge beruht.«[72]

---

[72] *J. Ratzinger*, Die sakramentale Begründung christlicher Existenz, Meitingen-Freising ²1967, 23.

Unsere relationale Ontologie möchte von vornherein so verstanden werden, daß beim Menschen Freiheit und personale Beziehung zwar die führenden und die integrierenden, nicht aber die einzigen Momente sind. Die geschichtlichen und gesellschaftlichen, die biologischen und physischen Momente des personalen Seins sind als für es wesentliche, obwohl integrierte oder zu integrierende Momente anzusehen. Eine relationale Ontologie macht es möglich, ein Seiendes so zu sehen, daß es nur dadurch es selbst sein kann, daß sich verschiedene Momente aufeinander beziehen und so eine Einheit bilden. Die Einheit dieser Vielheit fordert es jedoch, das integrierende Moment und die integrierten Momente zu unterscheiden. Person kommt also zu sich selbst nicht nur in der Relation zwischen Ich und Du, sondern auch in der Relation zwischen Ich und Wir, und damit wird ihr Sein sichtbar in der Beziehung zu gesellschaftlichen Wirklichkeiten, die ihrerseits wieder Welt im umfassenden Sinn umschließen und eröffnen [73].

Damit ist aber nun umgekehrt gesagt, daß die Relationalität der Person nicht derart auf *eine* ihrer Beziehungen eingeengt werden darf, daß sie in dieser *einen* Beziehung aufgeht. Uns scheint, daß die Gefahr einer solchen Verengung in einem einseitig *operativen* Denken gegeben ist. Alles Wirkliche erscheint in einem solchen Denken nur als mögliches Material der menschlichen Arbeit. Der Mensch selbst wird dann nur noch gesehen – und hier zeigt sich die Macht einer wenn auch nur im Gedanken isolierten Beziehung – als der das Material Formende und Beherrschende. Welt und Mensch werden in einer solchen Sicht sehr verkürzt. Die Relation Mensch – Gott wird notwendig verkannt – da Gott seinem Begriff nach nicht Material des Menschen sein kann – und die Möglichkeit, die Welt als Sprache ihres Schöpfers, als Zeichen, zu sehen, wird verschüttet.

Demgegenüber besteht der christliche Personalismus auf dem Primat der Gabe vor der Aufgabe. Unser Sein ist primär Geschenk. Erst als Geschenk wird es Aufgabe und Handlung, und daher vollzieht sich Menschsein wohl immer als Antwort, als verdankte Tat, wobei es wichtig ist, daß diese Antwort sich als Verantwortung in allen Bezügen, also in Welt und Gesellschaft, bewährt [74]. Wie wir aber von einem Vorschuß des Seins vor der Handlung beim Begriff der Person spra-

---

[73] Es ist daher wichtig, die Vielschichtigkeit der sakramentalen Dimension zu erkennen und das Sakrament nicht auf die Dimension des Wortes allein zu beschränken. Die Zeichenhaftigkeit der Handlung und der sozial-ekklesiale Bezug gehören wesentlich zum Sakrament.

[74] Ähnlich *J. Ratzinger,* Einführung in das Christentum, 217–220. – Der hier und da unternommene Versuch, den von Ratzinger vertretenen Primat des Empfangens als »Platonismus« zu bezeichnen, erscheint uns angesichts der Schöpfungs- und Gnadenlehre des AT und NT als absurd.

chen, so müssen wir hier von einem Vorschuß der Relation Gott – Mensch vor der Relation Mensch – Mitmensch sprechen. Denn wenn sich die Relation Gott – Mensch in der Relation Mensch – Mitmensch auslegt und bewährt, muß sie als solche vorgängig zu dieser sein. Diese Vorgängigkeit der Relation Gott – Mensch ist der Grund für die eschatologische Verwiesenheit des Menschen. Denn innerweltlich wird sich die Relation Gott – Mensch nicht adäquat in die Relation Mensch – Mitmensch auslegen können, d. h., das Reich Gottes und damit das »Gott alles in allem« ist nicht ein Produkt der Evolution oder unserer Arbeit, sondern wird, wie der Ursprung unseres Seins, *Gabe*, und zwar letzte und höchste und damit den Ursprung einholende und erfüllende Gabe sein. Trotz der Notwendigkeit der Bewährung des Gottesverhältnisses in der Welt kann das Ziel der Geschichte also erwartet und erfleht, nicht aber erzwungen werden.

Wir glauben, daß die hier skizzierte relationale Ontologie die Grundlage für ein sakramentales Denken sein kann, das einige Schwierigkeiten löst, die die dinglich-statische Ontologie nicht lösen kann. So wird in einer relationalen Ontologie von vornherein einsichtig, daß die Gabe Gottes in Christus sich der verschiedenen Bezugszusammenhänge des Menschen bedient. Das aber bedeutet, daß sie *Zeichen* kennt, die ihren Sinn nur im interpersonalen Bereich haben und nicht rein dinglich, unterpersonal, ausgelegt werden dürfen, so sehr materielle Komponenten zum Wesen des Zeichens hinzugehören. Diese materiellen Komponenten dürfen in der Sakramentenlehre aber niemals isoliert, unrelational, *bloß als Dinge*, gesehen werden. Ebenso scheint die Bedeutung der Relation Christus – Kirche, die für den Begriff des Sakramentes konstitutiv ist, in der relationalen Sicht besser in Erscheinung zu treten [75].

---

[75] Vielleicht darf man fragen, ob unser Ansatz nicht auch in der Moraltheologie angewendet werden könnte. Die katholische Moraltheologie der letzten Jahrhunderte ging vom Begriff der *Natur* des Menschen aus, wobei dieser Begriff auch dinglich-statisch und letztlich unterpersonal gefaßt war. Selbst wenn die Geistigkeit des Menschen in diesem Naturbegriff betont wurde, so war sie doch meist als die Vernunftbegabtheit des Einzelnen gesehen. »Bild-Gottes-sein« bedeutete in dieser Sicht die Ausstattung des Menschen mit Verstand und Willen, während es biblisch wahrscheinlich das mitmenschliche »Gegenüberstehen« (von Mann und Frau, von Ich, Du und Wir) bedeutet. Von daher konnte in einer vom statischen Naturbegriff geprägten Moraltheologie die Geschichtlichkeit des Menschen immer nur unter der Rücksicht des Nicht-Normativen, des »Relativen«, erscheinen. Die Forderung nach einer anderen Grundlegung der Moraltheologie wird heute allgemein erhoben; Fragen der Normenbegründung und Normenfindung tauchen auf. Noch aber steht anscheinend kein Begriff zur Verfügung, von dem her Verpflichtung und Norm *inhaltlich* bestimmt werden könnten. Vielleicht könnte hier eine relationale und daher personale Ontologie helfen.

5. Versuch einer Deutung der eucharistischen Wirklichkeit

Der Ausgangspunkt unserer systematischen Überlegungen muß die Tatsache sein, daß Jesus, der die Mahlgemeinschaft immer schon als Zeichen der Versöhnung mit Gott vollzogen hatte, unmittelbar vor seinem Tod ein Mahl mit seinem engsten Jüngerkreis hielt, dessen Charakter besonders ernst war. Dieses Mahl war von Jesus aus der Vollzug einer letzten, unüberbietbaren Gemeinschaft mit den Jüngern, das Zeichen seiner Liebe zu ihnen, in der er für sie und das Volk bis in den Tod ging. Dies ist der Rahmen, in dem alles weitere gesehen werden muß.

Jesus selbst war der Hausherr, der Gastgeber bei diesem Mahl, das wahrscheinlich ein Paschamahl war, und so drücken seine Worte: »Nehmt und eßt! Nehmt und trinkt!« diese Gastgeberschaft und seinen Willen aus, daß die Teilnehmer an diesem Mahl darin seiner Liebe und Lebenshingabe begegnen.

Jesus hat im Verlauf des Mahles durch Worte und Symbolhandlungen seinen bevorstehenden Tod gedeutet und das Mahl – das ja zumindest in der Nähe zum Paschagedanken verlief – als ein Zeichen gedeutet, in dem sein Tod für das Volk und der dadurch gestiftete eschatologische Bund sakramentale Gegenwart wurden. Zugleich damit forderte er die Jünger auf, das Mahl in diesem seinem von ihm geprägten Charakter weiterzuüben, so daß es seine Lebenshingabe auch weiterhin zum Ausdruck bringe [76].

Erst nach der Ostererfahrung konnte den Jüngern jedoch die Tragweite dieser Stiftung eines Mahles durch Jesus aufgehen. Denn nach Ostern wußten sie, daß Jesus lebte, sie erkannten seinen Tod als erlösenden Tod für die Welt, sie bekannten ihn als den kommenden Richter der Lebenden und Toten. Damit war es gegeben, daß man das Mahl »zum Gedächtnis Jesu« sehen lernte als die höchste Form der Anwesenheit Jesu in seiner Gemeinde. Im Vollzug des »Brotbrechens« war die Verheißung »Ich bin mit euch bis zur Vollendung der Weltzeit« am stärksten erfahrbar, in einem Glauben, der zugleich Ausblick auf die kommende Vollendung war.

Der Ausgangspunkt für eine eucharistische Theologie ist also die Glaubensgewißheit, daß der für uns Hingegebene, der durch Tod in Auferstehung gegangene und darum jetzt lebende, erhöhte Herr auf Grund seines verheißenden und stiftenden Wortes und auf Grund seiner pneumatischen Vollmacht als Gastgeber seiner Gemeinde das eucharistische Mahl bereitet. Das Wort »Nehmt und eßt! Nehmt und trinkt!«, also die Einladung zu diesem Mahl, die vom dazu beauftragten Leiter der

---

[76] Wir haben im ersten Kapitel festgestellt, daß die Argumente für diese Ansicht so schwer wiegen, daß man sie als historisch gesichert ansehen kann.

Feier gesprochen wird, ist das Wort des erhöhten Herrn in seinem Geist. Durch dieses Wort schenkt er Gemeinschaft mit sich und Versöhnung mit Gott, gibt er Hoffnung für den Tag des Gerichtes und sagt seiner Gemeinde in allen Drangsalen die Verheißung kommender Erlösung zu.

Der erhöhte Herr wirkt in seinem Geist nicht wahllos, sondern am Ort seiner Sendung, d. h. in der Tradition des Glaubens, die von seinem stiftenden Wort: »Tut dies zu meinem Gedächtnis!« ausgeht. Diese Stiftung und Sendung hat die Kirche im Glauben empfangen, und so ist sie, in ihrer durch die Sendung Christi geprägten Struktur, diejenige, die dieses Mahl unter dem Auftrag Christi vollziehen und zu ihm einladen kann, als Werkzeug Christi in der Kraft seines Geistes. Die Überzeugung, daß die Amtsträger der Gemeinde die Eucharistiefeier leiten und unter dem Auftrag Christi innerhalb der Gemeinde die Funktion Christi als des Hausherrn und Gastgebers ausüben, ist von einem so frühen und so breiten Strom der Tradition bezeugt, daß zur Kirche als der zur Eucharistiefeier beauftragten Gemeinde dieses Amt hinzugehört [77].

Da es sich um ein Mahl als Anteilgeben und Anteilnehmen handelt, ist die Relation »Gastgeber – Mahlteilnehmer« entscheidend für das eucharistische Mahl. Da es sich um ein Mahl unter der Sendung Christi handelt, ist die Struktur seiner Gemeinde, die diese Sendung durch die Geschichte vermittelt, also auch das Amt in der Gemeinde, die Basis, auf der diese Relation zwischen Gastgeber und Mahlteilnehmern vollzogen wird. Dabei ist aber zu bedenken, daß der Amtsträger, der die Feier leitet, hierbei in der Dienstfunktion unter dem eigentlichen Gastgeber, Christus, steht, und daß er daher *in* der Gemeinde, *unter* den Mahlteilnehmern steht. Denn auch er *empfängt* von *Christus* die Teilnahme an diesem Mahl, auch er ist ein von Christus zum Mahl Geladener. Alle Funktionen innerhalb der Eucharistiefeier, auch jene, die eine bleibende Sendung voraussetzen wie das kirchliche Amt, dienen dem *einen:* daß Christus sich als der eigentliche Gastgeber seiner Gemeinde im Mahl zuwendet, ihr Anteil an sich und seinem Leben gibt und damit die Realverheißung des künftigen »Mahls im Reiche Gottes«, der endgültigen Gemeinschaft mit Gott und den Menschen, schenkt.

Damit wird etwas anderes an der Struktur der Eucharistiefeier sichtbar, ein konkretes anthropologisches Moment: Mahlfeiern können auch sonst, im normalen menschlichen Alltag, Ausdruck und Ursache der Gemeinschaft zwischen Menschen werden. Soviel wir sehen, ha-

---

[77] Wie schon angedeutet, werden wir die Fragen um *Amt und Eucharistie* im Schlußabschnitt unter ökumenischem Gesichtspunkt behandeln.

ben Jesus und das Urchristentum bei der Wahl und Ausgestaltung sakramentaler Zeichen diese anthropologischen Bezüge selbstverständlich vorausgesetzt: Die Taufe ist eine Reinigungshandlung, die Krankensalbung eine Anwendung von Öl, das auch sonst als heilend angesehen wurde usw. Auch bei der Eucharistiefeier bleibt der anthropologische Bezug des Mahles bedeutsam. Nach der Liturgiekonstitution des Zweiten Vatikanischen Konzils sollen die Gläubigen »bewußt, tätig und mit geistlichem Gewinn« an der Liturgie der Kirche teilnehmen (nr. 11). Das bedeutet für die Eucharistiefeier, daß die Bedeutung des Mahles als Zeichen der Gemeinschaft unter Menschen im Vollzug der Feier so deutlich werden muß, daß sie sich dem Bewußtsein der Gläubigen möglichst unmittelbar erschließt.

Bei jeder Verwandlung muß ja etwas vorhanden sein, was verwandelt wird. Zunächst aber wird bei der Eucharistiefeier durch die Zusammenkunft unter dem Auftrag Christi die Mahlfeier selbst verwandelt. Unter seiner Vollmacht und in der Kraft seines Geistes wird das Mahl auf eine höhere Ebene gehoben, wird es von einem unter Menschen in menschlicher Gemeinschaft stattfindenden Mahl zum Mahl Christi mit seiner Gemeinde, in dem und durch das er den Glaubenden Anteil gibt an sich und seinem Leben. Damit ist der Begriff der Transsignifikation, der Verwandlung des Zeichencharakters, zunächst auf die Mahlhandlung als ganze anzuwenden. Sie und damit die versammelte Gemeinde wird durch die Kraft Christi verwandelt, wird Ereignis und Versammlung des Heils, Vergegenwärtigung der Lebenshingabe Christi für uns, Gemeinschaft mit dem Vater durch ihn und seinen Tod, in der Kraft seines Geistes[78].

Damit ist auch gesagt, daß die Gemeinde als verwandelte die Feier verläßt. Leben und Eucharistiefeier, christliche Existenz und Gabe des Herrn sind eine unauflösliche Einheit. Denn ein Mahl, das Versöhnung und Gemeinschaft schenkt, weist in die Zukunft. Zachäus, der in seinem Haus mit Jesus Mahl hält, ist verwandelt (Lk 19,1–10). Ebenso ergeht es den Zöllnern und Sündern, mit denen Jesus ißt und trinkt. Daher geht der Vollzug der Eucharistiefeier für die Glaubenden nach der Feier weiter. Christliches Leben ist – im individuellen wie sozialen Bereich – von der Eucharistiefeier her weitervollzogene Gemeinschaft mit Gott in Christus und drängt als solche zu einer Tat, in der die Lebenshingabe Christi wiederzuerkennen ist.

Im Zeichen des Mahles vergegenwärtigt der erhöhte Herr seine Le-

---

[78] Der Auftrag des Herrn und die uns bindende Feier der Urkirche legen auch fest, welche Speisen im eucharistischen Mahl gereicht werden: *Brot und Wein*. Der von Christus und der Urkirche mit Brot und Wein verbundene Zeichencharakter (Realsymbol des Todes Christi) ist auf andere Speisen kaum übertragbar.

benshingabe für uns, d. h. sein einmaliges Opfer am Kreuz, das Gehorsamshingabe an den Vater und *dadurch* Hingabe für die Menschen war. Das Opfer Christi ist also sein Gehorsam, die Hingabe seiner Existenz an Gott. Wenn das personale Sein relational ist zu seinem Schöpfer und in dieser Verwiesenheit das Bild Gottes trägt, ist der Mensch offen dafür, den Sinn seines Lebens sich schenken zu lassen. Das Eigene gewinnt er nur, indem er sich dem schöpferischen Anderen öffnet und sich beschenken, konkret: sich erlösen läßt. Die Lebenshingabe Jesu als Gehorsam vor dem Vater ist auf Grund der Sendung des Sohnes und der daraus resultierenden Solidarität Jesu mit den Sündern die Tat für uns, die den verschütteten Lebenssinn wieder öffnet, die Gemeinschaft mit Gott schenkt, wenn sie im Glauben als solche angenommen wird. Die relationale Struktur des Personalen und der in seiner ontologischen Sohnschaft aufruhende Gehorsam Jesu vor Gott sind der Grund dafür, daß der Tod Jesu ein erlösender und befreiender Tod, ein Tod für uns ist.
In seiner Auferstehungsexistenz hat Christus auf Grund seines Gehorsams die Macht über die Zeiten, d.h. die Macht, seine Lebenshingabe in die Gegenwart der an ihn Glaubenden zu stellen. In der Handlung und im Wort der eucharistischen Feier wird – unter Berufung auf das Vermächtnis des in den Tod gehenden Herrn – der Tod und die Auferstehung Jesu so verkündigt, daß diese Verkündigung in der Kraft seines Geistes und im Raum des Glaubens der Kirche gegenwärtig setzt, was sie aussagt. Dabei ist von der Zeichenhaftigkeit der Handlung und dem sie begleitenden Wort auszugehen: Brot wird gebrochen und ausgeteilt, zum Zeichen und zur Vergegenwärtigung der Wirklichkeit, daß Jesus sich in seinem Gehorsam bis zum Tod für uns zerbrechen ließ. Der Kelch mit Wein wird gereicht, zum Zeichen und zur Vergegenwärtigung der Wirklichkeit, daß Jesus seine Existenz verschütten und zerrinnen ließ für diejenigen, die an diesem Kelch teilhaben. Das Zeichen gewinnt dabei seine letzte Eindeutigkeit durch die begleitenden Worte: »Nehmt und eßt! Das ist mein Leib für euch! – Nehmt und trinkt alle daraus! Dieser Kelch ist der Neue Bund in meinem Blut!« Vom eindeutigen Zeichen her aber ist im Raum des Glaubens die bezeichnete Wirklichkeit als gegenwärtig erkannt: Die alle Zeiten umgreifende, das letzte Wort und das Ziel der Geschichte darstellende Auferstehungswirklichkeit des Herrn öffnet die im Zeichen ausgesagte Tat seines Todes und macht sie zur anwesenden, mit dem Ziel, daß sie als solche im Glauben von uns erkannt und angenommen werde. Christi Tod wird so in der eucharistischen Handlung die Form unseres Lebens und damit die Realverheißung des künftigen Lebens, das »Angeld kommender Herrlichkeit«.

So wird es verständlich, daß es eine Beziehung zwischen Taufe und Eucharistie gibt, deren Richtungssinn eindeutig von der Taufe zur Eucharistie verläuft. Nach Röm 6 ist der Getaufte auf den Tod Jesu getauft, damit er in einem neuen Leben wandle. Damit ist er durch die Taufe auf einen Weg gestellt, auf dem ihm Sterben und Auferstehen Jesu zum Grund der eigenen Existenz werden. Insofern es aber *ein Weg* ist, verlangt das »ein für allemal« des Getauftseins auf Christi Tod den immer *neuen* Vollzug durch die Existenz bis zur Vollendung im Tod des Einzelnen bzw. im Ziel der Geschichte. Insofern dieser Weg im tiefsten *Gabe* des Herrn ist, also die Tat Jesu die *bleibende* Ermöglichung der christlichen Entscheidung bedeutet, erscheint es zumindest als sinnvoll, daß die gnadenhafte Struktur sich auch sakramental, d. h. kirchlich und leiblich, immer von neuem auf diesem Weg zeigt, und eben dies geschieht in der Eucharistiefeier. Dabei wird in der eucharistischen Handlung deutlicher hervorgehoben, was bei der Taufe geschah: Die Taufe war als Eingliederung in den Tod und die Auferstehung Christi zugleich Eingliederung in seinen Leib, die Kirche. Die Eucharistiefeier ist Vollzug der Kirche als der um den Herrn im Mahl versammelten Gemeinde. Die Taufe war Übernahme der Todeshingabe Jesu in die Auferstehung hinein. Die Eucharistiefeier ist Vergegenwärtigung der Todeshingabe Jesu bis zu dem Grad, daß er sich selbst im Mahl als den für uns Hingegebenen gibt, so daß die daraus resultierende Verpflichtung zur Nachfolge Christi im sakramentalen Zeichen unmittelbar sichtbar wird. Die Taufe war Besiegelung mit dem Geist, der das Angeld der kommenden Herrlichkeit ist. Die Eucharistie ist die Realverheißung der durch Christus erlösten Schöpfung, des »Gott alles in allem«.

So stellt die Eucharistiefeier den Vollzug dar, in dem die Taufe zeichenhaft-real so weit zu sich selbst kommt, wie dies in statu viae, im Pilgerzustand der Kirche, überhaupt möglich ist. Daher ist es verständlich, daß einerseits für die Feier der Eucharistie die Eingliederung in den Leib Christi und den Glauben der Kirche und damit die Taufe notwendig vorausgesetzt ist[79] und daß andererseits die Taufe von sich aus auf die Teilnahme an der eucharistischen Feier drängt. Daß es auf diesem Weg zwischen Taufe und Eucharistie Hindernisse geben kann, hängt mit der Geschichtlichkeit des Menschen, mit seiner Freiheit, zusammen. Der Christ ist zwar grundsätzlich durch die Taufe zur Eucharistie zugelassen. Wenn er aber die Konsequenzen, welche die Taufe für seine Existenz mit sich bringt, durch seine Entscheidung ne-

---

[79] Schon die Didache macht auf diese Tatsache aufmerksam: »Keiner aber soll von eurer Eucharistie essen oder trinken außer denen, die getauft sind auf den Namen des Herrn« (IX, 5).

giert hat, muß er die Umkehr, die »zweite Taufe«, die kirchliche Form der Buße, auf sich nehmen, um die Fähigkeit, an der Eucharistiefeier in der ihr entsprechenden Weise teilzunehmen, wiederzugewinnen. Da diese Buße den Christen zugleich in seiner individuellen Freiheit wie auch als Glied am Leib Christi berührt, ist die Wiederzulassung zur Eucharistiefeier nicht nur existentiell, sondern auch leiblich-sakramental, es ist eine sakramentale Wiederzulassung von seiten der Vorsteher der christlichen Gemeinde. So erweist sich der sakramentale Raum Taufe – Buße – Eucharistie zugleich als kirchlich wie als existentiell strukturiert, er ist das Ineinander von christologisch-kirchlicher Gabe und freiheitlich-existentieller Übernahme.

Dabei entsteht die Frage, wie sich Taufe und Eucharistiefeier unterscheiden. Ihr erster Unterschied ergibt sich aus der Geschichtlichkeit des Menschen, auf Grund derer die *eine* Wirklichkeit Christi den Menschen in der Form des Weges und der Steigerung, und d. h. in einer Vielfalt, erreicht: grundlegend in der Taufe, sich geschichtlich erfüllend in der Eucharistiefeier, die damit Ziel und Steigerung dessen ist, was den Menschen in Taufe und Glaube erstmals beansprucht. Doch damit ist die Frage nach der Unterscheidung zwischen Taufe und Eucharistie noch nicht inhaltlich beantwortet. Dazu ist es notwendig, auf die Zeichenhaftigkeit der jeweiligen Handlung zu schauen. Von ihr her wird auch die jeweils zugrundeliegende Wirklichkeit in ihrer Andersartigkeit sichtbar. Die Taufe ist von ihrer Zeichenhaftigkeit her eine Reinigungshandlung. Damit macht sie das Christusereignis unter der Rücksicht der Vergebung der Schuld und der Aufnahme in den neuen Gottesbund gegenwärtig. Die alte Existenzgrundlage wird abgelegt, die neue geschenkt. Der Schnitt zwischen zwei Welten ist daher der Gesichtspunkt, unter dem die Taufe uns die Tat Christi zuspricht.

Die Eucharistiefeier aber setzt diesen Schnitt schon voraus, wie vor allen Dingen daraus deutlich wird, daß eventuell vom Christen die »zweite Taufe«, das Bußsakrament, vor der Teilnahme gefordert ist. Die Eucharistiefeier ist Versammlung derer, die Christus kennen und in der Gemeinschaft mit ihm leben. Sie ist Vergegenwärtigung der Lebenshingabe Christi an den Vater unter der Rücksicht seines vollkommenen Gehorsams; denn das Mahl, in dem er sich selbst gibt, läßt zeichenhaft in einer unüberbietbaren Weise das »für Gott und für euch« seiner Existenz sichtbar werden. Insofern handelt es sich in der Eucharistiefeier um den *bleibenden,* von der Auferstehungswirklichkeit nicht ausgelöschten, sondern in ihr *bewahrten* Inhalt des Todes Jesu. Das Christusereignis ist in der Eucharistiefeier nicht wie in der Taufe als Bruch, als Schnitt, sondern als innere *Kontinuität* anwesend [80]: Die Relation Jesu zum Vater, die sich durch den Tod am Kreuz im Gehorsam durchhielt und so in der Auferstehungswirklichkeit ihre Krönung erfährt, ist der Inhalt der Eucharistie, und in diese Relation wird die anwesende und glaubende Gemeinde dadurch hineingenommen, daß der Gehorsam Christi vor Gott zugleich ein Gehorsam für uns war. Diese Innenseite des Christusereignisses, die Erschlossenheit für den Vater, wird in der Eucharistiefeier so Gegenwart, daß sie auch für uns offensteht und uns, insofern wir Leib Christi sind und es durch die Teilnahme an diesem Mahl wieder werden, in sich hineinnimmt. Im Personalen gibt es ja keine rein faktische Vorhandenheit. Liebe zwischen Freunden ist nicht einfach da, sondern bleibt nur lebendig, wenn sie vollzogen wird. So bedarf die Christusbeziehung des Christen und sein Getauftsein des eucharistischen, des kirchlichen Vollzugs, weil sie nur dann, wenn sie in der Gemeinde der Brüder vollzogen wird, lebendig bleiben kann.

Aus dem Gesagten ergibt sich, daß die Eucharistiefeier, nicht aber die Taufe, die Vergegenwärtigung des *Opfers Christi* ist. Denn das Opfer Christi, sein Gehorsam, der sich in der Tat am Kreuz aufgipfelt, ist der Ausdruck der *bleibenden* Relation zum Vater in der irdischen Existenz Jesu Christi. Insofern kann man auch von einer Teilnahme der Kirche am Opfer Christi in der Eucharistiefeier sprechen. Diese Teilnahme besteht im Bejahen der Gnade Christi, seines »für uns«, durch die wir in seine Gehorsamsexistenz vor dem Vater hineingenommen werden. Das Opfer der Kirche ist also das existentielle Ja dazu, daß wir durch den Gehorsam Christi erlöst werden, ist das Ja zur Aufnahme in den neuen Bund, der durch das Blut Christi, d. h. durch seinen Gehorsam, gegründet ist [81].

Mit den Worten des Hebräerbriefs: In der Eucharistiefeier wird die Fürsprache des einen Hohenpriesters Christus, der sich durch Tod und Erhöhung ein für allemal zur Rechten Gottes gesetzt hat, der Kirche zugewandt, und so hat sie Zugang durch sein Fleisch zum Vater, zum Thron der Gnade, und findet Aufnahme in den ewigen Bund, der durch das Blut Christi gestiftet ist [82].

---

[80] Dies ist der wesentliche Unterschied zur Taufe. Zu diesem Problem siehe auch J. M. R. Tillard, L'Eucharistie Pâque de l'Eglise, 235–240. – In dieser Tatsache ist es begründet, daß man mit Christus und der Kirche verbunden sein muß, wenn man Eucharistie feiern will. Der Schnitt der Umkehr (Taufe oder Buße) ist also bei der Eucharistie *vorausgesetzt*, sie ist das Mahl der *schon Versöhnten*.

[81] Mit unserer Darstellung versuchen wir, den Opfercharakter der Eucharistiefeier ganz aus ihrer Sakramentalität, d. h. aus der *spezifischen Weise der Vergegenwärtigung des Christusereignisses* abzuleiten.

[82] Mit diesen Aussagen wird man nach meiner Ansicht dem Text des Trienter Konzils über den Opfercharakter der Eucharistiefeier vollauf gerecht. Vgl. DS 1740.

Dabei ist folgendes zu beachten: Das Mahl, in dem der erhöhte Herr kraft seiner pneumatischen Vollmacht die Gemeinde versammelt, ist das wirksame Zeichen, durch das seine Lebenshingabe vergegenwärtigt wird. Daraus ergibt sich aber, daß die konstitutiven Momente dieses *Mahles* ebenso konstitutiv sind für die Vergegenwärtigung des Opfertodes Christi, also für den Opfercharakter der Eucharistiefeier. Konstitutiv für dieses Mahl aber sind, soweit wir sehen, drei Momente: 1. die Gehorsamstat Jesu selbst und seine daraus resultierende Vollmacht als Auferstandener; 2. sein letztes Mahl mit den Jüngern und sein darin ausgedrückter Stiftungswille; 3. der Wille der in der Nachfolge der apostolischen Kirche stehenden Gemeinde, sich unter diesem doppelten (d. h. pneumatischen und historischen) Auftrag Christi zu diesem von Jesus autorisierten Mahl zu versammeln [83].

Damit bilden diese drei Momente, und zwar in der angegebenen Reihenfolge, auch die Ursachen für den Opfercharakter der Eucharistiefeier. Besonders zu beachten ist hierbei, daß nicht nur eine christologische, sondern auch eine ekklesiologische Struktur in den Faktoren vorliegt, welche für den sakramentalen Opfercharakter konstitutiv sind. Wie das letzte Mahl Jesu nicht denkbar ist ohne die Jünger, wie der Gastgeber nicht denkbar ist ohne die Gäste, so ist die Eucharistiefeier nicht denkbar ohne die Kirche. Diese ist zwar Empfängerin der Gabe Christi, geht aber – die aktuell gegenwärtige Gemeinde vorgängig umgreifend und in ihr sich ausdrückend – gerade dadurch auch konstituierend in das eucharistische Geschehen ein. Daher kann man von einer Reziprozität der Wirklichkeiten »Eucharistie« und »Kirche« sprechen: Weil Eucharistie gefeiert wird, bleibt Kirche und wird Kirche; weil Kirche ist, wird Eucharistie gefeiert. In der Eucharistie stellt die Kirche – kraft der Sendung Christi, in seinem Geist – ihr eigenes Wesen dar und empfängt es gerade so von ihrem sie konstituierenden Herrn. Daher ist die Relation Christus–Kirche der Raum, in dem sich Eucharistie ereignet, und diese Relation wird in der Eucharistiefeier im Zeichen dargestellt. Die Lebenshingabe Christi, im Mahl anschaubar, setzt die glaubende Gemeinde voraus und schafft sie doch erst zu dem, was sie im tiefsten ist: zum Leib Christi, zum Raum seiner pneumatischen Anwesenheit in der Welt.

Daher ist die Eucharistiefeier auch vornehmlich das Geschehen, durch das Christus seiner Gemeinde die *Sendung* erteilt [84]. Sendung ist, bi-

---

[83] Welche einzelnen Momente zu diesem letzten Punkt zu zählen sind (Verkündigung des Todes Jesu in den Deuteworten, Bedeutung des kirchlichen Amtes und der kirchlichen Sukzession u. a.), wird später an verschiedenen Stellen ausgeführt.

[84] In einer tiefen, der liturgischen und existentiellen Praxis der Christen dienenden Weise deutet diesen Zusammenhang *A. Ganoczy,* Glaubwürdiges Feiern der Euchari-

blisch gesehen, immer Existenzmitteilung: »Wie mich der lebendige Vater gesandt hat und ich durch den Vater lebe, so wird auch, wer mich ißt, durch mich leben« (Joh 6,57). Wie die Kirche sich der Gehorsamstat Christi vor dem Vater im Vollzug der Eucharistie anschließen darf, so empfängt sie damit auch Anteil an seiner Sendung in die Welt. Die Gemeinde feiert also Eucharistie nicht nur in ihrer Versammlung, sondern auch in ihrer Zerstreuung, in der Diaspora, in der Welt, weil sie dort die empfangene Kreuzesexistenz Christi auszeugen und realisieren muß. Nur auf diesem die Eucharistiefeier auszeugenden Weg existentiellen Zeugnisses kann die feiernde Gemeinde an der Verheißung Anteil gewinnen, welche die Eucharistie gibt: »Ihr habt durchgehalten bei mir in meinen Versuchungen. So will ich euch das Reich vermachen, wie mein Vater es mir vermacht hat. In meinem Reich sollt ihr an meinem Tisch essen und trinken...« (Lk 22,28 ff.). Damit wird auch unter der Rücksicht der Pilgerschaft und der Kreuzesnachfolge, des »noch nicht« der vollen Gegenwart des Herrn, die Reziprozität zwischen Kirche und Eucharistie deutlich. Wir wandern noch fern vom Herrn, allerdings in der festen Hoffnung auf seine volle und unverhüllte Gegenwart[85]. Die Eucharistiefeier ist *das Mahl der Kirche auf dem Weg*, die stärkende und tröstende Verheißung an das neue Gottesvolk, das zum Ziel seiner Sehnsucht unterwegs ist. Die Eucharistiefeier gibt diesem Volk im Glauben die Gewißheit, daß der Herr es begleitet, derselbe Herr, der dennoch erst aus der Zukunft erwartet wird. Daher wird es auch verständlich, daß die Kirche *immer wieder* Eucharistie feiert. Der Mangel des »noch nicht« wird in diesem sakramentalen Mahl, in dem die Gegenwart Christi und seiner Lebenshingabe an die Welt am intensivsten ist, am deutlichsten spürbar. Von allen Sakramenten bezeugt die Eucharistiefeier am deutlichsten, daß sakramentales Geschehen noch unterwegs ist, sich selbst aufheben möchte in die Endgültigkeit der Gegenwart des Herrn, in welcher der Tod verschlungen ist vom Sieg in einer Weise, daß es der geschichtlichen Vergegenwärtigung des Todes Jesu nicht mehr bedarf. »Schon« und »noch nicht« wachsen zugleich in der sakramental-kirchlichen Wirklichkeit. So bezeugt die Tatsache, daß die *intensivste* Vergegenwärtigung Christi *immer wieder* vollzogen wird, den nie verstummenden Ruf der pilgernden Kirche nach dem endgültigen Kommen Christi: Maranatha – Komm, unser Herr!

---

stie, 98-110. Er schlägt als Zentralaspekt, unter dem die Eucharistie zu sehen ist, den der *Communio* vor: Communio zwischen Gott und den Menschen in Christus, Communio unter den Christen in Christus, Communio als Auftrag der Christen in der Welt (d. h. als Sendung zur Bezeugung des Christusereignisses in der Tat der Liebe).
[85] Dies ist der Grundgedanke bei *J. M. R. Tillard*, L'Eucharistie.

Als Konsequenz aus dem Gesagten ist es zu verstehen, daß die Lebenshingabe Jesu sich im eucharistischen Mahl soweit vergegenwärtigt, daß er sich selbst in den Speisen von Brot und Wein darreicht, die in diesem Mahl unter seinem schöpferischen Wort stehen. Er schenkt seine für uns hingegebene Existenz, wenn die Deuteworte gesprochen und Brot und Wein ausgeteilt werden. Das Mahl, so sagten wir ja, ist auf Grund der Vollmacht des auferstandenen Herrn und auf Grund seines Auftrags und seines Wortes verwandelt. Es ist nicht mehr nur Zeichen brüderlicher Gemeinschaft, sondern es ist realisierendes Zeichen der Gemeinschaft Christi mit uns, auf Grund seines Todes. In dieser Verwandlung des Mahles kraft des Wortes Christi werden auch Brot und Wein verwandelt. Brot und Wein werden die realisierenden Zeichen der Selbsthingabe Jesu, wir empfangen in ihnen wirklich seine für uns gebrochene und vergossene Existenz, ihn selbst. Brot und Wein sind in der Eucharistiefeier somit sowohl die realisierenden Zeichen seines Todes wie seines Lebens. Sie bezeichnen und gewähren die Teilnahme an seinem Tod und an seinem neuen Leben. Indem wir von diesem Brot essen und aus diesem Kelch trinken, geschieht an uns das, was sie bedeuten: Sie verbinden unser Leben mit der Existenz des für uns Gestorbenen und für uns Auferweckten. Sie sind sein Leib und sein Blut. Leib und Blut stehen ja, biblisch verstanden, für die Person Jesu selbst, insofern er sich für uns hingibt. Das Johannesevangelium deutet geradezu das Wort »Wer mein Fleisch ißt« (Joh 6,54) in diesem personalen Sinne: »Wer *mich* ißt« (Joh 6,57).

Zur näheren Erklärung der damit ausgesprochenen somatischen Realpräsenz Christi ist folgendes zu bedenken: Wir nehmen auf der Grundlage einer relationalen Ontologie die Offenheit alles Seienden für Gott, für sein schöpferisches Wort und für den interpersonalen Bezugszusammenhang an. Ferner setzen wir den Glauben daran voraus, daß der durch den Tod in die Auferstehung hindurchgegangene erhöhte Herr die Macht hat, seine Hingabe an die Menschen auch in deren irdischer, leiblich-welthafter Existenz zu vergegenwärtigen. Auf dieser Grundlage sehen wir den Vorgang, der sich innerhalb der Eucharistiefeier an den Gaben vollzieht, in dieser Weise: Christus stellt Brot und Wein in einen neuen Bezugszusammenhang, in die Relation zwischen sich und seiner Gemeinde und macht sie zu realisierenden Zeichen seiner Lebenshingabe[86]. Dadurch verwandelt er die transempirische

---

[86] Vgl. dazu *A. Ganoczy*, Glaubwürdiges Feiern, 108: »Wenn aber das Entscheidende an dem eucharistischen Ereignis die hier beschriebene Beziehung und Begegnung ist, hört das Problem der Realpräsenz auf, ein Problem von Sachverhalten zu sein. Besser gesagt: Die Sache, die uns an erster Stelle angeht, ist nicht das metaphysische oder physische Schicksal des Leib-werdenden Brotes und des Blut-werdenden Weines, son-

Wirklichkeit von Brot und Wein in einer Weise, wie sie seiner Anrede an die Gemeinde entspricht: »Nehmt und eßt! Das ist mein Leib, für euch! Nehmt und trinkt! Dieser Kelch ist der neue Bund in meinem Blut!« Die eschatologische Gabe ist Selbstgabe Christi, sie impliziert daher die Verwandlung von Brot und Wein, da das Reich Gottes die Welt nicht ablöst und ersetzt, sondern sie verwandelt (neuer Himmel und neue Erde). Die eschatologische Gabe ist innerhalb der Geschichte mit den Mitteln der Empirie jedoch nicht als solche feststellbar, da sie sich auch im Verhältnis des »noch nicht« zur gegenwärtigen Welt verhält und sich daher verbirgt, indem sie sich (dem Glauben) offenbart. Die eschatologische Gabe ist leibhaftig und doch transempirisch. Sie gewährt Anteil an der *noch ausstehenden* Vollendung und entzieht sich daher der Verfügung und Nachprüfung des Menschen, erschließt sich aber dem Glaubenden.

Damit wird klar, daß auch in der somatischen Realpräsenz trotz, ja wegen ihrer ontologischen Qualität nicht schon alles gesagt ist mit dem Hinweis auf die wirkliche Gegenwart Christi, sondern daß Relationen zu beachten sind: zunächst die Relation zwischen Christus, dem *Gastgeber* dieses Mahles, und seiner *Selbstgabe*. Wir sollen aus *seiner* Hand ihn selbst empfangen – diese Struktur prägt die somatische Realpräsenz Christi *bleibend* [87]. Ferner ist zu beachten die Relation zwischen der *Hingabe Christi am Kreuz* und seiner Gegenwart in Brot und Wein: Die Gaben sind Vergegenwärtigung seiner eigentlichen Gabe, seiner Hingabe am Kreuz. Schließlich ist zu beachten die Relation zur verheißenen Vollendung, die wir oben schon betonten: Die somatische Realpräsenz ist wirkliche, aber noch verborgene und darum transempirische Gegenwart, Realverheißung, ihrem Wesen nach nur im Glauben erreichbar.

Diese eschatologische Qualität verbietet es allerdings ebenso wie die beiden vorher genannten Bezugszusammenhänge, die somatische Realpräsenz rein funktional, also nicht-ontologisch, zu deuten. Eine rein funktionale Interpretation würde nämlich bedeuten, daß auch die verheißene Vollendung der Welt nicht diese selbst betreffen würde, sondern nur ihre Funktion für uns [88].

Wenn wir den Begriff des Zeichens im Sinne des realisierenden Zei-

---

dern das wirklich-wirksame Kommen des mensch-gewordenen Gottes in unsere eigentlichste Gegenwart hinein.«

[87] Dies entspricht auch der Aussage des Konzils von Trient: »institutum, ut sumatur« (DS 1643) – Das Sakrament ist eingesetzt, damit man es empfange.

[88] *Relation* ist nach meiner Ansicht offen für eine ontologische Deutung, *Funktion* nicht. Die Kategorie der Relation kann transzendental-ontologisch ausgelegt werden, also so, daß sie für alles Sein bestimmend ist (vgl. ihre Anwendung in der Trinitäts-

chens auffassen und auch diesen letzteren Begriff noch einmal dahingehend bestimmen, daß es um die Realisation der eschatologischen Gabe geht, in der Sein und Relation identisch sind, in der also das »für uns« Christi die Welt verwandelt, so dürfen wir die Verwandlung der Gaben in der Eucharistiefeier eine Transsignifikation nennen. Wir haben dann den Vorteil, sie im Zusammenhang mit der Verwandlung des Mahles sehen zu können. Sein und Ereignis erscheinen so als eine Einheit.

Wenn jedoch die eucharistischen Speisen zur eschatologischen Selbstgabe Christi geworden sind, so bleiben sie dies auch nach der Feier; sie sind also die kristallisierte Form des eucharistischen Ereignisses. Schon früh war die Kirche der Überzeugung, daß es möglich ist, die Selbstgabe Christi zu den Kranken zu bringen, die durch ihren Empfang an der Gemeindefeier, am Mahl des Herrn und dadurch an Christus, seinem Tod und seinem Leben, Anteil gewinnen. Nur eine dem neuzeitlichen Bewußtsein entstammende Entgegensetzung von statischem und dynamischem Denken führte seit der Reformation auf katholischer Seite zu einer Unterschätzung des Ereignis- und Mahlcharakters der Eucharistiefeier und brachte auf evangelischer Seite die Leugnung der Realpräsenz Christi nach der Eucharistiefeier. Wenn das eucharistische Mahl *eschatologisches* Mahl und also die eucharistischen Speisen eschatologische Gabe sind, dann folgt daraus, daß es sich in ihnen um eine *bleibende* Selbstgabe Christi handelt. Er zieht seine Gegenwart nicht wieder zurück, wenn er sie definitiv schenkt. So folgt aus dem eschatologischen Charakter der somatischen Realpräsenz sowohl die Notwendigkeit einer *ontologischen* Interpretation wie die Einsicht, daß die Verwandlung der Gaben eine *bleibende* ist[89]. Die jahrtausendelange Tradition der Kirche in dieser Frage deutet auf ihren sicheren Glaubensinstinkt.

Diese lange Tradition der Kirche kennt daher auch die *Verehrung* des eucharistischen Brotes über die Eucharistiefeier hinaus. In sich bedeutet diese Tradition keine Verdinglichung der somatischen Realpräsenz,

---

lehre). Der Begriff der Funktion, so wie er in unserem von der Technik bestimmten Sprachgebrauch üblich ist, abstrahiert aber gerade von aller Beziehung auf das Sein, ist dem Auswechselbaren und Ersetzbaren zugeordnet.

[89] Man kann gegen diese Überlegung nicht einwenden, daß auch die eschatologische eucharistische Gabe ein »noch nicht« der Anwesenheit Christi kenne. »Schon« und »noch nicht« sind nämlich dialektische Momente, die sich gegenseitig steigern: Wo das »schon« wegfällt, verschwindet auch das »noch nicht«. Es zeigt ja nicht eine schlechthinnige Abwesenheit an, sondern meint den Mangel an Anwesenheit, der zugleich Verheißung der vollen, künftigen Anwesenheit ist. Auch das »noch nicht« der Anwesenheit Christi in den eucharistischen Gaben ist also *bleibend* und dauernd: Es ist die mit dem »schon« der Gegenwart Christi gewährte *bleibende* Verheißung des Künftigen.

solange nur der Zusammenhang zwischen der Gemeindefeier, der Vergegenwärtigung des Christusereignisses im Mahl und der Verehrung der Gegenwart Christi in Brot und Wein gewahrt ist, also das eucharistische Brot als die Selbstgabe Christi an seine Kirche, als Realisation seiner Lebenshingabe verehrt und angebetet wird. »Gewiß sagt Jesus in den Evangelien nicht: Betet mich an, das ist mein Leib, sondern: Nehmet und esset alle davon, das ist mein Leib! Aber das Brot, über das er dieses Wort der Liebe und der Verheißung sagt, ist doch ... ein bleibendes Zeichen seiner bleibenden Liebe ... Daß dieses sakramentale Zeichen auch zwischen zwei eucharistischen Feiern aufbewahrt werden kann und eventuell aufbewahrt werden muß, hat schon die dritte oder vierte christliche Generation erkannt.« [90]
Allerdings hat sich unter dieser letzten Rücksicht die Verdinglichung des mittelalterlichen Denkens in einer Verengung der katholischen Eucharistiefrömmigkeit ausgewirkt. Das Trienter Konzil sagt, daß die Eucharistie von Christus eingesetzt sei, »damit man sie empfange« [91], gibt also als primären Sinn das Mahl an. Trotzdem stellen wir in der nachtridentinischen Epoche die Praxis eines seltenen Kommunionempfangs und daneben die Übung einer eucharistischen Verehrung fest, der man den Vorwurf nicht ersparen kann, daß sie die Gegenwart Christi oft aus dem heilsgeschichtlichen Kontext löste. Die Vorstellung, daß man »den Gefangenen im Tabernakel« keinen Augenblick ohne Anbeter lassen dürfe, impliziert ein Mißverständnis der Auferstehungsexistenz Jesu oder jedenfalls eine Loslösung der eucharistischen Gegenwart von der pneumatischen Gegenwart des Herrn. Es wird darum bei der eucharistischen Verehrung nach der Eucharistiefeier vor allem darum gehen müssen, den Zusammenhang zwischen bleibender Gegenwart Christi im Brot und dem Vollzug des Mahles zu wahren. In diesem Zusammenhang wird es darauf ankommen, *Anbetung und Nachfolge Christi* in einer Einheit zu sehen sowie die Beziehung zwischen der Gegenwart Christi in der Eucharistie und dem Aufbau seines Leibes, der Kirche, zu beachten. Die Anbetung des Herrn im Sakrament ist in ihrer Weise auch Kommunikation mit dem Tod und der Auferstehung des Herrn, weil sie von der Vergegenwärtigung des Christusereignisses, dem eucharistischen Mahl, herkommt. Die Gegenwart Christi im eucharistischen Brot gibt wie die Eucharistie*feier* Zeugnis vom Christusereignis und stellt es in unsere Gegenwart, damit die Gemeinde Christi aus ihm lebt und der verheißenen erlösten Schöpfung entgegenwächst.

---

[90] *A. Ganoczy*, Glaubwürdiges Feiern, 109.
[91] DS 1643.

Die Relation Christus – Kirche, die wir als grundlegend für die eucharistische Wirklichkeit erkannten, müssen wir nun noch genauer betrachten. Wir sagten, daß der Glaube der Kirche unter dem Auftrag Jesu und der Macht des erhöhten Herrn eines der konstitutiven Momente der Eucharistiefeier ist. Dieses kirchliche Moment ist jedoch nur das nachfolgende gegenüber dem christologischen und diesem untergeordnet. Die Kirche empfängt die Gabe Gottes durch Christus, und diese Gabe ist zugleich Christus selbst. Doch wird sie auch erst Kirche durch den Empfang der Gabe. Das kirchliche Moment ist zwar konstitutiv, ist jedoch nur ein antwortendes, der Gabe Gottes in der Selbstgabe Christi entsprechendes und von ihr geprägtes Moment. In der Eucharistiefeier muß also die Einheit zwischen Christus und seiner Kirche und darin doch die Verschiedenheit, die Distanz zwischen Christus und seiner Kirche sichtbar werden. Gott in Christus ist der Gebende, die Kirche ist ganz und gar die Empfangende, und nur im Empfangen und Empfangenhaben ist sie Werkzeug Christi, sein Leib, durch den er in der Welt anwesend ist.

So unterscheidet sich das letzte Mahl Jesu von der Eucharistiefeier der Kirche dadurch, daß Jesus beim letzten Mahl der sichtbare Gastgeber ist, selbst nur schenkt und nichts empfängt [92], während der Leiter der Eucharistiefeier auch selbst Glied der Gemeinde ist und von Christus seine Selbstgabe empfängt. Gerade unter dieser Rücksicht ist die pneumatische Gegenwart des Herrn die Grundlage der eucharistischen Feier, weil die Kirche – mitsamt ihrer amtlichen Struktur, also mitsamt ihren Vorstehern, welche die Eucharistiefeier leiten – nur im Annehmen des Geschenks Christi Ausspenderin *seiner* Gabe werden kann.

In der Entwicklung der eucharistischen Liturgie hat das Gespür für diesen Zusammenhang schon in früher Zeit [93] dazu geführt, daß die Einsetzungsworte Jesu eingebettet wurden in das große Dankgebet der Kirche an den Vater. Die Kirche wagte es also nicht, sich unmittelbar an der Stelle Christi zu fühlen, sondern sie machte in jeder Eucharistiefeier die Struktur ihres Auftrags wieder sichtbar. Sie war nur im Empfangen der Gabe Gottes fähig, seine Worte in diesem Mahl zu wiederholen, das »Nehmt und eßt! Nehmt und trinkt!« zu sprechen. Nur in der »Eucharistia«, dem Lobpreis der Taten Gottes, dem Dank an den Vater für seinen Sohn und dessen Erlösungswerk, stehen die Worte Jesu der Kirche zu. Dadurch kommt zum Ausdruck, daß nur einer der Herr ist und daß die Kirche – samt ihrer bleibenden sakramentalen Struktur – nur von seinen Gnaden ist. Dies schließt ein, daß

---

[92] Vgl. *J. Jeremias*, Die Abendmahlsworte Jesu, 199–210.
[93] Vgl. die eucharistischen Gebete der Didache, den Bericht Justins, die Eucharistia des Hippolyt.

das kirchliche Amt innerhalb der bleibenden sakramentalen Struktur der Kirche als Dienstamt aufgefaßt werden muß [94].
Aus dieser Distanz zwischen Christus und der Kirche bei ihrer bleibenden, durch den Geist gewirkten Einheit ergibt sich eine weitere Folgerung, nämlich die Notwendigkeit, die eucharistische Wirklichkeit in der Feier auszulegen, die Notwendigkeit der *Wortverkündigung* in der Eucharistiefeier. Denn wenn die Kirche als Empfangende Eucharistie feiert, so muß die anwesende Gemeinde in *Freiheit* und *glaubendem Verstehen* die Gabe Gottes empfangen. Die Gabe Gottes liegt ja auf der Ebene interpersonaler Relation, obwohl sie auch andere Bezüge mitumgreift. Das sakramentale Geschehen muß daher den Mitfeiernden möglichst in all seinen Dimensionen und mit seinen existentiellen Konsequenzen verstehbar werden. Jesus selbst hat aller Wahrscheinlichkeit nach im Ritus seines letzten Mahles die Haggada (die erklärende Auslegung des Mahlgeschehens) dazu benützt, seine Brot- und Weinhandlung dem Verstehen der Jünger näherzubringen [95]. Außerdem ist zu beachten, daß die Jünger, mit denen Jesus sein letztes Mahl feierte, ihn aus längerem Umgang und öfterem Hören seiner Predigten kannten. Darum waren sie vorbereitet auf die Mahlhandlung Jesu.
Schürmann weist darauf hin, daß in den lukanischen Gemeinden die Leiter der Eucharistiefeier auch die Pflicht hatten, zu predigen, d. h. die Gemeinde im Glauben zu stärken [96]. Dabei ist nicht ausgeschlossen, daß unter ihrer Leitung auch andere Gemeindemitglieder ein Wort der Mahnung und des Zuspruchs an die Versammelten richteten, wie wir das sicher von den paulinischen Gemeinden wissen. Es scheint jedoch, daß die Hauptverantwortung für die Predigt, die Glaubensstärkung der Christen in der Eucharistiefeier, bei den Gemeindevorstehern lag. Lebendige, den Bezug zur Bewährung in Gemeinde und Welt herstellende Predigt gehört also von Anfang an zur christlichen Eucharistiefeier hinzu. Tod und Auferstehung Christi werden in dieser Feier durch das Wort der Predigt, durch das große Dankgebet mit seinem Kern, den Einsetzungsworten, und durch das eucharistische Mahl als Handlung verkündet, wobei alle diese Momente eine Einheit bilden.
Fragen wir zum Schluß unserer systematischen Überlegungen nach den

---

[94] Aus der unübersehbaren Literatur zu diesem Thema greifen wir heraus: *H. Schürmann*, Der Abendmahlsbericht Lukas 22,7-38 als Gottesdienstordnung, Gemeindeordnung, Lebensordnung, in: Ursprung und Gestalt, Düsseldorf 1970, 108-150. – Dieser Zusammenhang hat nach jahrtausendelanger Unterbrechung durch das Zweite Vatikanische Konzil wieder geschichtliche Wirksamkeit erhalten.
[95] Vgl. *J. Jeremias*, Abendmahlsworte, 78-82.
[96] Abendmahlsbericht, 128-131.

praktischen Konsequenzen dieser Sicht. Die erste Konsequenz wurde bei unseren Überlegungen schon dauernd sichtbar: der Zusammenhang der Eucharistiefeier mit dem christlichen Zeugnis in Gemeinde und Welt. Zur Eucharistiefeier ruft der Herr seine Jünger zwar aus der Welt zusammen an seinen Tisch. Aber er sendet sie in diesem Mahl auch wieder aus. Nur durch die Bewährung in der Diasporasituation unserer irdischen, welthaften Existenz kann das Ziel erreicht werden, das die Eucharistiefeier als Realverheißung schon verborgen schenkt. So kennt die eucharistische Haltung des Christen sowohl den eschatologischen Bezug – »die Gnade komme, die Welt vergehe« (Didache X, 6) – wie auch den inkarnatorischen Auftrag – »Vater, wie du mich in die Welt gesandt hast, so habe ich auch sie in die Welt gesandt« (Joh 17,18).

Eine weitere Konsequenz ist der Dienstcharakter des Vorsteheramtes, der in der liturgischen Gestaltung der Eucharistiefeier zum Ausdruck kommen soll. In diesem Zusammenhang ist folgendes zu beachten: Wenn auch der amtliche Leiter der Gemeinde die Verantwortung für die Predigt hat, so braucht er nicht seiner Gemeinde Sonntag für Sonntag allein den Dienst des Wortes zu leisten, sondern er darf sich umhören, »ob nicht jemand ein Wort der Ermunterung für die Brüder zu sagen hat« (Apg 13,15). Dieses Wort der Mahnung und des Zuspruchs soll allerdings unter seiner Leitung und letzten Verantwortung gesprochen werden. Bei der großen »Eucharistia«, dem Hochgebet, sollte er die Einsetzungsworte, die er im Auftrag Christi spricht, als *Anrede an* die Gemeinde und nicht so sehr als *Wort über* Brot und Wein auffassen. Denn der Kontext ist ja das »Nehmt und eßt! Nehmt und trinkt!« Die Predigt und die Gestaltung der Feier müssen zu verstehen geben, daß Christus darin zum *Mahl* einlädt [97].

Wenn schließlich die *Zeichen*haftigkeit der Handlung größere Bedeutung hat, als dies der nachtridentinischen Theologie schien, sollte auch die *Doppel*handlung – vom Brote essen, aus dem Kelch trinken – für die ganze Gemeinde wieder öfter möglich werden. Nicht die Frage, ob jemand einen Nachteil hat, wenn er nur unter der Gestalt des Brotes kommuniziert, darf hier die Leitfrage sein. Sie ist zu individualistisch gestellt und denkt Gnade leicht quantitativ [98]. Vielmehr geht es um die

---

[97] Als eine für die liturgische Gestaltung und für die Predigt über die Eucharistie hilfreiche Einführung in die Grundzüge der Eucharistiefeier ist zu nennen *R. Berger,* Tut dies zu meinem Gedächtnis, München 1971. Auch der biblisch-heilsgeschichtliche Hintergrund der Eucharistie ist hier in allgemeinverständlicher Sprache kurz dargestellt.

[98] Dies war die Perspektive, unter der die Frage des Laienkelches in der Reformationszeit behandelt wurde, eine Sackgasse, die bei evangelischen wie katholischen

Frage nach der vollen, zeichenhaften Darstellung des von Christus gestifteten Mahles. Dabei ist zuzugeben, daß bei einer Eucharistiefeier mit sehr vielen Teilnehmern der Kelch – auch aus hygienischen Gründen – nicht allen gereicht werden kann. Gerade wenn man nicht quantitativ, sondern personal denkt, wird man zugeben, daß in einem solchen Fall die Kommunion unter der Gestalt des Brotes dem Einzelnen die volle Teilnahme am Mahl Christi schenkt, ebenso wie man annehmen muß, daß der Kranke, dem man nach der Feier das eucharistische Brot bringt, in einem wahren und vollen Sinn daran Anteil gewinnt.
Damit ist die Frage aufgeworfen, ob die liturgische Gestaltung der Eucharistiefeier in der Zukunft nicht eine größere Variationsbreite erfordert, als zur Zeit möglich ist. Bei der Beweglichkeit des heutigen Lebens finden sich einmal Tausende, ein andermal nur eine Handvoll Christen zur Eucharistiefeier zusammen, einmal handelt es sich um solche, die einander nicht kennenlernen konnten, ein andermal um eine Gemeinschaft, die sich aus langjährigem Zusammenleben kennt. Gewiß bleibt die Grundstruktur – Wortgottesdienst und Wortverkündigung, großes Dankgebet mit Einsetzungsworten, Mahlritus – immer gleich. Aber die Ausgestaltung dieser Momente und die nach Einfachheit und Feierlichkeit unterschiedliche Art, sie zu artikulieren, sollte sich stärker der konkreten Gemeinde anpassen können, als das bisher üblich ist. Man muß sich vor einem Supranaturalismus hüten, einer Überbetonung des »opus operatum«, bei dem ein objektiver Ritus »abläuft«. Jesus setzt ein wirkliches Mahl, eine echte Zusammenkunft seiner Jünger voraus. *Dieses Mahl* nämlich will er durch seine Stiftung, durch seine Gegenwart und sein Wort verwandeln.
Eine spezielle Form der Gestaltung, die hier und da diskutiert wird, scheint uns jedoch etwas Wesentliches zu verdecken: die sofortige Austeilung der eucharistischen Speisen nach den Einsetzungsworten. Sie verwischt die Distanz zwischen Christus und seiner Gemeinde, sie zerstört die Struktur des großen Dankgebetes. Außerdem nimmt sie den Raum weg zwischen Dankgebet (eucharistischem Hochgebet) und Kommunion, in dem die kirchlichen Dimensionen der Gabe Christi ausgelegt werden: Im Vaterunser wird durch den Vollzug klar, daß die Gabe Christi ein Geschenk des Vaters ist und daß sie uns im Aussprechen des Vaternamens eint. Im Friedensgebet und im Friedensgruß wird klar, daß wir nur in der Bereitschaft zur Versöhnung den Schwestern und Brüdern gegenüber den Leib Christi empfangen können, weil der sakramentale Leib uns zum ekklesialen Leib Christi vereinigt.

Christen das ohnehin individualistische Glaubensleben des Spätmittelalters noch stärker individualisierte.

Wenn man das letzte Mahl Jesu unmittelbar kopieren möchte, ist dies ein Zeichen dafür, daß man die Gabe Christi nicht nach ihrer personalen Dimension und nicht in der Distanz Christus – Kirche betrachtet. Es besteht dann die Gefahr, daß nicht ihr im Glauben erfahrbares Wesen, sondern allein ihr empirisch greifbarer Ablauf maßgebend wird, mit anderen Worten: daß man »nur ißt und trinkt«, ohne zu unterscheiden. Von einer solchen Haltung könnte leicht das Wort gelten: Es »ißt und trinkt sich das Gericht, wer den Leib nicht unterscheidet« (1 Kor 11,29). Der Tod Jesu ist eine ernste Sache, und wer die Eucharistiefeier mitgestaltet, wird sich darum bemühen müssen, daß der Ernst dieses Todes sichtbar wird; denn der Tod des Herrn wird hier real-sakramental, in seiner uns ergreifenden Wirklichkeit, verkündet.

6. Ökumenische Fragen

Die Wende in der heutigen Eucharistielehre hat im Rahmen der allgemeinen ökumenischen Besinnung zu einem an vielen Stellen aufgenommenen Gespräch über die Eucharistie zwischen den christlichen Konfessionen geführt, ja eine Annäherung in manchen Punkten der Lehre und Praxis gebracht, an die man vor dem Zweiten Vatikanischen Konzil noch nicht denken konnte. Es scheint daher am Ende unserer Reflexion angebracht, daß wir uns über den gegenwärtigen Stand des ökumenischen Gesprächs innerhalb der Eucharistielehre und der Abendmahlspraxis der Kirchen wenigstens in kurzen Umrissen Rechenschaft geben.

Dabei muß zunächst auf eine Tatsache aufmerksam gemacht werden, die in ihrem Gewicht bei vielen Überlegungen zu dieser Frage nicht genügend beachtet wird. Wir haben unseren Versuch, die eucharistische Wirklichkeit systematisch darzustellen, mit dem Hinweis auf die pneumatische Gegenwart Christi als des eigentlichen Gastgebers seiner Gemeinde begonnen, der seine Gläubigen an seinen Tisch lädt [99]. Von hier aus, also von seiner Aufforderung her: »Nehmt und eßt! Nehmt

---

[99] Soweit ich sehe, ist dieser Ausgangspunkt bisher nur von W. *Pannenberg* betont worden, was wohl mit seiner Sicht von Offenbarung und Geschichtlichkeit zusammenhängt, die mit der hier entwickelten Vorstellung von Dogmengeschichte weitgehend übereinstimmt. Zu unserem Fragepunkt sagt er: »Der Liturg vermittelt ... die Einladung Christi selbst. Das geht aus den Einsetzungsworten als Worten Christi ganz eindeutig hervor, gerade auch dann, wenn die als Rede Christi überlieferten Einsetzungsworte faktisch Momente enthalten, die erst die Deutung der Kirche explizit formuliert hat. Die Transsignifikation geht also aus von den Worten Jesu, und zwar des geschichtlichen Jesus. Von ihm ergeht die Einladung zur Gemeinschaft des Mahles mit ihm. Aber der geschichtliche Jesus ist für die nachösterliche Gemeinde nicht nur

und trinkt!« entwickelten wir die Lehre von der Vergegenwärtigung des Christusereignisses und der somatischen Realpräsenz. Es darf daher – was allerdings oft geschieht – nicht übersehen werden, daß in bezug auf die *pneumatische* Gegenwart des Herrn in der eucharistischen Versammlung heute fast unter allen Konfessionen Einmütigkeit besteht. Darauf muß, vor allen Reflexionen über somatische Realpräsenz, Vergegenwärtigung des Opfers Christi, Darstellung der Einheit der Kirche und Amtsverständnis, hingewiesen werden. Denn alle diese einzelnen Fragen, in denen zum Teil noch erhebliche Kontroversen bestehen, müssen von dem unseres Erachtens entscheidenden christologischen Knotenpunkt aus angegangen werden, der darin zu sehen ist, daß Christus selbst in der Eucharistiefeier seine Kirche zum Mahl zusammenruft.

Sobald wir von hier aus weiterfragen, ergeben sich zur Zeit allerdings noch eine Reihe von Schwierigkeiten, die einem gemeinsamen Eucharistieverständnis der verschiedenen Konfessionen und daher auch einer gegenseitigen Anerkennung der Eucharistiefeier im Wege stehen. Zwischen den orthodoxen Kirchen des Ostens und der römisch-katholischen Kirche bestehen diese Schwierigkeiten, vor allem seit dem Ökumenismusdekret des Zweiten Vatikanischen Konzils (nr. 26–29) und den im Mai 1967 veröffentlichten Ausführungsbestimmungen, dem »Ökumenischen Direktorium I«, grundsätzlich nicht mehr. In bezug auf die gegenseitige Anerkennung der Eucharistiefeier hat es sie hier auch nie gegeben. Seit dem Zweiten Vatikanischen Konzil ist von seiten der katholischen Kirche auch die Abendmahlsgemeinschaft für die einzelnen Gläubigen unter bestimmten Bedingungen (ernstes Bedürfnis, physische oder moralische Unmöglichkeit, am Gottesdienst der eigenen Kirche teilzunehmen) freigegeben. Entsprechend hat der Heilige Synod der russisch-orthodoxen Kirche am 16. Dezember 1969 entschieden, daß die heiligen Sakramente den römischen Katholiken nicht mehr verweigert werden sollen [100]. Die griechisch-orthodoxe Kirche hat sich allerdings diesem Vorgehen nicht angeschlossen, obwohl auch sie die Abendmahlsfeier der römisch-katholischen Kirche anerkennt. Für die Abendmahls*gemeinschaft* fordert sie nämlich darüber hinaus die volle, auch rechtliche Kommunion der beiden Kirchen und d. h. dasselbe *Kirchen*verständnis. Auf Grund der Differenz in der Sicht des Petrusamtes liegt dieses aber noch nicht vor. Wir werden auf die Einstellung der griechisch-orthodoxen Kirche noch zu sprechen kommen.

Gegenstand erinnernden Gedenkens, sondern zugleich zufolge der Osterbotschaft der erhöhte Herr« (in: Evangelisch-katholische Abendmahlsgemeinschaft?, 40).
[100] Französischer Text der Entscheidung in: Episkepsis, Bulletin bimensuel d'Information Nr. I, 16. 2. 1970.

Hier müssen wir uns vor allem mit dem Verhältnis zwischen der römisch-katholischen Kirche und den Kirchen der Reformation beschäftigen, bei dem viel größere Schwierigkeiten zu beheben sind. Trotzdem ist in einigen Punkten der Eucharistielehre auch hier eine erstaunliche Annäherung erreicht, wenigstens zwischen Teilkirchen oder zumindest Strömungen der evangelischen Kirche einerseits und der katholischen Kirche andererseits. So bereitet die Interpretation des Opfercharakters der Eucharistiefeier im Sinne einer Vergegenwärtigung des Christusereignisses und damit des Kreuzesopfers vielen evangelischen Theologen keine Schwierigkeiten mehr. Auf der Basis einer Lehre der kommemorativen Aktualpräsenz des Erlösungswerkes ist daher wahrscheinlich die Möglichkeit in Sicht, die entscheidende eucharistische Kontroverse des sechzehnten Jahrhunderts zu überwinden. So kann etwa E. Schlink feststellen: »Die Unterschiede im Verständnis des Abendmahls als *Opfer* sind tiefer greifend. Aber auch hier haben sich beachtliche Wandlungen vollzogen... Der Bezug auf das Opfer Christi ist ... von Peter Brunner dahingehend verstärkt worden, daß er nicht nur die Gegenwart des geopferten Leibes und Blutes Christi, sondern die Gegenwart seines einmaligen geschichtlichen Opfertodes im Abendmahl lehrt. Andererseits ist im Bereich der römisch-katholischen Theologie die einst verbreitete Vorstellung einer Wiederholung des Opfers Christi durch den Priester bzw. die Kirche scharf kritisiert und weitgehend zurückgedrängt worden – in besonders eindrucksvoller Weise durch die Mysterientheologie von Odo Casel, die das Abendmahl neu als Vergegenwärtigung des geschichtlich einmaligen Opfers Christi zu verstehen lehrte.« [101]

Schlink sieht allerdings noch eine Schwierigkeit darin, daß in der katholischen Theologie von einer Teilnahme der Kirche am vergegenwärtigten Opfer Christi gesprochen wird. Wenn man diese Teilnahme der Kirche aber so sieht, daß das Opfer der Kirche nicht zum Opfer Christi hinzukommt, sondern daß es ein Moment am dialogisch-geschichtlichen Akt der Vergegenwärtigung des Opfers Christi selbst ist, so dürfte dieser auch von uns oben dargelegten Interpretation des Opfers der Kirche die Zustimmung von evangelischer Seite kaum verweigert werden. Denn schließlich muß man ja auch nach dem Ziel und dem Sinn der Vergegenwärtigung des Opfers Christi in der Eucharistiefeier fragen, und dieser Sinn kann doch nur darin liegen, daß das Opfer Christi zur Gegenwart, d. h. aber zur *Lebensform*, der feiernden Gemeinde wird. Was heißt das aber anderes als: Opfer der Kirche als Teilnahme am Opfer Christi?

---

[101] *E. Schlink*, in: Evangelisch-katholische Abendmahlsgemeinschaft?, 158.

Daß es sich bei der Ansicht Schlinks nicht nur um die Meinung *einzelner* lutherischer Theologen handelt, können einige Hinweise belegen. Seit einer Reihe von Jahren führt eine lutherisch-katholische, mit einem offiziellen Auftrag beider Kirchenleitungen ausgestattete Kommission von Theologen in den USA ein Gespräch über strittige theologische Fragen. Sie haben in bisher vier Bänden ihre Diskussionen und Ergebnisse und auch die gemeinsamen Erklärungen veröffentlicht, unter dem Gesamttitel: »Lutherans and Catholics in Dialogue« [102]. Der dritte Band ist ganz unserem Fragepunkt »Eucharistie als Opfer« gewidmet, und die Vorsitzenden der Kommission fassen seinen Inhalt wie folgt zusammen: »Es war nicht überraschend, daß die Diskussion über die ›Eucharistie als Opfer‹, einen Kontroverspunkt, der die Lutheraner für vier Jahrhunderten von den römischen Katholiken getrennt hat, eine viel längere Gesprächsperiode ... erfordern würde, als daß er in dieser Reihe von Aussprachen hätte gelöst werden können. Nichtsdestoweniger stellte die gemeinsame Erklärung, die einmütig von den Teilnehmern auf beiden Seiten angenommen wurde, einen bemerkenswerten Fortschritt dar in Richtung auf ein allgemeines Einverständnis in diesem kritischen theologischen Punkt, etwas, wofür wir nur mit Demut und Dank das Wirken des Heiligen Geistes unter uns anerkennen können.« [103]

Auch im nicht-lutherischen, reformierten Bereich ist der Gedanke der Opfergegenwart in der Eucharistie aufgenommen worden. Das Buch von M. Thurian über die Eucharistie ist geradezu dadurch gekennzeichnet, daß in ihm die Lehre von der Vergegenwärtigung des Opfers Christi in der Eucharistiefeier der Ausgangspunkt aller Überlegungen ist: Eucharistie ist »mémorial«, Realgedächtnis des Opfers Christi [104].
Etwas verengend stellt dagegen der im übrigen ausgewogene und klare Bericht der Münchener Ökumenischen Seminare unter Leitung von

---

[102] Published jointly by Representatives of the U.S.A. National Committee of the Lutheran World Federation and the Bishops' Committee for Ecumenical and Interreligious Affairs, Washington–New York 1965 ff.; Bd. III: The Eucharist as Sacrifice, 1967; Bd. IV: Eucharist and Ministry, 1970.
[103] Lutherans and Catholics in Dialogue, Bd. IV, 1970, 3: »It came as no surprise that the discussions on ›The Eucharist as Sacrifice‹, a controversial issue which has estranged Lutherans from Roman Catholics for four centuries, required a much longer period of dialogue ... than could be solved in that series of conversations. Nevertheless, the joint statement approved unanimously by participants on both sides represented a remarkable advance in convergence toward a common understanding on this critical theological point, something for which we can only acknowledge with humility and thanks the effective working of the Holy Spirit among us.«
[104] *M. Thurian*, L'Eucharistie. Mémorial du Seigneur, Sacrifice d'action de grâce et d'intercession, Neuchâtel–Paris 1959. – Der Titel sagt schon, welchen Ansatz Thurian wählt.

H. Fries (katholisch) und W. Pannenberg (evangelisch) den Opferbegriff dar [105]. Allerdings betrifft dieses Urteil nicht direkt den Gedanken der Opfergegenwart in der Eucharistie und stellt erst recht nicht eine Trennungslinie dar, die mit der Trennung zwischen den Konfessionen zusammenfiele. Vielmehr geht es hier um eine Trennungslinie, die sich zwischen einzelnen Theologen und Gläubigen innerhalb jeder Konfession findet. Nach meiner Ansicht wird der wesentliche Inhalt dessen, was vom Neuen Testament (einschließlich Hebräerbrief) über die Väter bis in unser Jahrhundert unter dem Opfer Christi am Kreuz verstanden worden ist, nicht richtig wiedergegeben mit der Feststellung: »Der Tod Jesu ist seine Hingabe für die Menschen, durch die wir mit dem Vater versöhnt sind. Deshalb wird Jesu Tod als Opfer bezeichnet.« [106] Der Gedanke des Hebräerbriefes schlägt doch wohl die umgekehrte Richtung ein: Der Tod Jesu ist als *Gehorsam vor dem Vater* das entscheidende und einzige Opfer, und *darum* versöhnt uns dieser Tod mit Gott. Wir können auch den Opferbegriff P. Brunners, E. Schlinks, M. Thurians und den der genannten amerikanischen Lutheraner nur in diesem letzteren Sinn verstehen.

Nicht nur in bezug auf den Opfercharakter der Eucharistie, sondern auch hinsichtlich der *somatischen Realpräsenz* ist schon eine wenn auch noch nicht vollständige, so doch weitgehende Übereinstimmung vor allem zwischen Katholiken und einer breiten Strömung der lutherischen Theologie erreicht[107]. Hören wir dazu wieder Schlink: »Zwischen K. Rahners Interpretation der Transsubstantiation und dem evangelisch-lutherischen Verständnis der Realpräsenz sehe ich keinen wesentlichen Unterschied, abgesehen von der Problematik der Realpräsenz extra usum. Dasselbe gilt meines Erachtens von der Lehre der Transsignifikation, wie sie Edward Schillebeeckx entwickelt hat – freilich mit derselben Einschränkung in bezug auf die Problematik extra usum... Die Unterschiede zwischen lutherischer und römisch-katholischer Abendmahlslehre dürften noch geringer werden, wenn man die beiderseitigen Aussagen methodisch auf ihre Struktur hin untersucht.« [108]

Ähnlich lautet das Urteil der amerikanischen lutherisch-katholischen

---

[105] Abendmahl und Abendmahlsgemeinschaft, in: Una Sancta 26 (1971) 68–88.
[106] Ebd. 82.
[107] Man darf heute auch sagen, daß die Übereinstimmung zwischen *Anglikanern und Katholiken* in den Fragen um Opfer und somatische Realpräsenz mindestens so groß ist wie die zwischen Katholiken und einigen lutherischen Kirchen. Zu dieser Aussage berechtigt die sogenannte Erklärung von Windsor vom 8. September 1971, die das Abschlußkommuniqué einer anglikanisch-katholischen Theologenkommission nach einer Gesprächsreihe über die Eucharistie darstellt.
[108] *E. Schlink,* in: Evangelisch-katholische Abendmahlsgemeinschaft?, 156 f.

Theologenkommission: »Die Sitzungen, die wir den Problemen der Eucharistie als Opfer und der Gegenwart Christi im Sakrament widmeten, zeigten wiederum eine bemerkenswerte Übereinstimmung in diesen viel diskutierten Streitpunkten.«[109] Auch die Stellungnahme der Ökumenischen Seminare in München stimmt in diesem Punkt damit überein[110]. Schließlich wird man auf Grund einer Analyse der eucharistischen Theologie M. Thurians etwa zu dem oben zitierten Ergebnis Schlinks kommen.

Problematisch bleibt hierbei für die evangelischen Christen die Aufbewahrung und Anbetung des Sakramentes nach der Feier. Kann man aber in dieser Praxis einen unberechtigten Objektivismus sehen, wenn schon in der antiken Christenheit, welche den *Ereignis*charakter der Eucharistie sehr stark empfand, die Aufbewahrung des eucharistischen Brotes für die Kranken bezeugt ist? Die Christen der Märtyrerkirche waren der Überzeugung, daß die Selbstgabe Christi im eucharistischen Brot auch nach der Feier den gefangenen oder kranken Gemeindegliedern gereicht werden kann. Dies impliziert die Möglichkeit, die von der Kirche *innerhalb* der Feier vollzogene Verehrung der eucharistischen Gaben auch *nach* der Feier zu vollziehen. Lediglich eine Herauslösung von Aufbewahrung und Verehrung aus dem Kontext des Mahles und der Beziehung zwischen Christus und seiner Kirche kann hier falsch sein.

Uns scheint jedenfalls die Ausdrucksweise Thurians hier ein Problem zu umgehen statt das Mysterium zu verehren: »Auch nach der Eucharistiefeier, an der alle Gläubigen, selbst die Kranken bei sich zu Hause, teilgenommen haben, ist der reale Zusammenhang zwischen Christus und den übrigbleibenden eucharistischen Gestalten ein Geheimnis, das verehrt werden muß. Da das Ziel der eucharistischen Feier die Kommunion ist (›Nehmet, esset ... Trinket alle daraus...‹), gestatten wir uns nicht, die besondere Art der Beziehung zwischen Christus und den übrigbleibenden eucharistischen Gestalten zu definieren. Es kommt uns weder zu, uns für die Fortdauer der wirklichen Gegenwart Christi noch auch für ihr Schwinden auszusprechen. Hier muß das Mysterium verehrt werden.«[111] Wird an dieser Stelle bei Thurian das Mysterium nicht mit der Ungeklärtheit einer Frage gleichgesetzt, während dieser Begriff bei ihm sonst einen positiven Sinn hat, Mysterium also die Gegenwart Christi und seines Opfers meint? Wir denken, daß es in der

---

[109] Lutherans and Catholics in Dialogue, Bd. IV, 8: »Sessions devoted to the problems of the eucharist as sacrifice and of the presence of Christ in the sacrament showed again a remarkable agreement in these much controverted topics.«
[110] Abendmahl und Abendmahlsgemeinschaft, 83–86.
[111] *M. Thurian*, Eucharistie, 258.

Konsequenz der Überlegungen Thurians läge, die somatische Realpräsenz Christi im eucharistischen Brot und Wein als *bleibend* zu bestimmen und sie *darum* auch nach der Feier als Mysterium zu verehren.
Die größte Schwierigkeit und das eigentliche Hindernis, zu einer gegenseitigen Anerkennung der Eucharistiefeier zu kommen [112], liegt in dem verschiedenen Kirchenverständnis der einzelnen Konfessionen. Dieses verschiedene Kirchenverständnis führt zu einem verschiedenen Verständnis der Eucharistiefeier und ihrer Funktion als ganzer. Wir sahen, daß die Eucharistiefeier innerhalb der Beziehung Christus – Kirche ihren Platz hat und darum das Zentralsakrament genannt werden kann, auf das alle übrige kirchliche Wirklichkeit, die sakramentale und existentielle, hingeordnet ist. Es ist deshalb von vornherein zu erwarten, daß das Verständnis der Eucharistie, ihre Funktion im Ganzen des christlichen Lebens, vom Kirchenbegriff her bestimmt wird.
Meist sieht man diese Verschiedenheit im Kirchen- und Eucharistieverständnis zwischen katholischen und evangelischen Christen nur darin gegeben, daß die Kirche nach katholischer Auffassung das sakramentale Amt impliziert und daß daher bei der Eucharistiefeier nach katholischer Auffassung der ordinierte Amtsträger die Leitung übernehmen muß. Auch das Ökumenismusdekret des Zweiten Vatikanischen Konzils weist auf diesen Punkt hin (nr. 22,3). Wir glauben allerdings, daß diese Sicht zu vordergründig ist. Die Verschiedenheit im Amtsverständnis hat ihre tieferen Wurzeln in der Verschiedenheit des Kirchenbegriffs, und sehr oft bleibt dieser letztere, umfassende Unterschied bestehen, wenn auch im Amtsverständnis – wie zwischen Katholiken und einigen lutherischen Kirchen – von einer großen Annäherung gesprochen werden muß. Diese Ansicht wird sich im folgenden erhärten lassen.
Selbst bei jenen lutherischen Kirchen, bei denen ein dem katholischen verwandtes Amtsverständnis vorliegt und auch der Grundsatz besteht, daß nur der ordinierte Amtsträger der Abendmahlsfeier vorstehen darf, wird doch der Kirchenbegriff vom Rechtfertigungsgedanken beherrscht. Eine Folge davon ist, daß die gesamte sakramental-kirchliche Wirklichkeit und vor allem die Eucharistiefeier nach dem Modell der

---

[112] Eine eingeschränkte Anerkennung der evangelischen Abendmahlsfeier durch das Zweite Vatikanische Konzil ist im Ökumenismusdekret nr. 22,3 enthalten. Hier erkennt das Konzil dem evangelischen Abendmahlsgottesdienst den Charakter der Gedächtnisfeier von Tod und Auferstehung Christi, des Zeichens der Gemeinschaft mit dem Herrn und des Unterpfandes der endgültigen Vereinigung mit ihm zu. Die »genuina atque integra substantia«, also das ursprüngliche und volle Wesen der Eucharistiefeier, wird jedoch beim evangelischen Abendmahl vom Konzil vermißt, »vor allem wegen des Fehlens des Weihesakramentes«.

Taufe gesehen wird, weil die Taufe vor allem das die *Rechtfertigung* schenkende Sakrament ist. Unseres Wissens ist daher auch in lutherischen Kirchen, die dem katholischen Amtsverständnis nahestehen, wie etwa in der lutherischen Kirche in Bayern, das Verständnis für die Notwendigkeit der Abendmahlsfeier für die Gemeinde schwach entwickelt. Vom Rechtfertigungsdenken her kann wohl die Notwendigkeit der Taufe, der Predigt und des darauf antwortenden Glaubens eingesehen werden, kaum aber die Notwendigkeit der Eucharistiefeier und ihrer kirchenbildenden Funktion. Das Rechtfertigungsdenken führt zu einer Individualisierung des christlichen Lebens unter dem Gesichtspunkt: Wie finde ich einen Gott, der mich rettet? Die Eucharistiefeier vergegenwärtigt das Christusereignis aber nicht – im Gegensatz zur Taufe – unter dieser Rücksicht, sondern setzt diese Dimension der Rechtfertigung und der Taufe schon voraus. Die Eucharistiefeier gewährt der durch die Taufe gebildeten *Gemeinde* Anteil am Leben des erhöhten Herrn unter der Rücksicht, daß sie schon wirklich, wenn auch noch verborgen, die eschatologische Gabe mitteilt und daher das Volk Gottes auf dem Weg zur erlösten Schöpfung begleitet. Nicht die Rechtfertigung, sondern das eschatologische Freudenmahl mit Christus im Reich des Vaters ist die Relation, unter der die Eucharistiefeier das Christusereignis vergegenwärtigt.

Nur dort, wo diese Dimension als konstitutiv für die Kirche anerkannt wird, *kann das Verhältnis von Gemeinde und Eucharistiefeier als stringent und notwendig angesehen werden.* Nur von hier aus wird es dann auch theologisch begründbar, warum zwar jeder Christ taufen, nicht aber ein Christ ohne Ordination, ohne spezielle Sendung, der Eucharistiefeier der Gemeinde vorstehen kann [113].

Die Taufe ist auf die Eucharistie hingeordnet, nicht umgekehrt. Das bedeutet: Die Eucharistie setzt die Taufe voraus, geht aber so weit über das Leitbild der Taufe hinaus, ist so sehr Ziel, nicht Produkt der Taufgnade, daß sie als das Umfassendere nicht nach dem Leitbild der Taufe verstanden werden darf. Vielmehr lehrt die Eucharistiefeier umgekehrt von ihrer eigenen Wirklichkeit den Sinn der Taufe verstehen. *Wozu* wir gerechtfertigt sind, wird nicht in der Taufe, sondern in der Eucharistiefeier klar – nämlich zur Teilnahme am Mahl des Herrn in seinem Reich.

Charakteristisch für die Neigung der evangelischen Christen, die

---

[113] Es ist uns rätselhaft, warum *H. Küng,* Wozu Priester?, Einsiedeln 1971, auf der einen Seite die Verschiedenartigkeit der einzelnen Sakramente, etwa der Taufe und der Eucharistie, immer wieder betont, auf der anderen Seite aber alle kirchliche und sakramentale Wirklichkeit allein auf die Taufe zurückführt und darum sagt, daß »alle Christen zum Vollzug von Taufe und Eucharistie ermächtigt sind« (92).

Eucharistie nach dem Leitbild der Taufe zu verstehen und von daher unserer Ansicht nach die eucharistische Wirklichkeit zu verkürzen, scheinen uns folgende Aussagen Schlinks zu sein: »Es ist zu fragen, ob sich aus dieser, getrennte Kirchen umfassenden Gemeinschaft der einen Taufe nicht auch Konsequenzen für die Abendmahlsgemeinschaft ergeben. Die Unterschiede in der liturgischen Ordnung der Taufe sind nicht geringer als in der Feier des Heiligen Abendmahls. Könnte nicht ebenso, wie bei der Anerkennung der Taufe alles Gewicht auf der Anrufung des trinitarischen Namens liegt, auch in der Stellung der Abendmahlsfeier anderer Kirchen der Blick vor allem auf den Gebrauch der Einsetzungsworte Jesu Christi gerichtet werden, auf die sich die Spendung von Brot und Wein bezieht? ... Entsprechend den Unterschieden in der Taufliturgie brauchen die Unterschiede in der Abendmahlsliturgie der gegenseitigen Anerkennung des Sakraments nicht im Wege zu stehen.«[114]

Man erkennt, wie die Eucharistiefeier von Schlink nach dem Leitbild der Taufe verstanden ist und er daher nur Unterschiede in der liturgischen Gestaltung sehen kann, sofern die Einsetzungsworte in der Feier vorkommen. Unserer Ansicht nach ist jedoch die auch zeichenhaftsichtbare Ursächlichkeit der Kirche und ihrer Struktur bei der Eucharistiefeier von ihrem Wesen her stärker anwesend als bei der Taufe. Taufe als Sakrament der Rechtfertigung gliedert erstmalig in die Kirche ein, Eucharistie ist dagegen intensivster Vollzug der zur Kirche schon Versammelten, und in dieser Versammlung stellt sich die Relation des Gastgebers Christus zu seiner *Gemeinde* dar. Daß die instrumentale Ursächlichkeit des Taufenden von geringerer Bedeutung ist als die der feiernden Gemeinde bei der Eucharistie, drückt sich auch darin aus, daß nach langer kirchlicher Tradition nicht nur jeder Christ, sondern auch jeder Nichtchrist taufen kann, wenn er nur die Weisung Christi kennt und in die Kirche aufnehmen will. Diese eigenartige Tatsache der Überlieferungsgeschichte wird dort nicht beachtet, wo man etwa mit Küng, der hier reformatorisch denkt, behauptet, daß »alle Christen zum Vollzug von Taufe und Eucharistie ermächtigt sind«[115]. Wie ist es zu erklären, daß sogar ein Nichtchrist zum »Vollzug« von Taufe ermächtigt ist? Was heißt hier »Vollzug«? *Spendung* der Taufe ist etwas anderes als *Vollzug* der Eucharistie, und es ist zu bedauern, daß auch die katholische Tradition trotz der theoretisch aufrechterhaltenen Wesensunterschiede zwischen den einzelnen Sakramenten praktisch eine Nivellierung innerhalb der Siebenzahl der Sa-

---

[114] *E. Schlink*, in: Evangelisch-katholische Abendmahlsgemeinschaft?, 167.
[115] Vgl. Anm. 113.

kramente begünstigt hat, wahrscheinlich durch ihre Subsumierung unter aristotelisch-dingliche Kategorien wie Materie und Form [116].
Innerhalb dieser Schwierigkeit, die sich aus dem verschiedenen Kirchenbegriff ergibt, ist nun die Beziehung zwischen Eucharistiefeier und Ordination zu behandeln, also das Verhältnis Kirche – Eucharistie – Amt. Vom Hintergrund her, d. h. von der Wirklichkeit der Kirche, wird auch diese vordergründige, weil leichter faßbare Wirklichkeit des Amtes zu sehen sein. Sonst gerät man in die Gefahr, eine Isolierung einzelner Wirklichkeiten (Taufe, Kirche, Eucharistie, Amt) durchzuführen und dann ihr Ineinander nur als eine willkürliche Setzung einer wenn auch frühen Epoche der Kirchengeschichte zu sehen, an die wir nicht mehr gebunden wären.
Das bisherige Amtsverständnis nicht nur der katholischen, sondern auch der ostkirchlichen und zum Teil der lutherischen Tradition ist in der letzten Zeit am schärfsten in Frage gestellt worden von H. Küng, vor allem in seinem Buch »Wozu Priester?« [117], aber auch schon in dem Werk »Die Kirche« [118]. Da bei der Position Küngs die Frage »Eucharistie und Amt« eine große Rolle spielt und er seine Gedanken als einen Weg zur Einheit der Christen versteht, müssen wir uns hier mit seiner Sicht auseinandersetzen.
Die Grundlage, von der aus Küng die Wirklichkeiten Kirche, Amt, Sakramente denkt, stimmt mit der des Zweiten Vatikanischen Konzils überein: Die Kirche als ganze, mit allen ihren Gliedern, ist das heilige Volk Gottes. Alle Differenzierungen und besonderen Funktionen oder Ämter müssen von dieser Voraussetzung ausgehen [119].
Mißlich ist nur, daß Küng aus dieser Aussage über die Kirche als *ganze* eine Aussage über *jeden* einzelnen Christen folgert, die von den entsprechenden Texten des Neuen Testamentes nicht mehr gedeckt wird. Dies ergibt sich z. B. aus der Art, wie Küng 1 Petr 2,9 interpretiert. Der Text lautet: »Ihr aber seid das auserwählte Geschlecht, die

---

[116] *K. Lehmann,* Dogmatische Vorüberlegungen zum Problem der »Interkommunion«, in: Evangelisch-katholische Abendmahlsgemeinschaft?, 77–141, weist zu Recht darauf hin, daß bei der Frage der gegenseitigen Anerkennung des Abendmahls und vor allem bei der Frage der Abendmahlsgemeinschaft oft zu wenig »die Interdependenz von kirchlicher Grundstruktur, Abendmahlsgemeinschaft und christlichem Lebensvollzug« (90) beachtet wird.
[117] Einsiedeln 1971.
[118] Freiburg 1967.
[119] Die Übereinstimmung dieses Ansatzes mit dem Hauptanliegen des Zweiten Vatikanischen Konzils stellt fest: *P. J. Cordes,* Sendung zum Dienst. Exegetisch-historische und systematische Studien zum Konzilsdekret »Vom Dienst und Leben der Priester« (Frankfurter Theologische Studien 9), Frankfurt 1972. Bei diesem Werk handelt es sich um eines der gründlichsten Bücher zum kirchlichen Amt aus den letzten Jahren.

königliche Priesterschaft, das heilige Volk, die Gemeinde, die Gott zu eigen gehört. Ihr sollt die Machttaten dessen verkünden, der euch aus der Finsternis in sein wunderbares Licht berufen hat.« Hier wird das *ganze* Volk, die Gemeinde des Neuen Bundes, als priesterlich bezeichnet, in dem Sinne, daß sie von Gott erwählt ist, daß sie Gott nahen darf und daß sie gesendet ist in die Welt, damit sie die Machttaten Gottes verkünde. Diese Aussage des ersten Petrusbriefes ist, wie der Hintergrund Ex 19,6 zeigt, im *korporativen* Sinne zu verstehen, gilt also vom Volk als *ganzem*. Eine *Struktur* dieses im korporativen Sinne priesterlichen Volkes wird weder durch Ex 19,6 noch durch 1 Petr 2,9 ausgeschlossen, und es ist verfehlt, diesen Text zur Bestimmung des innerkirchlichen Verhältnisses von Amtsträger und Gemeinde heranzuziehen, so als ob jeder Christ für sich allein Priester sei.
Genau dies scheint aber Küngs Aussage zu sein: »Hier taucht das Wort ›Priester‹ wieder auf, nicht von Amtspriestern, aber auch nicht nur vom einen Hohenpriester Christus gebraucht, sondern von ihm her und durch ihn von *allen* glaubenden Menschen... *Alle* Christen sind Priester.«[120]
Hören wir dazu das Urteil eines katholischen und eines evangelischen Theologen. P. J. Cordes kommt zu folgendem Resultat: »Der ›korporative‹ Aspekt... macht demnach eine Explikation von 1 Petr 2,4—10 unmöglich, die behauptet: ›Vom allgemeinen Priestertum wird gesprochen, wenn jedes Mitglied des Volkes ganz oder zum Teil priesterliche Rechte oder Funktionen ausüben kann.‹[121] Auch die von Luther gezogene Konsequenz, derzufolge in diesen Versen zum Ausdruck kommt, daß alle Getauften in gleicher Weise Priester sind, widersprechen offenbar der Aussageabsicht dieser Stelle. Eine global formulierte Folgerung ›*Alle* Christen sind Priester‹[122] kann sich bei einer verantwortungsvollen Erhebung des Textsinns nicht auf diesen *locus classicus* berufen.«[123]
Ein ähnliches Urteil fällt A. M. Ritter: »Entgegen einem seit langem verbreiteten Mißverständnis liegt also die Pointe des neutestamentlichen Zeugnisses vom Priestertum der christlichen Gemeinde nach allem, was wir gesehen haben, nicht darin, daß ›jeder sein eigener Priester‹ ist. Vielmehr geht es hierbei im entscheidenden darum, daß das *Volk* Gottes in seiner Gesamtheit zum priesterlichen Dienst in und an der Welt berufen ist. Anders gesagt, erhält das Priestertum der Gläubigen seine Sinnbestimmung nicht von einem *inner*kirchlichen

---

[120] *H. Küng,* Die Kirche, 439. – Hervorhebungen von Küng.
[121] So *R. Prenter,* in: RGG³, V, 581.
[122] Vgl. Anm. 120.
[123] *P. J. Cordes,* Sendung zum Dienst, 95.

Gegenüber und Gegensatz, sondern ist nur von der diakonisch-missionarischen Präsenz des Gottesvolkes in der Welt her recht zu verstehen... Denn da christliches Priestertum wie überhaupt christliche Existenz ... sich ständig im Zustand des Wachstums auf seine Vollendung hin befindet, ... ist es bleibend auf den ›Dienst der Versöhnung‹ angewiesen, dem es sich verdankt.«[124]
Von diesem Resultat aus muß der Versuch Küngs, das Verhältnis von Amt und Gemeinde, also ein *inner*kirchliches Verhältnis, durch seine Interpretation von 1 Petr 2,9 von vornherein in einer bestimmten Richtung festzulegen, als unsachgemäß bezeichnet werden. Schauen wir uns jedoch seine Aussagen im einzelnen an.
Küngs Denken ist beherrscht von der Parole: »Zurück zum Ursprung, zum Neuen Testament!« Dieses offensichtlich echte und christliche Pathos legt sich in folgender Überlegung aus: Die frühesten und ausführlichsten Zeugnisse über die Struktur der christlichen Gemeinden haben wir in den Paulusbriefen. Davon gilt nach Küng: »Soweit wir feststellen können, haben sich gerade die von Paulus in apostolischer Vollmacht gegründeten Gemeinden ... jene Ordnungs- und Leitungsdienste selber eingerichtet, die ihnen für ihr Gemeindeleben notwendig erschienen.«[125] Dieses Urteil wird der Sache nach von einer der gründlichsten historischen Untersuchungen des Amtes in der frühen Kirche gedeckt[126].
Wie die Zeugnisse des Neuen Testamentes weiterhin zeigen, haben sich die Gemeindedienste in den verschiedenen Missionstraditionen (etwa der palästinensischen oder der antiochenischen) verschieden ausgestaltet[127]. Küng glaubt feststellen zu können, daß »noch am Ende der neutestamentlichen Zeit die nicht harmonisierbare Vielfalt der Gemeindeverfassungen und Vielfalt der Ausprägungen der (teils charismatischen, teils schon institutionalisierten) Leitungsdienste groß ist« (35). Er muß aber zugeben, daß die Apostelgeschichte und die Pastoralbriefe schon die Ordination von Gemeindeleitern erwähnen (49) und stellt überhaupt ein frühes »Gefälle zum institutionellen Dienst« fest (35–39 u. ö.)[128].
Die entscheidende Behauptung Küngs ist nun die, daß dieses »Gefälle

---

[124] *A. M. Ritter*, Amt und Gemeinde im Neuen Testament und in der Kirchengeschichte, in: *A. M. Ritter–G. Leich*, Wer ist die Kirche?, Göttingen 1968, 67 f.
[125] Wozu Priester?, 34. – Im folgenden verweisen die in Klammern gesetzten Zahlenangaben im Text auf die entsprechende Seite in diesem Buch Küngs.
[126] *J. Martin*, Die Genese des Amtspriestertums in der frühen Kirche (Der priesterliche Dienst III – QD 48), Freiburg 1972, 25–34.
[127] Ebd. 34–67.
[128] Dieses Urteil wird unterstrichen durch die genannte Untersuchung von *J. Martin*.

zum institutionellen Dienst«, das er schon innerhalb des Neuen Testamentes feststellen muß, *keine Normativität beanspruchen kann* (39). Für Küng ist also die *Entwicklung* der neutestamentlichen Zeit ohne eindeutige theologische Konsequenz, bzw. es macht sich bei ihm sogar die Neigung zum zeitlich Früheren, zur paulinischen Gemeindestruktur, bemerkbar. Zwar will er dabei die Entwicklung zum institutionellen Amt nicht als Abfall charakterisieren, sieht sie jedoch trotz ihrer zu Beginn des zweiten Jahrhunderts erreichten Universalität [129] als eine *relative, überholbare* Entwicklung.
Damit wird offensichtlich ein unterschwelliger Objektivismus im Denken Küngs sichtbar, der dazu führt, daß dogmengeschichtliche Vorgänge *nicht als relational-absolut* erscheinen können, sondern immer und notwendig *als relativ-überholbar* gelten. Aus unserer oben dargelegten Sicht der Dogmengeschichte ergibt sich eine andere Möglichkeit: In der Entwicklung der Kirche der neutestamentlichen Zeit legt sich ihr christologischer Ursprung aus, wobei die Grundzüge des Ergebnisses dieser urkirchlichen Entwicklung dann auch verbindlich sind. Wir sind der Überzeugung, daß die Ausbildung eines institutionellen, dem korporativen Priestertum des Volkes Gottes dienenden, in der Sendung Christi und seines Geistes gründenden Amtes in der Kirche verbindlichen Charakter für die Folgezeit hat. Ob allerdings die Ausprägung dieses Amtes in Episkopat, Presbyterat und Diakonat dieselbe Verbindlichkeit besitzt, kann auf Grund einiger Daten der Dogmengeschichte bezweifelt werden. Wir werden später darauf zurückkommen.
Bei Küng scheint dagegen das Spätere auch in der urkirchlichen Entwicklung das dogmatisch Unverbindliche zu sein – das universale Ergebnis der urkirchlichen Entwicklung, das institutionelle Amt, hat jedenfalls bei ihm höchstens funktionale und darum relative Bedeutung. Die dem Christentum stets neu aufgegebene Frage nach »Wahrheit und Geschichte« oder nach der »Wahrheit der Geschichte« taucht hier auf. Sie ist der Knotenpunkt des Problems. »Der Geist führt in die Wahrheit ein«, offensichtlich durch die Geschichte. Dadurch entsteht für uns die Frage nach den Kriterien, nach denen man die vom Geist ans Licht gebrachte Wahrheit unter dem Wust geschichtlicher Vorgänge erkennt. Küng scheint uns diese Frage aber gar nicht erst zu stellen, sondern sie zu überspringen. Damit wird bei ihm Geschichte notwendig und vom Wesen her das bloße Funktionale, Relative [130]. Dies

---

[129] Vgl. ebd. 67–98.
[130] Dies zeigt sich vor allem in *H. Küng*, Unfehlbar? Eine Anfrage, Einsiedeln ²1970. – Die Wahrheitsmöglichkeit gerät auch im personalen Raum in Gefahr, wenn sie für die Satzaussage grundsätzlich bestritten wird. Küng neigt dazu, die Wahrheitsqualität

bedeutet aber die Negation des Christentums. Denn es dürfte Küng
schwerfallen, darzulegen, warum die Relativierung vor der Struktur
der paulinischen Gemeinden etwa haltmachen muß oder warum sie
nicht auch die Gestalt des Jesus von Nazaret und die Botschaft von
seiner Auferstehung ergreifen darf.

Das Gesagte kann an einem konkreten Beispiel verdeutlicht werden.
Es ist bekannt, daß das Neue Testament, welches Küng immer wieder
als Ursprungsmoment des Christentums herausstellt, selbst von der
Kirche der ersten Jahrhunderte in einem langsamen Ringen in seiner
heutigen Form anerkannt wurde. Die Kanonbildung in der frühen
Kirche, die Küng bei allen Überlegungen voraussetzt, wenn er sich auf
das Neue Testament stützt, hat sich aber nicht vom Prinzip der zeitlichen, sondern vom Prinzip der inhaltlichen Ursprünglichkeit führen
lassen. Man kann den Hebräerbrief oder das Johannesevangelium
nicht deswegen den Paulusbriefen unterordnen, weil diese früher entstanden sind. Eher könnte man daran denken, daß die Spätphase der
neutestamentlichen Entwicklung die umfassende, die reifere Sicht hat.
Im Neuen Testament begegnet uns der bezeugte Ursprung, der verkündende und verkündete Christus, nicht unvermittelt, sondern er
begegnet uns hier geschichtlich vermittelt durch die Entscheidung der
frühen Kirche für diesen Kanon des Neuen Testaments. Wollte man
Küngs Gedanken ins Prinzipielle wenden, so müßte man die Kanonbildung problematisieren, man müßte noch einmal fragen, warum
nicht Zeugnisse des Urchristentums, die vielleicht etwas früher entstanden sind als das Johannesevangelium oder die Pastoralbriefe – also
etwa der erste Klemensbrief oder die Didache –, in den Kanon aufgenommen werden könnten.

Küng scheint sich explizit dieser Konsequenz seines Denkens nicht
bewußt zu sein, implizit aber meldet sie sich oft zu Wort. So heißt es
in bezug auf den Hebräerbrief: »Erst in einer neutestamentlichen
Spätphase wird Jesus selber, der Auferstandene und Erhöhte, als ›Priester‹ verstanden« (30), offenbar in einer den Hebräerbrief gegenüber
den Paulusbriefen abwertenden Weise [131].

---

quoad nos nicht nur der Konzilien, sondern auch der Schrift zu negieren. Letztlich
geht es bei seiner Anfrage also nicht nur um die Frage der Kriterien (*wann* darf ich
von Offenbarung sprechen?), sondern um die tiefere Frage der *Möglichkeit*: Ist Offenbarung in *Geschichte* überhaupt möglich? Wenn man seinen Ansatz zu Ende denkt,
muß man diese Möglichkeit negieren.
[131] Immerhin ist die Entstehungszeit des Hebräerbriefes um 80 n. Chr., wenn nicht
noch früher, anzusetzen, da er dem ersten Klemensbrief schon bekannt ist. – Ein Ergebnis des Denkens Küngs scheint es zu sein, daß das Zeugnis von Lk 22 über Gemeinde, Amt und Eucharistie von ihm nicht erwähnt wird. Die in Lk 22 erkennbare
Struktur der lukanischen Gemeinden dürfte den Zustand des Jahres 80 widerspiegeln,

So meldet sich hier und da eine Konsequenz in den Aussagen Küngs an, die von sich aus weitertreibt zu einem Auflösen der Entscheidung der frühen Kirche, der Kanonbildung. Das Prinzip des »Kanons im Kanon« ist ja nichts anderes als die Auflösung des Kanons, die Revision oder der Revisionsversuch gegenüber der Entscheidung der frühen Kirche. Wenn man diese Konsequenz nicht will – und explizit will auch Küng sie nicht, wie sein dauernder Verweis auf das Neue Testament zeigt –, so wird man auf die Parallelität achten müssen, die zwischen der Entwicklung zum neutestamentlichen Kanon und der Entwicklung zum institutionellen Amt zu beobachten ist. Küng selbst gibt zu, »daß sich schon bald nach Paulus auch in der charismatischen Gemeinde von Korinth ... das System der Presbyter-Episkopen durchgesetzt hat« (35). Das bedeutet aber, daß wir noch vor Abschluß der Kanonbildung, nämlich zu Beginn des zweiten Jahrhunderts, ein einheitliches, zum Vorsitz bei der Eucharistiefeier ermächtigendes Amt des Bischofs und Presbyters vorfinden. Daß sich dieses Amt aus verschiedenen Gemeindestrukturen durch »Mischung« ergeben hat, daß es also urchristlich-*geschichtlichen* Ursprungs ist, provoziert die Frage, wie es sich denn anders überhaupt hätte herausbilden sollen. Jedenfalls wird dadurch das Argument, daß es von der gesamten Kirche rezipiert wurde, nicht entkräftet.

Daher sind einige Aussagen Küngs widerlegbar, so die Aussage, daß »Amt« kein »biblischer, sondern ein nachträglicher und nicht unproblematischer Reflexionsbegriff« sei (28)[132]. Überall im Neuen Testament wird das Amt allerdings als *Dienst*amt verstanden, aber es wird nicht aus dem rein funktional verstandenen Dienst abgeleitet[133]. Küng stellt das Verhältnis von Amt und Dienst aber umgekehrt dar und kann damit die Konsequenz einer völlig auf dem Geistprinzip aufruhenden, also einer spiritualistischen Kirche wohl kaum abwehren:

---

wobei man voraussetzen kann, daß die entsprechende Ordnung nicht in kürzester Zeit entstanden ist, sondern in den Jahrzehnten vorher herangewachsen ist. Vgl. *H. Schürmann*, Der Abendmahlsbericht Lukas 22,7–38 als Gottesdienstordnung, Gemeindeordnung, Lebensordnung, in: Ursprung und Gestalt, Düsseldorf 1970, 108–150. U. a. stellt Schürmann fest: »Die hier verwendeten Bezeichnungen lassen deutlich an Männer denken, die in der Gemeinde Vorrangstellung und Aufgabe haben... Im Zusammenhang wird man sich den ›Größten‹, den ›Leitenden‹, auch wohl als Tischherrn und Sprecher des Tischgebetes, in Zusammenhang mit Lk 22,19 f. als den vorstellen müssen, der die Eucharistie zu vollziehen hatte. Dieser ist es nun, dem die Aufforderung Jesu zum Dienst in ganz besonderer Weise gesagt ist« (137; 139).

[132] *J. D. Quinn*, Ministry in the New Testament, in: Lutherans and Catholics in Dialogue, Bd. IV, 69–100, kommt zu einem anderen Ergebnis als Küng.

[133] *J. Martin*, Genese des Amtspriestertums, 84: »Ein reines funktionales Modell war für die Gemeinden deshalb ausgeschlossen, weil die Dienste als dauernd betrachtet wurden – Funktionäre aber müssen grundsätzlich austauschbar sein.«

»Sicher gibt es Autorität in der Kirche. Aber Autorität ist nur legitim, wo sie auf Dienst gründet und nicht auf Gewalt, Vorrechten und Privilegien, aus denen dann erst die Verpflichtung zum Dienst entspränge« (28). Durch die Gegenüberstellung von Dienst und Gewalt entsteht eine falsche Alternative. Wenn jedoch die *Legitimität* des Amtes auf Dienst *gründen* würde, so dürfte jederzeit die Legitimation und damit das Amt des Amtsträgers selbst bestritten werden, wenn die Meinung entsteht, daß der Dienst nicht recht ausgeführt wird. Genügt zur Sicherung des rechten Urteils über den Dienst das Evangelium? Zeigt nicht die Geschichte, daß gerade dies das Prinzip der Schwärmer war, die mit ihrer Konzeption einer charismatisch-endzeitlichen Kirche über kurz oder lang scheiterten? Küng will offensichtlich diese Konsequenz nicht, sie scheint uns aber innerhalb seines Denkens unvermeidlich.

Die von Küng zugegebene Tatsache, daß sich schon früh – jedenfalls vor Abschluß der Kanonbildung – ein institutionelles Amt überall in der Kirche herausgebildet hat, gestattet es also nicht, alle im ersten Jahrhundert eventuell vorauszusetzenden, jedenfalls kurzfristigen Modelle der Gemeindeverfassung auch heute als möglich hinzustellen (vgl. 39). Denn da die Kirche in ihrer Struktur die apostolische Verkündigung weiterzugeben hat, ist diese ihre Struktur für die Weitergabe der apostolischen Botschaft ebenso entscheidend wie ihre Kristallisation, das Neue Testament. Es will uns nicht einleuchten, warum bei der Frage der Kanonbildung ein anderes Prinzip gelten soll als bei der Frage der *lebendigen Weitergabe* des Glaubens. Das »sola-scriptura-Prinzip« Küngs, das notwendig dem Prinzip eines »Kanons im Kanon« zuneigt, muß sich diese Problematisierung und diese Anfrage gefallen lassen.

Es fällt auf, daß sich die Position Küngs nicht nur gegen die katholische und orthodoxe, sondern auch gegen die Amtsauffassung einiger lutherischer Kirchen richtet, ja daß sie sich bei näherem Zusehen als mit der *calvinisch-reformierten* sehr verwandt erweist. In dem Dialog, der seit einigen Jahren innerhalb einer offiziellen Theologenkommission der lutherischen und katholischen Kirche in den USA stattfindet, ist die Position der lutherischen Teilnehmer der katholischen Amtsauffassung bei weitem näher als der Stellung Küngs. So heißt es in einer *gemeinsamen* Erklärung der amerikanischen Kommission: »Das Amt steht mit dem Volk Gottes unter Christus, aber es spricht auch im Namen Christi zu seinem Volk. Auf der einen Seite steht das Amt als Teil des allgemeinen Priestertums der Kirche unter dem Wort und dem Geist, unter Gericht wie unter Gnade. Aber es hat auch eine besondere Rolle in dem allgemeinen Priestertum des Volkes Gottes, indem es

Gottes Wort verkündet, die Sakramente verwaltet, ermahnt und tadelt... In bezug zu dem, was ›Charakter‹ genannt worden ist, sind wir darüber einig, daß die Ordination zum Amt auf Lebenszeit gilt und nicht wiederholt werden kann... (In der lutherischen Tradition) wird das Amt übertragen durch einen Ritus der Ordination, der die Handauflegung einschließt... Vom lutherischen Standpunkt aus beauftragt und befähigt solch eine Ordination in der presbyteralen Sukzession den lutherischen Pastor, alle die Funktionen auszuüben, die der katholische Priester (Presbyter) ausübt, eingeschlossen diejenige, die Eucharistie zu zelebrieren.«[134]

Diese Aussagen, hinter denen eine größere Zahl von katholischen und lutherischen Theologen steht, ist durchaus im Einklang mit dem von Küng trotz seiner dauernden Berufung auf das Zweite Vatikanische Konzil nicht reflektierten Wort aus der Kirchenkonstitution des Konzils: Allgemeines und besonderes Priestertum »unterscheiden sich dem Wesen und nicht nur dem Grad nach«[135]. In der Fassung der Zuordnung des Amtes auf das Priestertum des Volkes Gottes scheint also eine Einmütigkeit zwischen dem Zweiten Vatikanischen Konzil und großen lutherischen Kirchen zu bestehen. Dagegen muß man der Aussage Küngs, daß »alle Christen zum Zuspruch der Sündenvergebung... und zum Vollzug von Taufe und Eucharistie ermächtigt« sind (91 f.), die Leugnung des speziell mit dem Dienst an Wort und Sakrament betrauten Amtes entnehmen.

Abgesehen von diesen grundlegenden Überlegungen scheint uns vieles, was Küng über die Notwendigkeit des *Dienstes* im Amt, über Möglichkeiten zu größerer Effektiviät, kurz über die *Art der Ausübung des Amtes* sagt, ausgezeichnet und zum Teil wegweisend (vor allem 100 bis 107). Das Amt selbst und der Zusammenhang zwischen Amt und Eucharistie muß dabei aber vorausgesetzt werden. Daß die *Begründung* dieses Zusammenhangs nicht auf dem von Küng vorgeschlagenen Weg zu erreichen ist, scheinen uns die katholische, die ostkirchliche und ein breiter Strom der anglikanischen und lutherischen Tradition *gemeinsam* zu bezeugen. Daß die hermeneutische Frage auch gegenüber dem Amt gestellt werden muß (Identität im Wandel), so wie wir

---

[134] Lutherans and Catholics in Dialogue, Bd. IV, 11–15.
[135] Lumen Gentium nr. 10: »Essentia enim et non gradu inter se differunt.« – Genau genommen fehlt sogar zwischen »allgemeinem« und »besonderem« Priestertum die Vergleichsbasis, auf Grund deren man von einem Unterschied dem Grad oder dem Wesen nach sprechen könnte. Wenn das Priestertum des gesamten Volkes Gottes *korporativ* und *nicht distributiv* zu fassen ist und also eine Struktur der Kirche und ein kirchliches Amt nicht ausschließt, ist es schon ein Mißverständnis, von »allgemeinem« und »besonderem« Priestertum überhaupt zu sprechen. Statt dessen sollte man die Begriffe »Priestertum des Volkes Gottes« und »kirchliches Amt« verwenden.

sie gegenüber der Eucharistie gestellt haben, ist ebenso einsichtig wie die Feststellung, daß wir erst mit dieser Aufgabe beginnen. Von Küng aber wird diese schwierige Frage weniger gestellt als eliminiert. Dies glauben wir in dieser kurzen Auseinandersetzung gezeigt zu haben. Eine ausführlichere Behandlung der Amtsproblematik ist uns im Rahmen dieser Arbeit nicht möglich. Als Ergebnis der bisherigen Überlegungen halten wir fest, daß auf Grund der Beziehung zwischen der Struktur der Kirche und dem Vollzug von Kirche in der Eucharistie nur der durch Ordination mit dem kirchlichen Dienstamt betraute Bischof oder Presbyter der Eucharistiefeier der Gemeinde vorstehen kann.

Der theologische Grund dafür, daß das kirchliche Amt bei der Eucharistiefeier von entscheidender Bedeutung ist, liegt also in dem inneren Zueinander von Kirche und Eucharistie. Daraus ergeben sich aber bedeutsame Konsequenzen, die wir kurz betrachten müssen, ehe wir die ökumenische Frage weiter behandeln.

Jede christliche Gemeinde ist von ihrem Wesen her hingeordnet auf die Feier der Eucharistie, weil die Taufe diese Hinordnung schon enthält. Sie kann als christliche Gemeinde im Normalfall auf die Dauer nicht oder kaum existieren, wenn sie nicht regelmäßig zum Mahl des Herrn zusammenkommt. Daraus ergibt sich aber, daß sie auch das Recht auf einen ordinierten Gemeindeleiter hat, der ihr vorsteht, ihr im Namen Christi das Wort verkündet und ihre Eucharistiefeier leitet. Dieses Recht darf nicht deshalb unerfüllt bleiben, weil in bestimmten Situationen nicht genügend voll ausgebildete und zur Ehelosigkeit entschlossene Theologen die Ordination erbitten. Das in der römisch-katholischen Kirche geübte Auswahlprinzip (Ehelosigkeit und volle theologische Ausbildung) ist trotz seiner Affinität zum Amt situationsgebunden, also nicht notwendig mit der Übernahme des kirchlichen Amtes verbunden. Dies ist allgemein anerkannt. Dann darf dieses Auswahlprinzip aber nicht höher eingeschätzt werden als das Recht einer christlichen Gemeinde auf die Eucharistiefeier. Daß ein solcher, nach unserer Ansicht eindeutig aus der Tradition abzulesender Grundsatz große praktische Konsequenzen etwa in Südamerika, vor allem in Brasilien, nach sich ziehen muß, ist bekannt.

Eine weitere Fragestellung, die sich aus der inneren Zuordnung von Kirche und Eucharistie ergibt, ist folgende: Wie wir sahen, stellt sich die Kirche in keiner ihrer zeichenhaft-sakramentalen Handlungen so deutlich dar wie in der Feier der Eucharistie. Die Eucharistiefeier ist deshalb nicht nur als *Mittel* zu irgendeiner christlichen Aktivität zu sehen, sondern vollzieht zunächst ihren Sinn in sich selbst. Die Tatsache, daß sie auf existentielle Realisation und ein intensives christliches Gemeindeleben drängt, kann nicht mit den Kategorien »Mittel – Zweck«, sondern nur mit dem biblischen Bild des Fruchtbringens, also einer sich selbst entfaltenden Wirklichkeit, beschrieben werden. Daraus ergibt sich, daß die Eucharistiefeier das Ziel der kirchlich-sakramentalen Handlungen ist, so daß Kirche in dem Spannungsbogen zwischen dem Beginn des christlichen Lebens (Glaube und Taufe) und der sakramentalen Realverheißung des kommenden Reiches Gottes (Eucharistiefeier der Gemeinde) zu sehen ist.

Als Ziel kirchlich-sakramentaler Vollzüge enthält die Eucharistiefeier einige Substrukturen. Eine davon besteht darin, daß der Vorsteher der Feier eine amtlich-kirchliche Beauftragung und Ermächtigung besitzen muß. Diese ist aber eingebettet in die Beziehung »Christus – Kirche – Eucharistie«, hat also relationalen und diakonischen Charakter. Daraus ergibt sich die Frage, ob in der nachtridentinischen Theologie die Notwendigkeit des Amtes für die Eucharistiefeier nicht zu stark unter den Gesichtspunkten von Ritus, Recht und Intention des »Spenders« der Eucharistie gesehen wurde, statt daß die Ermächtigung des Amtsträgers von der Beziehung zwischen Christus und der Gemeinde ihre Begründung erhielt. Konkret bedeutet diese Frage: Wird Christus einer an ihn glaubenden Gemeinde das Ziel kirchlicher Gemeinschaft, die Eucharistiefeier, verweigern, weil aus einem von der Gemeinde nicht verschuldeten und nicht zu behebenden Umstand die Ordinierung des Amtsträgers nicht gültig war? Mit anderen Worten: Ist der Begriff der »Gültigkeit«, sosehr er im Normalfall notwendig ist, nicht zu eng und zu sehr rechtlich bestimmt, als daß er die Relationalität, in der das Amt zu Christus und zur Kirche steht, voll einfangen könnte?

Daß diese Fragen nicht lediglich der heutigen Situation entspringen, lehrt ein Blick in die Geschichte. Zur Zeit Hippolyts von Rom war die Ordination als Beauftragung mit dem kirchlichen Amt des Bischofs oder Presbyters längst feste Regel. Dennoch gilt nach der Traditio apostolica Hippolyts: »Der Bekenner, der schon Fesseln getragen hat, braucht, wenn er Diakon oder Presbyter wird, nicht ordiniert zu werden... Dagegen bedarf er, wenn er Bischof wird, der Handauflegung.« [136] Es ist als sicher anzunehmen, daß der ohne Ordination eingesetzte Presbyter wie die übrigen Mitglieder des Presbyteriums das Recht hatte, der Eucharistiefeier vorzustehen. Er war also in sein Amt eingesetzt, ohne daß man einen Ritus angeben konnte, der als solcher hätte »gültig« genannt werden können.

Die mittelalterliche Theologie hat eine der unseren ähnliche Frage explizit gestellt und zum Teil in erstaunlich großzügiger Weise beant-

---

[136] *J. Martin*, Genese des Amtspriestertums, 99.

wortet, wie K. Lehmann durch einige Hinweise gezeigt hat [137]. Albert der Große – und mit ihm eine Reihe anderer Theologen – rät in dem Falle, daß kein Priester zu erreichen ist, die Laienbeichte an: »So groß ist die Kraft des Bekenntnisses, daß jemand, der keinen Priester erreichen kann, seinem Nächsten beichte ... und auch, wenn jener, vor dem er sein Bekenntnis ablegt, nicht die Absolutionsvollmacht hat, so ist der, der seinem Nächsten seine Schuld bekennt, doch der Verzeihung (Gottes) würdig auf Grund seiner Sehnsucht nach einem Priester ... und *letztlich auf Grund der Einheit des Glaubens und der Liebe;* denn diese steigt im Falle der Notwendigkeit in jeden, damit er dem Nächsten beistehen kann. Diese Vollmacht hat der nichtordinierte Gläubige im Falle der Not, gleich ob Mann oder Frau ... Es gibt einen zweifachen Amtsträger, nämlich den eigens dazu Ordinierten und den, der seine Stelle vertritt.« [138]

Allgemein üblich war in der mittelalterlichen Theologie die Frage, wie es mit den von einem Priester gespendeten Sakramenten stehe, wenn seine Weihe aus irgendeinem Grund ungültig war. Eine breite Tradition antwortete darauf, daß »hinsichtlich der letzten Wirkungen der Sakramente« Christus selbst den Mangel ersetze [139].

Von der nachtridentinischen Theologie sind diese mittelalterlichen Ansichten als noch nicht ausgereifte, begrifflich noch nicht geklärte Meinungen beiseite geschoben und durch eine scharfe, vom Ritus, vom Recht und von der Lehre über die Intention des Spenders her aufgebaute Kasuistik ersetzt worden, deren Hauptbegriff die »Gültigkeit« war. Wir müssen heute aber fragen: Drückt sich in den mittelalterlichen Anschauungen nicht eine trotz aller Verdinglichung der Sakramentenlehre durchgehaltene patristische Tradition aus, in der die Einbettung der Sakramente in die »Einheit des Glaubens und der Liebe«, d. h. in die kirchliche Gesamtwirklichkeit, der entscheidende und führende Begriff war, dem alle anderen zu dienen hatten?

In der Tat: Wenn man trotz des Zweifels an der Gültigkeit einer Ordination darauf vertrauen darf, daß Christus »durch die Einheit des Glaubens und der Liebe« den Mangel ersetzt und in bezug auf die letzten Wirkungen des Sakramentes den Gläubigen seine Gabe reicht, dann stellt sich die Frage nach der Eucharistiefeier jener Kirchen, die nach katholischer Tradition nicht mehr die authentische Amtstradition haben, in einem anderen Licht dar, als dies in der nachtridentinischen Theologie der Fall war. Die »letzten Wirkungen des Sakramentes« sind ja nicht rein individuell zu sehen, sondern beziehen sich auf die

---

[137] In: Evangelisch-katholische Abendmahlsgemeinschaft?, 94–109.
[138] Albertus Magnus, In IV Sent. dist. 17, E, art. 58 et 59.
[139] Vgl. etwa Thomas v. Aquin, Summa Theologica, Supplementum q. 35, a. 3, ad 2.

Gemeinde. So ist es durchaus miteinander vereinbar, daß man wegen des Amtsverständnisses der calvinisch-reformierten Kirche vom katholischen Standpunkt aus nicht zu einer Anerkennung der reformierten Abendmahlsfeier kommen kann, daß man aber dennoch der Überzeugung sein darf, daß um der Einheit des Glaubens und der Liebe willen, in der diese getaufte Gemeinde steht, »Christus den Mangel ersetzt« und dann auch, so meinen wir, *für die Gemeinde voll* ersetzt.

Mit einem traditionellen Begriff kann man diese Ansicht die Lehre vom »votum obiectivum« nennen [140]. Sie ist von der Meinung Küngs zu unterscheiden, der die *grundsätzliche* Aussage vertritt, daß die Eucharistie des Amtes nicht bedarf, sondern daß es sich bei dem Verhältnis zwischen Eucharistie und Amt lediglich um eine praktische Regelung handelt [141]. Die angeführten mittelalterlichen Theologen zweifeln ja keineswegs die Notwendigkeit des Amtsträgers für Lossprechung und Eucharistiefeier an, sondern sehen die Beziehung zwischen Amt und Sakrament eingebettet in den größeren Zusammenhang zwischen Christus und der Kirche. Sie vermeiden daher die Verengung eines kasuistischen Ritualismus.

Die katholische Theologie hat aber über das Gesagte hinaus zu prüfen, ob Amtsverständnis und Ordination in manchen Kirchen der Reformation nicht dem katholischen Amtsverständnis näherstehen, als man gewöhnlich annimmt [142]. Vor allem in bezug auf die anglikanische Kirche darf man der Ansicht sein, daß sie trotz der Bulle »Apostolicae curae« Leos XIII. von 1896 in der authentischen Amtstradition steht [143]. Die um die Jahrhundertwende von der katholischen Theologie angewandten Kriterien waren zu eng. Die katholische Theologie vertrat in der nachtridentinischen Epoche hinsichtlich der Sakramente eine Haltung, die ängstlich auf die sichere Feststellung der rituellen Gültigkeit schaute und die geringste Möglichkeit eines Zweifels schon in der Richtung interpretierte: »Dann lieber die bedingungsweise Wiederholung eines an sich unwiederholbaren Sakramentes!« Auf Grund dieses Prinzips wurde auch die Taufe sehr oft bedingungsweise wiederholt.

Nicht nur die anglikanische, auch manche lutherische Kirche ist in

---

[140] Vgl. *J. M. R. Tillard,* Le »votum eucharistiae«: L'eucharistie dans la rencontre des chrétiens, in: Miscellanea liturgica in onore di Sua Eminenza il Cardinale Giacomo Lercaro II, Rom 1967, 142–194.

[141] Wir können jedenfalls Küngs nicht immer klare und widerspruchsfreie Aussagen in »Wozu Priester?« nicht anders verstehen.

[142] Zwischen den orthodoxen Ostkirchen und der katholischen Kirche gibt es ja in dieser Frage keine ernsten Probleme.

[143] Eine kurze Orientierung über den Stand der Diskussion um die anglikanischen Weihen findet man in: Concilium 4 (1968) 62–67; 299–303. Dort weitere Literatur.

ihrem Amtsverständnis und zum Teil auch in ihrer Amtstradition der katholischen Tradition verwandt [144]. Wie nahe diese Verwandtschaft mindestens im *Amtsverständnis* gehen kann, zeigt der von uns erwähnte vierte Band der Reihe »Lutherans and Catholics in Dialogue« mit dem Titel »Eucharist and Ministry« [145]. Man muß allerdings darauf achten, daß Amtsverständnis und Amtstradition in den einzelnen lutherischen Kirchen große Unterschiede aufweisen. Bei der hier genannten Veröffentlichung handelt es sich um die lutherischen Kirchen in den USA. Unseres Wissens sind aber ähnliche Verhältnisse bei der lutherischen Kirche in Bayern anzutreffen, nicht jedoch bei der »Evangelischen Kirche der Union«, in der starke Kräfte die Ordination zu einem kirchlichen Amt ablehnen.

Zunächst eine historische Bestandsaufnahme: In manchen Gebieten der lutherischen Kirche – so etwa in Bayern – ist die Ordination durch Handauflegung wahrscheinlich lückenlos vorgenommen worden, allerdings nicht von Bischöfen, sondern von Presbytern. Weil sich im allgemeinen in der Reformationszeit natürlich keine katholischen Bischöfe fanden, die die evangelischen Pastoren ordinierten, und weil die Reformation das »allgemeine Priestertum« stark betonte, finden wir in einigen lutherischen Gebieten wohl eine Unterbrechung der Sukzession, in anderen aber aller Wahrscheinlichkeit nach eine Sukzession *von Presbyter zu Presbyter.*

Hier sind nun zwei Fragen zu stellen. Zunächst diese: Ist es innerhalb der katholischen Tradition sicher, daß eine Ordination von Presbyter zu Presbyter nicht in der kirchlichen Beauftragung und Ermächtigung des Amtes steht? Es sind auch innerhalb der katholischen Tradition Fälle bekannt, in denen Presbyter, die nicht Bischöfe waren, mit päpstlichem Indult Jahre hindurch die Ordination vornahmen [146]. Die katholischen Teilnehmer von »Lutherans and Catholics in Dialogue« drücken diese Tatsache so aus: »Tatsächlich gibt es in der Geschichte der Kirche Beispiele dafür, daß Presbyter andere Presbyter ordiniert haben, und es ist offensichtlich, daß die Kirche das Amt der so geweihten Priester akzeptierte und anerkannte.« [147]

---

[144] Von der reformierten Kirche wird man das auf Grund des nicht-ontologischen Sakramentsverständnisses nicht sagen können. Auch von der EKU (Evangelische Kirche der Union) dürfte es nicht gelten.
[145] S. o. Anm. 102.
[146] Vgl. *C. Baisi*, Il Ministro Straordinario degli Ordini Sacramentali, Rom 1935; *Y. Congar*, Faits, problèmes et réflexions à propos du pouvoir d'ordre et des rapports entre le presbytérat et l'épiscopat, in: La Maison Dieu 14 (1948) 107-128; *J. M. R. Tillard*, Le »votum eucharistiae«, 189, Anm. 100. – An der letztgenannten Stelle weitere Literatur.
[147] Lutherans and Catholics in Dialogue, Bd. IV, 25: »In fact, in the history of the

Hinzu kommt, daß zu einer Zeit, da in der frühen Kirche das Amt sich schon institutionalisiert hatte, das Presbyterium noch ein Kollegium war. Im Ringen um die Einheit von Glaube und Lehre im Kampf mit dem Gnostizismus wurde der Bischof im Presbyterium als Haupt des Kollegiums anerkannt. Noch bei Hippolyt von Rom zeigen sich deutliche Spuren dafür, daß zunächst die Presbyter als Kollegium ordinierten. »Besonders an der Deutung der Handauflegung zeigt sich, daß bei Hippolyt noch zwei historische Schichten zu unterscheiden sind: Ursprünglich haben die Presbyter als Leitungsgremium der Gemeinde die Hände aufgelegt *und dadurch ordiniert*. Das ist der Entwicklungsstand, wie wir ihn z. B. aus den Pastoralbriefen kennen. Als sich der monarchische Episkopat bildete und der Bischof die alleinige Ordinationsgewalt erlangte, schaffte man das Alte nicht einfach ab, sondern deutete die Handauflegung der Presbyter zur ›Besiegelung‹ um... Der kollegiale Ursprung des Episkopats wird hier wie auch im ›gemeinsamen und ähnlichen Geist des Klerus‹, der Bischöfe und Presbyter miteinander verbindet, noch einmal besonders deutlich.«[148]

Wenn man diese Tatsachen zusammen nimmt, kann man wohl kaum leugnen, daß auch eine presbyterale Tradition das Amt in der Kirche durch Ordination weitergeben kann[149].

Natürlich ist damit das Problem noch nicht ganz umschrieben. Wir müssen nämlich die zweite Frage stellen: Ist nicht die Betonung des »allgemeinen Priestertums« und die Leugnung des Sakramentscharakters durch die Reformatoren ein Grund dafür, daß wegen des Fehlens der Intention auch dort, wo die Ordination durch Presbyter vorgenommen wurde, die Amtsübergabe in den lutherischen Kirchen abriß? Dazu nehmen die katholischen Mitglieder der amerikanischen ökumenischen Kommission wie folgt Stellung: »Sehen Lutheraner das kirchliche Amt als etwas, was über das allgemeine Priestertum aller Gläubigen hinausgeht oder sich von ihm unterscheidet? Es ist ganz klar, daß die Lutheraner eine Vorstellung von einem *besonderen* Amt in der Kirche haben... ›Wir sagen, daß keiner in der Kirche die Erlaubnis

---

church there are instances of priests (i. e. presbyters) ordaining other priests, and there is evidence that the church accepted and recognized the Ministry of priests so ordained.«

[148] *J. Martin*, Genese des Amtspriestertums, 101.

[149] Man muß außerdem beachten, daß die Firmung in der Ostkirche regelmäßig und in der römisch-katholischen Kirche unter bestimmten Bedingungen von Presbytern und nicht von Bischöfen gespendet wird. So kann man die Ansicht vertreten, daß der Unterschied zwischen Bischof und Presbyter nicht das Wesen der Ordination und des Amtes betrifft. Dem brauchen auch die Aussagen des Trienter Konzils (DS 1768; 1777) nicht zu widersprechen, da sie nicht unbedingt als Wesensaussagen, sondern auch im Sinne der Feststellung des faktischen Zustandes verstanden werden können.

erhalten soll, Wort und Sakrament zu verwalten, er sei denn rechtmäßig (rite) berufen‹ (vgl. Augsburger Konfession nr. 14)... Erkennen die Lutheraner die Sakramentalität der Ordination zum kirchlichen Amt an? ... Trotz des Unterschiedes in der Terminologie hinsichtlich der Sakramentalität der Ordination haben wir gehört, daß unsere lutherischen Gesprächspartner bestätigten, was für uns das Wesentliche ist in der katholischen Lehre zu diesem Punkt, nämlich daß die Ordination ... von Christus ausgeht und die dauernde Vollmacht zu heiligen verleiht. Wir hörten die Aussage: ›Die Kirche hat den Auftrag, Amtsträger aufzustellen... Gott bestätigt dieses Amt und ist gegenwärtig in ihm.‹ ›Alle drei amerikanischen lutherischen Kirchen verstehen das Amt der Geistlichen als im Evangelium verwurzelt.‹«[150]

Von hier aus wird es wahrscheinlich, daß in einigen lutherischen Kirchen das Amtsverständnis und damit auch die Intention bei der Ordination mit dem katholischen Amtsverständnis im wesentlichen übereinstimmen, obwohl verschiedene Begriffe verwendet werden. Damit ist aber die Ansicht zu begründen, daß es vielleicht von seiten der katholischen Kirche möglich wird, das Amt in diesen lutherischen Kirchen und somit auch deren Eucharistiefeier anzuerkennen [151].

Die erwähnten katholischen Theologen fassen daher ihre Stellungnahme so zusammen: »Als römisch-katholische Theologen erkennen wir im Geist des Zweiten Vatikanischen Konzils an, daß die lutherischen Gemeinden, mit denen wir im Dialog gestanden haben, wirkliche christliche Kirchen sind, die die Elemente der Heiligkeit und Wahrheit besitzen, die sie als Organe der Gnade und des Heils charakterisieren. Ferner haben wir im Verlauf unserer Untersuchungen festgestellt, daß es in den Argumenten, die gewöhnlich gegen die Gültigkeit des Amtes für die Feier der Eucharistie in den lutherischen Kirchen angeführt werden, ernste Schwächen gibt. Tatsächlich sehen wir keinen überzeugenden Grund, die Möglichkeit auszuschließen, daß die römisch-katholische Kirche die Gültigkeit dieses Amtes anerkennt. Daher fragen wir die Autoritäten der römisch-katholischen Kirche, ob nicht die drängende ökumenische Situation, die vom Willen Christi zur Einheit herrührt, fordern kann, daß die römisch-katholische Kirche die Gültigkeit des lutherischen Amtes und dann auch die Gegenwart des Leibes und Blutes Christi in der Eucharistiefeier der lutherischen Kirchen anerkennt.«[152]

---

[150] Lutherans and Catholics in Dialogue, Bd. IV, 28 f.
[151] Anders W. *Averbeck*, Gegenseitige Anerkennung des Amtes?, in: Catholica 26 (1972) 172–191. – Averbeck bezieht sich jedoch hauptsächlich auf die Situation in der EKU.
[152] Lutherans and Catholics in Dialogue, Bd. IV, 31 f. (s. o. Anm. 102).

Eigenartigerweise ist – vor allem in Europa – in den letzten Jahren eine Ermüdung auf ökumenischem Gebiet eingetreten, die sich vor allem darin zeigt, daß man sich keine wesentlichen Fortschritte von theologischen Gesprächen erhofft. Statt dessen konzentriert man sich entweder auf gemeinsame karitative Aktivität oder möchte unter Umgehung der theologischen Probleme unmittelbar zur vollen Abendmahlsgemeinschaft übergehen. Nach meiner Ansicht ist dieses letztere ein Ausweichen vor der Aufgabe der Stunde. Gemeinsame karitative Aktivität gibt es sicher noch zu wenig. Aber auch sie darf nicht zu einer Flucht vor einer geduldigen und gründlichen Aufarbeitung der theologischen Problematik werden. Der nun schon jahrelang geführte Dialog zwischen katholischen und lutherischen Theologen in den USA zeigt, daß auch heute von einer gründlichen und unermüdlichen, dabei über lange Strecken mühsamen und wenig Aufhebens machenden gemeinsamen theologischen Arbeit viel zu erwarten ist. Der Geist der amerikanischen Gespräche auf der einen und der Geist der letzten Bücher H. Küngs auf der anderen Seite deuten auf den Unterschied hin, der hier eine Rolle spielt. Probleme, die sich über vierhundert Jahre aufgetürmt haben, müssen nun einmal mit Mühe aufgearbeitet und können nicht übersprungen werden.

Trotz ihrer positiven Stellungnahme zum lutherischen Amts- und Eucharistieverständnis neigen die katholischen Theologen der amerikanischen Kommission nicht schon zur vollen Abendmahlsgemeinschaft zwischen Lutheranern und Katholiken und raten sie auch nicht an[153]. Die volle Abendmahlsgemeinschaft setzt nämlich mehr voraus als die gegenseitige Anerkennung des Amtes und der Eucharistiefeier. Nach der Vorstellung der frühen Kirche ist die Gemeinschaft (=Communio) in der Eucharistie nur möglich, wenn in allen wesentlichen Punkten das Bekenntnis übereinstimmt und die »Communio« auch auf allen anderen Gebieten vorliegt. Es ist charakteristisch für eine solche Vorstellung, daß die griechisch-orthodoxe Kirche die Entschließung der russisch-orthodoxen Kirche vom 16.12.1969 kritisiert hat, nach der römisch-katholische Gläubige in Sakramentsgemeinschaft mit der russisch-orthodoxen Kirche stehen können. Anscheinend sieht die griechisch-orthodoxe Kirche in der unterschiedlichen Sicht des Petrusamtes schon einen Grund dafür, daß trotz der gegenseitigen Anerkennung der Eucharistiefeier und des Amtes eine Abendmahlsgemeinschaft nicht möglich ist.

Allerdings darf man fragen, ob diese Haltung nicht deshalb zu starr ist, weil sie die Situation der frühen Kirche ohne weiteres auf die Si-

---

[153] Vgl. Lutherans and Catholics in Dialogue, Bd. IV, 33.

tuation der Kirche des zwanzigsten Jahrhunderts überträgt. Die entscheidende Frage ist hier diese: Ist die Eucharistiefeier *Zeichen* einer schon vollendeten Einheit einer christlichen Gemeinde – oder ist sie *Ursache* einer noch zu findenden Einheit? Von der Beantwortung dieser Frage hängt es ab, ob man eine Abendmahlsgemeinschaft zwischen getrennten Kirchen unter bestimmten Bedingungen für möglich und richtig halten kann oder nicht.

Die Antwort auf die gestellte Frage kann nicht in einem einfachen Entweder-Oder liegen. Die Eucharistiefeier ist eine zeichenhaft-sakramentale Handlung, welche die Einheit der Kirche darstellt und durch diese (reale) Darstellung vertieft. Daß sie die Einheit nicht zum erstenmal schafft, ist schon allein dadurch geklärt, daß sie die Taufe und damit Kirche überhaupt, daß sie also auch das kirchliche Amt voraussetzt. Bei genauer Überlegung wird man von der *Zeichenfunktion* der Eucharistiefeier ausgehen müssen, wie wir im Verlauf unserer Untersuchungen immer wieder zeigen konnten. Die *Wirkung* des Sakramentes ist aus seiner *Zeichenhaftigkeit* zu erschließen. Von der Handlung als *Zeichen* schließen wir also – auf Grund der Tatsache, daß es sich in der Kraft des Geistes Christi um ein *Real*symbol handelt – auf die *Wirkungen* der Eucharistie. Daraus ergibt sich aber, daß man von der Eucharistie keine *Wirkung der Einheit* erwarten kann, wenn sie als Handlung keine durch das christliche Leben und *Bekenntnis* gedeckte, *reale Einheit bezeichnen* und ausdrücken kann. Eine Abendmahlsgemeinschaft, bei der die Christen ohne existentielle und rechtliche Folgen weiterhin als getrennte Kirchen nebeneinander stehen, hat keinen Sinn und nimmt den Auftrag Christi nicht ernst, ja nimmt ihn wahrscheinlich sogar magisch. Charakteristisch für die hier vorliegende Verengung des Bewußtseins ist der Ausdruck »Interkommunion«, der ein Eucharistieverständnis verrät, in dem von der christologischen und ekklesiologischen Dimension der Feier nicht mehr viel vorhanden ist.

Vor einer vollen Abendmahlsgemeinschaft der Kirchen werden also noch viele Hindernisse auszuräumen sein, und es ist wichtig, daß man diesen Weg beharrlich und Schritt für Schritt geht. Eine gute zusammenfassende Analyse der derzeitigen Situation gibt der schon erwähnte Bericht der Münchener Ökumenischen Seminare: »Wo die Glieder der getrennten Kirchen gemeinsam auf das Wort Gottes hören, wo sie miteinander sprechen nicht nur über das, was sie noch trennt, sondern mehr noch über das, was sie verbindet, wo sie ihre Bemühungen zu Werken der Diakonie und des Apostolates vereinen, wo die sonst getrennten Christen sich im Namen des Herrn zu gemeinsamem Gebet versammeln, da muß sich eine brennende Sehnsucht einstellen, nun auch das sakramentale Zeichen der Einheit zu setzen und gemeinsam das eucharistische Brot zu brechen und den eucharistischen Kelch zu teilen. Allerdings muß man auch einige eher fragwürdige Motive in Rechnung stellen: vor allem eine durchaus negativ zu wertende zunehmende Indifferenz im Blick auf Bekenntnis und Lehre schlechthin und ein dem Geist der Zeit nur zu konformes Ressentiment gegen Amt und Autorität überhaupt – wobei zu diesem letzteren Punkt anzumerken ist, daß die Kirchenleitungen ›zuweilen‹ durch ein unangemessenes, einseitig abwehrendes oder ungenügend differenzierendes Verhalten ein solches Ressentiment geradezu ›provozieren‹.«[154]

Wann man im Einzelfall schon eine solche Einheit zwischen Christen annehmen kann, daß die Abendmahlsgemeinschaft möglich ist, daß sie nicht magisch oder im Sinne eines Indifferentismus gegenüber dem Bekenntnis und der Lehre verstanden wird und daß daher von ihr eine Kraft zur Überwindung der Trennung erwartet werden darf, können wir hier nicht mehr im einzelnen untersuchen. Die amtlichen Stellungnahmen der Kirchenleitungen zu diesem Punkt sind dargestellt und kommentiert im Bericht der Münchener Ökumenischen Seminare[155] und in dem Beitrag von J. Höfer in dem Sammelband »Evangelisch-katholische Abendmahlsgemeinschaft?«[156]. Die geltenden römisch-katholischen Bestimmungen finden sich im ökumenischen Direktorium des Einheitssekretariates vom 14. Mai 1967[157] und in der späteren Erklärung desselben Sekretariates vom 7. Januar 1970[158]. Auf Grund der oben erwähnten Lehre vom »votum obiectivum« und der oft weitgehenden Nähe des lutherischen und katholischen Amtsverständnisses glauben wir, daß die geltenden Bestimmungen, insbesondere in bezug auf die Situation der ökumenischen Ehen und Familien, die theologisch vorhandenen Möglichkeiten noch nicht voll ausgeschöpft haben. Wir hoffen daher, daß die Kirchenleitungen in der nächsten Zeit noch einmal auf diese Frage zurückkommen. Es ist ja zu unterscheiden zwischen einer vollen und offiziellen Abendmahlsgemeinschaft unter den Kirchen als solchen und der Teilnahme einzelner Gläubiger an der Eucharistiefeier einer von ihrer Kirche getrennten christlichen Gemeinschaft.

Vor allem aber möchten wir noch einmal unserer Überzeugung Ausdruck geben, daß von einer sorgfältigen, die Tradition gründlich aufarbeitenden und um die Prinzipien ihrer Auslegung ringenden theolo-

---

[154] Una Sancta 26 (1971) 69 f.
[155] Ebd. 70–75.
[156] J. Höfer, Eucharistie und Kirchenrecht, 47–76.
[157] Lateinisch-deutsche Ausgabe Paderborn 1967 (mit Einführung und Erläuterungen).
[158] Deutsch in: KNA – Konzil–Kirche–Welt, Nr. 3 vom 21. Januar 1970, 8–11.

gischen Arbeit für die Ökumene auch in den kommenden Jahren und Jahrzehnten sehr viel abhängt. Diese Arbeit kann allein aus dem Glauben an die Führung durch den Geist Christi die Kraft zu einer Hoffnung gewinnen, welche die Mühe der einzelnen Schritte auf dem Weg nicht scheut.

ABKÜRZUNGEN

AAS	Acta Apostolicae Sedis, Rom.
BBB	Bonner Biblische Beiträge, Bonn.
CCL	Corpus Christianorum, series latina, Turnhout-Paris.
CSEL	Corpus Scriptorum Ecclesiasticorum Latinorum, Wien.
DS	H. Denzinger–A. Schönmetzer, Enchiridion symbolorum, definitionum et declarationum de rebus fidei et morum, Editio XXXIV, Freiburg 1967.
EvTheol	Evangelische Theologie, München.
GuL	Geist und Leben, Würzburg.
HDG	Handbuch der Dogmengeschichte, Freiburg.
HUTh	Hermeneutische Untersuchungen zur Theologie, Tübingen.
JLW	Jahrbuch für Liturgiewissenschaft, Münster (1921–1941).
KuD	Kerygma und Dogma, Göttingen.
MBTh	Münsterische Beiträge zur Theologie, Münster.
MS	Mysterium Salutis. Grundriß heilsgeschichtlicher Dogmatik, Einsiedeln.
MThSt	Münchener theologische Studien, München.
NovTest	Novum Testamentum, Leiden.
NTA	Neutestamentliche Abhandlungen, Münster.
PG	Migne, Patrologia, series graeca, Paris.
PL	Migne, Patrologia, series latina, Paris.
QD	Quaestiones disputatae, Freiburg.
RB	Revue Biblique, Paris.
RGG	Die Religion in Geschichte und Gegenwart, Tübingen.
StANT	Studien zum Alten und Neuen Testament, München.
TThQ	Tübinger Theologische Quartalschrift, Tübingen.
WA	M. Luther, Werke. Kritische Gesamtausgabe, Weimar.
WBTh	Wiener Beiträge zur Theologie, Wien.
WMANT	Wissenschaftliche Monographien zum Alten und Neuen Testament, Neukirchen.
ZNW	Zeitschrift für neutestamentliche Wissenschaft und die Kunde der älteren Kirche, Gießen–Berlin.

NAMENREGISTER

Alanus v. Lille 119 f.
Albert d. Gr. 247
Alkuin 93, 101
Altaner, B. 87
Ambrosius 84–92, 94 f., 102
Anselm v. Canterbury 194
Aristoteles 112, 172, 183, 192
Augustinus 85 f., 91–95, 98, 102, 107 f., 121, 123, 158
Averbeck, W. 251

Baisi, C. 249
Balthasar, H. U. v. 72
Barth, K. 206
Bastgen, H. 100
Beda 93, 99
Beinert, W. 180
Benoit, P. 23, 39
Berengar v. Tours 104, 111–118, 121
Berger, R. 226
Betz, J. 15, 18, 68–73, 77, 80 f., 94, 150, 153, 166, 185
Blank, J. 43, 59
Bloch, E. 58, 79
Bloch, P. 101
Boethius 193, 201 f.
Bonaventura 120
Borig, R. 12
Bornkamm, G. 49
Bouyer, L. 170
Braun, H. 20 f.
Braunfels, W. 101
Brunner, P. 230, 232
Buescher, G. 126
Bultmann, R. 30, 49, 82, 89, 208

Cajetan 141
Calvin 30, 78, 89, 130 f., 133, 186
Candidus 114
Casel, O. 136, 138, 166–169, 230
Chlodwig 97
Chrysostomus 70, 153
Columban 114
Congar, Y. 125, 249

Conzelmann, H. 27
Cordes, P. J. 237 f.
Coreth, E. 11
Cyprian v. Karthago 84–86, 91 f., 94, 180
Cyrill v. Alexandrien 73, 77, 80, 84
Cyrill v. Jerusalem 153

Damiani s. Petrus Damiani
Dassmann, E. 86, 90 f.
Dekkers 93
Delling, G. 42
Dequecker, L. 42
Descartes 112
Dionysius Areopagita 102
Duns Scotus 127, 172, 202

Eadgar 99
Eck, J. 131, 138–142, 156
Egbert 99
Elert, W. 69
Emser, H. 138 f.

Faller 87–90
Feneberg, R. 17, 20–22, 36, 204
Fichte, J. G. 171, 208
Fraipont 93
Fries, H. 232
Frudegard 107
Füglister, N. 29, 33

Gadamer, H. G. 11, 64
Ganoczy, A. 133, 218, 220, 223
Geiselmann, J. R. 103, 113
Gerken, A. 12, 197
Graß, H. 131
Gregor d. Gr. 94 f., 114, 168
Gregor v. Nyssa 79, 84
Guardini, R. 166
Guitmund v. Aversa 118 f.

Hahn, F. 20, 26–29, 34, 36–38, 49
Halmer, N. M. 141
Hartel 84 f.

Hartmann, N. 205
Häußling, A. 144, 151
Hecker, K. 12
Hegel, G. W. F. 79, 89, 171
Heidegger, M. 89, 171, 189–192, 207
Heise, J. 12
Henrichs, N. 12
Hippolyt v. Rom 224, 246, 250
Höfer, J. 181, 195, 254
Hoffmann, F. 128
Hofmann, Fr. 91–93

Iserloh, E. 126 f., 131, 137–141
Isidor v. Sevilla 103

Jeremias, J. 15–31, 40 f., 49 f., 224 f.
Jong, J. P. de 169, 174
Jorissen, H. 103–105, 113, 119, 127, 182, 188, 191–196
Junghans, H. 126–129
Jungmann, J. A. 94, 166
Justin 224

Kant, I. 89, 171, 183
Karl d. Gr. 100 f.
Karl d. Kahle 101, 104
Käsemann, E. 42
Kessler, H. 26 f., 134
Kierkegaard, S. 169, 171
Klemens v. Alexandrien 68
Kosmala, H. 41
Krämer, H. J. 68
Küng, H. 47, 235–244, 248, 252
Kuß, O. 69

Laaf, P. 33
Landgraf, A. M. 157
Lanfranc v. Bec 118 f.
Leenhardt, Fr. J. 11, 22, 170, 206
Lehmann, K. 158, 181, 195, 237, 247
Leich, G. 239
Leo XIII. 248
Lessius 149
Leuba, J. L. 116
Löhrer, M. 150

Lortz, J. 97
Lubac, H. de 122–124
Luterell 128
Luther, M. 59, 104, 126 f., 130–145, 147 f., 153–155, 166, 168, 185–187, 191

Martin, J. 239, 242, 246, 250
Marx, K. 79, 171
Marxsen, W. 21
Maximus Confessor 72
Meyer, H. B. 131
Moltmann, J. 58, 82, 118
Mühlen, H. 172, 202

Nestorius 77
Neuenzeit, P. 21, 42, 54
Neunheuser, B. 15, 103, 131, 145
Newman, J. H. 157
Nietzsche, F. 171
Nyssen, W. 114

Ockham, W. 126–130, 134, 137
Origenes 79
Osiander, A. 141

Pannenberg, W. 164, 181, 195, 199, 228, 232
Paschasius Radbertus 104–110, 115
Paul VI. 164
Peters, A. 131
Petrus Damiani 114
Petschenig 86
Platon 65–68, 70, 76, 78 f.
Plotin 68
Poque 92
Poschmann, B. 99
Pratzner, F. 15, 104 f., 131, 136, 143
Prenter, R. 238
Prestige, G. L. 68
Pseudodionysius s. Dionysius Areopagita

Quinn, J. D. 242

Radbertus s. Paschasius Radbertus
Rahner, K. 11, 13, 82, 143–145, 150–153, 157 f., 172, 196 f., 206 f., 232
Ratramnus 104–110, 112
Ratzinger, J. 11, 30, 78, 157, 160, 184–188, 197, 203, 208 f.
Richard v. St. Viktor 202
Ricken, F. 68
Ritter, A. M. 238 f.

Sartre, J. P. 89
Schatzgeyer, K. 140 f., 147, 166
Schelling, F. W. 171
Schenkl 90
Schillebeeckx, E. 11, 15, 82, 129, 170, 188, 197–199, 232
Schiwy, G. 64
Schleiermacher, F. 22
Schlier, H. 49, 116
Schlink, E. 181 f., 195, 230–233, 236
Schmaus, M. 172, 189, 192, 196
Schnackenburg, R. 43
Schnitzler, H. 101
Schoonenberg, P. 11, 129, 170, 177 bis 185, 187 f., 199
Schottroff, W. 33
Schürmann, H. 15–19, 31, 45–50, 225, 242

Schweizer, E. 20, 49, 53
Simons, E. 11
Skydsgaard, K. E. 116
Smits, L. 11, 170, 184
Sonntag, F. P. 114
Stammler 164

Tapper, R. 141
Theodor v. Mopsuestia 73
Thomas v. Aquin 123, 131, 136 f., 149, 192, 247
Thurian, M. 11, 26, 33, 39, 41, 173 bis 176, 231–234
Teilhard de Chardin 79
Tillard, J. M. R. 76 f., 170, 173 f., 217, 219, 248 f.
Trooster, S. 11, 170, 194

Vásquez 149 f.
Vinzenz v. Lerin 157
Vischer, L. 116

Welte, B. 11, 172, 188–196, 199
Wiederkehr, D. 80, 193, 203
Willems 93

Zuidema, W. 42
Zwingli 59, 131, 133, 138 f.